探訪　大和の古城

大和古文化研究会編

青垣出版

はじめに

―大和の中近世と城郭―

「城」とは防御のための土塁、堀、柵、木戸など、通行障害物を設けた軍事的構築物である。城というと天守閣や石垣を備えた近世の城をイメージされる方がまだまだ多いが、奈良県内に五六〇か所ほど知られている城跡（『奈良県中近世城館跡調査報告書』奈良県　二〇二〇年）のほとんどは土を盛ったり、削ったりした中世の山城や砦《とりで》、館《やかた》の跡である。「城」の漢字は土偏に「成」。「成」に守るの意があるのだが、まさに土から成るというのがぴったりする。

弥生時代の濠《みずぼり》を集落の周囲に巡らした環濠集落は城塞《じょうさい》だとも言える。唐古《からこ》・鍵《かぎ》遺跡（田原本町）では東西・南北ともに約四〇〇メートルの居住地の周囲を何重もの大規模な濠が巡っていた。内濠は幅約一〇メートル、深さ約二メートル、さらに外側に三条から五条のやや小規模な環濠が掘られ、集落は環濠帯で囲われる。愛知県の朝日遺跡（清須市・名古屋市西区）も環濠集落のひとつだが、ここではさらに強固な防御施設が発見されている。環濠の内側には土塁が築かれ、環濠外側には、枝がついたままの木をからめた逆茂木《さかもぎ》、斜めに打ち込まれた乱杭など、何重ものバリケードがつくられていた。弥生時代は戦乱の時代であった。

中国で「城」という文字は高く土を積んだ防御のための城壁で囲われる都市を意味し、都市を「城市」と呼ぶ。奈良の都「平城京」の「城」なのだが、平城京を囲う防御施設、「羅城《らじょう》」は、九条大路南辺の羅城門左右に設けられた築地塀程度で、外敵を防ぐための城壁で囲まれた城壁都市は当時の我が国では必要としなかったのである。唐との関係悪化により、天智天皇六（六六七）年に宮都防衛のため大和と河内の境、高安山に築かれた高安城《たかやすのき》も関係正常化によって、大宝元（七〇一）年には廃された。

都が平安京に移った後、東大寺、興福寺、春日社などの大社寺は大和の地に残った。興福寺は摂関家、藤原氏の氏寺として、氏神である春日社との一体化を図るとともに大和国内に荘園の拡大を図り、武力をも有することとなった。都へ「神木《しんぼく》動座《どうざ》」させ、強訴《ごうそ》する南都の「僧兵」は、興福寺の下級僧である堂衆《どうしゅう》（禅衆）や若輩の六方衆《ろっぽうしゅう》で編成されており、彼らは大和の在地土豪の子弟も多かった。鎌倉時代に国ごとに置かれた軍事指揮官「守護」は大和には置かれず、大和は春日の神の領国だという論理をもとに、その代官を自負する興福寺が守護に相当する地位にあったとされる。

在地土豪（在地武士）たちは一族の子弟を興福寺の諸院坊に送り込むとともに、その権威を頼り、興福寺の僧侶である「衆徒《しゅと》」や春日社の神官である「国民《こくみん》」の身分を得て、興福寺領の荘園の年貢の徴収・上納・治安維持などにあたり、荘園の現地管理とその運営を行った。衆徒は僧形《そうぎょう》（法体《ほったい》）をとり、興福寺のお膝元である奈良周辺の北大和に多く、興福寺のいわば譜代御家人《ふだいごけにん》といってもよいだろう。また、俗体をとる国民は南大和に多く、興福寺の外様《とざま》の被官ともいえる。有力な武士を中心とした地域的な武士団が形づくられ、筒井氏の戌亥脇《いぬいわき》党、十市《とおち》氏の法貴寺（長谷《はせ》川）党、箸尾氏の長川《ながかわ》党、越智氏の散在《さんざい》党、岡氏、万歳氏、布施氏、高田氏らの平田党、楢原氏の葛上《かつじょう》党などの名が知られる。これらは「大和一国の祭」とされた春日若宮おん祭の流鏑馬《やぶさめ》の願主人《がんしゅにん》や随兵などに出仕する組織でもあり、大和各地の興福寺や春日社の荘園には春日神社が勧請された。現在の「おん祭り」でも、大宿所に詰める「大和士《やまとざむらい》」に、かつての「国民」の姿をうかがうことができる。

南北朝の動乱では越智《おち》氏をはじめとする南大和の武士たちが南朝方に呼応し、伊勢、宇陀、河内へと続く防衛線の一環という役割をもった城郭が築かれるが、吉野山や多武峯など既存の山岳寺院を利用したものや尾根上を掘切って遮断し、削平地を直線的に繋げた単純なもので、恒久的なものではなく、そのほとんどは居住性の低い一時的な野戦陣地、陣所であったとみられる。

南北朝時代以降、大和では興福寺の長官である「別当《べっとう》」を出す一乗院・大乗院両門跡の対立もあって、在地武士（地侍）である衆徒、国民たちも両派に分かれ、私闘を繰り返すようになる。興福寺の威令は届かず、武士たちによる興福寺領の蚕食が進む。

国中《くんなか》と呼ばれる奈良盆地のうち、その北部に勢力を広げたのが、筒井氏、北部東寄りが古市氏、中部が十市氏、中部西寄りが箸尾氏、南部が越智氏で、これが「五大国人」と呼ばれる。大和高原の武士たちは多田《ただ》氏を中心に染田《そめだ》天神の天神講という連歌《れんが》会に参集し、「山内衆《さんない》」と呼ばれた。宇陀は、沢氏、秋山氏、芳野《ほうの》氏が後に北畠家の「宇陀三将」と呼ばれたように、伊勢国司北畠氏の支配を受け、河内に接する西山内、葛城、宇智は河内の畠山氏の影響を受けた。

正長二（永享元・一四二九）年に起こった豊田氏と井戸氏の争いに端を発した「大和永享の乱」によって、筒井氏対越智氏という大和国中を南北に二分する合戦が開始され、この戦乱は、圧倒的に強力な勢力が大和に存在しなかったこともあって、いつ果てるともなくずるずると続き、これに河内の畠山氏の内紛が絡み、「応仁の大乱」（応仁元〈一四六七〉年）へとつながっていった。東軍が筒井氏、箸尾氏、十市氏、西軍が越智氏、古市氏ということになる。

国人《こくじん》、国衆《くにしゅう》と呼ばれた地侍、在地領主たちの居館は城郭化（平城化《ひらじろ》）し、古市城、筒井城、十市城、箸尾城、越智城の名はいずれもこの十五世紀前半に現れる。国中《くんなか》に特徴的な環濠集落も用水確保や排水機能が本来とされるが、こうした絶え間のない戦乱の中で村落の自衛のためこの頃に掘削されたことも否定できない。国人の居館が所在していなくとも陣所として使用される場合もあった。戦乱は拡散し、東山内も「山内動乱」と呼ばれる戦乱状態となる。

大和国内の戦乱は、やがては赤沢朝経《あかざわともつね》（澤蔵軒宗益《たくぞうけんそうえき》）、柳本賢治《やなぎもとかたはる》、木沢長政《きざわながまさ》など国外勢力の大和乱入を招き、永正二（一五〇五）年には国衆の和睦《わぼく》による一揆《いっき》（永正の国人一揆）も結ばれるが、危機が去ると、争乱は再燃した。本格的な戦国時代に入った十六世紀前半には鉢伏城（古市氏）、椿尾上城（筒井氏）、龍王山城（十市氏）、高取城（越智氏）など有力国人の居館（平城）と対になる恒常的な「山之城《やまのしろ》」が現われ、やがては山城が政治的にも重要な存在になっていった。

十六世紀の前半には越智氏の衰退によって十市氏も勢力を伸ばすが、天文十四（一五四五）年に十市遠忠が死去する。筒井順昭《じゅんしょう》がほぼ大和を平定するかにみえたが、天文十九（一五五〇）年には順昭が急死し、筒井氏による大和の統一事業は頓挫する。

永禄二（一五五九）年には　三好長慶が、その重臣、松永久秀を大和に派遣、これには筒井氏の圧迫を受けていた古市氏や柳生氏が味方し、久秀は瞬く間に大和一円を制圧、奈良に多聞城を築く。大和の多くの国人衆は没落し、南都奈良はここに初めて武家支配を受けることになる。イエズス会宣教師が松永久秀の支配下にあった多聞城や十市城、沢城を訪れたのはこの時期で、永禄十（一五六七）年には多聞城を攻める筒井順慶や三好三人衆との戦火のなかで東大寺大仏殿は焼失する。翌、永禄十一年、織田信長が上洛すると、久秀はこれに服し、「山之城（椿尾上城）」に拠った筒井順慶《つついじゅんけい》は反松永の在地国人勢力を結集し、久秀に挑み、元亀二（一五七一）年の辰市合戦で久秀に勝利する。天正元（一五七三）年、信長に叛《そむ》いた久秀は多聞城を明け渡し、天正四（一五七六）年に大和一国は信長から筒井順慶に委ねられた。天正五（一五七七）年には松永久秀が再度、信長に叛き、信貴山城に滅ぶ。

天正八（一五八〇）年には信長の命によって順慶が入ることになった郡山城を除き、大和の諸城はすべて破却された。また、天正十二（一五八四）年に筒井順慶が死去し、後を嗣いだ筒井定次《さだつぐ》は伊賀へ国替えとなり、筒井氏に仕えていた大和の国衆もその多くは定次に従い、大和を去った。

筒井氏に替り、郡山城に入ったのは、大和大納言と呼ばれた豊臣秀長《とよとみひでなが》で、現在の郡山城の築城を進め、その詰城《つめじろ》として高取城も壮大な石垣をもった山城に改修された。豊臣政権下において大和には郡山城を中心に高取城、秋山（松山）城を置く三城体制が確立する。郡山城や高取城は江戸時代の改修もあるが、全国的にも数少ない豊臣期の城郭遺構を今に残す貴重な城だといえる。

空にそびえる天守、壮大な石垣を備えた近世城郭は為政者の権威を表す政庁であり、もはや合戦の場となることはなかった。江戸時代、幕末まで大和にあったのは郡山城と高取城の二城であり、他に小藩の陣屋と奉行所、天領や旗本領などの代官所があった。

古代史の中心舞台であった大和において、古代の遺跡が重要なことは言うまでもないが、身近な野山に残る中世や近世の城跡もそのひとつひとつがその城だけの物語を秘めている。ともすれば古代に偏りがちな大和において、本書が、大和の中世や近世の歴史や遺跡についての理解を深めていただくきっかけとなることを願うものである。


（森下　惠介）

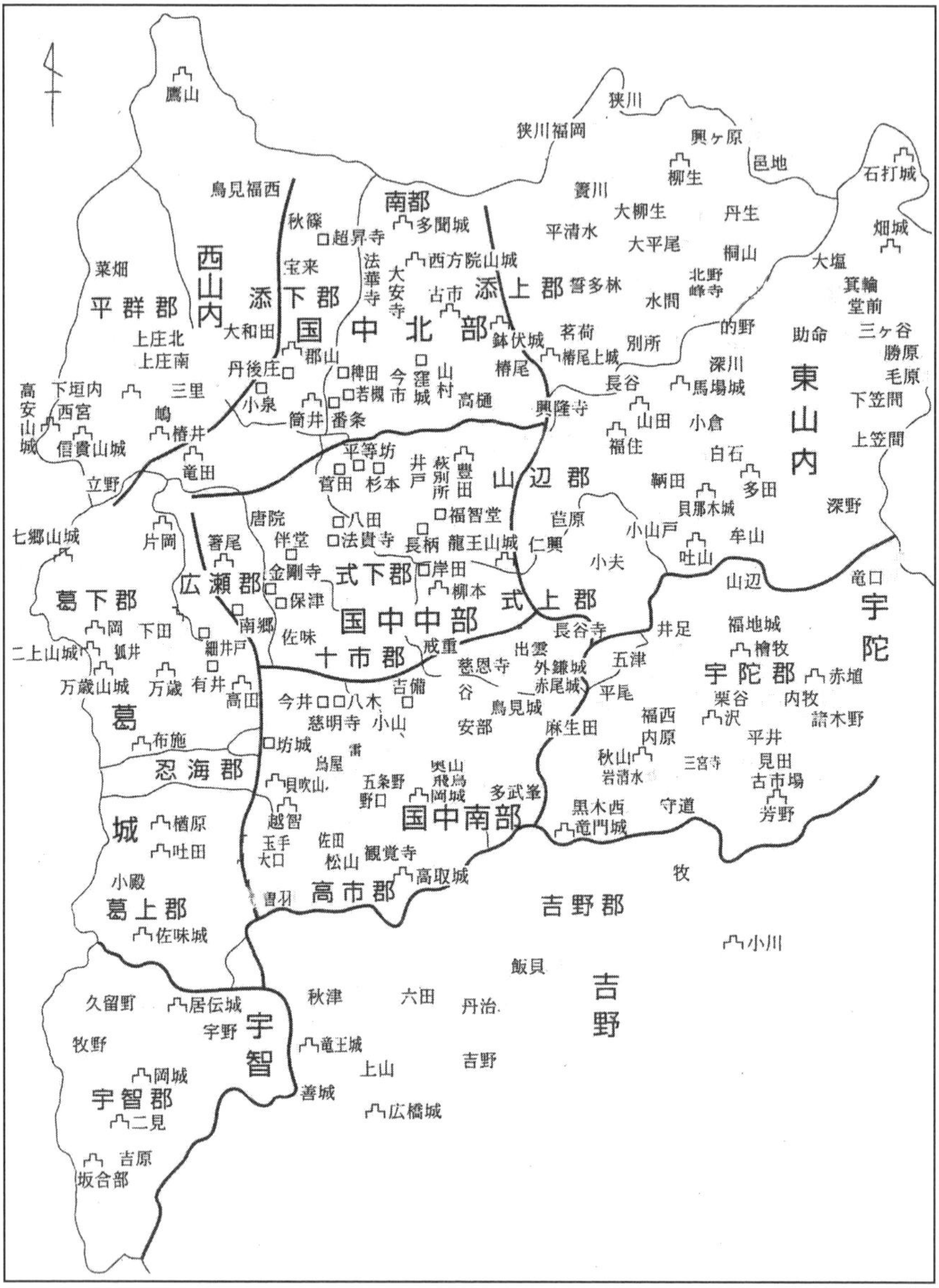

大和の国人と城郭分布図（香芝市 2000 加筆）

目次

六　東山内の城

装幀／江森恵子（クリエイティブ・コンセプト）
カバー写真／高取城跡（森下惠介撮影）

一　国中《くんなか》北部の城

多聞《たもん》城

所在地　奈良市法蓮町
築城時期　戦国時代　永禄二（一五五九）年・三年
標　高　一一五メートル
主な遺構　土塁、堀

永禄二（一五五九）年、松永久秀は河内国遠征後、三好長慶《みよしながよし》の命を受け、残党狩りを口実に大和に侵攻し、筒井氏らの大和の国人勢力を追い払い、奈良を占領した。ここに社寺の都、奈良は初めて武家の支配を受けることとなった。奈良の中世は松永久秀によって終止符が打たれたと言ってもよい。

奈良に入った久秀は、町の北、佐保山に城を築く。城の名は多聞城。地名ではない城名で、久秀が信

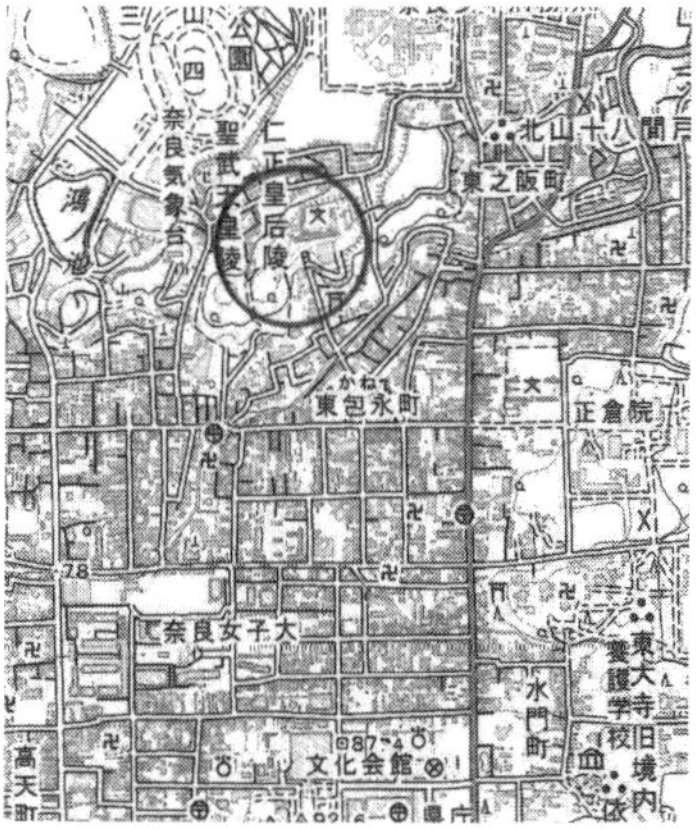

位置図

仰したという信貴山毘沙門天（多聞天）に因むとされるが、奈良の北方を守るにふさわしい名

ではある。現在の若草中学校校地が城跡で、織田信長の命による城の破却と学校建設で城の面影はほとんど失われている。

佐保山東陵（光明皇后陵）を含む丘陵の東西約二五〇メートルが主郭部で、西側にある佐保山南陵（聖武天皇陵）を、出城として城跡に含めるかどうかについては説が分かれる。

学校建設以前には周囲に土塁が巡り、西端、東北端、東南端が広く、櫓台《やぐらだい》の存在が推定できたという。北面と東西を堀で囲み、城の南麓、江戸時代の奈良奉行所同心屋敷町である多門町は多聞城時代の武家屋敷町を受け継いだとみられ、さらに南を流れる佐保川が外濠の役目を果したようだ。

東に奈良坂越の京街道が通じ、久秀はこの城と信貴山城を拠点とすることで、当時の「三都」である京、奈良、堺の富と交通路を掌握しようとしたとみられる。城を防御だけでなく、支配の象徴とし、都市と流通を支配しようとした点で、久秀は織田信長や豊臣秀吉の先駆者だと言える。

築城にあたってはこの地にあった眉間《みけん》寺や西方寺などを移転させており、石塔や石仏を土塁や建物基礎、石組溝などの石材として転用していることが発掘調査でも明らかになっている。こうした石造物の石材としての転用、再利用は、永禄十二

多聞城跡出土石造物（森下惠介撮影）

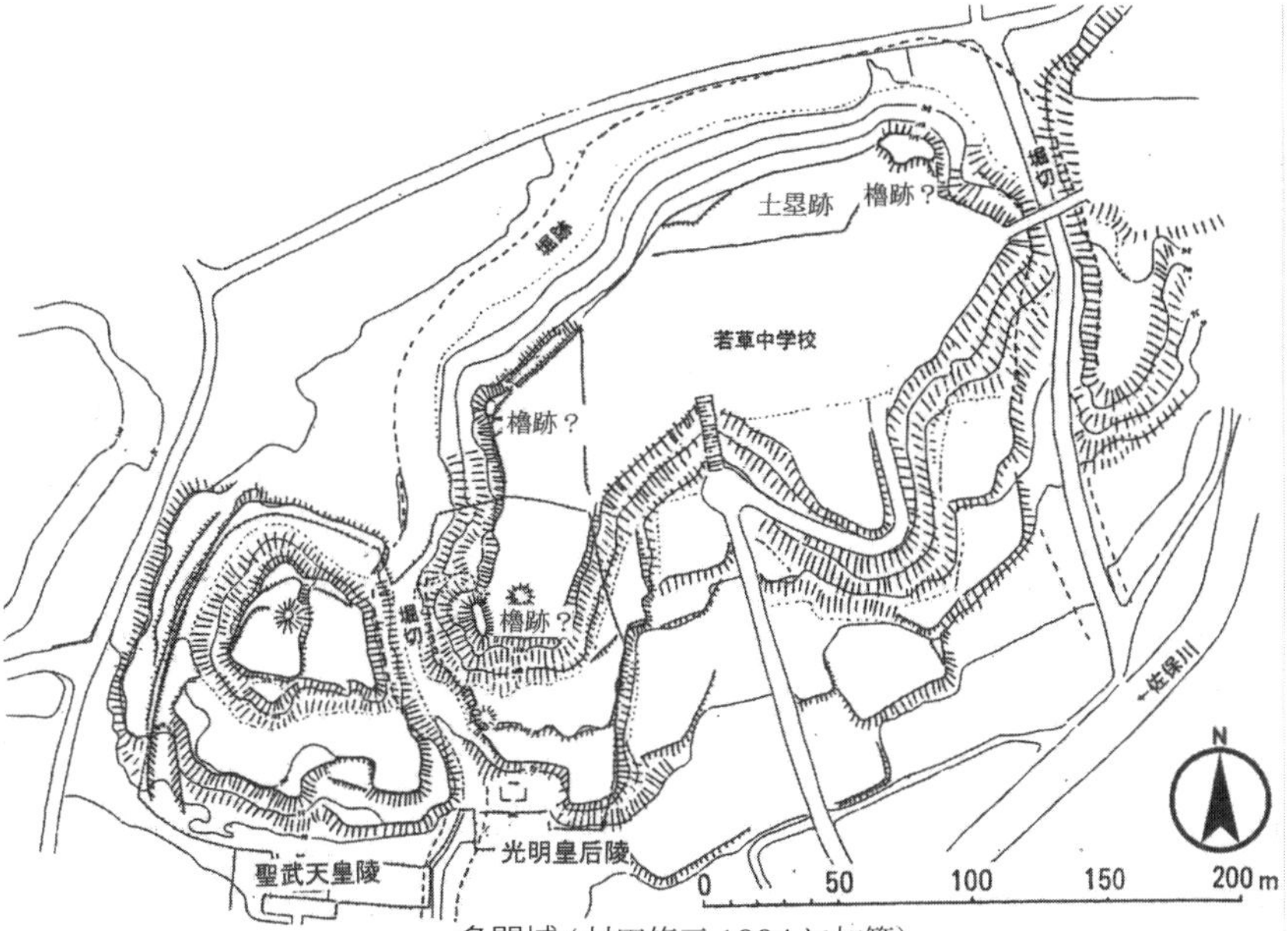

多聞城（村田修三 1994 に加筆）

（一五六九）年に織田信長が京の足利義昭御所として造営した「武家御城（旧二条城跡）」の例が良く知られているが、久秀や信長に限らず、この当時、十六世紀には一般的な行為であったようだ。

永禄八（一五六五）年にこの城を訪れた宣教師ルイス・デ・アルメイダは「日本中で最良最美の城」とされていること、城壁と保塁の壁が「いとも白く明るく輝いていた」こと、すべての家屋と保塁は「もっとも美しい快い瓦で覆われ、黒色で指二本の厚さ雅あり、一度葺けば四、五百年もつ」こと、建物内部には「日本と中国の古い歴史を描いたもので飾られ」、「絵の他の空白部は金であった」ことなどを書き残している。高石垣が存在した可能性は低いが、近世城郭と同じく、城壁は漆喰《しっくい》塗りで瓦葺、城内の御殿には金箔障壁画があったことがわかる。

多聞城は最初の瓦葺きの城と見られ、城跡から出土する軒瓦は興福寺、法隆寺、正暦寺で用いられた瓦とも共通する。瓦葺や漆喰壁は火矢や鉄砲

多聞城所用出土軒瓦

を防ぐことができ、久秀は多聞城で寺院建築を城郭に取り入れたのである。近世城郭の石垣上に建てられる「多門（ママ）櫓」の名もこの城に由来するとされ、史料からは後の天守にも相当する「四階《よんかい》櫓《やぐら》」の存在も確認できる。

天正元（一五七三）年、信長に叛いた久秀は多聞城を明け渡し、奈良に下向した信長は多聞城を検分、大和一国は筒井順慶に委ねられ、多聞城は破却された。城の建物は取り壊され、当時、信長が造営していた二条殿（二条御新造・押小路殿）へ運ばれ、石材は筒井に与えられた。

大和の中世は瓦葺、白壁の多聞城の出現によって終わり、近世は郡山城の築城で始まったと言える。大仏焼亡の張本人、主殺し、将軍殺しといった「松永弾正」の悪名もその先進性からの再評価が必要であろう。

（森下恵介）

参考文献

『奈良県史跡名勝天然記念物調査抄報』第十集　奈良県教育委員会　一九五八
『多聞廃城跡　発掘調査概要報告』奈良市教育委員会　一九七九
下高大輔「多聞城に関する基礎整理－城郭史上における多聞城の位置を考える－」『織豊系城郭の成立と大和』大和中世考古学研究会・織豊期城郭研究会　二〇〇六

【城郭探訪メモ】

東大寺転害門から一条通を西へ行き、「若草中学校」、「若草公民館」の案内看板がある角を北へ入る。佐保川に架かる若草橋を渡って行くと、突き当りが若草中学校。校舎のある高台へ上がる階段脇に「多聞城跡」の碑が立つ。校内への立ち入りは学校の許可が必要。学校正門脇に集められている石造物は多聞城の石材として使用されていたもので、学校建設や発掘調査で出土したもの。麓の多門町は多聞城の武家屋敷が江戸時代になって奈良奉行所の同心屋敷となった町とされ、武家屋敷の雰囲気を今も伝える。若草公民館は「大和多聞城研究会」の活動拠点となっており、館内に多聞城についての紹介ミニ展示がある。

（増山和樹）

多聞城跡（現在は若草中学校地）

鬼薗山《きおんやま》城・西方院《さいほういん》山城

所在地　奈良市高畑町、春日野町
築城時期　室町時代　文安元（一四四四）年・文明十（一四七八）年
標　高　一〇〇～一一〇メートル
主な遺構　堀切、土塁

奈良ホテルの建つ鬼薗山《きおんやま》は、元興寺に現れた鬼（ガゴゼ）が姿を隠したので「鬼隠山」と呼ばれるようになったという伝説がある。この山はその南麓にあった興福寺大乗院の境内に含まれ、眼下には国の名勝に指定される旧大乗院庭園が広がる。鬼薗山城が築城された文安元（一四四四）年当時、奈良を掌握していたのは越智家栄、豊田頼英、小泉重弘らで筒井順永、成身院光宣、箸尾氏、十市氏らに対抗していた。筒井方の奈良奪回に備え、前大乗院門跡の経覚を擁する越智、古市が興福寺衆中の陣所、「奈良の城」として、寺内に築いたのが鬼薗山城であった。

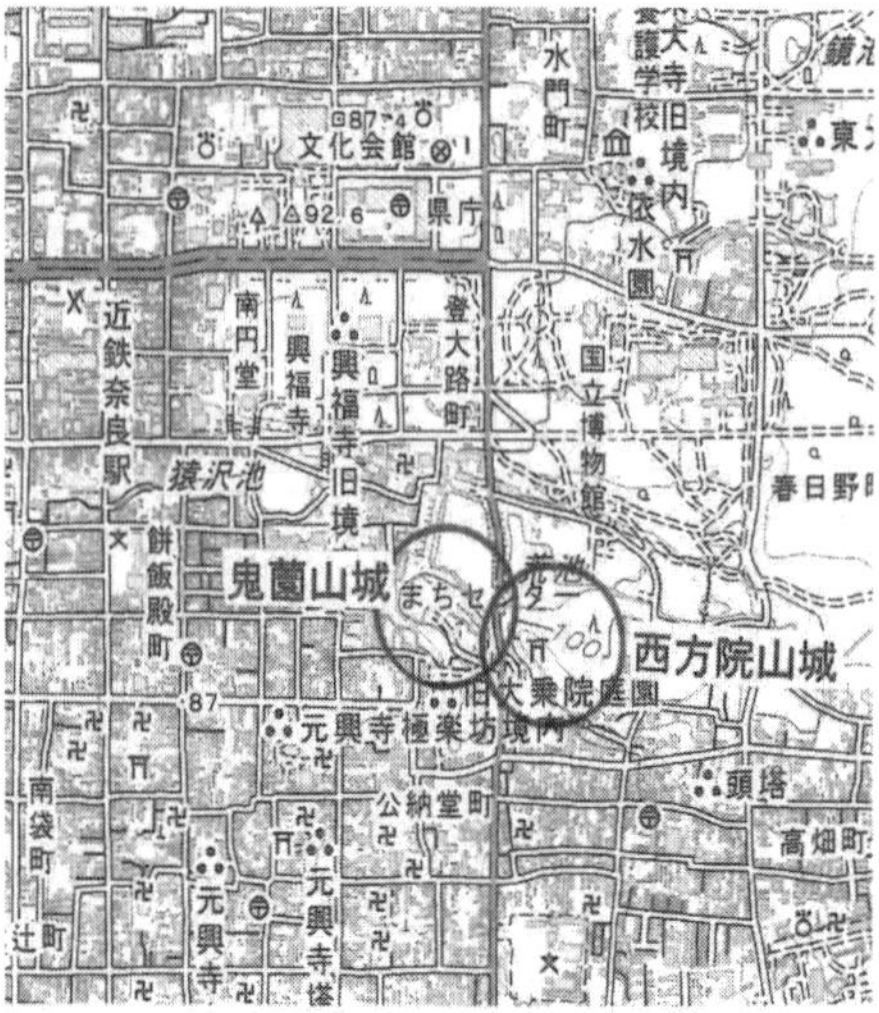

位置図

築城にあたっては興福寺の命として数千人が動員され、城内には古市、豊田、小泉らの陣所が設けられ、経覚自らも城内に入ったが、翌、文安二年に筒井方に攻められて落城し、成身院光宣が修

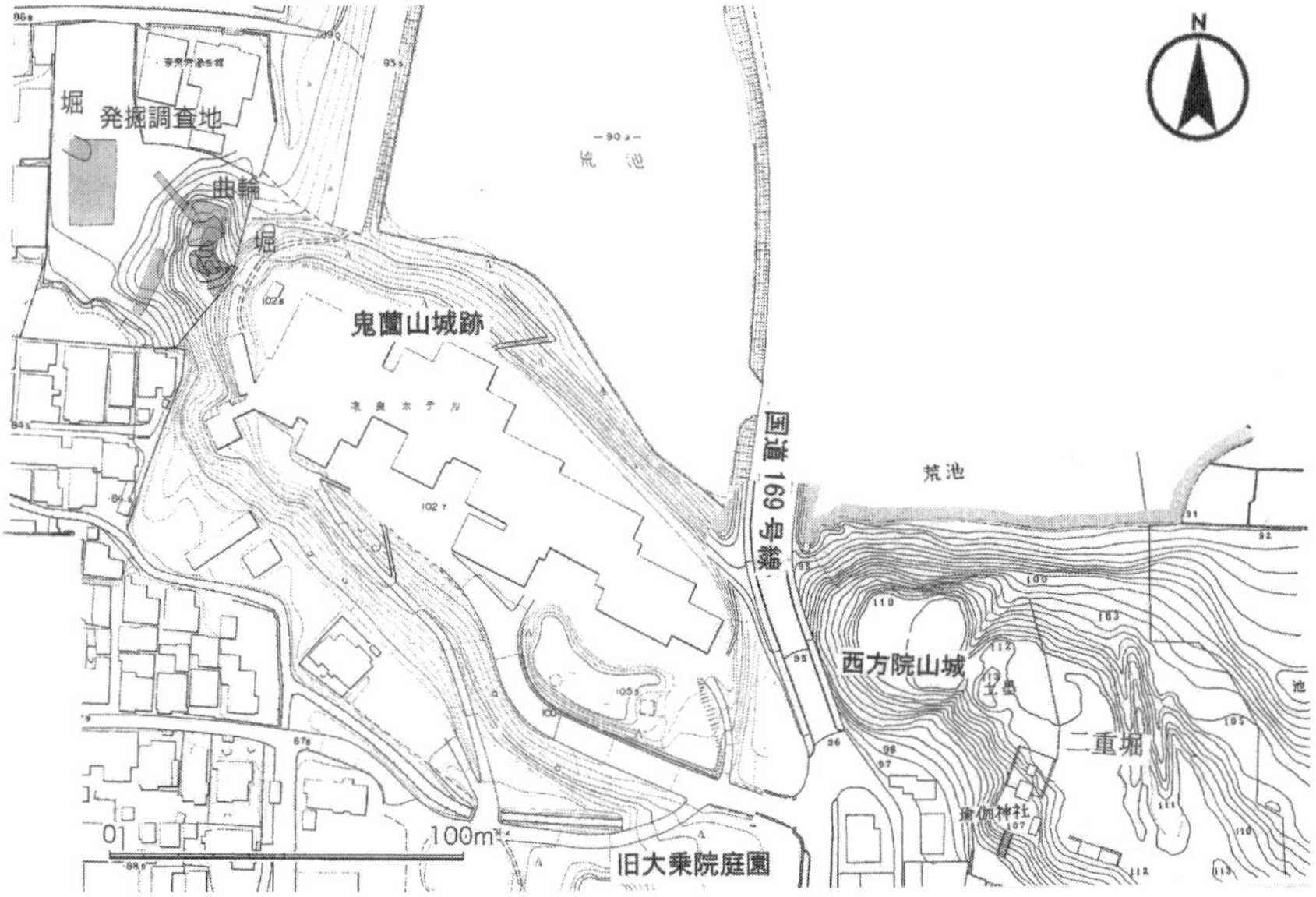

鬼薗山城と西方院山城（森蘊 1971・奈良市 2015）

復して筒井方の城となった。享徳二（一四五三）年には、今度は越智、古市がこの城を攻め、この時は退けたものの、康正元（一四五五）年に攻め落とされ、越智方の城に戻った。興福寺の掌握をめぐって、筒井、越智の攻防が繰り返された城であるが、両派の対立は小康状態に入り、長禄二（一四五八）年には陣屋を撤去、堀もことごとく埋められた。

城の破却や明治時代の奈良ホテルの建設によって城の遺構は全く残っていないと見られていたが、平成十一年、丘陵西端の発掘調査で、尾根を断ち切った堀切、尾根先端の見張り台とみられる郭、丘陵西端の堀（幅約六㍍、残存深さ一・七㍍）が発見された。ただ出土した土器類は十六世紀のものが中心で、永禄十（一五六七）年に三好三人衆とともに多聞城を攻めた筒井順慶が天満山、大乗院山に陣取っており、この時に再利用されたものと見られている。

鬼薗山城の破却の後、応仁の乱に伴う奈良市中の陣所として、文明十（一四七八）年には、鬼薗山の東に隣接する瑜伽山《ゆがやま》から天満山にかけて西方院山城が築かれた。鬼薗山城築城時に築城候補地ともなった地で、天満神社の西に掘られた二重堀は古くに掘られた堀を改修したものらしい。西方院山城は四月から築城にかかり、九月二十九日に完成するが、十月二日には筒井方の攻撃を受け、自焼した。わずか三日間という短命な城である。

（森下恵介）

参考文献
森蘊『奈良を測る』学生社　一九七一
村田修三「中世の城館」『奈良市史　通史二』奈良市　一九九四
『奈良市埋蔵文化財調査概要報告書平成11年度』奈良市教育委員会　二〇〇一

【城跡探訪メモ】
県内屈指の老舗ホテル、奈良ホテルが城跡に建つことを知る人は少ないだろう。奈良ホテルの開業は明治四十二年。奈良市と関西鉄道、都ホテルの三者が交わした建設の覚書には「日本漫遊外国人ヲ奈良市ニ誘導スルノ目的ヲ以テ」と記されている。関西鉄道の国有化により、ホテルも国営となり、国内外の首脳や皇族のほか、アインシュタインやヘレン・ケラー、女優のオードリー・ヘプバーンらも宿泊、「西の迎賓館」と呼ばれた。

木造二階建ての本館は開業当時の姿を残し、平成十九年に経済産業省の近代化産業遺産に認定された。屋根に鴟尾《しび》が乗るなど和風の外観が特徴。

奈良市教育委員会の発掘調査が行われたのはホテルに隣接する西側の斜面で、現在は削られて、マンションが建っている。南側の旧大乗院庭園は興福寺の子院、大乗院の庭園で、発掘調査の成果を踏まえて復元整備された。日本ナショナルトラストが管理し、大乗院庭園文化館とともに一般公開している。

（増山和樹）

古市城《ふるいち》

所在地　奈良市古市町
築城時期　室町～戦国時代（十五～十六世紀）
標高　一一〇《メートル》
主な遺構　郭・堀

古市氏は興福寺大乗院方の衆徒《しゅと》の中で最大の勢力をもった国人（地侍）で、応仁の乱では国民の越智氏とともに西軍に属し、筒井氏を駆逐し、文明十（一四七八）年には古市澄胤《ちょういん》が大和守護代にも相当する官符衆徒《かんぷしゅと》の棟梁の地位に就いた。澄胤は「数寄者《すきしゃ》、名人、珠光《じゅこう》の一の弟子、名物其数所持の人也」とされ、茶の湯の他、連歌、謡《うたい》にも通じ、

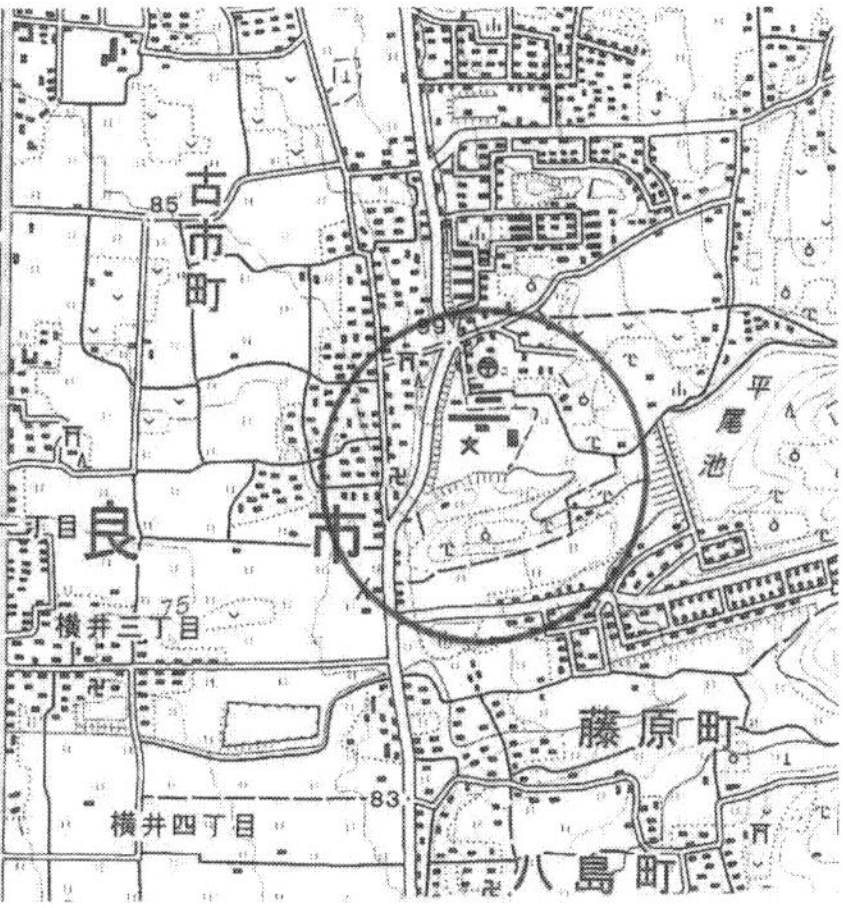

位置図

古市城跡とその周辺（村田修三 1994）

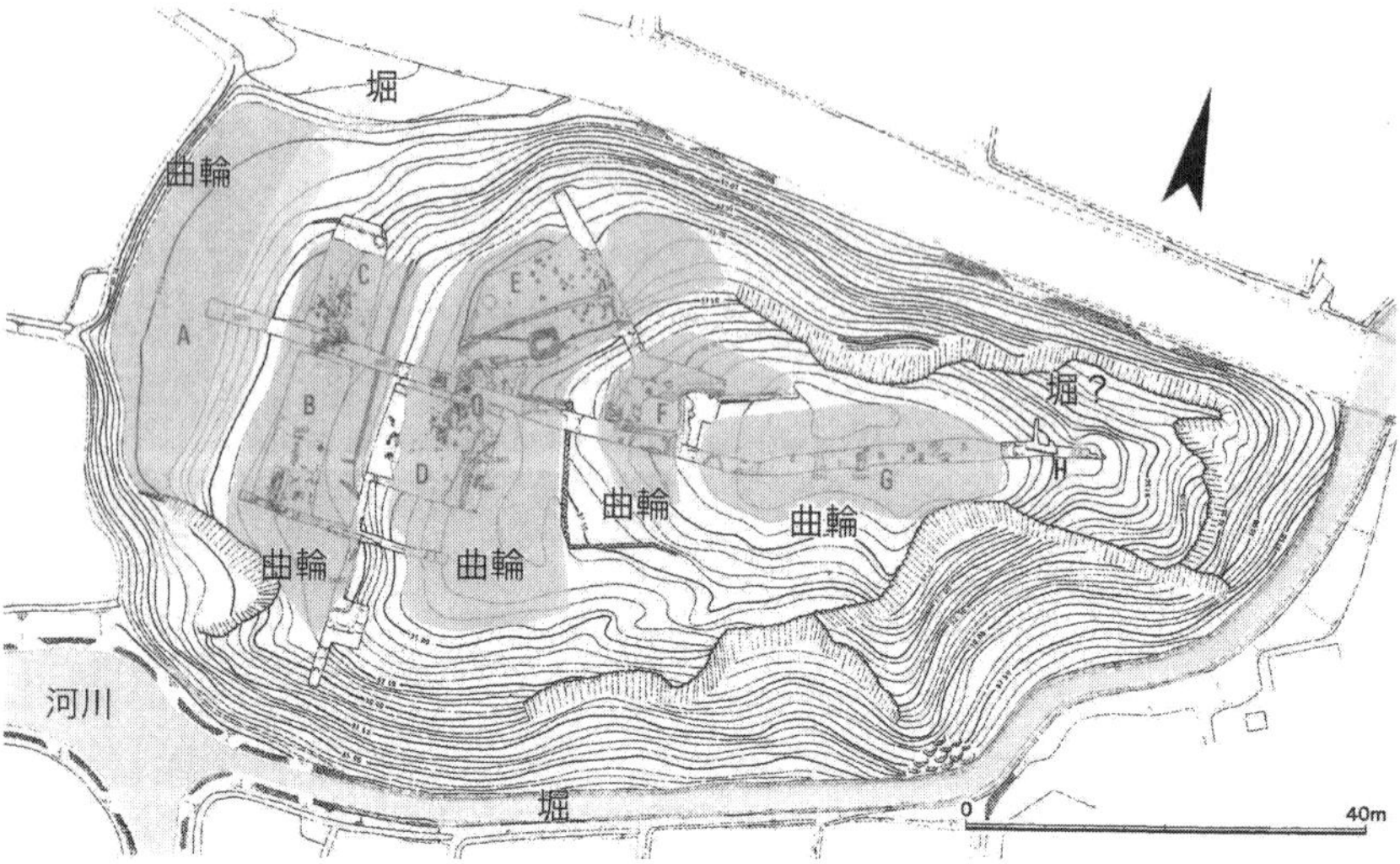

古市城城山地区（奈良市 2015）

「風流大名《ふうりゅうだいみょう》」と評される。

古市城の名は文安元（一四四四）年に史料に見えるが、十五世紀前半に古市氏の居館は現在、県営光ケ丘高円団地となっている字《あざ》「古城」の地にあったとみられ、筒井、越智、箸尾、十市などと同じくその居館を城郭化していったらしい。この「古城」の南にある東市小学校校地で昭和五十五年に奈良市が行った発掘調査では、台地南端辺を画する空堀（幅約三・五メートル・深さ一・五メートル）を検出している。さらに南にある「高山」の丘陵先端には堀切と三段に造成された郭《くるわ》が残る。澄胤の絶頂期である十五世紀末頃には城は台地上に拡大整備されたとみられる。こうした古市城も、明応六（一四九七）年、古市氏が白毫寺で筒井氏に敗北したため、城に火を放たれ、破却される。澄胤は永正五（一五〇八）年に河内で敗死し、以後、古市氏は「山ノ城」である鉢伏城や東山間の大平尾《おびらお》や邑地《おうじ》に退く。

「高山」のさらに南、「城山」には十四世紀末から十六世紀前半まで続いた中世墓地が営まれているが、この墓地を削平し、五段の郭を造成し、西麓に堀を掘っていることが発掘調査で確認された。松永久秀に従った古市氏の「永禄の新城」がこの城山の城に該当するものと見られる。この城山では多聞城と同じく墓地の石塔、石仏を石組溝や石室《いしむろ》などの石材に転用している。

古市の地名は鎌倉時代に福島市と呼ばれる市《いち》が立ったことにより、城跡西麓の城下集落を囲む環濠痕跡も残る。江戸時代には伊勢藤堂藩の山城、大和領を管轄する城和《じょうわ》奉行所（古市奉行所）が集落の西北に置かれ、幕末に平城京や山陵の研究を行った北浦定政はこの奉行所に勤める役人であった。

（森下惠介）

参考文献
『奈良市埋蔵文化財調査報告書 昭和55年度』奈良市教育委員会　一九八〇
村田修三「中世の城館」『奈良市史　通史二』奈良市　一九九四

【城跡探訪メモ】

古市城跡の範囲は南北に広く、東から西へ延びるいくつかの丘陵上に営まれたとみられるが、現在はほとんどが住宅地に様変わりしている。古市氏の居館跡と想定される県営光ヶ丘高円団地と東市小学校はそれぞれの小字《こあざ》が「古城」と「上ノ段」で、城の構造を反映しているようだ。バス道から東へ入ると、東市小学校が台地上にあることがよくわかる。小学校の南側は急斜面で、学校から南へ行くと、生駒山、矢田丘陵、さらに二上山、葛城山まで大和盆地が見渡せる。奈良交通バス「東市小学校」下車。

（増山和樹）

超昇寺城《ちょうしょうじ》

所在地　奈良市佐紀西町
築城時期　室町～戦国時代（十五～十六世紀）
標高　八二メートル
主な遺構　郭、堀、土塁

奈良市の西部には秋篠城、菅原城、宝来城、斎音寺城、大和田《おわだ》城、木嶋《このしま》城、角山《すみやま》城、春日城などがあったことが知られるが、そのほとんどが在地領主の居館であり、所在が不明なものもある。こうした中で平城宮跡の西北にある佐紀神社北側にある超昇寺城は、城跡の遺構が良く残る。超昇寺は城跡の東方にあった平城《へいぜい》天皇皇子の高丘《たかおか》親王創建と伝える寺で、興福寺一乗院領の佐保田庄、超昇寺庄の荘官であった超昇寺氏もこの寺の僧に出自するとみられる。その城は破却と再建の繰り返しであった。

　当初、筒井方であった超昇寺氏は長禄三（一四五九）年に越智、古市方に攻められ、城は破却され、筒井氏が没落した明応二（一四九三）年には、自ら城に火を放った。その後、超昇寺氏は越智方に就き、

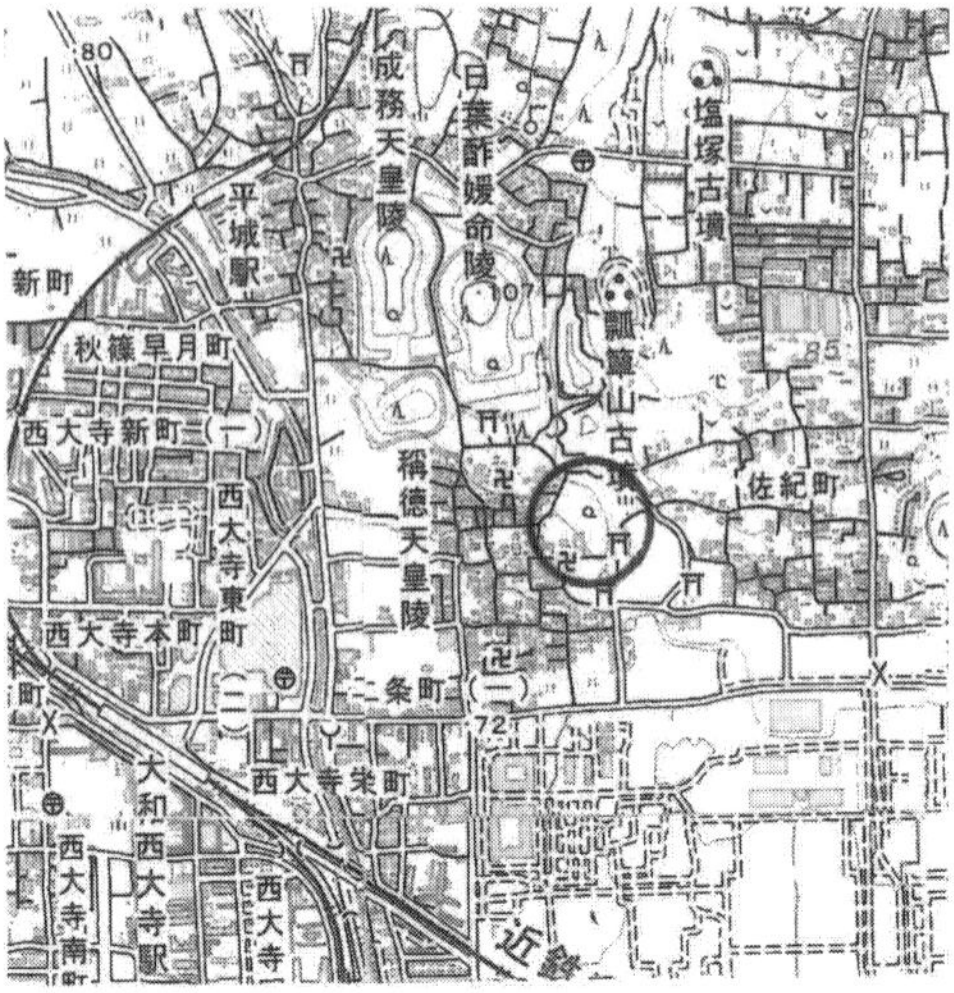

位置図

享禄元（一五二八）年の筒井方の越智攻めの際には郡山へ逃げる筒井方の秋篠氏を追撃、超昇寺、矢田中村、鷹山の三人衆は薬師寺に火を放ち、薬師寺西塔はこの時に焼失した。永禄年間には筒井方が奈良進出の拠点としてこの城を整備するが、永禄十二（一五六九）年には松永方に破却され、再度、筒井方が修復したという。

永禄二（一五五九）年の松永久秀の大和乱入を手引きしたのは超昇寺氏と郡山辰巳氏であったともされる。松永久秀の滅亡後、天正六（一五七八）年に筒井順慶配下の井戸良弘が超昇寺城を攻め、城は焼失したという。

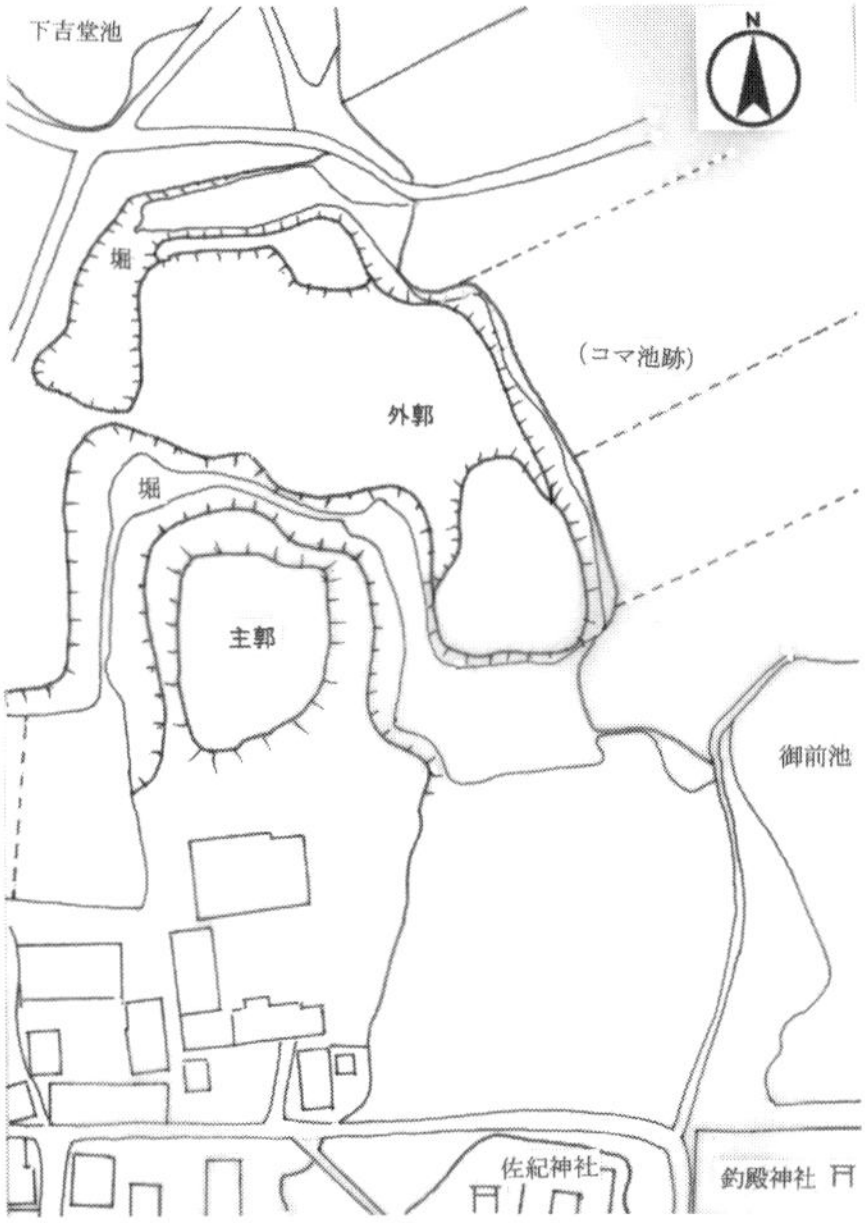

超昇寺城跡

超昇寺城跡（東から）

現在残る超昇寺城の遺構は永禄年間に筒井方が陣城（要害）として整備したものとみられ、約三〇メートル四方の主郭を堀で囲み、東北部に外郭を備え、外郭の北側と西側には土塁と堀跡が残り、外郭南端には櫓台跡ともみられる高まりがある。城跡の東は「コマ池」という池跡でこの池から堀へ水を引いたと見られる。城跡はさらに西北へも広がるとみられ、城跡西北部の台地に超昇寺氏の居館の存在を推定する説もある。

（森下惠介）

参考文献

平城宮跡発掘調査部「超昇寺城の実測調査」『昭和55年度 平城宮跡発掘調査部発掘調査 概報』 奈良国立文化財研究所　一九八一

村田修三「中世の城館」『奈良市史　通史二』奈良市　一九九四

【城跡探訪メモ】

近鉄大和西大寺駅から東へ歩き、平城宮跡の西北にある佐紀池の角を北に入る。御前池の西側を佐紀神社（西畑）と釣殿神社の間を行った北側の竹やぶが城跡。やぶがひどく容易に中へは入れない。東側の道から中をうかがうと、主郭跡や堀跡をみることができる。城跡の西北、日葉酢媛陵前にある山陵町の八幡神社（山上八幡）は超昇寺氏の信仰が厚く、天正四（一五七六）年の超昇寺兵部小輔とその子、弘盛の一族繁栄の祈願文が伝わっている。周辺は「歴史の道」ウォーキングコースとなっており、散策を楽しむことができる。

（増山和樹）

大和の古城　こぼれ話

「もとの木阿弥」

越智氏、古市氏、十市氏、箸尾氏など大和の有力国人を従え、筒井氏の最盛期を築いた筒井順昭について『多聞院日記』は「一国悉く以て帰伏しおわんぬ」と記す。筒井氏による大和の統一は真近かとみられたが、天文十八（一五四九）年に、順昭は突如、比叡山に入り、家督を生まれたばかりの藤勝（のちの順慶）に譲り、翌、天文十九年に死去する。

筒井順昭が没した際、跡継ぎの筒井順慶は幼少であり、一族の福住宗職や順昭の弟の筒井順政が後見することになり、遺言に従い順昭の死を隠すことになった。しばらくは順昭、病ということとし、容姿や声の似た奈良の角振町に住む盲人の木阿弥（黙阿弥）を替え玉にして、順昭の寝室に寝かせ、その死を隠したという。順昭の死が公表された後、木阿弥は用済みとなり、元の境遇に戻された。「もとの木阿弥」はこの話に由来すると伝える。

順昭の供養塔である五輪塔（重要文化財）は、奈良林小路町にあった筒井屋敷跡を菩提寺にしたという圓證寺（現在は生駒市上町に所在）にある。

筒井《つつい》城

所在地　大和郡山市筒井町
築城時期　室町～戦国・安土桃山時代（十五～十六世紀）
標　高　四七《メートル》
主な遺構　堀跡

戦国武士筒井氏の居城。近鉄筒井駅の北東側に位置し、現在の筒井町の集落とほぼ重なる範囲である。低地に立地する平城であり、内堀、外堀の二重の堀に囲まれ、南北四〇〇《メートル》、東西五〇〇《メートル》の規模をもつ。堀は埋もれ、石垣や土塁のような構造物も残っていないため、現地を訪れてもなかなか城跡とはわからない。

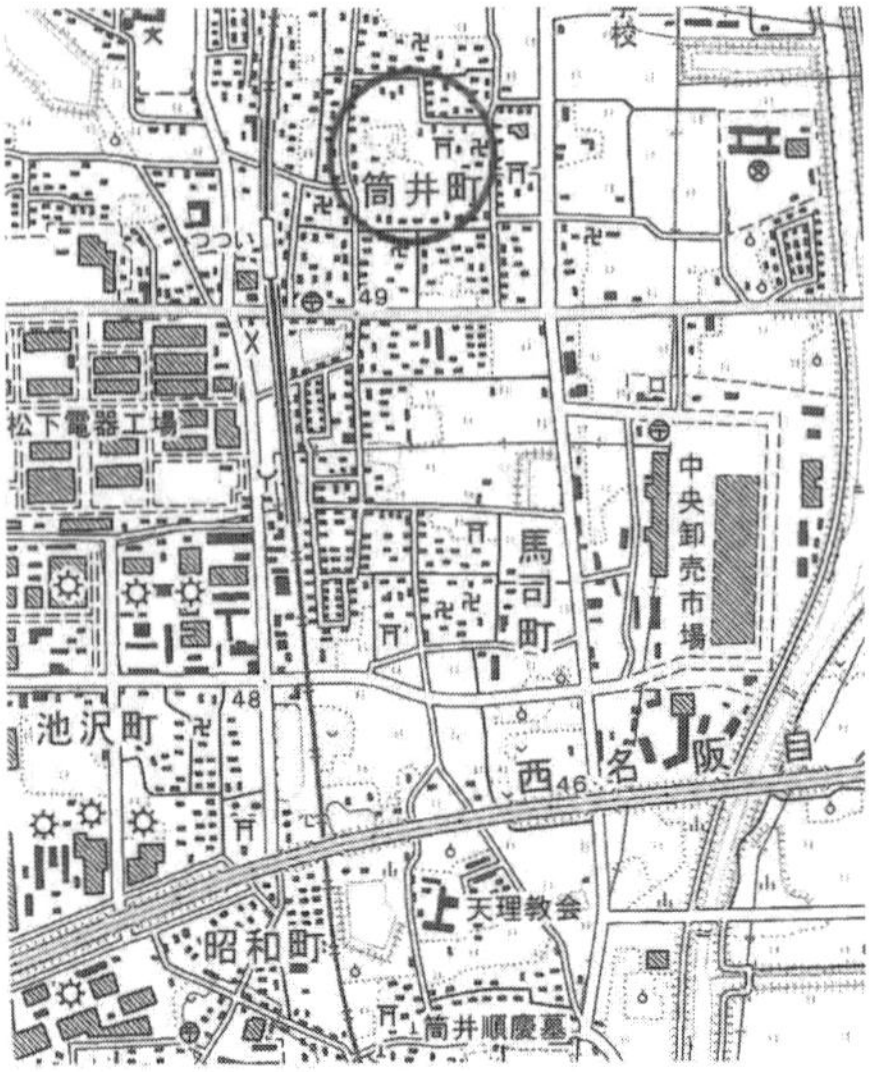

位置図

筒井城の中心からやや西寄りの部分に、小字「シロ畠」という、周囲より一段高い畑地や緑地となっている部分があり、遺跡の解説板が立っている。ここが城の中心部の主郭にあたり、初期の館跡を踏襲していると考えられている。主郭の周りには家臣団の屋敷地や宗教施設があり、さらに西側の街道沿いには町屋や市場が形成されていた。

筒井氏は十四世紀末から十五世紀前半にかけて活躍した順覚に始まる。以後、順弘・順永・順尊・

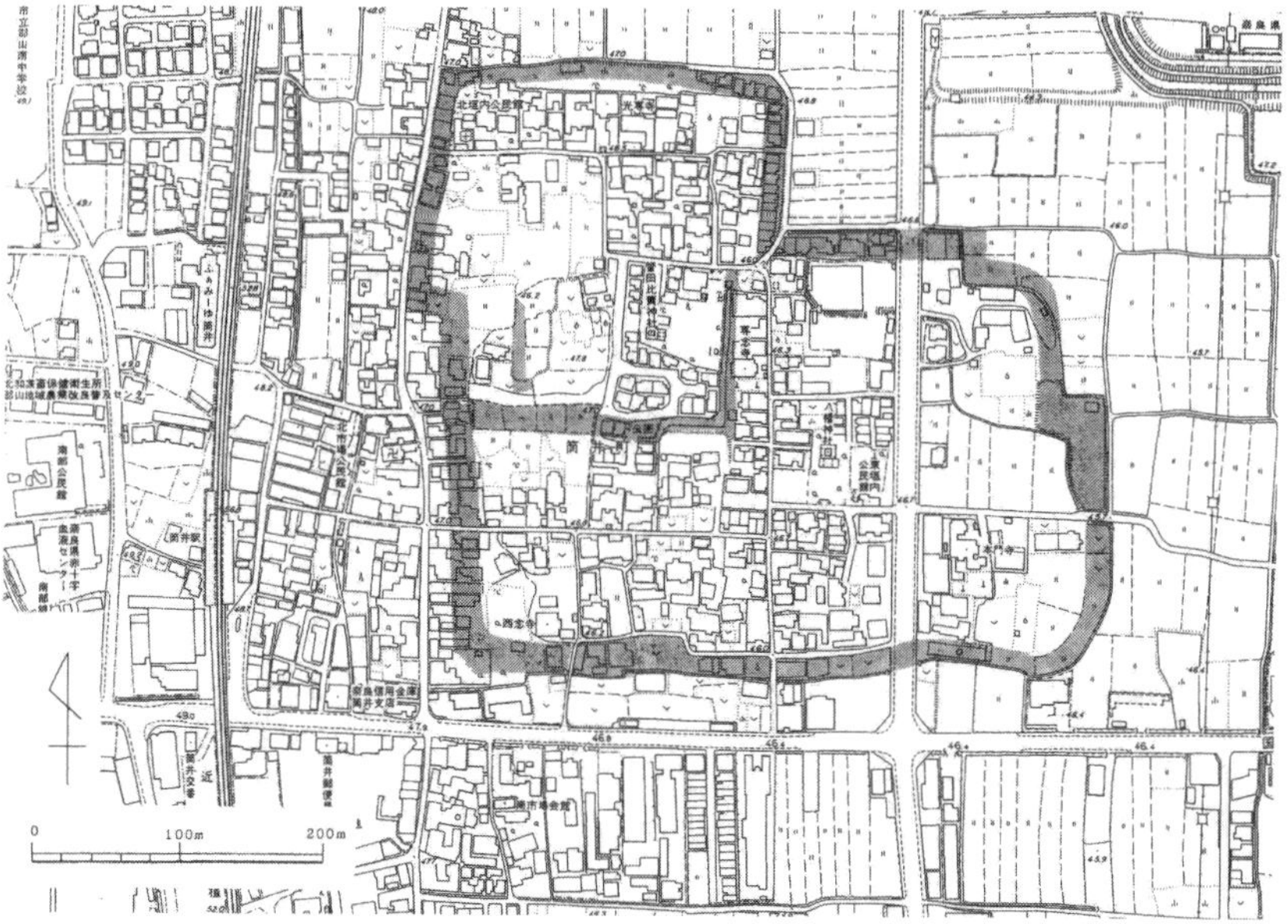

筒井城（城郭談話会編 2004）

順興・順昭・順慶と続く。興福寺一乗院方に属する官符衆徒棟梁の地位についていた実力のある大和武士である。

戦国期には筒井党と越智党が大和を二分するいわば南北戦争を繰り広げる。やがて筒井党は越智党と和睦し、しばし平穏に勢力の拡大を図るも、順慶が跡を継いでから宿敵松永久秀と筒井城の争奪戦をくりかえす。ついに元亀二（一五七一）年、辰市の戦いで久秀を破り、天正四（一五七六）年、織田信長から大和の支配を認められた。

天正八（一五八〇）年、筒井城を破却し、郡山城へ居城を移し、ここに筒井城はその役割を終える。こうした長い戦いの歴史の中で、城は何度も改修整備され、最終的に冒頭に述べた形態になったと考えられる。

これまでの発掘調査で、主郭とその周囲から大規模な素掘りの堀や石組井戸が検出され、鉄砲玉などが出土している。城の構造の変遷や攻防の歴史を物語る貴重な発見である。筒井城の地下にはまさに大和の戦国期が埋もれている。

石組井戸にはたくさんの石塔や石仏が積み込まれていた。得度し仏門に帰依した信仰深い順慶がつくったのか、それとも神仏を恐れぬ久秀の造作か。鉄砲玉は久秀方がはなったものと推定されているが、順慶も額田部の会ヶ峰村で鉄砲の鋳造をおこなっており、両軍ともそれ相応の鉄砲は所持していたのであろう。

織田政権下に組み込まれ郡山城にはいった順慶はその後も戦いに駆り出され、天正十二（一五八四）年に死去。定次が跡目を継いだが、翌、天正十三年、伊賀へ転封され、大和における筒井氏の歴史は幕を下ろす。大和の動乱の歴史を秘めた筒井城はのどかな風景の中に今も佇んでいる。

毎年九月初旬には筒井順慶まつりが筒井城跡で開催されその遺徳を偲ぶ。近鉄平端駅の北東には順慶の墓所、重要文化財の五輪塔覆堂がある。

（服部伊久男）

筒井城跡（森下惠介撮影）

参考文献
『筒井城総合調査報告書』城郭談話会編・大和郡山市教育委員会　二〇〇四

【城郭探訪メモ】

近鉄筒井駅の東一〇〇メートル、筒井を南北に通る旧下街道から東へ「虎口」ともされる細道をはいったところに「筒井順慶城趾」の石碑が立っている。「シロ畠」と呼ばれる畑から菅田比賣《すがたひめ》神社あたりまでが筒井城の主郭と推定されている。あぜ道づたいに東へ行くと、主郭のほぼ中央部の発掘調査地に解説板が設置されている。筒井を取り囲む外堀は光専寺の北側に良好に残っている。

（増山和樹）

筒井順慶墓所（大和郡山市長安寺町）

椿《つば》尾《お》上《かみ》城

所在地　奈良市北椿尾町
築城時期　室町〜戦国時代（十六世紀）
標高　五二八メートル
主な遺構　郭・横堀、竪堀群、堀切、石垣（石積）

戦国時代の始まりとされる応仁の乱が一応の終息をみせた文明九（一四七七）年、大和、河内、南山城は西軍の支配するところとなり、東軍に属した筒井氏は福住に没落、大和の戦乱は東山内へと拡大することとなった。大和が本格的な戦国時代に入る十六世紀前半には古市氏の鉢伏城、十市氏の龍王山城、越智氏の高取城など「山之城」と呼ばれる大規模な山城が史料に現れる。これらの山城は平地にあった居館（居城）と対になる緊急時の詰城《つめじろ》としての機能だけでなく、恒常的な政庁の機能も持っていたとされる。

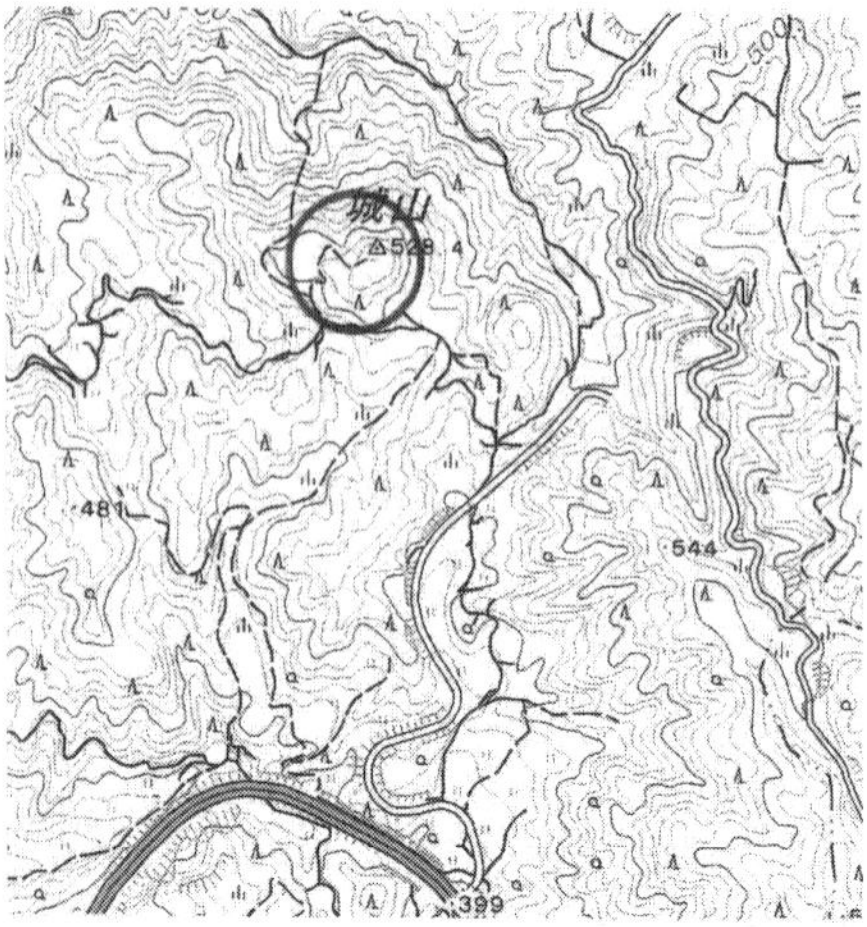

位置図

　椿尾には衆徒の椿尾氏の居城であったと見られる椿尾下城と山上に営まれた椿尾上城があるが、この椿尾上城が国人《こくじん》領主随一の地位を維持した筒井氏の「山之城」であった。奈良盆地北部のどこからも見える「城山」の山頂にあって、国中北部

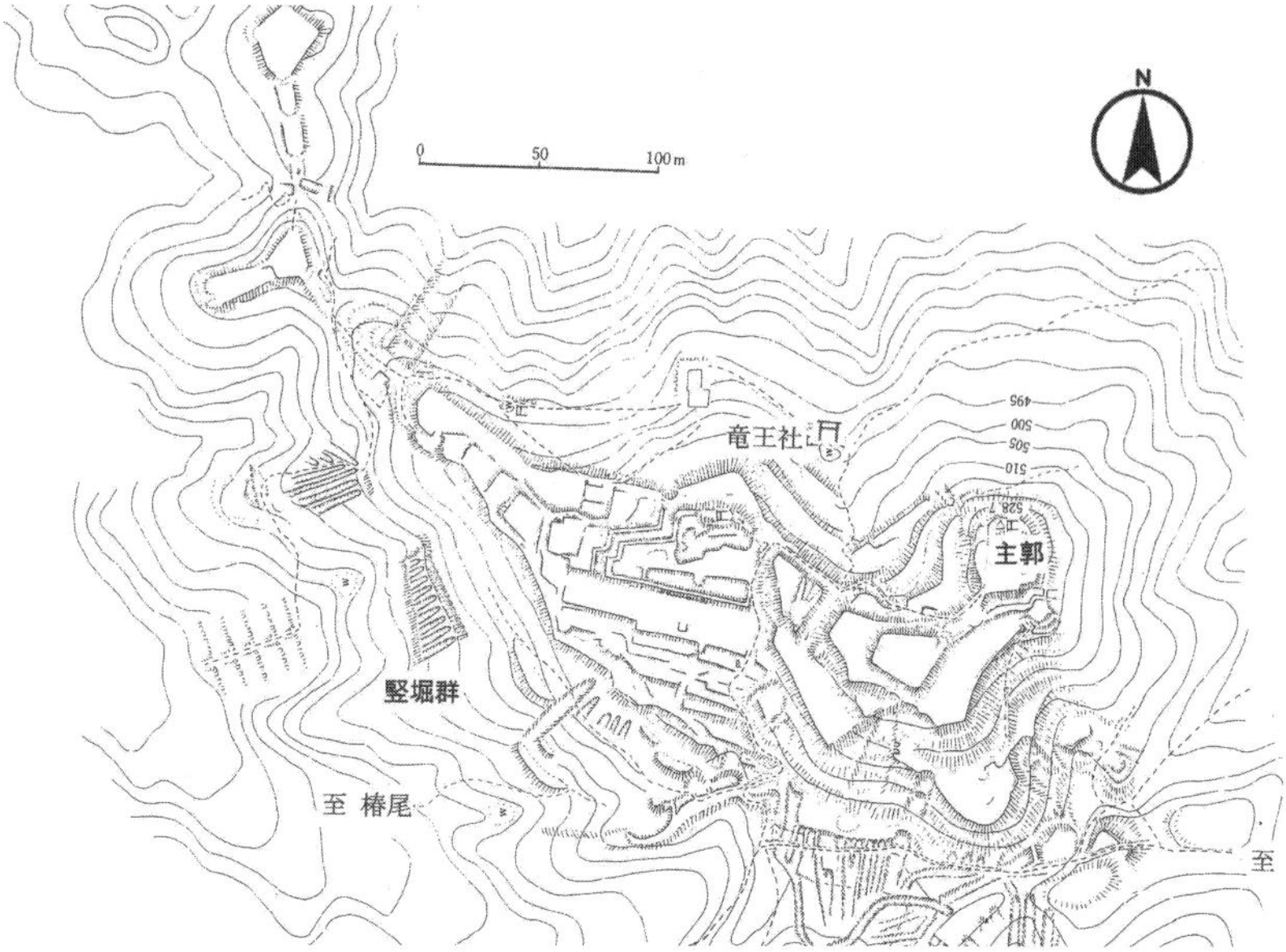

椿尾上城（村田修三 1987）

を制圧するにはふさわしく、筒井氏が潜んだ福住とも近い。

天文十六（一五四七）年に筒井氏は「山之城普請」のための人夫を薬師寺に要求しており、この時期、大和の平定を進める筒井順昭によって大規模に整備改修されたことがうかがえる。順昭の死後、幼主の藤勝（後の筒井順慶）は一族の福住宗職《ふくすみむねもと》の後見のもと、この山之城に居たとされる。松永久秀の大和乱入によって筒井城が落城した後は、この山之城が筒井氏の反撃拠点で、元亀元（一五七〇）年には順慶によって改修されており、城跡西部の郭や西南山腹に残る竪堀群などはこの時期のものと見られている。

城跡は山林で、北椿尾町と中畑町を結ぶ山道が大手口と見られ、城山の東ピークに主郭があり、北面に土塁、南側には横堀が巡る。主郭の南に郭が続き、中央に堀切状の通路がある。尾根を南へ下った郭には土塁が巡る。城の西部に広がる郭は直線的で、南側にやや広い郭、北側がやや狭い郭がある。郭を囲む土塁の外側には石積が見られ、西端の突出部には櫓台を推定することもできる。南側の山裾は堀切や竪堀で防御し、城跡の西北の尾根は竪堀で狭めており、さらに先にも平場があり、菩提山《ぼだいせん》方面への出撃ルートとみることもできる。水場は北側山腹を下ったところに存在する。筒井氏の大和国中《くんなか》復帰の前線基地であった山城は国中と山内支配の要の城でもあった。

（森下恵介）

参考文献
村田修三「大和の『山の城』」『日本政治社会史研究』下　岸俊夫教授退官記念会　一九八五
村田修三「中世の城館」『奈良市史　通史二』奈良市　一九九四
高田徹「椿尾上城」『図解　近畿の城郭Ⅰ』中井均監修　城郭談話会編　戎光祥出版　二〇一四

【城跡探訪メモ】

城跡のある「城山」は県道一八六号福住矢田原線から間近に望むことができる。中畑町から県道一八六号に向けて北上する車道があり、途中で工事が中断しているが、車止めまでは自動車で行ける。車止めから西へ入る山道があり、この道をたどると、城山の山頂に行くことができる。案内標識などは無い。城跡は植林の中で、かつては見えたはずの大和盆地の展望は無いが、石積みをもつ郭跡、土塁や竪堀群が見られる。北斜面の水場には竜王が祀られている。

（増山和樹）

二　国中中部の城

豊田城《とよだ》

所在地　天理市豊田町・(居館跡) 豊井町
築城時期　戦国時代（十五世紀後半～十六世紀）
標高　一九一メートル・(居館跡) 八六メートル
主な遺構　郭、竪堀、横堀、堀切、土塁、櫓台・(居館跡) 濠、建物、井戸、溝、庭園

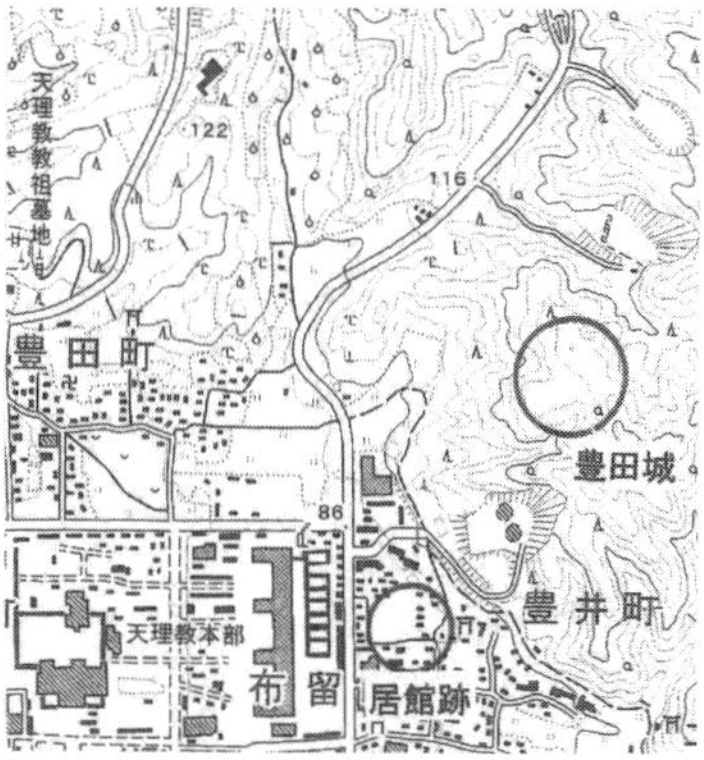

位置図

豊田城を築いた豊田氏は、大和では筒井氏や古市氏に次ぐ優勢な土豪であった。十五世紀後半から十六世紀にかけて、天理市の北部を本拠地として居館と山城を築き、戦国時代を戦った大和武士の代表であった。十五世紀後半の豊田頼英の時代には、越智党に属して警察権を握るまでに実力を持つにいたった。その後、永禄十一（一五六八）年には、松永久秀によって落城する。このため、豊田城には、豊田氏が築いた当初の城郭と松永氏による拡張が想定される一画があるが、発掘調査が行われていな

いため不明な点が少なくない。

豊田城（豊田山城）跡は天理市街東北部の「山辺の道」に沿う山頂に築かれた。城跡の標高は約一九一メートルである。城跡への登山道入り口には、道標が立っており、ここから東へ小道を登っていく。約一五分で主郭への入り口となる平地があり、ここに「豊田城址」の案内板が立っている。この地

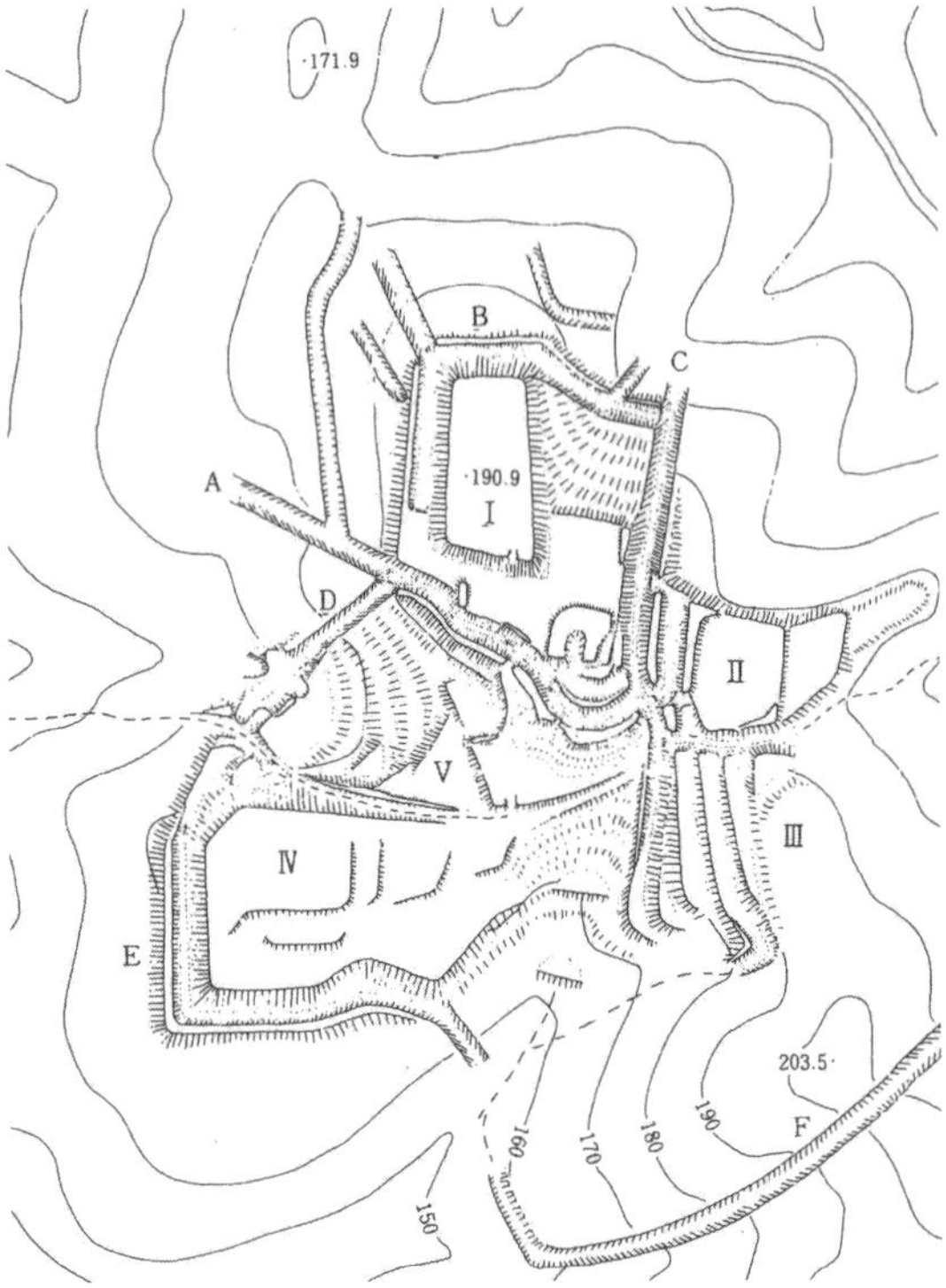

豊田山城跡（村田修三 1987）

点から右に折れると、松永氏の拡張かと想定される郭（曲輪）がある（曲輪Ⅳ）。左に折れると、一辺約六〇メートルの方形状の区画（曲輪Ⅰ）があり、二重の堀に囲まれた主郭がよく残っている。主郭への入り口になる馬出し付近は荒れていて石材が散乱している。城跡の遺構はよく保存されているが、樹木や下草が生い茂り見通しがとりにくい。村田修三氏の縄張り図には曲輪Ⅱから下った地点に水場が記されている。大手からすればちょうど裏側の位置である。

（居館跡）

天理教本部の東方、布留遺跡（「打破り地区」）の発掘調査によって、内・外の二重の堀に囲まれた屋敷跡が確認された。屋敷跡は四四×四八メートルの半町四方の規模である。この中に掘立柱建物が五棟以上ある。このほか庭園が屋敷の北西隅にあり、池と礎石建物が付属していた。外濠は全体像がつか

めないが、長さは六七メートル以上あり、外濠は幅約八メートル、深さ約二メートルの規模である。調査区中央で濠に架けられた橋脚が確認された。内濠は東西四四メートル、南北四八メートルあり、幅約八メートル、深さ二～二・五メートルである。内濠でも橋脚が確認されたが、外濠と内堀は一直線では結ばれていない。ここにも敵が攻め入ることに対する障壁としての工夫がほどこされている。

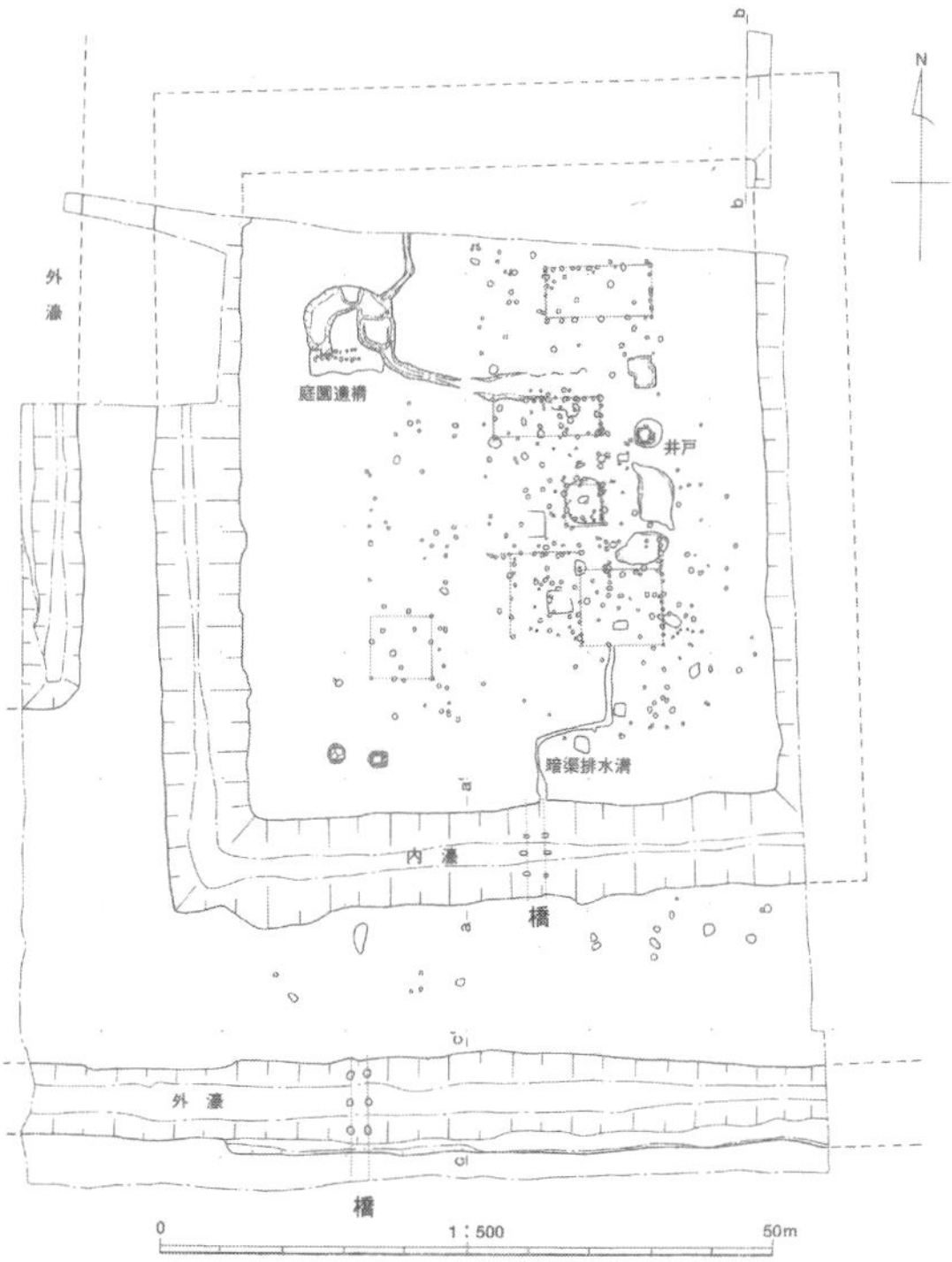

豊田氏居館跡（豊井打破り地区　太田三喜 2004 改変）

　屋敷地内は約二〇〇〇平方メートルの敷地面積があり、礎石を据えた建物が九棟以上みつかった。この中で敷地の中央に最大の建物（桁行三・六メートル、梁行三メートル）がある。この建物に付属する庭園は敷地の北西隅にあり、池とその中央に築山がある。池内には石を敷き、小建物が付属している。この付近から多量の燈明皿が出土した。この建物で使用されたのであろう。内濠からは多量の日常生活で使用した雑器が多量に捨てられていた。この中には、中国製の青磁や白磁、褐釉陶器などの輸入品が含まれ、豊田氏の財力の一端がうかがえる。このほかに、茶道具（土風炉）や大工道具（のこぎり）、化粧道具（おはぐろを溶く皿）などもあった。

　内・外濠の堆積状況は、居館で使用された日常雑器とともに一気に埋められたことをうかがわせ、ここには豊田氏の滅亡を如実に表した発掘成果であった。永禄十一（一五六八）年には豊田氏は松永久秀の軍によって攻められ、豊田城は落城、元亀二（一五七一）年の辰市城合戦で豊田氏は没落した。

（泉　武）

参考文献
村田修三『日本城郭大系』第10巻　新人物往来社　一九八〇
村田修三『図説中世城郭事典』第二巻　新人物往来社　一九八七
太田三喜「大和における中世後半期の城館遺構」『筒井城総合調査報告書』大和郡山市教育委員会・城郭談話会編　二〇〇四

【城跡探訪メモ】

豊田城跡（豊田山城）には天理教迎賓館北側の東に入る小道に、「豊田城址　約三〇〇m登る」との道標が立っている。ここから十五分ほどで城跡に着く。豊田町郷土史研究会が立てた小さな説明版がある。豊田氏の屋敷地は発掘ののちに跡地利用されて現地は見ることができない。

（泉　武）

黒塚砦《くろつかとりで》

所在地　天理市柳本町
築城時期　戦国時代（十六世紀）
標高　八五㍍《メートル》
主な遺構　郭、堀切

天理市柳本町の市街地には、堀に水をたたえた黒塚古墳（四世紀初め）が威容を誇っている。この

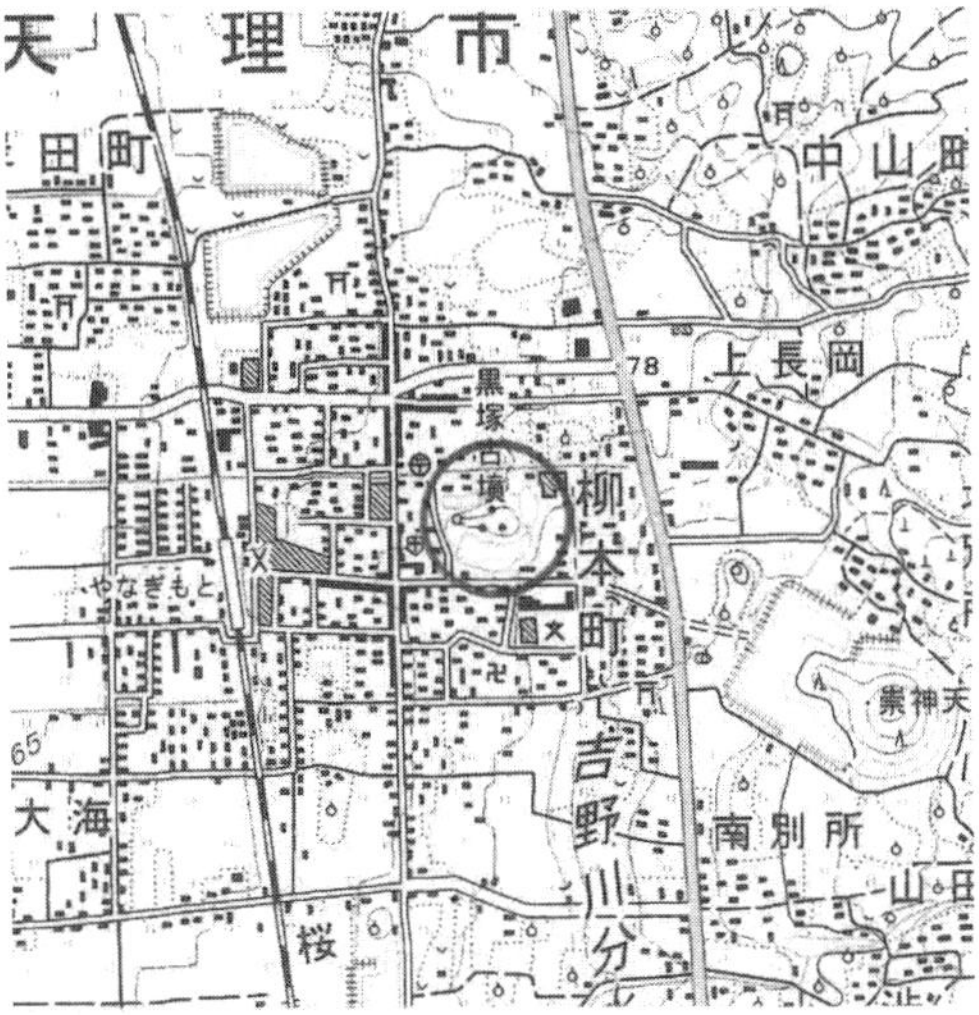

位置図

古墳は平成九～一〇年におこなわれた調査で三三面の三角縁神獣鏡が出土し、全国にその名を知られることになった。

この地域は室町時代ごろには柳本（楊本）氏が一帯を支配し、豊かな農耕地帯として開発が進んでいた。ところが、戦国時代になると南に勢力を張っていた十市氏の領有する地となり、さらに松永久秀の手に移るという転変を繰り返すことになった。

松永久秀の滅亡後は再び柳本氏の支配地に戻ったものの、筒井氏の配下にあったことから、筒井氏の伊賀転封にしたがって柳本を離れることになった。

江戸時代になると、織田氏が陣屋を構えて明治

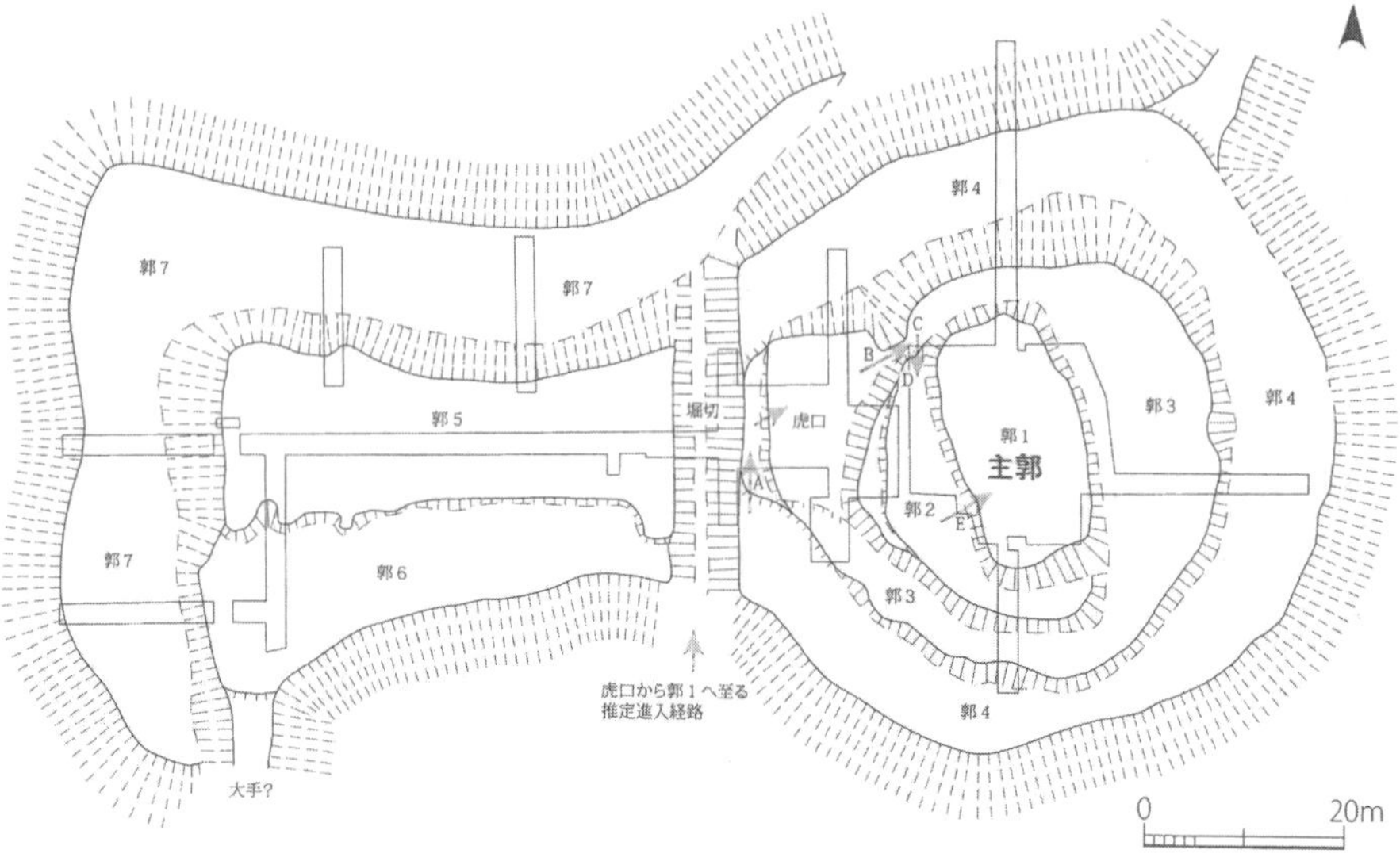

黒塚古墳の砦跡（奈良県立橿原考古学研究所 2018）

時代の廃藩置県まで一万石という小藩ではあったが藩政がしかれた。しかし、藩主はほとんど江戸屋敷にいて、柳本にいることはなかった。柳本氏の支配の象徴であった柳本館《やかた》は、十市氏の柳本城、織田氏の柳本陣屋と幾度となく主を変え、歴史から姿を消したのである。幾度となく転変を繰り返した土豪たちの居館跡は、天理市立柳本小学校の敷地に重なっているものと思われる。

黒塚古墳の砦跡は、元亀二（一五七一）年に松永久秀が家臣を柳本に派遣し、古墳を柳本城の付城としたことが知られる。その後、天正五（一五七七）年十月一日に柳本城は落城し、ここに陣を構えていた松永金吾（久通）が自害したのである。この時の合戦に「クロツカ」という名が初めて登場した。おそらく黒塚古墳のことを指すのであろう。ところが、クロツカ砦をめぐる戦いで死者が出たのはこの時が最初ではなかった。百年前の文明三（一四七一）年に十市遠清が楊本館《やなぎもとやかた》を攻めたとき、楊本範満は堀に落ちて死んだという。いずれの攻防も死者を出す激戦が繰り広げられた。

さて、このような「クロツカ砦」は古墳をどのように作り替えていたのだろう。黒塚古墳は東に後円部、西に前方部をおいた、全長一三〇メートルの前方後円墳である。堀は現状では不完全なかたちで古墳を取りまいていることから、古墳を全周する周濠があったとみられる。砦として改造された古墳の姿は発掘であきらかになった。もっとも大きな特徴は、前方部と後円部の境に、幅が六・七メートル、深さが三・四メートルの薬研堀状の深い堀が掘られていた。この堀切によって後円部が、砦の主郭としての機能が付与された。

黒塚古墳

このほか、後円部には階段状に郭2から郭4までラセン階段状の帯曲輪《おびぐるわ》が配置された。前方部の郭（曲輪）は平坦面に郭5・6があり、ここから北で三メートルの地点に郭7が設定されたのである。黒塚砦の入り口は、江戸時代の大手道から北に入る堤《つつみ》と北東の堤の二か所が想定される。堀切は調査において埋められた土砂が二層の堆積でしかなかった。しかも埋め戻された土は、堅く締まったものではない状況がうかがわれたところから、一挙に埋め戻されたことがわかった。おそらく織田信長の命令で行われた大和の城の破却（天正八年・一五八〇）による取り壊しの状況を物語るのであろう。

（泉　武）

参考文献

奈良県立橿原考古学研究所『黒塚古墳の研究』八木書店　二〇一八

【城跡探訪メモ】

黒塚砦へはＪＲ柳本駅から東への道を歩くと、一〇分ほどで左手に黒塚古墳が見えてくる。黒塚古墳へは公民館そばの公園にはいるとその奥に市立黒塚古墳展示館、および古墳への通路が整備されている。黒塚古墳の砦跡は前方部と後円部の境に穿たれた堀の表示がある。前方部は平地になり柳本藩邸に関連する建物や石垣があった。黒塚展示館は古墳の石室や鏡の出土状況を原寸で再現し、複製の三角縁神獣鏡や鉄製品が展示されている。展示館は午前九時～午後五時。入館無料。月曜・祝日休館（ゴールデンウィークは祝日も開館）

（泉　武）

大和の古城　こぼれ話

「龍王山のジャンジャン火」

　今にも雨の降りそうな夏の夜、龍王山城跡のある龍王山に向かって「ホイホイホイ」と呼ぶと、龍王山から西方の信貴山へ向かってジャンジャンと音を立てて火の玉が飛ぶという。これを「ジャンジャン火」、「ホイホイ火」あるいは「ザンネン火」と呼び、龍王山城落城時の十市氏怨念の火の玉だとされ、たいへん恐れられたという。

　「ジャンジャン」というのは「残念ザンネン」という恨みの声が「ジャンジャン」と聞こえるのだともいう。火の玉はタライほどの大きさがあり、家の軒下のクモの巣まで見えるほど明るく、一町（約一〇九メートル）ばかり近づいてくると音が聞こえ、橋の下などに逃げ込まないと、焼き殺される。火の玉を見ただけでも二、三日熱に浮かされるともいう。昔、夜道でこの火の玉に侍が出合い、刀で切り付けると、火の玉は離れてもまた一つになり、ついには黒焦げになって死んだとか、相撲取りが龍王山に退治に出かけたが、クモの糸のようなものに巻かれて死んだとか、城跡に登ると必ず落とし物をしてくるなどのさまざまな伝説を伝え、龍王山には「五尺八寸」、「ゴロ」とも呼ばれるツチノコがおり、これが人を見ると飛んでくる。これが夜にジャンジャン火になるといった話まである。

　昭和の初め頃、夜の田の番水に出た青年がこのジャンジャン火を見たというが、夜が明るくなったためか、その後、ジャンジャン火を見たという話は無い。

中山大塚古墳《なかやまおおつかこふん》の砦《とりで》

所在地　天理市中山町
築城時期　戦国時代（十六世紀？）
標　高　一〇六メートル
主な遺構　郭、土塁、堀切

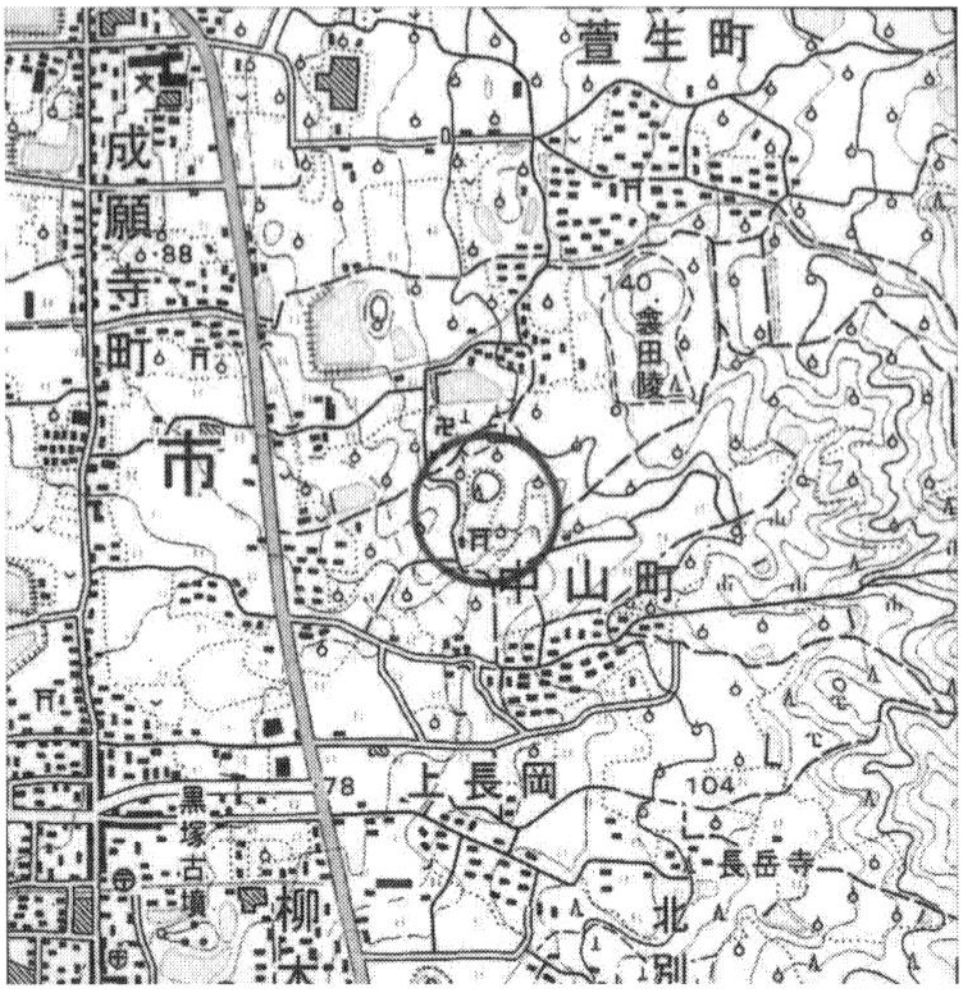

位置図

天理市の南部、萱生《かよう》から成願寺《じょうがんじ》町にかけての広い地域には、前期古墳が数多く築かれ、ヤマト王権の大王たちが眠っている。これらの古墳が戦国時代になると、砦として利用されたことは黒塚古墳でみたとおりである。古墳に生えた樹木を伐採すれば、奈良盆地を見渡せる格好の陣地になったのである。

中山大塚古墳は標高一〇〇メートル付近にあり、北には「山辺の道」に沿うように浄土宗念仏寺がある。境内には貞和五（一三四九）年銘の地蔵石仏があり、中世の郷墓として知られた墓地が広がる。古墳は全長約一二〇メートルの前方後円墳で、前方部側が大きく削られて、大和神社にゆかりの大和稚宮《おおやまとわかみや》神社と歯定《はじょう》神社が並んでまつられている。毎年の四月一日を祭日とする「ちゃんちゃん祭り」はよく知られた祭で、境内はにぎわう。古墳には前方部東隅からの獣道から入ることができる。

中山大塚古墳は発掘調査に先立つ踏査や測量などの表面観察を通じて、古墳の施設とは明らかに違うところがいくつか明らかになった。

一、前方部と後円部の境であるくびれ部に、溝状のくぼ地がみられ、前方部側には土塁状の高まりがある。

二、くびれ部東側は古墳の裾まで溝状のくぼ地が下っている。

三、後円部から三メートル下ったところに、墳丘を一周する平坦面がめぐる。通常であれば古墳の段築面であると判断されるが、その様子がどうも違う。

四、後円部墳頂は中央が少しくぼんでいるが、墳頂周囲には土塁状の高まりすらみられた。しかも、測量図の示すところによって、段築面から上部の墳丘は、急傾斜に表面を削った様子を確認できた。

発掘調査の結果、後円部を方形にめぐる段築面には、断面がV字の薬研堀の溝であることがわかった。堀の深さは約一・五～一・八メートル、幅約一メートルである。くびれ部には後円部を一周する堀の外にも、幅約三メートル、深さ約一・五メートルの溝が東西に掘られ、後円部頂部を主郭として、土塁と堀で防御性を高めた砦として大きく改変されていた。

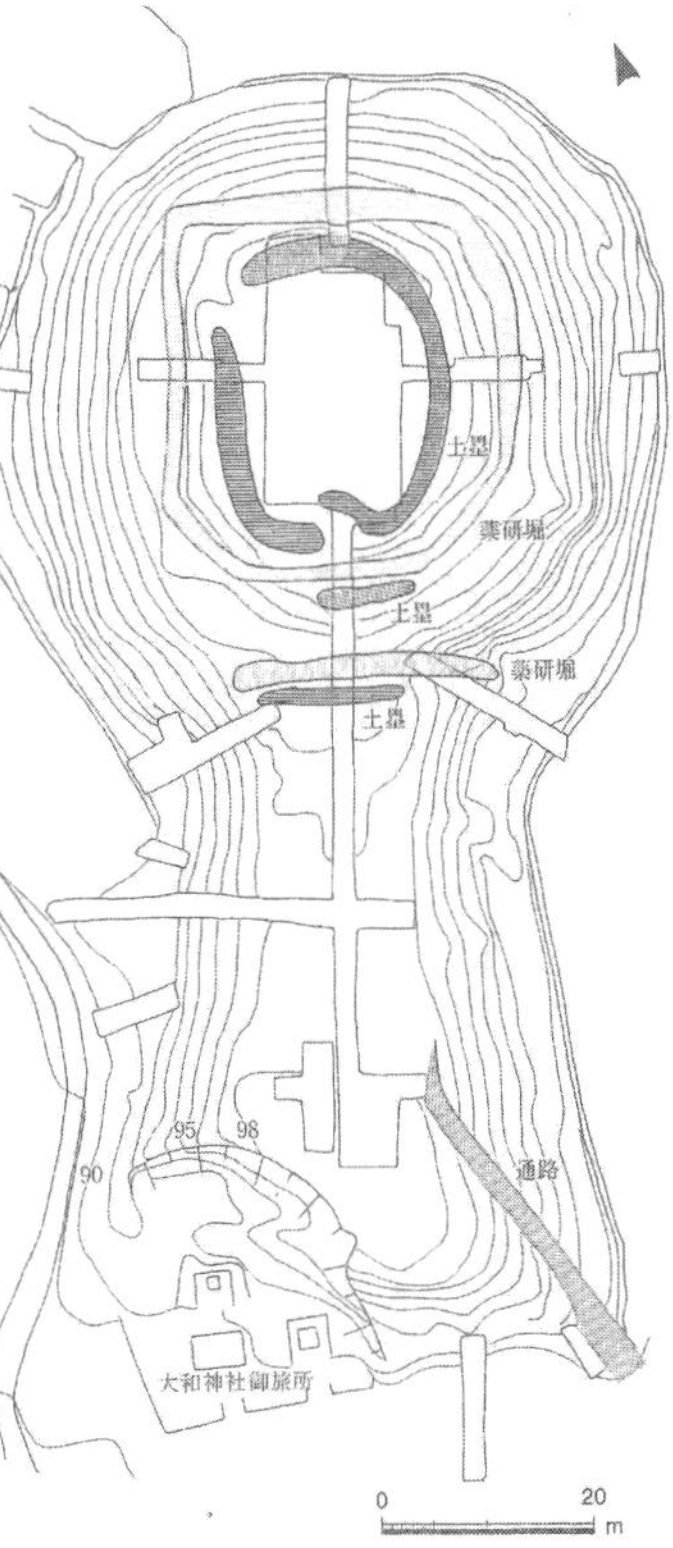

中山大塚古墳の砦跡
（奈良県立橿原考古学研究所 1996）

中山大塚古墳の北東には、西

殿塚古墳と東殿塚古墳がある。東殿塚古墳の東の畑には東大門や門前の地名が残されている。『多聞院日記』によれば、天文十二（一五四三）年七月一九日に萱生において普請のあったことが記されている。具体的なことは触れていないが、萱生は龍王山城北城への登り口にあたり、ここに門構えの工事があったのであろう。中山大塚古墳は東殿塚古墳とともに龍王山城の出城として機能していたのだろう。

（泉　武）

参考文献

奈良県立橿原考古学研究所『中山大塚古墳　付編葛本弁天塚古墳　上の山古墳』
奈良県立橿原考古学研究所調査報告第八二冊　一九九六

【城跡探訪メモ】

ＪＲ長柄駅から東に国道一六九号線を横断して、さらに東に歩を進めると「山辺の道」にいたる。このあたりからオオヤマト古墳群の代表的な古墳である西殿塚古墳や西山塚古墳があらわれる。これらの古墳から山の辺の道を少し南下すれば、浄土宗念仏寺の白壁と石塔群が林立する墓地があり、その南に中山大塚古墳があらわれる。中山大塚古墳へは大和神社のお旅所がある前方部の東の小道から登ることができる。後円部には、発掘調査でみつかった埋葬施設が植え込みで示されている。

（泉　武）

十市城《とおいち》

所在地　橿原市十市町
築城時期　室町時代（十五世紀？）
標　高　五五メートル
主な遺構　堀（埋没）

古代の氏族十市県主《とおちのあがたぬし》の後裔の伝えをもつ十市氏が文献に現れるのは、南北朝時代の貞和三（一三四七）年の十市新次郎入道が初出である。十市庄に居を構え、室町時代を通して橿原市北部、田原本町、天理市と桜井市の一部に勢力範囲を広げた。そして興福寺大乗院末寺の法貴寺《ほうきじ》を氏寺とする興福寺の国民・法貴寺党（長谷川党）の盟主でもあった。

十市氏は、興福寺の国民として興福寺に対して忠臣でありながら違背することもあった。そして寛正三（一四六二）年に違背した時にはじめて「十市屋形」の名がでてくる。この屋形が後の十市城として発展したとみられる。

他方、大和の他の有力な国民領主との攻防では応永十三（一四〇六）年の筒井氏の筒井郷を焼き討ちし筒井氏と対峙するものの、その後、筒井氏と

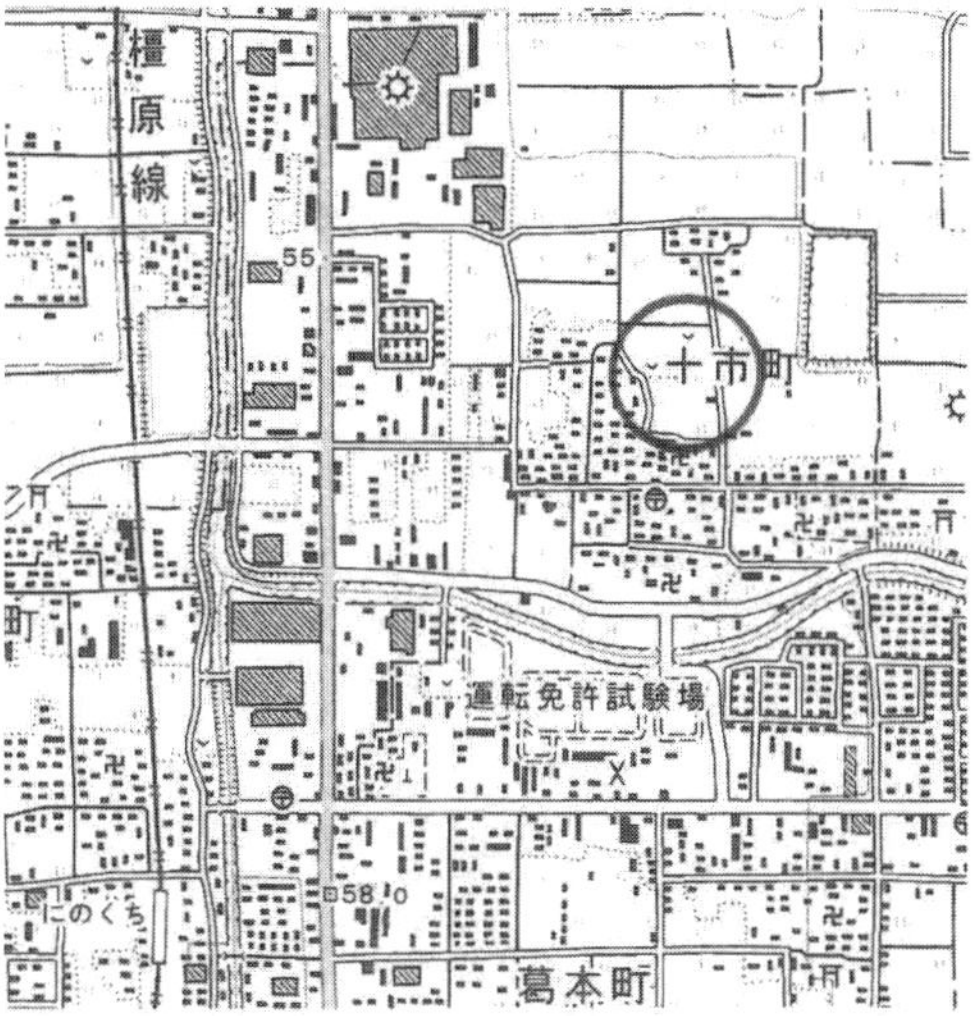

位置図

和睦し、良好な関係を築いていたようである。正長二（一四二九）年に勃発した興福寺大乗院衆徒の豊田氏と同一乗院衆徒の井戸氏の合戦（大和永享の乱）では筒井氏とともに井戸氏に加勢し、豊田氏を支援する国民の越智氏と戦火を交えた。この戦いを端緒に、最大の敵対者となった越智氏との攻防が長く続く。

そのなかで、十市氏は本拠地である十市屋形を追われての没落や領地の回復などを繰り返し、或いは和合するなどして勢力を伸張させた。そして天文三（一五三四）年、家督を継いだ十市遠忠の時、その勢力は最盛を迎え、十市、式上、山辺三郡（現在の橿原市北部、田原本町、天理市と桜井市の一部）に及んだ。

没落と回復を繰り返しながらも、屋形の場所は変わらなかったようである。現在の十市町の集落の北に、周りよりも一メートル程高く、東辺から南辺にかけて鍵手状に屈曲させた約七〇メートル四方の高まりが十市城の跡である。城の名残を示す小字《こあざ》「城」の名をもち、その規模からここが十市城の主郭と考えられている。そしてこの主郭の北側と南側で行われた発掘調査で主郭の北辺と南辺に並行する

十市城跡（増山和樹撮影）

それぞれの堀跡が検出され、その一端が明らかとなった。現在、この場所に十市城之跡の石碑が建つ。
　主郭の周りには東に「的場」、西に「下殿口」、南に「川原」と城に関わる小字が伝わる。さらに、その外側には西に「八王寺」、「上田」、「堂ノ前」、西南に「西水口」、南には「市場」、「南垣内」、「南口」、東南の十市県坐神社一帯に「中殿」と「大門」、「唐堀」、そして北に「北之辻」、西北に「北大井」、「大井」などの字名《あざめい》が残されていて、城下の存在とその周りに堀が設けられていたことがうかがえる。その城下に現在の十市町の町並みがある。

（竹田政敬）

参考文献
『橿原市史　本編』橿原市　一九六二

【城跡探訪メモ】
　十市城跡へは近鉄大和八木駅から奈良交通バスで「大門橋」下車。寺川の北に広がる十市町の集落を抜けると、畑と水田の一角に高まりがあり、昭和五十八年に建てられた「十市城之跡」の石碑がある。橿原市の最北部で田原本町との境に近い。十六世紀中頃、十市氏の最盛期を築いた十市遠忠《とおただ》は歌人としても知られ、「十市遠忠三十六番歌合」なども残した文武両道の武将とされる。ルイス・フロイスの『日本史』には、永禄八（一五六五）年、松永久秀の支配下にあった十市城の「イシバシ殿」を、ロレンソ修道士が洗礼に訪ねたことが記される。

（増山和樹）

龍王山《りゅうおうさん》城

所在地　天理市柳本町・中山町・藤井町、桜井市笠
築城時期　戦国時代（十六世紀）
標　高　（南城）五八六メートル・（北城）五二一メートル
主な遺構　郭、土塁、横堀、竪堀群、堀切、石積

龍王山城は天理市南部の奈良盆地を一望する高峰、龍王山（標高五八六メートル）の二つの最高点に南城と北城の二城が築かれ、戦国時代の山城として機能していた。この山城は当初、南城が橿原市十市町に本拠をおいていた十市氏によって築かれた。永禄二（一五五九）年には、河内から大和に転戦してきた松永久秀が大和の新たな支配者として登場した。翌年になると、久秀は十市遠勝から龍王山城を奪ったことで、大和の北に多聞山城、西に信貴山城とあわせた三城体制を敷くことで大和国支配の拠点としたのである。その後、龍王山城は天正八（一五八〇）年、織田信長の諸城破却令が出されるまでの十八年間、軍事上重要な拠点として機能

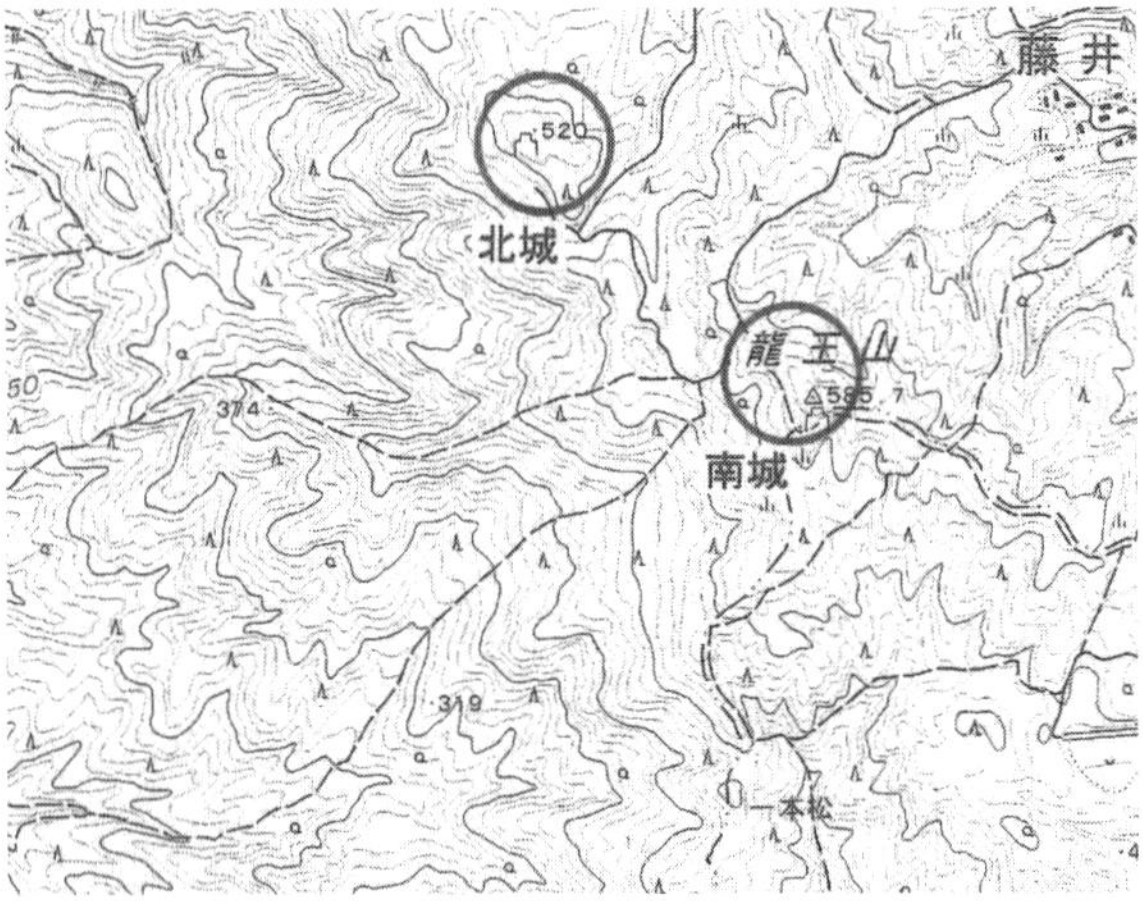

位置図

した。

龍王山の南北に築かれた二城は、城内の縄張りや遺構の状況から、十市氏が最初に開発したのは南城で、久秀の支配に移った後に南城は改修され、さらに北城が新たに築城されて、南北二城体制がとられたようである。しかしのちに述べるように、南城は武士たちが恒常的に生活の場としたことはなく、盆地の動静を探る拠点としての位置づけであり、北城に城主や家臣が居住したと考えられる。

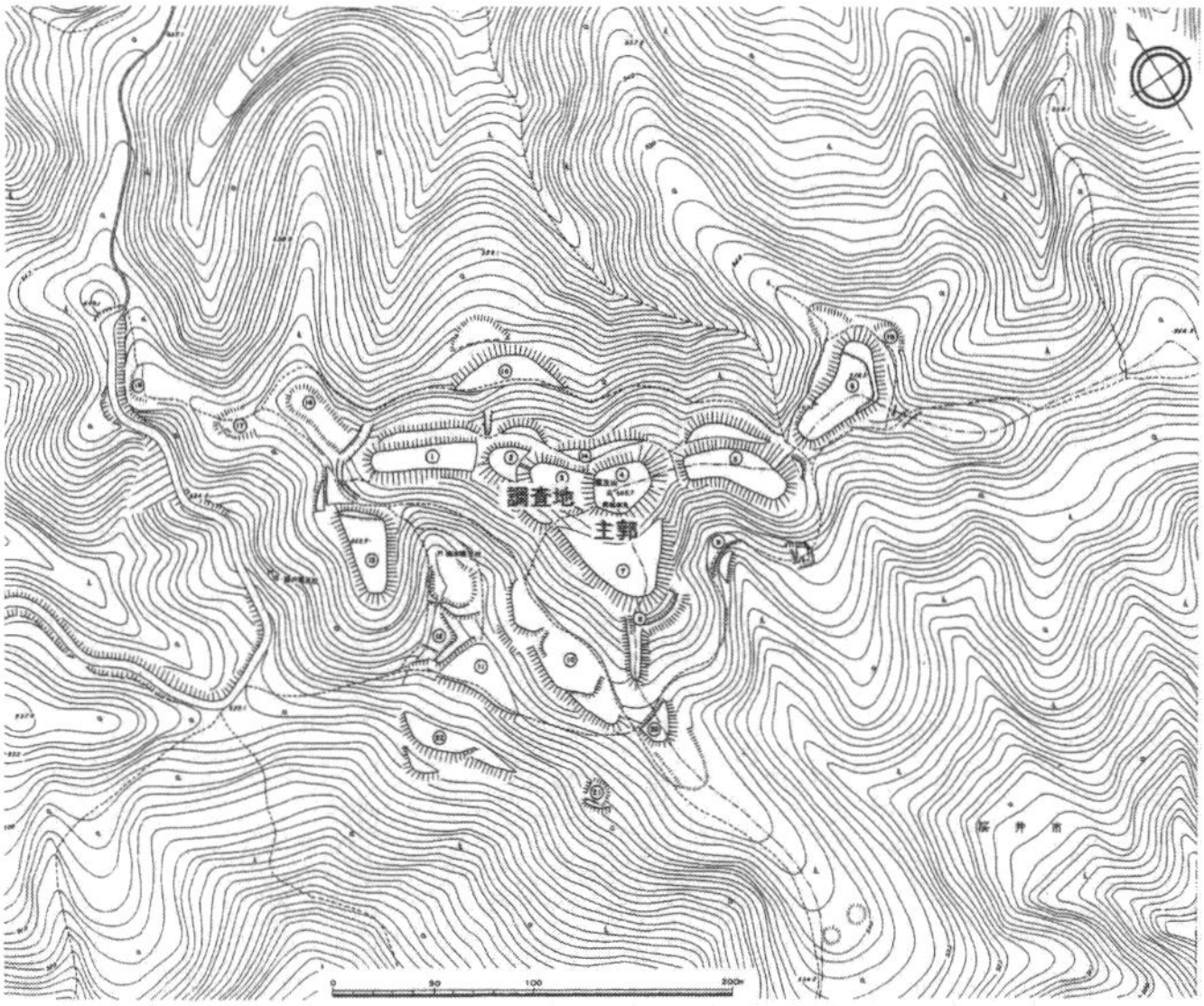

龍王山城南城跡（天理市教育委員会 2003）

（南　城）

南城主郭の標高は五八五・九メートルである。奈良盆地を見下ろす山城のなかでは最高点に位置する。この主郭を中心にして、南北にのびた尾根上に五カ所の郭《くるわ》（曲輪）がひな壇状に配置されたが、いずれも山城の正面となる西斜面を見下すことができる位置である。西斜面そのものが非常に急な崖面である。この斜面を挟むように大小の郭を設け、敵の来襲を止める工夫がされた。この一画には、現在、柳本竜王社がまつられている場所がある。その一画に谷地の湧水を利用した小池がつくられている。かつての南城の水利用にかかわる施設（水場、水の手）だったのだろう。主郭から下った近場の湧き水は、山城そのものが花崗岩の山塊であるから、貴重な水資源だった。

　南城の主郭から北に一段降りた郭と石段の発掘がおこなわれ、山城での城づくりの一端が明らかになった。その一つは発掘前から予想されたように、薄い表土を取り除くと、平地全体から岩盤が全面に露出し、その上に直に建物の礎石が置かれていた。これは岩山を削って平地を造成したことを如実にあらわし、この工事に徴発された百姓たちの困難な仕事は計り知れない。どのような道具で岩山を平地に造成したのだろう。

　礎石を配置した建物は、南北約一三㍍、東西約七㍍の規模である。平地いっぱいに建物が建てられ、南の一画に玄関の柱をのせる礎石が二つ見つかった。玄関の前には大小の自然石を組み合わせた一画があり、枯山水様の庭の石組であることが想定された。

　建物の内部は、部屋の間仕切り柱の礎石はみられなかった。このような特徴から、大広間の部屋であったことが想定された。屋根には瓦が葺かれていたようで、丸瓦が束ねられたような状態で出土した。このような瓦の出土状況は、建物が解体によって柱などの部材や瓦がまとめられて城の外

龍王山城跡北城の入口（増山和樹撮影）

に持ち出される状況にあったが、出土した丸瓦は持ち出すのを忘れられたのである。

また、出土遺物には、日常生活で使われる茶碗や土師器などの雑器類はまったくなかった。このような特徴は、建物の構造とも関連したようで、ここでは日常的な生活の場としなかったことがうかがえ、奈良盆地内の戦いの動静を監視するための施設であったことが想定される。また建物に瓦を使用していたことから、松永久秀が改修した時の建築物であろう。

（北城）

北城の主郭の標高は五二二メートルで南城主郭とは六四メートルの標高差がある。両主郭は直線で六〇〇メートルほど離れているが、城の裏側を通る東の尾根道が最短距離の連絡道として設置された。この山城の正面は西にあたるため、正面からすれば敵側からは見えない通路である。

北城の主郭は広い平地で西（盆地側）に土塁を設けている。主郭は周囲を四～一二メートルの断崖として独立させ、ほかの郭（曲輪）とは明らかに区別されたつくりになっている。

南側にはコ字形の平地が三カ所配置され、その下は深いV字形の落ち込みにつながっている。敵兵をV字形の深いアリ地獄に誘い込み壊滅させるための罠《わな》である。

西の急斜面には、竪堀とよばれる深く幅の広い溝を斜面に沿う方向に何本も入れられている。これは「畝状空堀群」と呼ばれて、斜面の横移動を防ぎ、主郭を中心とする主要な拠点に敵兵を入れないための防御施設のひとつである。溝の両側は掘り出した土を土塁状に高く積み上げ、溝を一層深くしている。竪堀群に隣接した尾根の上には、広い曲輪とともに一〇〇平方メートルに満たない狭小な郭（曲輪）がひな壇状につくられた。ここには少人数の兵士が配置されて、城の正面を防御するのには有効な施設となっている。

萱生《かよう》方面から北城に登る道沿いには、規模の大きい竪堀溝が分散して配置されている。この竪堀

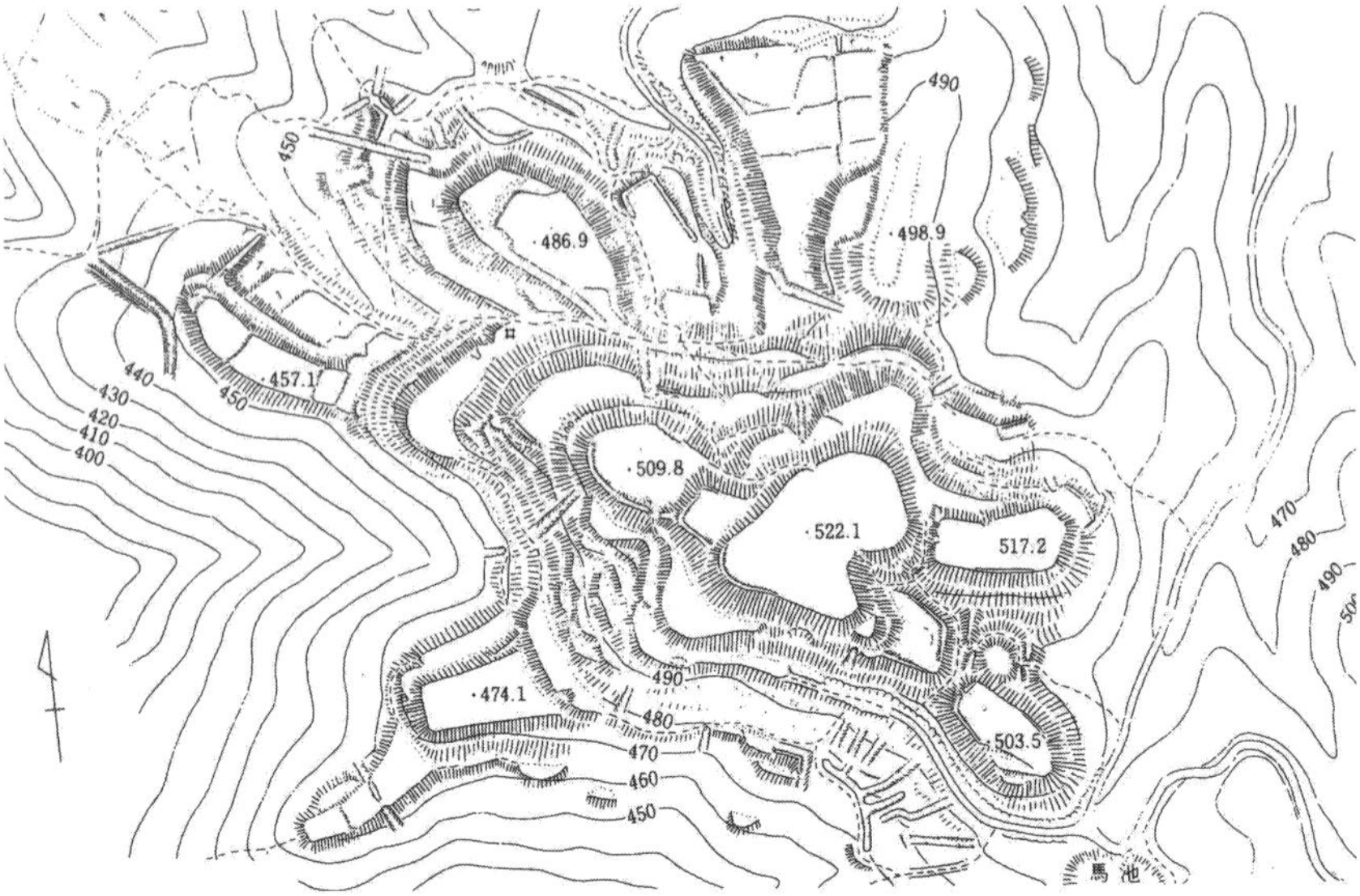

龍王山城北城跡（村田修三 1987）

溝に一旦入れば斜面地に誘導されて、ここを通る限りは主郭に近づくことはできない。

主郭の北側の一段低い平地は、ひな壇状にいくつも設けられた曲輪群が配置された。これらは家臣団の屋敷地であろう。北城の施設は信貴山城やのちの安土城に通じる機能的なつくりである。松永久秀は大和に地盤のある土豪のように日常的な拠点である平城を持たなかった。家臣団も山城の中に住まわせたのである。このように、北城の西斜面には、主郭を中心に幾重にも敵兵からの攻撃を撃破する防御施設、その裏側にあたる北には家臣の居住施設が配置され、機能的な山城として整備されたことがうかがえる。

興福寺の多聞院英俊は、天正三（一五七五）年七月一八日の日記に、松永久秀の子息である金吾久通と、かつて人質として多聞山城にとらわれていた十市遠勝の息女おなえとの祝言のあったことを記している。英俊はこの婚姻のことを「言語道断、アサマシ、アサマシ」と嘆いた。その二年後には、金吾はクロツカ砦の戦いで自害した。戦国時代のあっけない幕引きとなり、松永氏は大和から姿を消すことになった。

（泉　武）

参考文献
村田修三『日本城郭大系』第10巻　新人物往来一九八〇
村田修三『図説中世城郭事典』第二巻　新人物往来社一九八七
天理市教育委員会『天理市埋蔵文化財調査概報』平成八・九年度　二〇〇三

【城跡探訪メモ】

龍王山城へは山麓の天理市柳本町の長岳寺、行燈山古墳（崇神天皇陵）などからの登山道と、自動車で天理ダムを経由して山の東側を北城から南城へ至るルートがある。

自動車道には北城への入り口付近と、南城入り口付近にそれぞれ駐車場が整備されている。南城の山頂が本丸にあたり、主郭が築かれたところで奈良盆地が一望できる。主郭の一段下の郭の平地で調査が行われ、建物の礎石が露出しているのが見学できる。北城の主郭へは入り口看板付近に城跡の石碑が立っている。主郭の西端に立てばわずかに眺望がきくものの木立に囲まれて静かなたたずまいのなかの城跡であることが実感できる。

（泉　武）

箸尾城《はしお》

所在地　広陵町萱野、的場、弁財天
築城時期　室町時代初期～戦国時代（十四～十六世紀）
標　高　約四五メートル
主な遺構　堀跡

北葛城郡広陵町に位置する箸尾城は、同町萱野・的場・弁財天の三地区にまたがる環濠集落の範囲

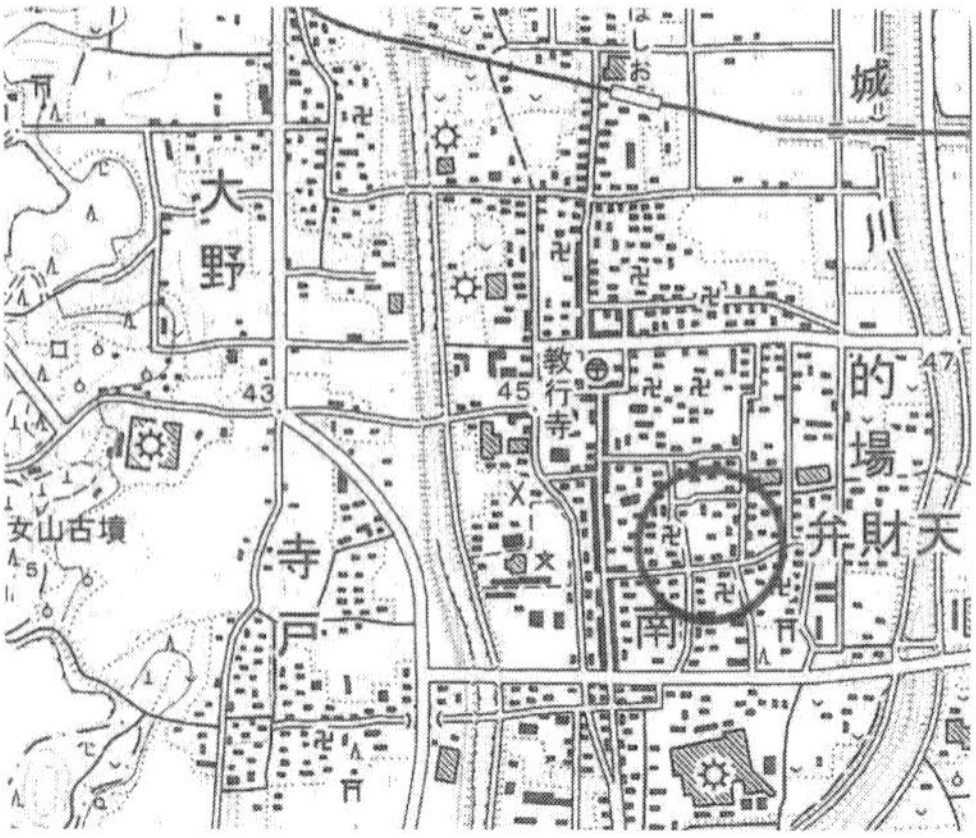

位置図

が城跡であったと考えらえている。奈良盆地には周囲に濠を巡らす環濠集落が多いが、箸尾もそのひとつで、その一画に箸尾氏の居館である箸尾城があったと推定される。

近鉄箸尾駅から南に五〇〇メートルほどの地点に「箸尾城址」の石碑が立っている。この場所から北側、南北約一四〇メートル、東西約一二五メートルの範囲に小字「古城」の地名が残っており、広陵町的場に位置するこの場所が、箸尾城の中心になると考えられる。

かつては、「古城」地区を取り巻くように堀がめぐっていたとされており、現在でもこの地区の西辺には水路があり、これが箸尾城の堀の名残りと考えられる。この堀を内堀とし、周辺にひろがる城下集落を取り囲む環濠を外堀とし、さらにこの地域の東西をそれぞれ北流する葛城川や高田川を天然の要害として取り込んだのが、箸尾城の姿で

あったと想定される。その後、中心となる城が役割を終えた後、城下集落を取り囲む外堀のみが残り、冒頭で紹介した環濠集落としての姿に落ち着いたと考えられる。こうした城のあり方は筒井氏の筒井城（大和郡山市筒井）とも類似している。

箸尾城は、一乗院方の国民で、筒井・越智・十市氏らと並び「大和四家」とも呼ばれた有力な大和武士、箸尾氏の居館を徐々に城郭化したものと考えられている。

箸尾城については、永享三（一四三一）年に筒井の軍勢に攻められ落城したのが史料上の初見で、その後、箸尾氏は筒井側につき、三度の落城と永禄五（一五六二）年の再興が知られる。箸尾氏は織田軍の支援を得た松永久秀に当初、従ったものの離反し、筒井方についた。そのことで、松永方より激しい攻撃にさらされ、箸尾郷は炎上した。松永久秀が信貴山城で敗退し、ほどなくして、織田信長によって大和一国の破城が命じられる。数多くの戦いを経験した箸尾城も、この時、役目を終えたと考えられる。

（神庭　滋）

参考資料

『大和北葛城郡史』奈良県北葛城郡役所編　一九〇四

『広陵町史』広陵町役場　一九六五

箸尾城跡（増山和樹撮影）

【城跡探訪メモ】

近鉄箸尾駅から南へ教行寺を目指す。「箸尾御坊」として知られる教行寺は蓮如上人が開基。本堂（県指定文化財）は豪放華麗な江戸時代の大型真宗本堂の典型。教行寺の門前を東に入ったところに昭和十年の「箸尾城址」の石碑が立つ。城跡はこの碑の北側に推定され、西側の水路が堀の痕跡とみられる。

（増山和樹）

箸尾教行寺

三　国中南部の城

岡《おか》　城

所在地　明日香村岡
築城時期　室町時代？
標　　高　一六〇メートル
主な遺構　郭・空堀

位置図

飛鳥盆地の南端、飛鳥川の右岸は多武峰山系から西に派生する尾根が迫る。その尾根の一部を構成する岡山の中腹に谷を造成し、甍を誇る山林寺院、岡寺の南を下る尾根の先端に字「城山」の地名を伝える場所に岡城が築かれている。

『日本城郭大系』（第一〇巻・一九八〇年）には、南が急峻となる尾根の稜線に北と東西の三方に大規模な空堀を巡らし、東西二二メートル、南北一八メートルの単郭の東南には土塁が築かれた城として紹介されている（図）。しかし、現地を確認すると、急峻な斜面は北と南にみられ、単郭の東側と西側を尾根が下る方向を縦断するように直線に空堀を掘り切っている。そして北と南は、急峻な斜面に手を加え、東西に掘り切りされた空堀の底につながる二メートル前後の平坦面に仕上げ、それより下位は急峻な地形をそのまま利用している。空堀底面から単郭上面までの高さは、四メートルを超え、断面が急勾配の台形となる長方形土壇と言い換えてもよいものである。

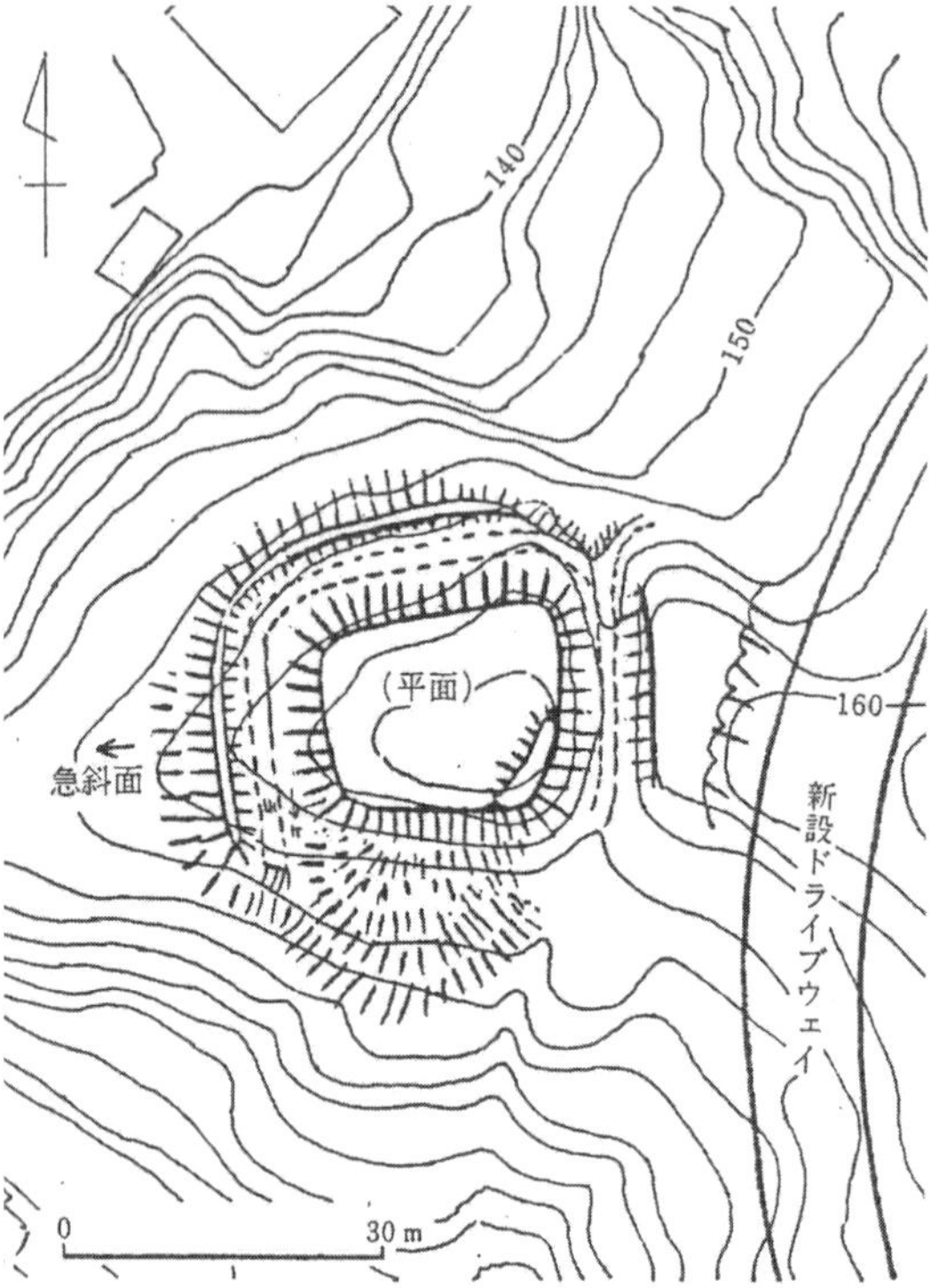

岡城要図（村田修三 1980 から）

この城は、『日本城郭大系』で紹介されているに過ぎず、文献にも現れず、謎が多い。そのなかで、築城者については、『明日香村史』には「文禄、慶長の頃、岡氏この地を領す。『国民郷土記』には岡安芸守あり。共に天武天皇の皇子高市王の裔と称するとも如何にや」と、出自を疑問視しながらも岡氏が築いたと城と記す。

そして、岡氏の出自は別として平安時代の終わり、平氏と源氏が争っていた頃に岡冠者頼基の名が見え、その同族が室町時代、葛下郡平田庄（現大和高田市他）の荘官となり、その流をくむ者がこの地に土着したかもしれないと記す。

他方、岡城の位置するところは、前

述した岡寺の近傍にあたる。そして周辺の土地の字名をみると、城の北東に接して入り組む一筋の谷地形に「堂ノ坂」、また、西南の平地には「市場」、「花井垣内」、「庄屋垣内」、「坊ノ前」と岡寺とその門前町のなごりともみられる地名で囲まれ、岡城の「城山」が異質の様相として浮かび上がる。

岡城は『日本城郭大系』で紹介されて以来、単郭の城としてみなされてきたが、先に記した現地の状況や周辺の地名からは、案外、岡寺に関係する施設（御堂）であった可能性を考える必要がある。これらのことを視野にいれることで、岡城の本当の姿が明らかになるであろう。

いずれにしても、現状では、謎に満ちた城と言えよう。

（竹田政敬）

参考文献

村田修三『日本城郭大系』第10巻　新人物往来社　一九八〇

【城跡探訪メモ】

石舞台古墳と奥山を結ぶ県道一五号桜井明日香吉野線の西側にあり、墓地へ下りる階段の脇にある竹林が城跡とされる。周囲が切れ落ちた台形状の中心部の上面が平坦地となっている。展望は無い。岡寺への参道からは南へすぐ。なお、明日香村には岡城以外に雷ギヲン、雷、奥山、飛鳥、祝戸、野口植山、野口、平田に城跡が確認され、小規模城郭の集中する特異な地域とされる。

（増山和樹）

越《お》智《ち》城（越智館）

所在地　高市郡高取町越智
築城時期　室町時代初期（十四世紀）～
標　高　一〇八メートル（丘上）・八〇メートル（館跡）
主な遺構　館跡・堀跡・土塁・郭・堀切

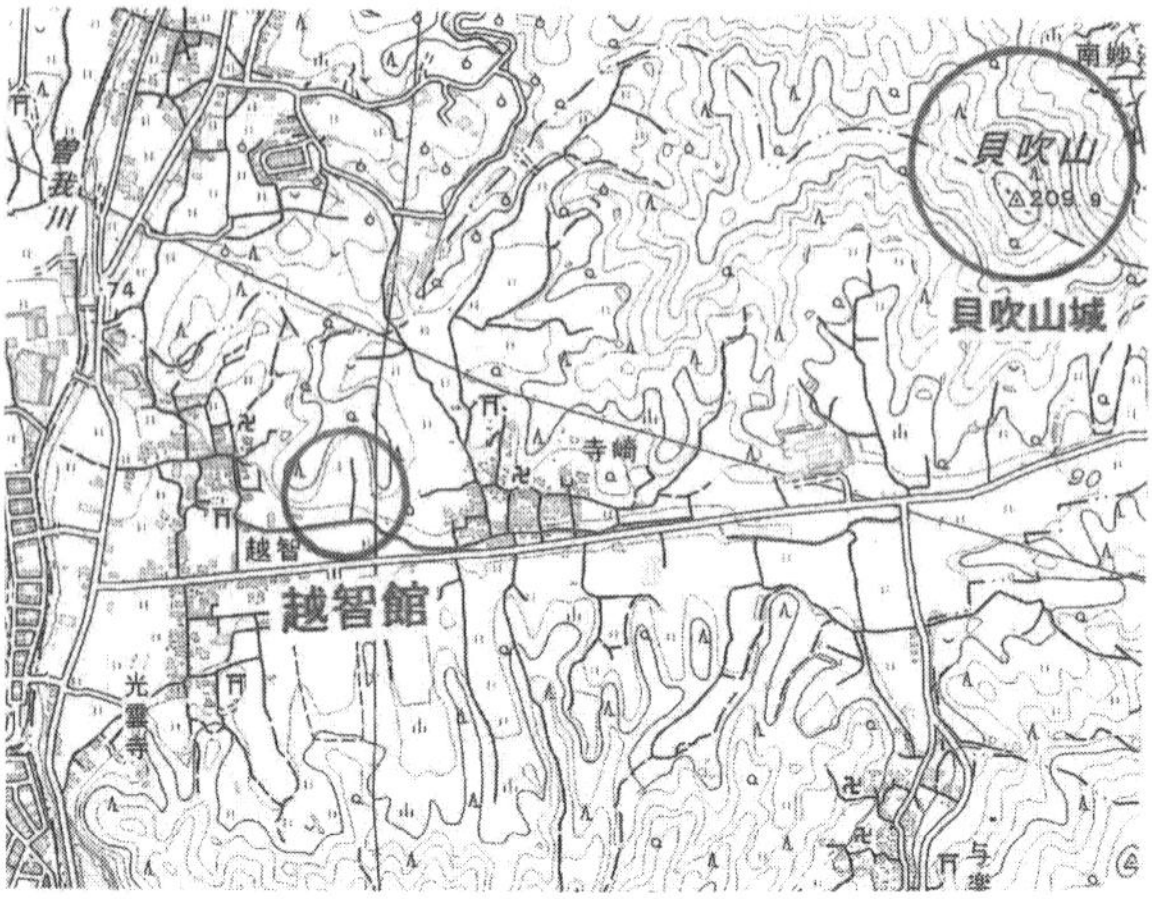

位置図

越智氏は、平家追討で功をあげた宇野親家が越智丘を中心とする地域を給わり、越智を名乗ったのが始まりとされる。橿原市域では南部域を支配下に治め、北部域を支配する十市氏と覇権を争った有力武士団である。

この越智氏は、本拠地を越智谷に構えた。越智城の築城年代は不明だが、『大和国越智家系図』によれば、城下には諸士の屋敷が並び、馬場、勘定場、市が設けられていたとある他、現在も「オヤシキ」「馬場」などの地名が残り、城下町として繁栄した名残をとどめている。

越智氏の本拠である越智城は、越智谷の西端に造られた平山城である。南に開口した谷間の平坦

地に居館を配置し、居館を取り巻く丘陵上に防御施設を築いた。居館があったとされる地には、「オ

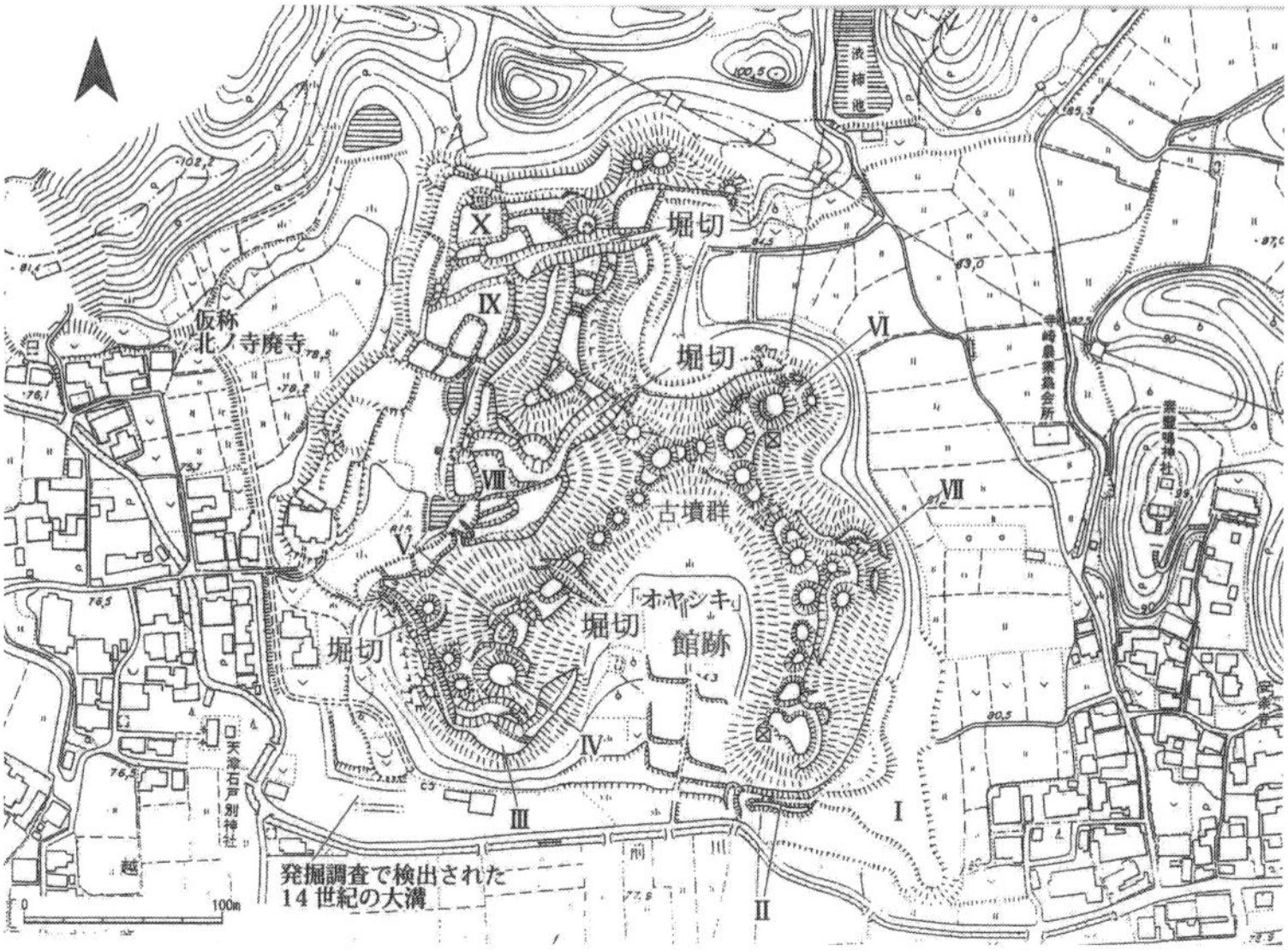

越智城（成瀬匡章 2021）

ヤシキ」の地名が残る。大正四（一九一五）年に発行された『奈良縣高市郡志料』には、古い石垣が所々に残り、丘の上には櫓の跡とみられるものが七カ所で確認できるとあり、今でも堀切を確認できる。

発掘調査は、高取町教育委員会や奈良県立橿原考古学研究所によって部分的に実施されている。越智城は大きく、越智丘陵、越智丘陵の南側を西流する前川及び前川が形成した東西三〇〇メートル、南北二〇〇メートルの平坦地、前川を挟んで越智丘陵の南に向かい合う丘陵の三つの空間から構成されている。越智丘陵は、居館と土塁や大溝、掘割などの防御施設が置かれた、越智城の中核的な空間である。越智丘陵の南の丘陵上にも、越智城に関連すると考えられる施設が確認され、この南北二つの丘陵の間に広がる谷間の平坦地に馬場などの施設が想定されている。この平坦地を形成した前川は、居館の南を横切り、越智丘陵の裾をめぐるように北西方向に流下し、曽我川に至る小河川だが、越智城内においては、城内を南北に分ける区画であ

るとともに、居館の防御施設としての役割も果たしている。

さらに前川は、越智城全体の防御を考えるうえでも重要である。発掘調査時の地形観察では、東・北・西が丘陵に囲まれた越智城で唯一、奈良盆地とつながる丘陵西端の開口部を塞ぐように堀や土塁が平坦地に造られたと想定され、この堀と前川によって越智城西側の防御を図ったと考えられている。

越智城館跡（森下恵介撮影）

越智城の全容の詳細は未だ明らかでないが、大和の代表的な中世城郭の一つであり、中世城郭や、城下町の展開を知るうえでは重要な遺跡といえる。なお、越智城の最終年代は、出土資料から、箸尾氏や筒井氏と戦った永享九（一四三七）年を大きく下ることはないと考えられている。

（松井一晃）

参考文献

『奈良縣高市郡志料』奈良県高市郡役所 一九一五
『高取町史』高取町教育委員会 一九六四
『越智城　小谷地区』高取町教育委員会　一九八九
『越智遺跡第三～五次発掘調査概報』高取町教育委員会

一九九四～一九九六
成瀬匡章「越智城」『図解　近畿の城郭Ⅴ』中井均監修　城郭談話会編　戎光祥出版　二〇一八
『奈良県中近世城館跡調査報告書』第二分冊　奈良県　二〇二一

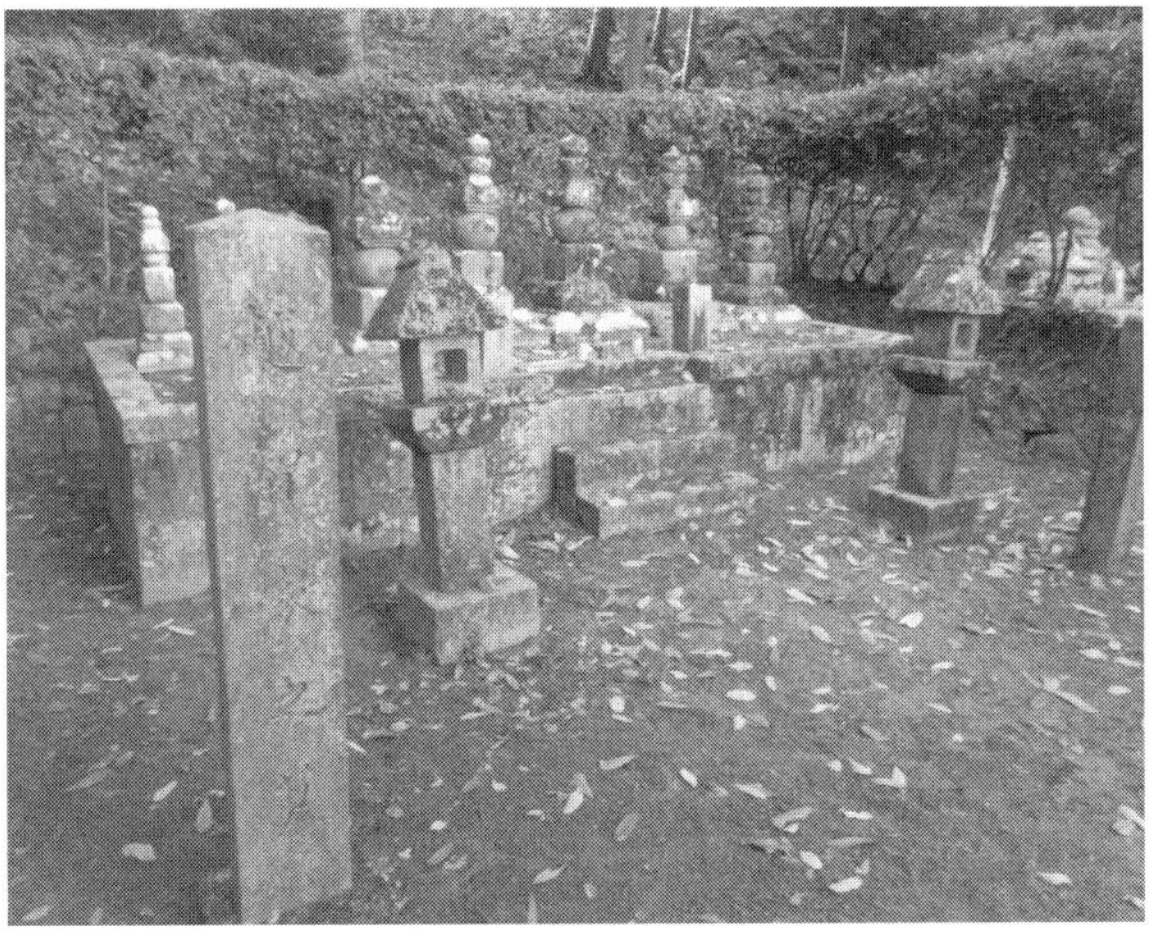
光雲寺の越智一族の墓

【城跡探訪メモ】

曽我川沿いの県道一三三号橿原高取線のコンビニエンスストアの角から東へ飛鳥に通じる道に入ると、ゴルフ練習場の北側に東西にコの字形に張り出す丘陵がある。二つの尾根の間は畑になっており、ここに越智氏の館があった。東側の尾根の竹やぶの中には土塁の高まりも残る。南を流れる前川は堀の役割も果たし、西側の越智の集落内にある天津石《あまついわ》門別《とわけ》神社は越智氏の祖である宇野親家が守護神として祀ったのが始まりという。玉垣の中の榊を神の依り代として祀る古い信仰のありかたを伝えている。南方の山麓にある有南《ありなみ》神社は越智氏の氏神で、光雲寺（もと興雲寺）には越智氏の墓所がある。近鉄飛鳥駅から西へ歩いて貝吹山城へ登り、越智城を訪ねれば一日の歴史探訪ハイキングになる。

（増山和樹）

貝《かい》吹《ぶき》山《やま》城

所在地　橿原市白橿町、南妙法寺町・高市郡高取町寺崎
築城時期　室町～戦国時代（十五～十六世紀）
標高　二一〇メートル
主な遺構　郭、空堀、土塁、石積

位置図

越智氏は、近世に記された『大和国越智家系図』によれば、平家追討で功をあげ、掖上、越知、根成柿、柏原を給わり、越智丘に住んだ宇野親家が越智を名乗ったのが始まりとされるが、出自については諸説ある。いずれにしても、鎌倉時代に在地領主としての基礎を築いた越智氏は、興福寺が編成した僧兵団のうち、国民と呼ばれる組織に組み入れられ、春日若宮祭礼では、祭礼に奉仕する集団のうち散在党の盟主となった。

その後、応仁の乱（一四六七～七七年）を経て、室町時代後半（十五世紀末）、越智家栄の代には最盛期を迎え、大名を凌ぐ程の力をつけた。明応二（一四九三）年五月に上洛した際には、まるで

大名のように大和の衆徒・国民たちを主従のように引き連れていたとある。また、筒井順慶により越智氏が滅亡した天正八（一五八〇）年でも所領は一万二千石と、大和の国人所領では格段の石高で

貝吹山城跡（増山和樹撮影）

あったことからも越智氏の力が偲ばれる。

　貝吹山城は、築造時期は不明だが、越智丘に中世前期に造られた居館の裏山に続く貝吹山（標高二一〇・三メートル）に詰城を築いたのが貝吹山城の始まりである。貝吹山は橿原市の最高峰で、山頂からは周囲が見渡せたとある。貝吹山城は、越智家栄の手によって本格的な山城とされたと考えられている。前出の『大和国越智家系図』には、「南北山にして西は川を限り、東西細長く地形鶴の嘴の如く」とあり、山の尾根筋に築かれた山城であることが分かる。なお「貝吹」の名は、『奈良縣高市郡志料』によれば、敵が襲来した時に法螺《ほら》を鳴らして速やかに応戦の準備をしたことに由来するといわれている。

　その後、天文元（一五三二）年の一向一揆による高取城攻撃、天文十二（一五四三）年、筒井順昭と越智家頼との戦いなど、貝吹山城は数々の戦の舞台となったようである。そして、『多聞院日記』によれば永禄十二（一五六九）年十一月四日、織田信

長方の松永久秀との戦で越智氏は破れ、貝吹山城は落城した。その後、筒井順慶による大和の支配が始まり、天正八（一五八〇）年に貝吹山城は破却された。

貝吹山城跡は、発掘調査が行われていないため、その実態は明らかではないが、貝吹山山頂部を中心とした稜線上に南北方向に四〇〇メートルにわたり城

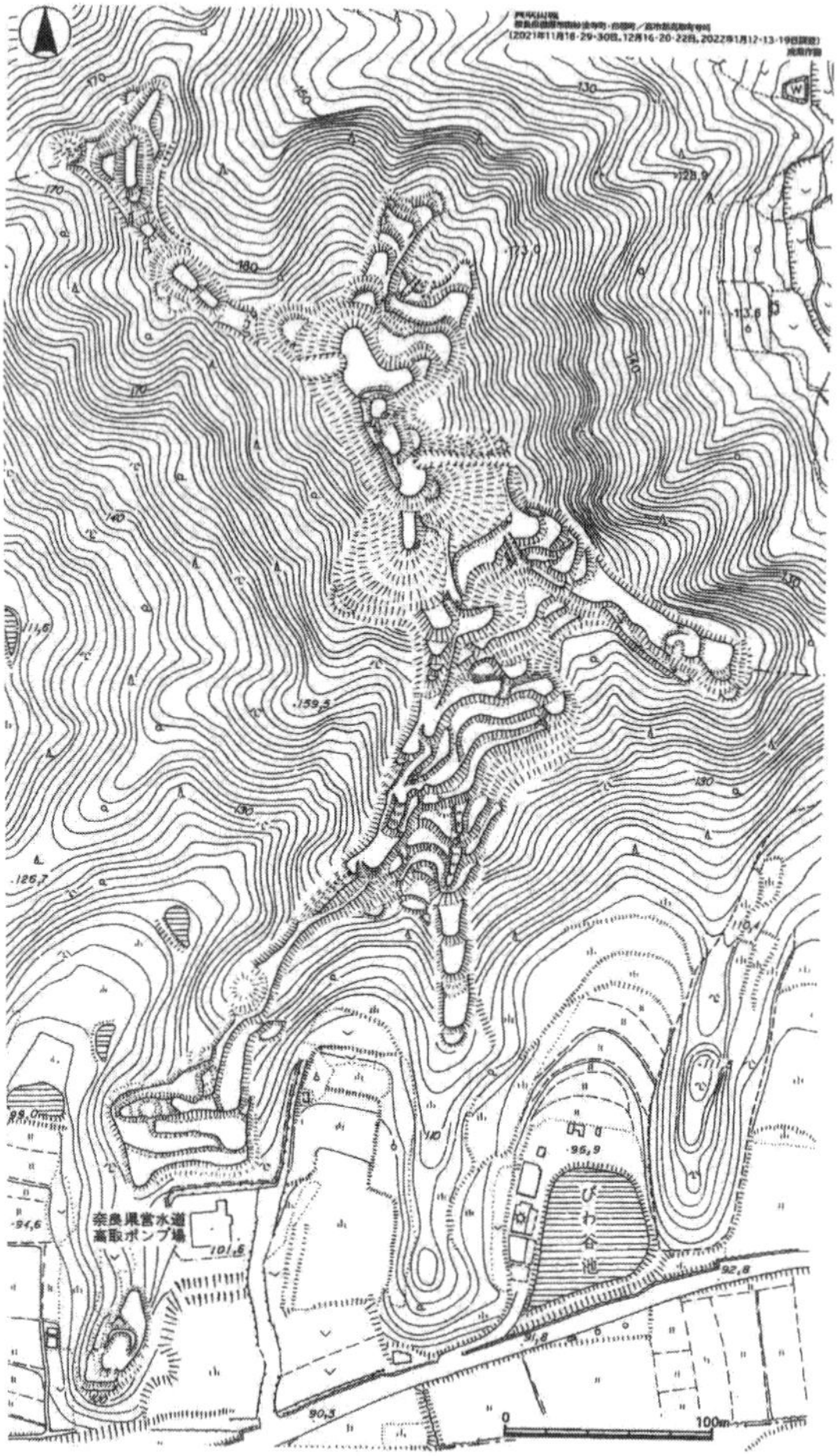

貝吹山城（成瀬匡章作図）

跡が伸びている。本来は、山頂部の主郭を中心に四方の尾根上に諸郭が設けられる連郭をなしていたと推定されているが、その姿は小規模な郭《くるわ》（曲輪）と、崩壊した石垣（石積）を留めるのみである。

（松井一晃）

参考文献

『奈良縣高市郡志料』奈良縣高市郡役所 一九一五
『橿原市史』上 橿原市 一九八七
『高取町史』高取町教育委員会 一九六四
藤岡英礼「貝吹山城」『図解 近畿の城郭Ⅱ』中井均監修 城郭談話会編 戎光祥出版 二〇一五

【城跡探訪メモ】

越智氏が見張りの兵を置き、敵兵を見ると法螺貝で越智館に知らせたという貝吹山へは北側の橿原市鳥屋町、南妙法寺町からも登れるが、高取町側の飛鳥病院の東側にある与楽カンジョ古墳（国史跡・七世紀前半）が城跡への良い目印になる。古墳の前を道標に従って右へ行くと、登山口がある。道は竹やぶを縫うように上がっていく。山頂の城跡まで二〇分ほど。城の大手（正面）にあたり、途中に石垣の名残りと思える石もある。

山頂の主郭は台地状の高まりとなっており、周囲に郭跡の平坦地が広がる。大正三年の「貝吹山城址」の石碑が建つ。かつては山頂から周辺の展望が良かったらしいが、現在は樹木が茂り、展望はあまり楽しめない。主郭の斜面に与楽の人々が祀ったという牛頭天王社と彫られた大きな石があり、城跡からは寺崎白壁塚古墳へ下る道もある。

（増山和樹）

貝吹山城のある貝吹山（明日香村真弓から）

巨勢山城《こせやま》

所在地　御所市古瀬
築城時期　室町時代
標高　二九五・七メートル
主な遺構　郭、虎口、土塁、堀切、竪堀

国内屈指の群集墳、巨勢山古墳群が所在する巨勢山丘陵の東麓、大和川支流の曽我川が流れる巨

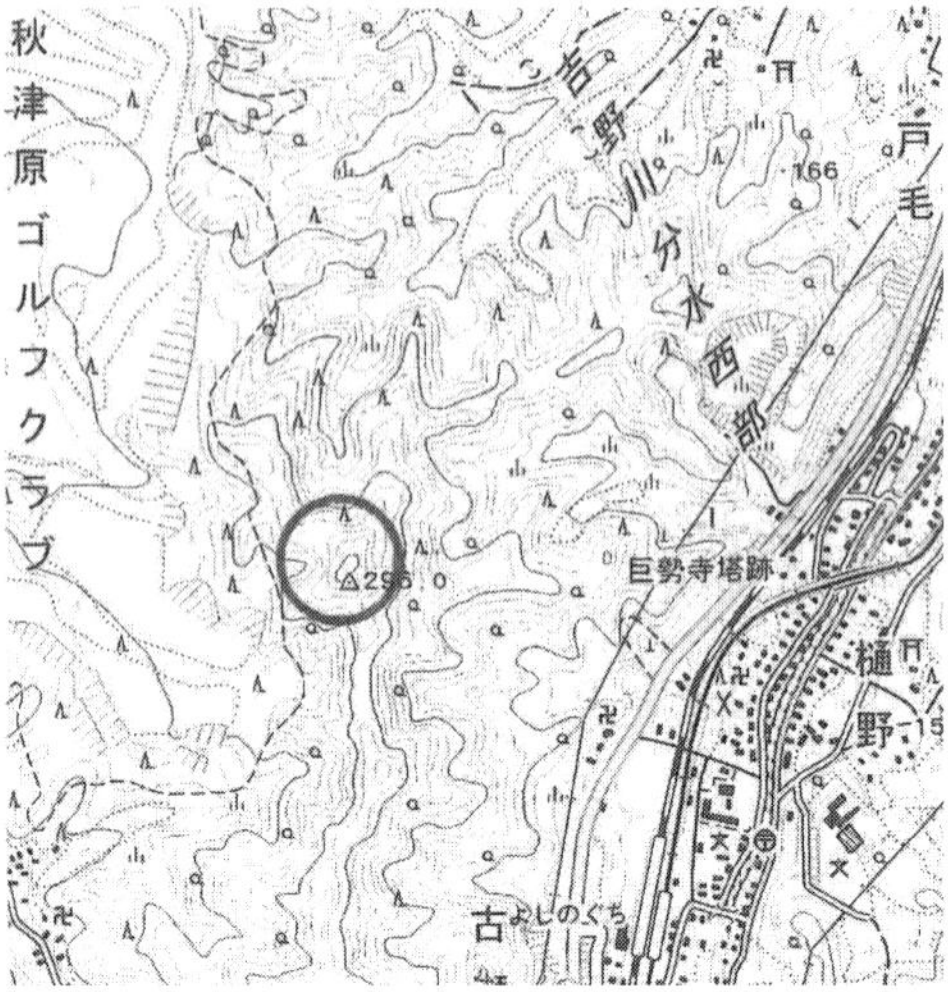

位置図

勢谷は古代に大和と紀伊を結んだ巨勢道（紀路）が通り、現在でも吉野郡・五條市に向かう鉄道路線が通る重要な交通路となっている。巨勢山城は、この巨勢谷を見下ろす高社山（標高二九七・七メートル）の南北に長い山頂部を加工した単郭の城郭で、西斜面側に対してはひとつづきの土塁で防御を図っているが、郭内は土塁・溝により三つに区画されている。

三つの区画の中で最も上位に当たるとみられるのが南の区画である。南西側の尾根に対しては土塁と帯曲輪との間を高さ三メートル程の切岸とし、その外側にも削平地を設けることで二重の壁を作り出して遮断している。土塁の幅は広く、郭内からの

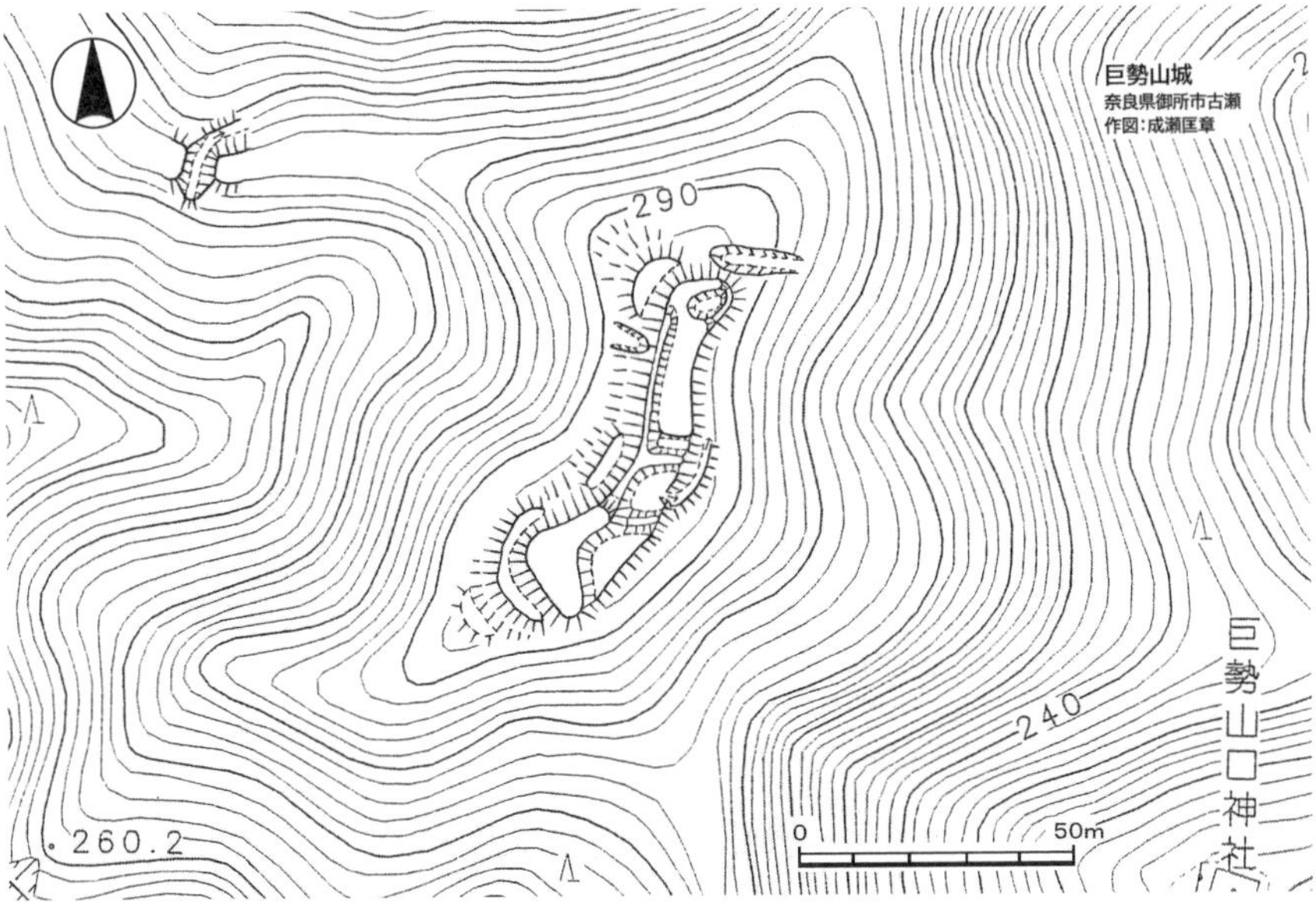

巨勢山城縄張図（御所市巨勢字高社山）

高さも一・五〜二・五メートル程もあって一つの郭としても機能できる規模を有している。

中央の区画は東斜面に向けてスロープが延びていることから虎口とみられる。南の区画より五〇〜六〇センチ程低く、その間は土塁で区切られているがその高さは二〇センチ程しかなく、ほとんど同一の区画と言っても良い。一方、北の区画側に対しては高さ約一メートルの土塁を設け、その外側に溝を掘削することで厳重に区分している。西斜面側を防御する土塁も、この溝付近で高さと幅を大きく減じている。

北の区画は土塁の幅がより狭くなり、郭内からの高さも五〇センチ程しかない。北端部には虎口の可能性がある窪みがある。北の尾根に対しては尾根の東斜面側に竪堀を設けることで幅を狭め、東斜面側への移動も阻んでいる。西の尾根に対しては土塁外側に腰曲輪が設けることで高さ二・五メートル程の切岸としている。ここから尾根上を進むと堀切に至るが、帯曲輪から堀切までは自然地形であり、堀切の内外で殆ど比高差がなく、深さも一メートル程しかないことから、北斜面側から延びる山道に関わるものなのかも知れない。

　巨勢山城には大塔宮護良親王に仕えた巨勢光資の弟、正綱が築いたというものと、永正九（一五一二）年に巨勢吉範が築いたとする伝承（『大和志料』）があって、築城者・築城時期についてはよくわからない。ただ山腹に鎮座する巨勢山口神社の社伝では、正長元（一四二八）年に山頂にあった巨勢《こせ》山坐《やまにいます》石椋孫神社《いわくらひこじんじゃ》が現在地に遷座・合祀されたとされている。縄張りからも室町時代の城郭とみて良い。

　巨勢山城は西斜面側に対しては共通する土塁で防御はしているが、南の区画と北の区画とでは土塁の規模が全く異なり、さらに中央に溝と土塁を設けて郭内での移動を制限している。虎口も別に設けていたとみられる。中世の巨勢谷一帯は、国人であった南大和の最有力越智氏の勢力圏に含まれており（「越智郷段銭算用状」）、山麓の集落から隔絶した立地であることから、越智氏が関わった城郭ではないかとも言われている。縄張りを見る限り、越智氏が築いたかどうかは別として、上下関係にある二つの勢力が共同で利用していたのであろう。

（成瀬匡章）

参考文献

奈良県・斎藤美澄編『大和志料』奈良県教育会　一九一五（一九七〇　歴史図書社より復刊）
御所市史編纂委員会編『御所市史』御所市役所　一九六五
藤岡英礼「大和国における越智氏勢力圏の城館構成-畿内国人勢力圏の山城を中心に-」『大和高取城』城郭談話会　二〇〇一
『奈良県中近世城館跡調査報告書』第二分冊　奈良県　二〇二一

【城跡探訪メモ】

ＪＲ、近鉄吉野口駅の西北、阿吽寺の北側の巨勢山口神社参道を利用し、中腹の神社まで登り、山頂へは境内西側の尾根を直登すれば到達できるが、尾根上には道が無いため充分注意が必要である。山麓の巨勢谷には国見山城・大口城・戸毛城・奉膳城・薬水城山城などの城跡も多数分布し、国史跡となっている巨勢寺跡、水泥古墳などのほか、重要文化財に指定されている鎌倉時代の安楽寺塔婆もあり、古墳時代から中世までの歴史を体感できる土地である。

（成瀬匡章）

巨勢山口神社

四　西山内の城

高山城《たかやま》

所在地　生駒市高山町
築城時期　室町～戦国時代（十五～十六世紀）
標高　二一七メートル
主な遺構　郭、土塁、土橋

高山城は、富雄川の最上流部、標高二一七メートル、比高四〇メートルの丘陵上に位置する山城である。西側は大阪府交野市、北側は同枚方市に、東側は京都府京田辺市に隣接し、大和・河内・山城三国の国境にある大和最北端の城である。かつては雑木林と竹林に埋もれていたが、現在は遊歩道が整備され、城の北側から気軽に入城することができる。

城は南北にのびる尾根筋とその東斜面を中心に

位置図

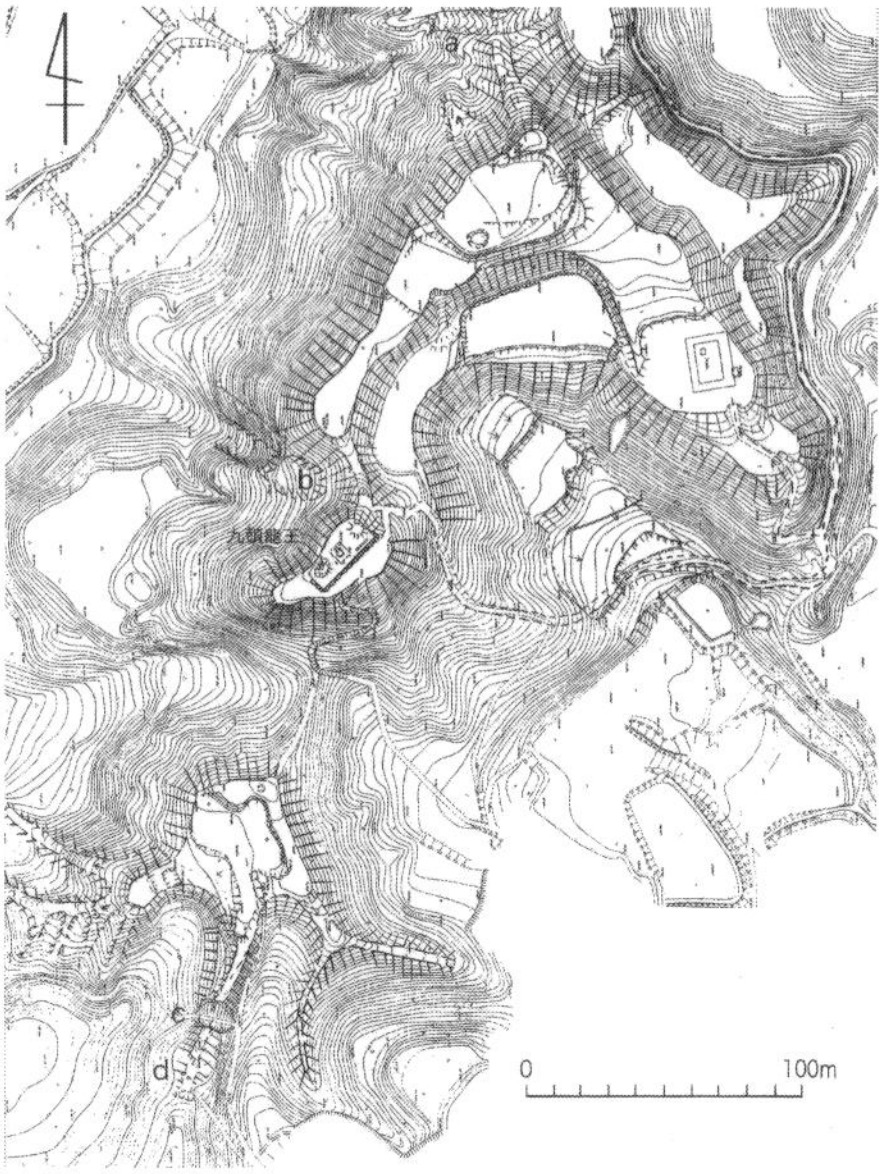

高山城（千田嘉博 2006）

南北約四〇〇メートル、東西約二〇〇メートルの規模をもち、大きく分けて三つの部分から構成されている。尾根の最高所を占める南北二〇メートル、東西四〇メートルの主郭を中心に、その東側に造作された複数の郭で形成された北側の一画。その南側に位置し、現在九頭龍王の石祠が祀られ、十三重の石塔、城の説明板が建っている中央の郭。さらに一〇〇メートル南側に位置する郭群の三カ所である。各郭には土塁、切岸、掘割などが残されている。遊歩道は遺構の保護のため郭の中心部分を避けて尾根の東側中腹を巻くように整備されており、九頭龍王をまつる中央の郭まで容易に登ることができる。ベンチも設置されているが、東側にわずかに展望が開けるのみで、眺望はあまりよくない。

　そこから稜線上を北側にわけいると、もっとも規模の大きい北部郭群が広がっている。土塁や井戸跡と思われる窪地も存在する。南の郭群へは急斜面を下らなければならず、少し危険なので見学は避けたほうがよい。

　これまで発掘調査はおこなわれておらず、詳しい構造や変遷はわかっていないが、この地一帯に勢力を持っていた鷹山《たかやま》氏の居城と考えられている。『大乗院寺社雑事記』の明応七（一四九八）年八月、国人古市氏が鷹山氏を頼って高山城に入城した記載が初出であり、このころには城が存在したことが確認できる。

　鷹山氏は興福寺一乗院方の衆徒であり、戦国初期には越智・古市方につく。一時、筒井方にも参陣したが、戦国末期には松永方に味方するなど、諸領主と連携離反をくりかえし勢力を保つ。六代目の鷹山弘頼《ひろより》の頃に最盛期を迎えるものの、弘頼は河内畠山氏に仕え、天文二十二（一五五三）年に河内高屋城で自害し、以後、家勢は衰微したといわれている。

高山城の南八〇〇㍍に高山竹林園がある。高山特産の茶筌にかかわる資料館があり、多種にわたる竹林も整備されている。このあたりは鷹山氏の菩提寺である円楽寺があったとされる場所で、今もその一角に墓所が残され五輪塔が並んでいる。明応元（一四九二）年の頼栄（二代目）から江戸中期まで、鷹山氏歴代の墓塔が残る。松永久秀に焼き討ちされた東大寺大仏殿と大仏の復興勧進に尽くした公慶《こうけい》上人は鷹山氏の出身といわれている。

（服部伊久男）

参考文献
『北倭村誌』北倭村誌編纂委員会　一九六二
千田嘉博「奈良県高山城の構造」『奈良大学文化財学叢』二三・二四集　二〇〇六

【城跡探訪メモ】

国道一六三号線の高山大橋から県道七号枚方大和郡山線を富雄川沿いに北上し、大北で左へ進むと、左手に向露寺がある。寺の駐車場の道向かいから東へ入る道があり、高山城跡への案内板がガードレールに取り付けられている。ここから先には道標があり、北側から丘陵へ上り、竹林を抜け、東斜面を巻くように遊歩道を進み、丸太階段を上がると主郭に着く。主郭には石造層塔が立ち、九頭龍神が祀られている。

（増山和樹）

椿井城《つばいじょう》

所在地　平群町椿井
築城時期　室町～戦国・安土桃山時代（十六世紀）
標　高　二四三メートル
主な遺構　郭、堀切、横堀、土塁、石積

矢田丘陵の南端部、主稜線からすこし西側の標高二四三メートルあたりの細尾根を利用した山城である。

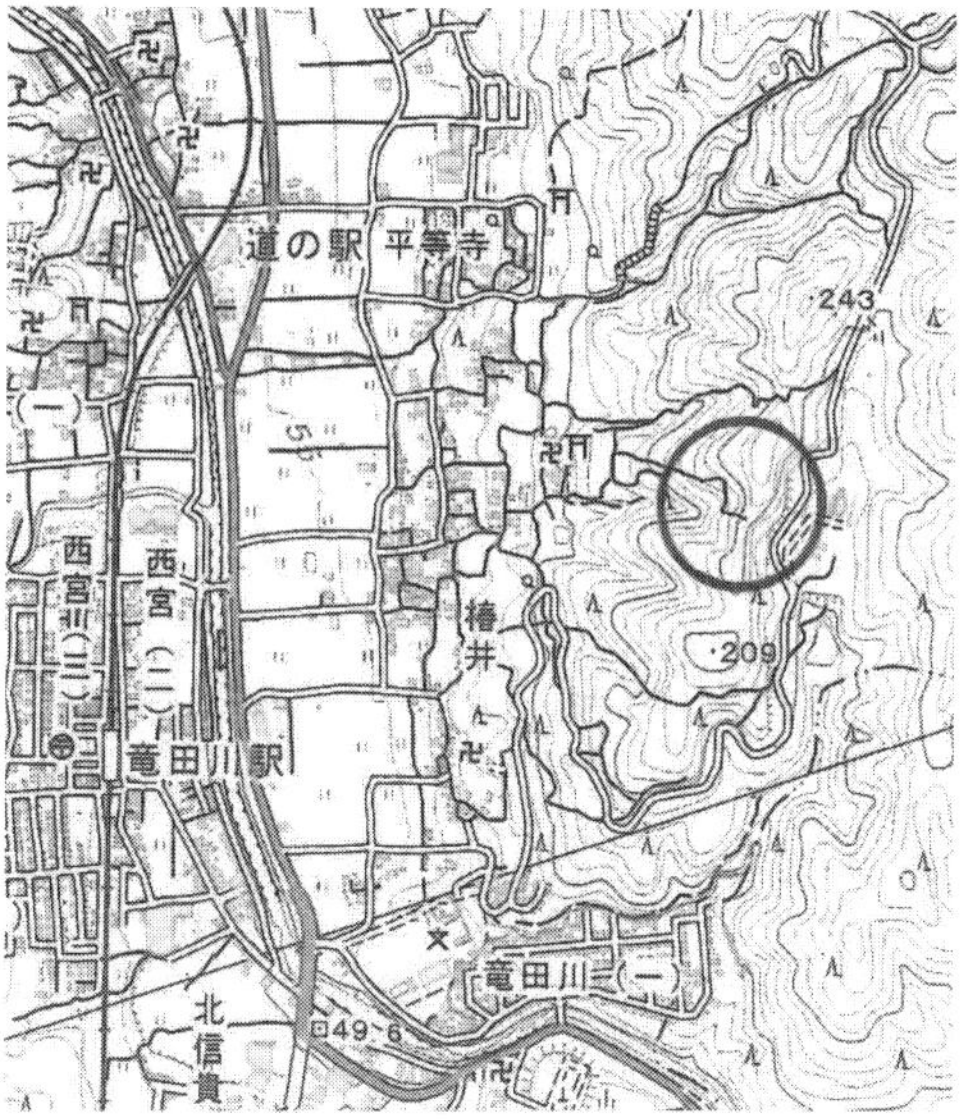

位置図

平群谷からの比高は一九〇メートル。西側への眺望が開け、平群谷、生駒山地、信貴山も正面に望める。郭《くるわ》、南北三一〇メートル、東西一二〇メートルの範囲に展開し、切岸、堀切、土塁などの遺構が残る。かつては雑木林の中に埋もれていたが、平成二十二年頃から地元の活動によって整備が進められ、誰もが気軽に登れるようになった。春日神社を起点として南北二カ所の登城路が整備されている。北側の道は大手道に当たり、南側は尾根の中腹を巻く。椿井の集落から二〇分ほどで登れる。

城は鞍部をはさむ二つのピークを利用してつくられ、北郭群、南郭群にわかれる。北郭群の主郭は頂部に位置し、南北六〇メートルの規模をもち、堀切、横堀、腰曲輪に囲まれる。主郭から西北西へのびる尾根にも五段の郭がつくられている。現在は遺跡の保存のため北郭への立ち入りが制限されている。南郭群は北郭群と大きな堀切で画される。北郭より標高が低い尾根であり、二つの大きな郭があり、深い堀切によりわけられる。雑木が伐採され、朱地に黒く染め抜いた「椿井城跡」の幟がはためく。ベンチも設置され、西方への展望が楽しめる。

椿井城（平群町教育委員会 2019）

かつては北郭群と南郭群の様相の違いから、時期差や築城主の違いと考えられていたが、現在では一連の築城によるものと考えられている。

発掘調査が平成二十六年度から平群町教育委員会により本格的に実施され、多くの遺構、遺物が検出されている。最も南側に位置する南第一郭の調査では直線的に並ぶ石列が検出され、建物や柵の可能性が指摘されている。尾根の両側に盛土により造成し郭をつくっていることなどが判明している。

南第二郭の調査では、幅四メートル、深さ一・七メートルの東西方向の堀切状の遺構が検出された。この遺構はすぐに埋めもどされ、その時に石積みが新たにつくられていることなどが判明している。建物にかかわる遺構は検出されなかったが、複数回にわたる遺構の変遷が確認されたことは大きな成果である。

さて、椿井城に関する最大の課題は築城者が誰かということ。確実な史料はない。これまで在地土豪の椿井氏、筒井順慶の家来である嶋左近、そして松永久秀。この三者の居城説が出されていたが、いまだ決着をみない。

平群谷には西宮城、下垣内城、三里城などの中世城郭が知られているが、いずれも築城主が判然としていない。これからの研究の進展で明らかにされることに期待したい。

（服部伊久男）

参考文献
『平群町史』　平群町役場　一九七六
『椿井城発掘調査報告書』平群町教育委員会　二〇一九

【城跡探訪メモ】

椿井城跡へは二つの登山道が整備されており、椿井の常念寺から宮裏山古墳を経て登る道は城跡南端の堀切へ通じ、春日神社から登る道は北郭群と南郭群との鞍部に通じている。いずれも三〇分ほどで城跡に着く。北郭は立ち入りが制限されているが、南郭の堀切は深く、西側には平群谷の向こうに生駒山や信貴山が望まれる。

（増山和樹）

信貴山城《しぎさん》

所在地　平群町信貴山
築造時期　室町～戦国・安土桃山時代（十六世紀）
標高　三五〇～四三〇メートル
主な遺構　郭、竪堀、横堀、土塁、石垣（石積）

奈良と大阪を隔てる生駒山地の南端部、主稜線から東に派生した尾根に位置する大規模な山城。

位置図

比高は三八〇メートルで、奈良盆地をよく展望でき、楠木正成の築城に始まるという伝承もある。

天文五（一五三六）年から天文十年にかけて木沢長政の居城となるが、同十一年河内太平寺の戦いで落城した。その後、永禄二（一五五九）年、松永久秀が入城する。永禄十一年、三好康長に攻められ落城したが、まもなく織田信長の加勢をうけて奪還に成功。しかし、天正五（一五七七）年、織田信忠の攻勢に落城し、久秀は自害した。

信貴山城は木沢長政と松永久秀が大和の覇権を奪うために拠点とした城である。久秀の城という印象があるが、長政の時代にもかなり築城が進み、大和支配の拠点となっていた。松永期には同じく久秀が築いた多聞城（奈良市）と並ぶ重要拠点であった。

朝護孫子寺の境内を抜け、山頂の空鉢護法堂へのつづら折れの参詣道を三〇分ほど登ると、標高四三三メートルの信貴山雄岳の山頂に達する。信貴山城はこの山頂部分とそこから東・西・北側に放射状に派生する尾根筋、雄岳から鞍部をへて南側にある標高三九九メートルの雌岳山頂部の大きく三カ所を利用してつくられた、東西五五〇メートル、南北七〇〇メートルにおよぶ大規模な山城である。さながら山の要塞、天空の要害といった趣である。

信貴山城跡遠景

信貴山自体が朝護孫子寺の境内地でもあったため、山内の城郭遺構が良好に保存され、縄張りの全容が確認できる。郭、土塁、切岸、石積が良好に残る。これまで発掘調査は一度もおこなわれていない。

『信長公記』によれば、松永期には天守が建っていた。やはり山頂部の主郭部分であろう。今は天守台や礎石や絵図も残されていない。

近世の絵図に「松永屋敷」の記載がある部分は、山頂から北側へすこし下ったヒノキ林の中にある。五段の平坦面が造作され、虎口、土塁の痕跡が残る。数多い郭の中でも特に大規模に造成され、居館を構えるには十分な空間である。現在は、下草が刈り込まれ、維持管理も行き届いて説明板も立てられている。

久秀は評判があまりかんばしくない。よく「梟雄《きょうゆう》」と評される。残忍で勇猛な悪人の意。最期もドラマチックだ。信長の所望《しょもう》した平蜘蛛茶釜《ひらくものちゃがま》とともに爆死。ほんとうだろうか。後世、江戸時代中期の逸話集がまちがった評価を広めたともいわれている。郡山藩の藩祖柳澤吉保《よしやす》も悪名がとどろくが、近年、史料を丹念に読み込むことによって新たな実像に迫る研究が進められている。一次史料にもとづき人物像を描かなければならない。久秀も案

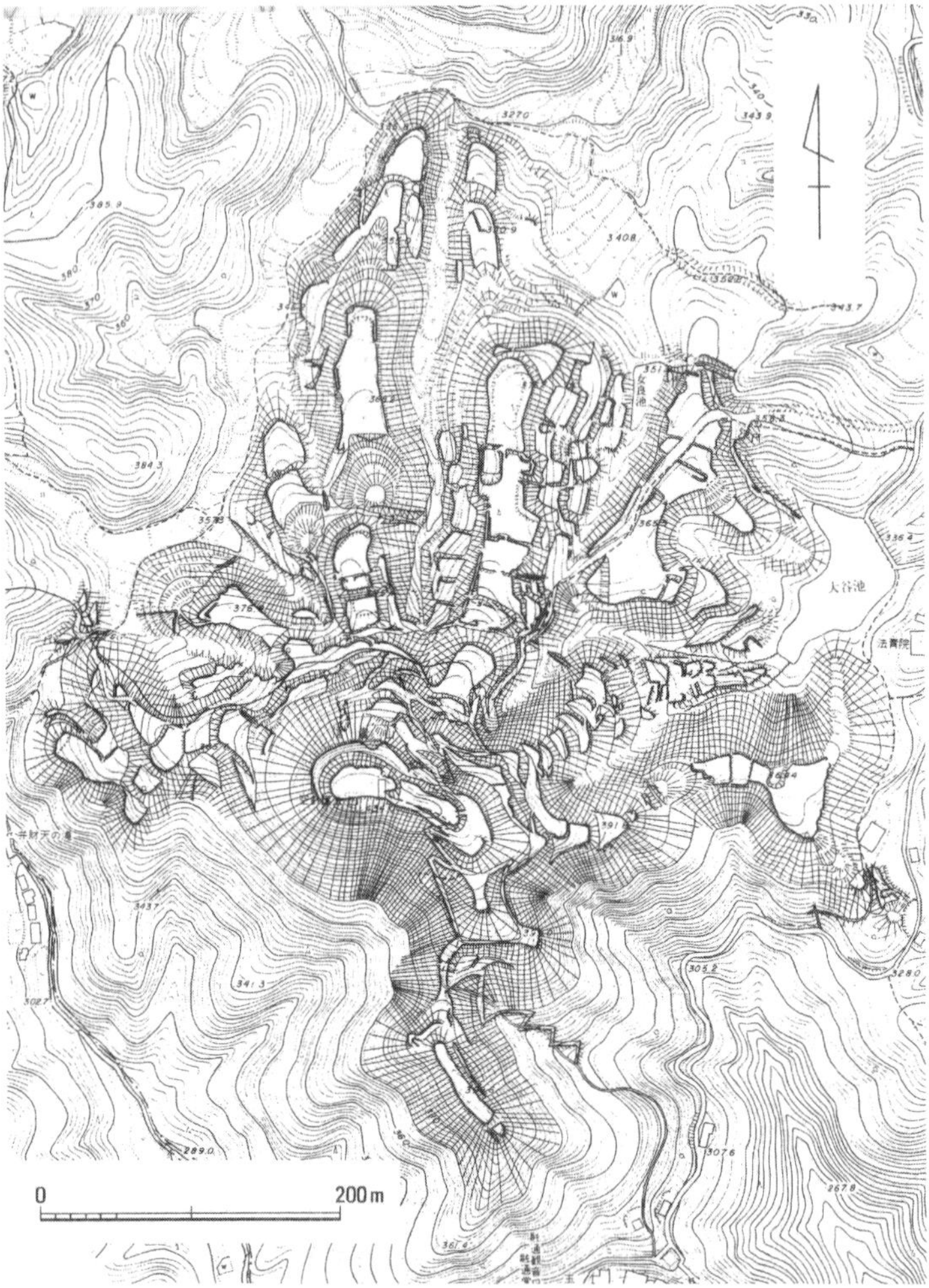

信貴山城（平群町教育委員会 1989）

外フツーの武将だったのかもしれない。

（服部伊久男）

参考文献
『平群町史』平群町役場　一九七六
平群町教育委員会『平群町遺跡分布調査概報』一九八九
天野忠幸編『松永久秀』宮帯出版社　二〇一七
天野忠幸『松永久秀と下剋上』平凡社　二〇一八

【城跡探訪メモ】

信貴山城へは信貴山の雄岳山頂にある朝護孫子寺の空鉢護法堂を目指せばよい。本堂手前の分岐に道標があり、信貴山城跡まで六〇〇《メートル》、二〇分。松永屋敷まで九五〇《メートル》、三〇分として案内されている。空鉢護法堂の一段下の郭跡に信貴山城址の石碑や解説板がある。空鉢堂へ登ると展望が素晴らしく、南は二上山から葛城山、大和三山も見わたせる。河内と大和の要衝であることがよくわかる。山頂から東西と北側の三方に延びる尾根には段状に郭が造成されており、北側の主尾根を下ると、松永久秀の居館跡とされる「松永屋敷」がある。

（増山和樹）

高安城《たかやすのき》

所在地　平群町久安寺・三郷町南畑、大阪府八尾市
築造時期　天智天皇六（六六七）年～奈良時代（八世紀）
標　高　四三八～四八八メートル
主な遺構　礎石建物（奈良時代）

この本はおもに中近世の城跡を対象としているが、今回は番外編。古代の山城、高安城《たかやすのき》を紹介する。

天智天皇二（六六三）年、白村江の戦いで、倭と百済は唐・新羅連合軍に大敗する。いずれ倭国の中心部まで攻めてくるのではないか。国家存亡の危機。その恐怖感たるや。急いで都を守る防衛態勢を整えねばならない。そこで、北九州—瀬戸内—畿内のルート上に防衛拠点として山城をつくる。まず天智天皇四（六六五）年、北部九州の筑紫に大野城、基肄《きい》城を築き、天智天皇六年に讃岐の屋嶋城、対馬の金田《かねだ》城とともに大和に高安城を築く。都を守る最後の防衛拠点である。籠城に備え、穀物や塩を備蓄し、天武・持統天皇も行幸した。しかし、大宝元（七〇一）年に廃止。正史によれば三十四年間存続したことになる。その後、和銅五（七一二）年、元明天皇が行幸した記事を最後に正史から消える。

高安城はその名の通り、生駒山地南端の高安山（標高四八八メートル）を中心とする位置に所在すると考えられてきた。しかし、確たる証拠はない。そこで広大な山中を歩き回り、その遺構を探し求めた。そして、昭和五十三（一九七八）年、民間研究団体の「高安城を探る会」が平群町久安寺字《あざ》「金ヤ塚」において六棟の礎石建物群を発見、大きな話題となった。ようやく飛鳥時代の高安城が姿を現したのである。誰しもそう確信した。

しかし、昭和五十七・五十八年に礎石建物二棟の

高安城の倉庫跡

発掘調査が実施され、出土した土器から建物は奈良時代前期に建てられたことが判明した。つまり、高安城が廃止された後に建てられた倉庫群であり、当初の高安城を構成する建物ではなかったのである。

その後も推定範囲内で数次に及ぶ調査が実施されたが、古墳や古代の火葬墓などは検出されているものの、肝心の飛鳥時代の遺構はまったく見つかっていない。また、その範囲についても、大正七（一九一八）年、関野貞の比定案を先がけにその後いくつもの学説が提出されてきたが、いまだに確定していない。

現地踏査も精力的に実施され、土塁・堤・堀切・郭状の平坦地、石積・石塁などの遺構なども見つかっているが、いつの時代に築かれたものかはっきりしていない。石塁、水門、城壁など他の天智期の山城で見つかっている遺構がまったく未検出である。「幻の高安城」は依然として幻のままである。

ところで、この高安城の推定範囲には、中世の高安出城がある。本丸、二の丸、三の丸の遺構がよく残る。信貴山城の出城と考えられている。高安山頂の三角点はこの本丸にある。大坂平野から瀬戸内への眺望はすこぶる優れていたであろう。

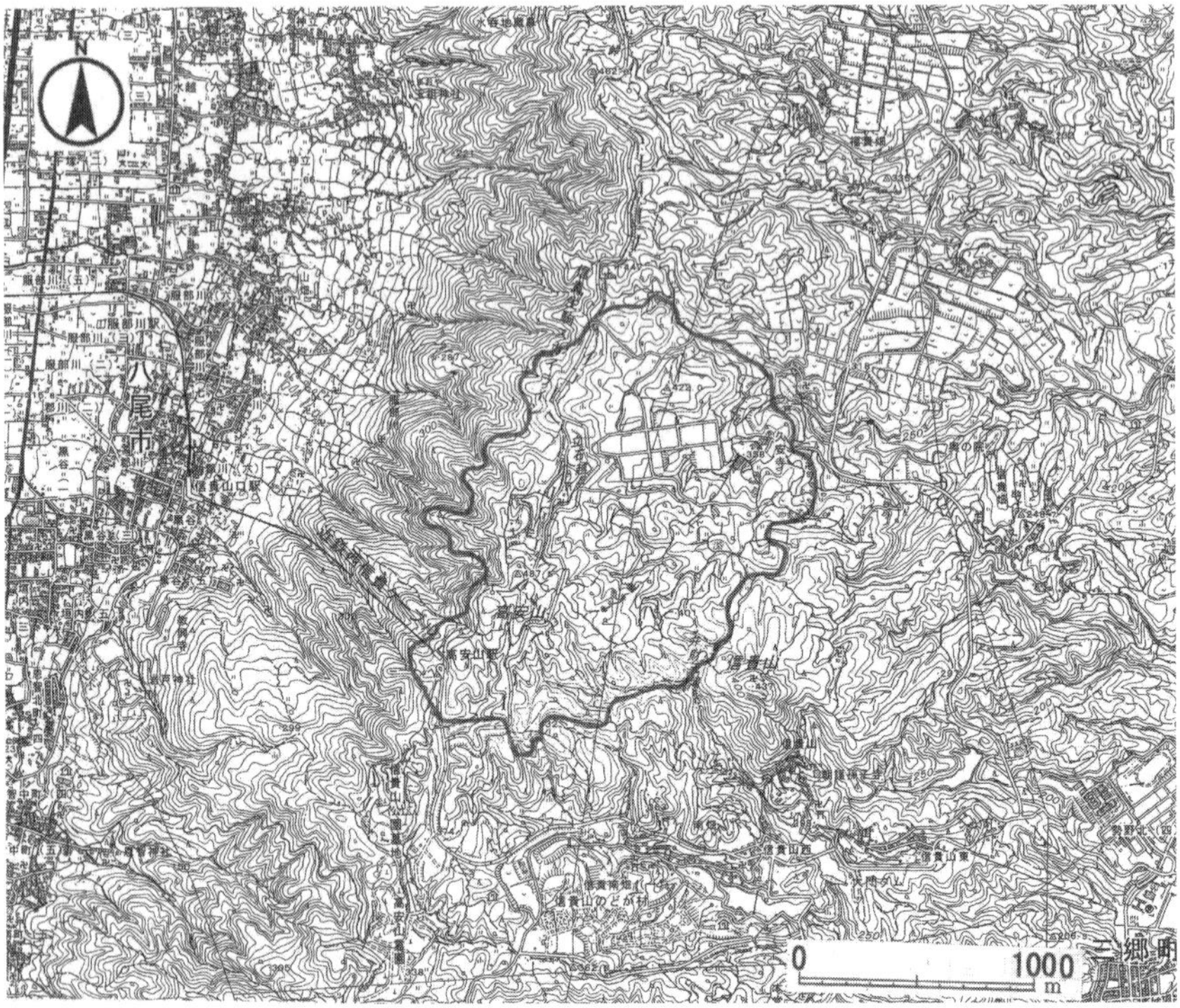

高安城の推定範囲（7 世紀後半・範囲は奥田尚 2017 より）

古代の高安城の中心部分も、この中世の城の下に埋もれているのかもしれない。

（服部伊久男）

参考文献

奥田尚「倭国高安城の外郭線」『古代学研究』二一〇号　二〇一七

【城跡探訪メモ】

近鉄西信貴ケーブルの高安山駅から北東へ散策路を歩くと、ほどなく半径三〇〇キロメートルの範囲を観測するという高安山気象レーダーがある。建物前には八尾市教育委員会が設置した「高安城跡」碑がある。府県境の山道を進むと、信貴山城の出城とされる「高安山城」がある。ここから二〇〇メートルほど東へ進むと、信貴生駒スカイラインの車道に出る。ゲートがあって「高安城倉庫址」道標がある。さらに東へ一五〇メートルほど進み、北へ入ると、倉庫群の礎石が平場に露出している。高圧線の下で山林が切り開かれ、下草も刈り込まれている。眺望は良く、平群から生駒にかけて望むことができる。登山路にもどり、東へ歩くと信貴山城のある信貴山山頂にいたる。

（増山和樹）

城郭用語（その一）

居館《きょかん》　その領地の主が住まいする拠点とする屋敷。「館《たち・たて》」、「屋形《やかた》」。平安時代末から鎌倉時代、十二世紀から十三世紀にかけて方形居館が一般化し、防御施設として水堀（濠）や土塁（土居）を周囲に巡らせるようになり、居館と城郭が一体化、「城」と呼ばれるようにもなり、「居城」、「本城」、ともなる。平地にあるものは山城に対して「平城」と呼ばれる。筒井城、十市城、箸尾城、越智城などが代表的。

五　葛城の城

片岡《かたおか》城

所在地　上牧町下牧
築城時期　室町時代～戦国時代（十五～十六世紀）
標高　約九〇《メートル》
主な遺構　郭、土塁、横堀、堀切

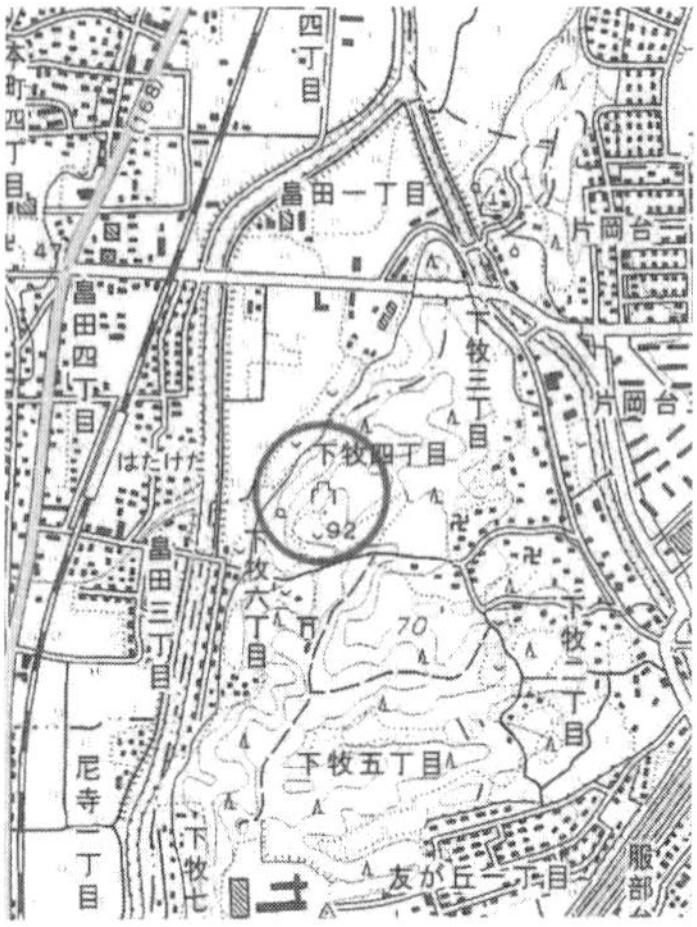

位置図

北葛城郡上牧町下牧にある丘陵上に位置し、「下牧城」とも呼ばれる。城跡から西方を望めば葛下《かつげ》川が北流し、王寺にむかう街道が南北に縦貫する片岡谷と呼ばれる谷地形を、眼下に収めることができる。この地域一帯を治める上で、絶好の場所につくられていることがわかる。

片岡城は、標高九〇《メートル》付近に位置する主郭を中心として、東西約三〇〇《メートル》、南北約三四〇《メートル》の範

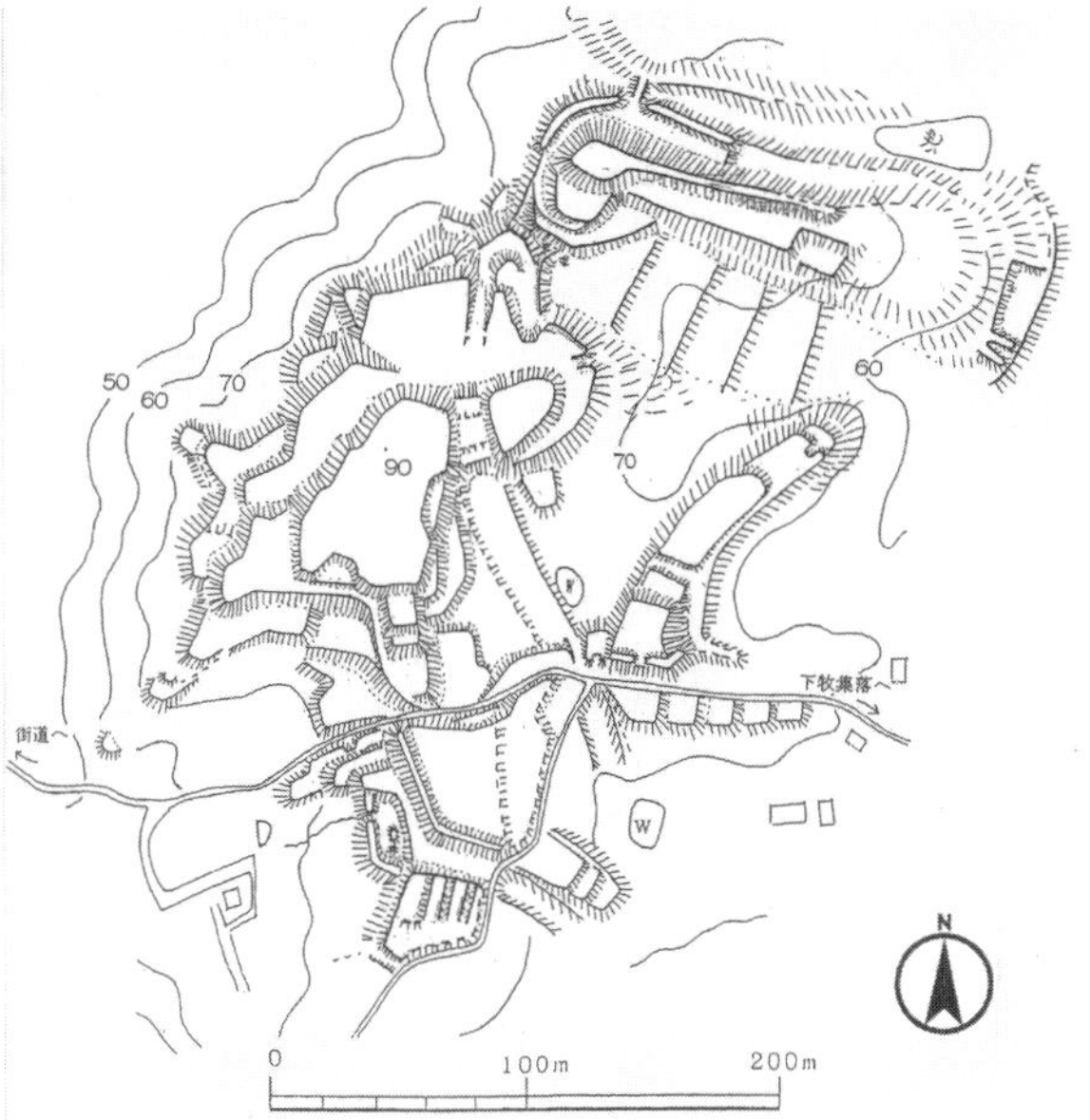

片岡城（吉澤雅嘉 2014 に加筆）

囲に展開すると考えられている。各所に空堀や郭（曲輪）、竪堀、櫓台といった施設を配置し、城の防御をかためている様子が明らかになっている。ただ、現在、観察できるこの姿は、築城当初のものではなく、後に改修が加えられた結果であると考えられている。

片岡城は、室町時代にこの地域を本拠とした一乗院方の国民、片岡氏の居城として築城された。戦国時代、松永久秀が織田信長に服した後、片岡氏は筒井順慶とともにこれに対抗するが、永禄十二（一五六九）年の戦いで松永方に敗れ、片岡城は松永方の城となる。それを機に大規模な改修を松永方が行った姿が、現在の遺構だと考えられている。

その後、天正五（一五七七）年に松永久秀が織田信長に叛旗をひるがえすと、明智光秀らの織田の軍勢が、松永久秀の立て籠もる信貴山城攻撃へと向かう。それに先立ち、松永方の海老名氏が守っていた片岡城が攻撃され、改修の甲斐もなく落城し、松永方の軍勢は駆逐された。天正八（一五八〇）年に織田信長によって大和一国の破城が命じられることから、片岡城がその後再建されることはなかった。

ＪＲ和歌山線畠田駅から、上牧町下牧地区へと抜ける東西道の高所付近は、片岡城の城内にあたる。周辺の地形を見ながら、往時の片岡城をしのんでみてはどうだろうか。

（神庭　滋）

参考文献
『上牧町史』　上牧町　一九七七

片岡城跡

【城跡探訪メモ】

ＪＲ畠田駅の南から東へ歩き、葛下川に架かる畠下橋を渡る。この道は西へ河内から明神山を越える「送迎越《ひるめごえ》」の道につながり、東は下牧を経て、箸尾、田原本に至る古道として知られる。城跡はこの道に面してある。坂を上がると、道の北側に片岡城の案内板が立っており、地形図もあってよくわかる。主郭と東側の出郭との間に大空堀があり、道路からでもその規模がわかる。主郭跡周辺は民有地のため地権者の許可なく立ち入らないように という上牧町教育委員会の注意板がある。丘陵の南にある伊邪那岐神社は片岡氏が城の守護神にしたと伝えられる。片岡氏の居館は下牧にあったともいわれる。

（増山和樹）

岡《おか》城（畑城）

所在地　香芝市畑
築城時期　室町～戦国時代（十五～十六世紀）
標　高　二一〇《メートル》
主な遺構　郭、土塁、竪堀、堀切

奈良県と大阪府の境に位置する二上山の北麓に、地元で「大ジョウゴ山」（標高二一〇《メートル》）と呼ばれる峰がある。別名畑城とも称される岡城は、その山頂付近を利用して築かれている。

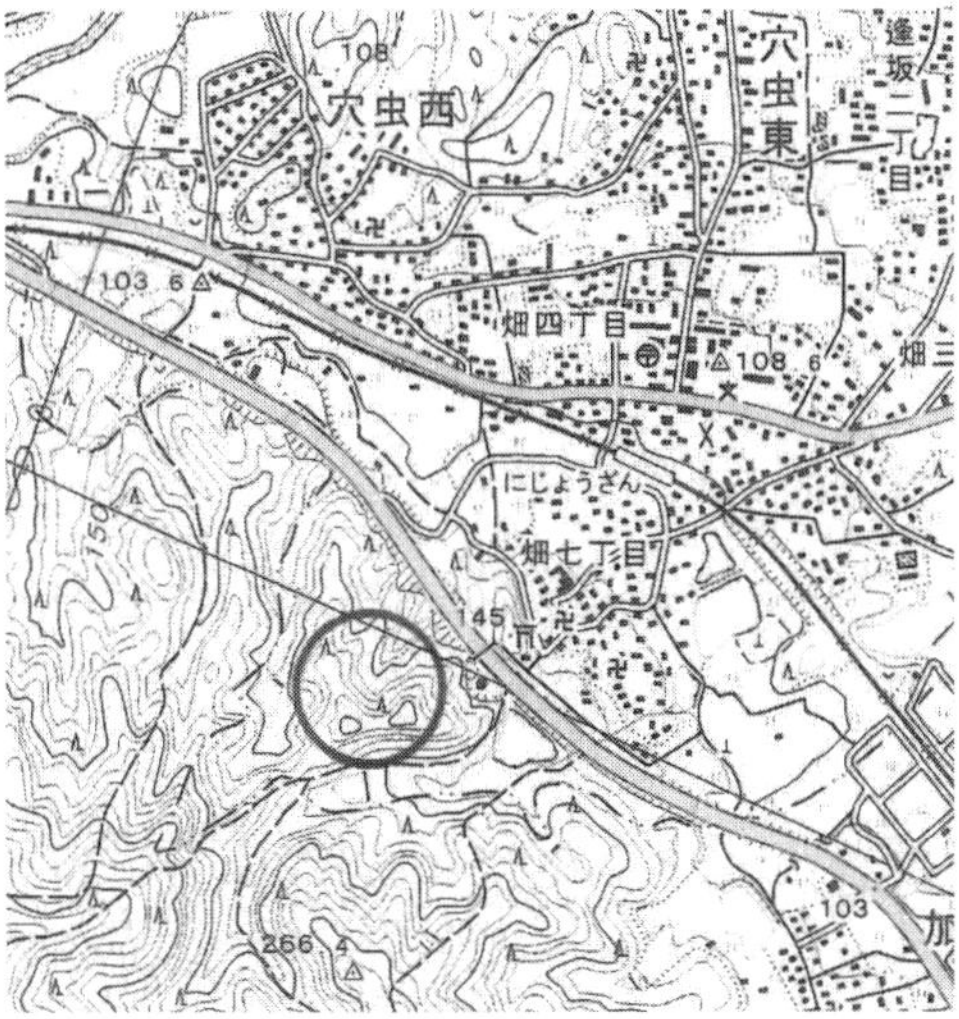

位置図

　東西に長い地形を呈する山頂には、約八〇《メートル》離れて東西二つの主郭が設けられている。その間には、二本の空堀があり、また、それぞれの主郭には、その北側を中心に複数の郭《くるわ》（曲輪《くるわ》〈防御、居住のために削平された平坦地〉）が設けられている。

　岡城全体の構造も、二つの主郭に伴い東西二地区に分かれる。西地区は、南側に長大な土塁が構築される一方、東地区には、それが無い。土塁を持たない東地区は、大和の一般的な在地武士が築く城の構造をもち、対する西地区は、戦国時代末期の特徴をもっているとされ、より大きな力をもった勢力が築いたのではないかと考えられている。
岡城は、かつて岡郷と呼ばれたこの地域を拠点

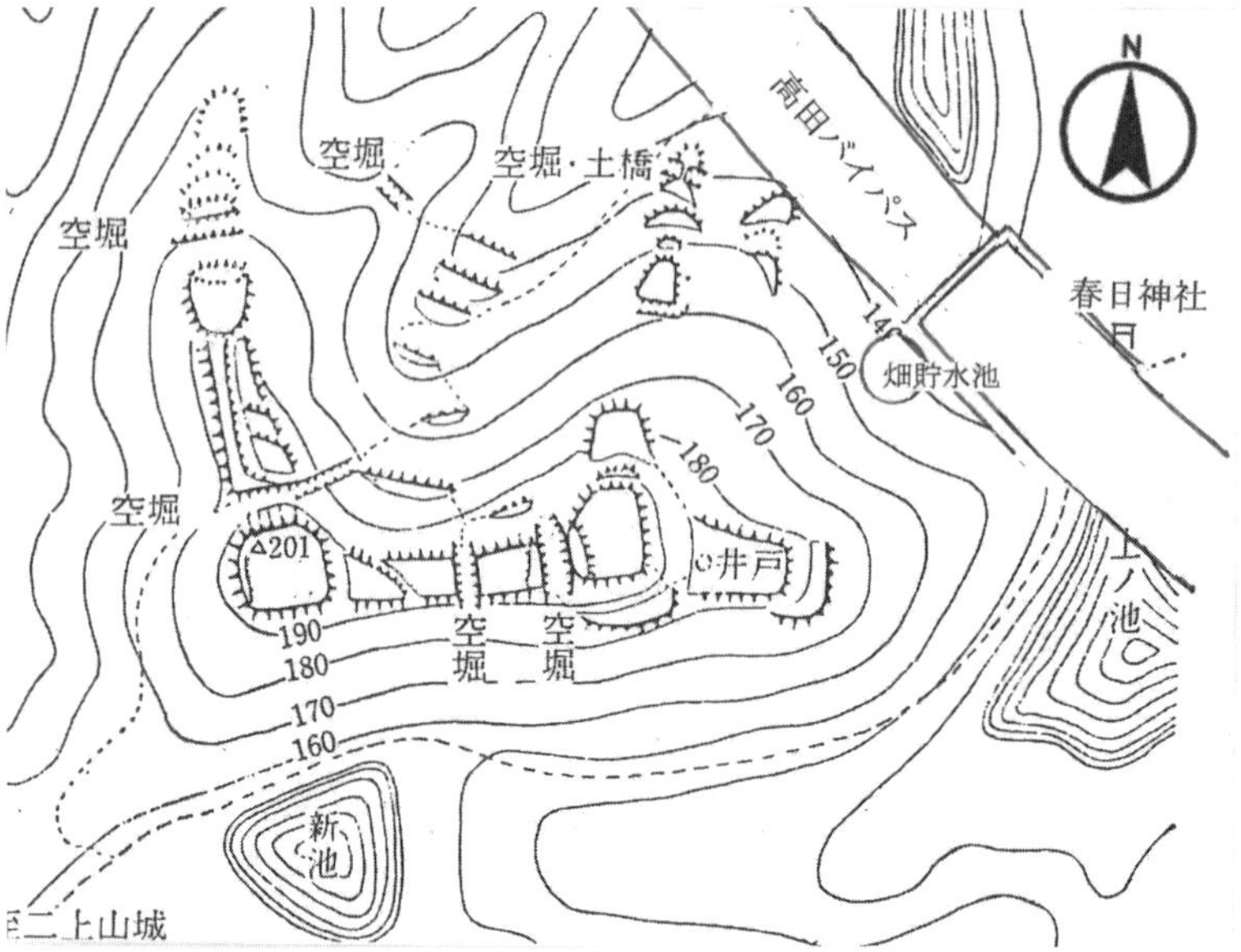

岡城（村田修三 1980 に加筆）

とした一乗院方の国民、岡氏の居城として、室町時代に築城されたと考えられている。岡氏は、北葛城地域を代表する有力武士であった。戦国時代を迎え、松永久秀が台頭すると、岡氏は松永方として行動する。松永久秀は、筒井氏などと大和の覇権をめぐって争い、その過程で従っていた織田信長に叛旗を翻すなどして没落していく。岡氏は、最後まで松永方として行動をともにしたとされる。

岡城が、構造的に東西ふたつに分かれる理由は、松永久秀との関係に求められるのかも知れない。岡城は岡氏が当初、伝統的な手法で築いたのが東地区であり、岡氏が松永方として行動をともにするようになって以降、当時の新しい技術を導入して西地区を増築あるいは改修したことが想定される。そうした岡氏の動きが、現在の岡城の姿に表れているのではないだろうか。

岡城は、二上山の北側を東西に抜ける穴虫峠越えの交通路を見下ろす場所に位置している。奈良盆地西側の主要交通路のひとつをおさえるこの城

の戦略的な意味あいは、戦乱の世にあっては、非常に高いものであったと考えられる。

（神庭　滋）

参考文献

『大和北葛城郡史』奈良県北葛城郡役所　一九〇四
『香芝町史』香芝町　一九七六
『大和高田市史』大和高田市　一九五八

【城跡探訪メモ】

近鉄南大阪線二上山駅から南西へ畑の集落を抜け、県道一六五号大和高田バイパスを越えたところに「二上山上池横登山口」がある。畑配水場の白いタンクの横に上ノ池があり、池に沿って二上山への登山道が南へ延びている。登山口に岡城の解説板が立っている。城跡は登山道の右手斜面の上で、踏みあとをたどり尾根上に出ると、郭跡の平地やV字形の空堀などが確認できる。岡城の東北約一・五キロメートルに岡氏の居館（香芝市逢坂）が所在し、東方約二キロメートルにある狐井城山古墳（香芝市狐井）も岡氏の狐井城であったと伝わる。

（増山和樹）

高田城《たかだ》

所在地　大和高田市高田
築城時期　室町時代（十五世紀）
標高　六五メートル
主な遺構　堀跡

大和高田市旭北町、市立片塩小学校の南側にある公園に、ひっそりと高田城の石碑がたっている。

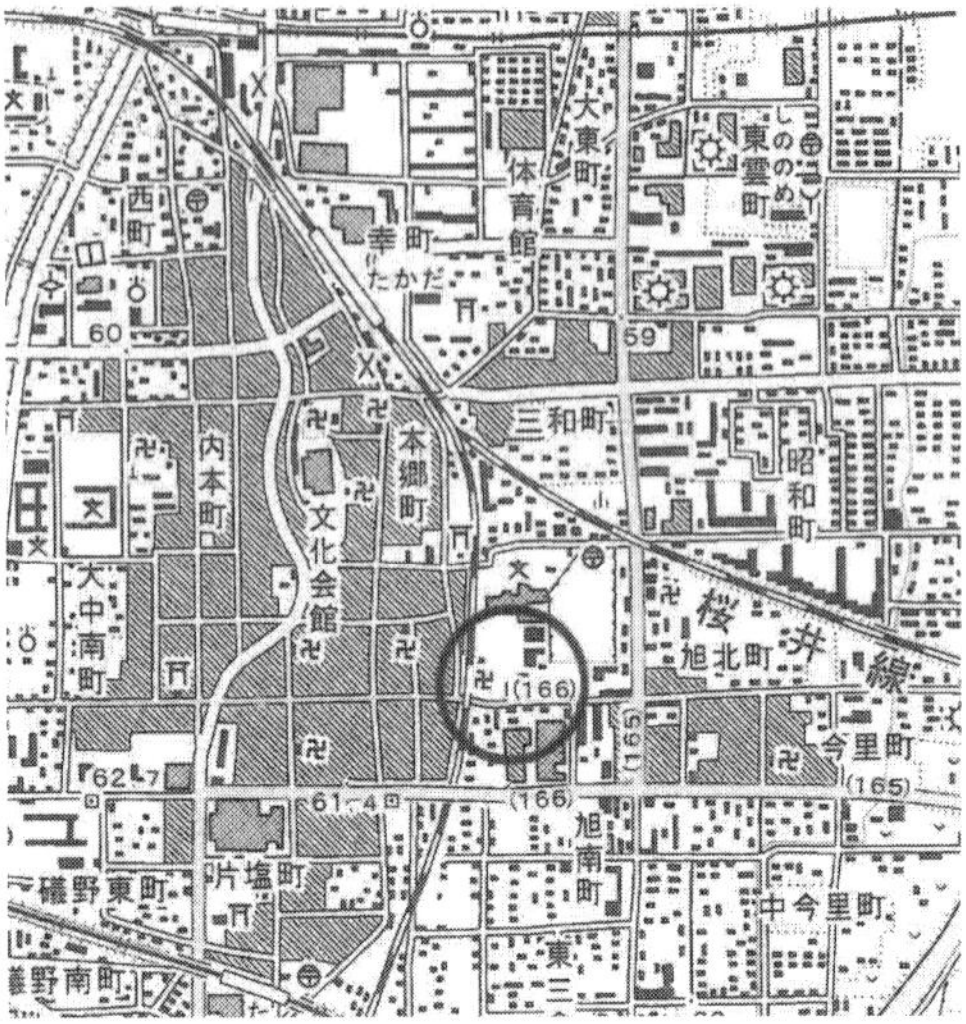

位置図

この石碑が顕彰する高田城は、片塩小学校の北側、小字「シロノウチ」と呼ばれる一画にあったと考えられている。

高田城は、當麻寺（葛城市）を建立した当麻氏の流れをくむとされ、鎌倉時代からその名の知られる高田氏によって築かれた城館である。

高田氏は、一乗院方の国民で、平田庄の荘官として、岡、万歳、布施氏などとともに葛下郡に勢力をもっていたが、反筒井方であったことから滅亡し、高田城も廃絶した。

現在「シロノウチ」と呼ばれる区画には、西側を除いて水路がめぐっている。これが城の堀跡と考えられる。現在の大和高田市を南北に貫く県道五号大和高田斑鳩線は、本来は高田川の流路で、堀へは高田川から水を引き込んだとみられる。城跡の東側を流れる水路の北端近くは屈曲しており、侵入する敵に対し側面から射撃できるようにした「横矢掛け」の痕跡ではないかと考えられている。また、区画のほぼ中央を南北にはしる道路、あるいはそこから東にのびる道路は、鍵手状に屈曲しており、見通しを遮断した「枡形」状になっているのも城の名残りと考えられている。

高田城の西側には、本郷と呼ばれる村落が形成されている。高田城は、周辺に展開したと想定される家臣団の居住地とあわせて、地域の中核としての役割を担っていたと考えられる。

高田城は、文禄四（一五九五）年に、石田三成によってこの地域が検地された際にはすでに消滅し、田畑として使用されていたことが知られる。ところがおもしろいことに、地域の中核であった高田城を失ったはずの本郷の集落は発展を遂げている。そこに、武士に頼らず、成熟した村落運営を成し遂げた人びとの姿を想像することができる。このことに目をつけた第二代新庄藩主桑山一直は、高田本郷の発展に介入し、その取り込みを図っている。このような地域の力が、後の高田の発展を可能とした原動力となったのであろう。

（神庭　滋）

参考文献
『大和北葛城郡史』奈良県北葛城郡役所　一九〇四
『大和高田市史』大和高田市　一九五八

【城跡探訪メモ】

ＪＲ高田駅の西側から和歌山線の線路沿いに南へ行き、八幡神社の角を曲がって踏切を渡ると、片塩小学校に出る。学校の南側の公園に立派な石積み基礎と玉垣を施した「高田城阯之碑」がある。高田城跡の範囲は「シロノウチ」、「城ノ西」、「馬場」などの字名が残る小学校の北側や東側の常光寺池辺りに広がり、城の南は横大路に面していたとみられる。

また、ＪＲ高田駅の南方、本郷町西部にある重要文化財の不動院（大日堂）はその棟札から文明十五（一四八三）年、高田城主当麻為長の建立であることが分かり、高田氏の出自が当麻氏であることも知ることができる。

（増山和樹）

高田氏が建立した不動院（大日堂）

二上山城《にじょうさん》

所在地　葛城市加守・染野
築城時期　室町時代〜戦国時代（十五世紀〜十六世紀）
標高　四五〇〜五一五メートル
主な遺構　郭、土塁、堀切

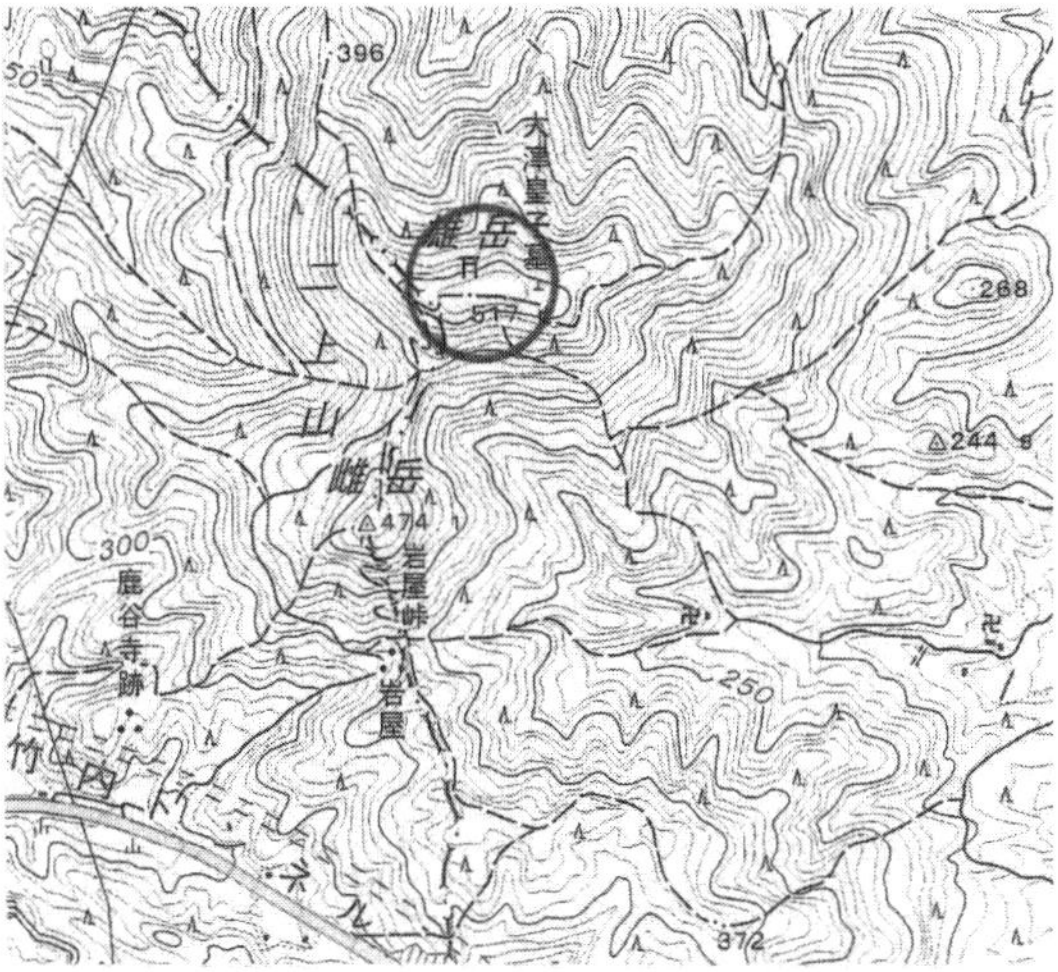

位置図

奈良県と大阪府の境に位置し、東西より望めば、流麗な姿で聳え立つ二つの峰（雄岳－五一五メートル・雌岳－四七四メートル）が特徴的な二上山の姿を見ることができる。この二上山の雄岳山頂部に、二上山城は位置している。

雄岳の山頂には、西が高く、東が低い二段の平坦面があり、この東西約二〇〇メートルにおよぶ範囲が、城の中心になると考えられている。この山頂からのびる東西の稜線上に、複数の郭《くるわ》（曲輪）が配置され防御を固めている。南側にも、斜面にとりつくようにして小さな郭が複数配置されている。地元に「七段（七間）屋敷」という名称が残っているのは、このような城の構造に由来するのかもしれない。その他に、山頂から西側稜線上の郭へとつな

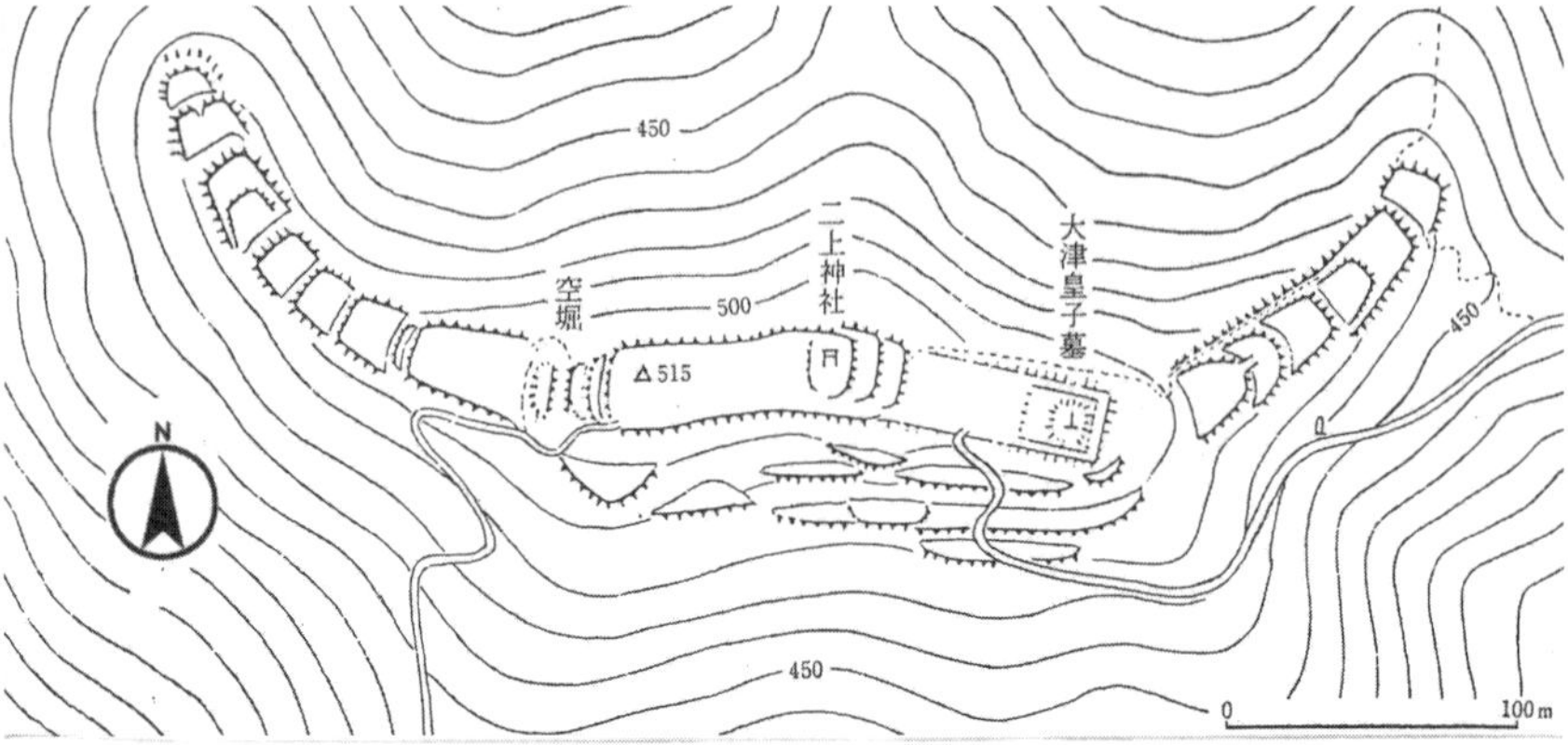

二上山城（村田修三 1980 に加筆）

がる部分で、堀と土塁が一例だけ認められる。

堀や土塁をほとんど使用せず、複数の郭と、郭を結ぶ急斜面によって城の防御を固めるあり方は、城の防御方法としては古い構造といえる。こうしたあり方を残すことが、二上山城の特徴だといえる。

山頂に城が築かれた二上山

二上山城は、楠木正成が築いた「河内七城」のひとつと伝えられているが、これについての確証は無い。大和の武士による利用は、永正四（一五〇七）年の一度切りで、それ以前は赤沢朝経、それ以降は木沢長政、松永久秀など大和国外の勢力によって利用された。現在の二上山城の姿は、天文十一（一五四二）年に木沢長政によって形づくられたと考えられている。

二上山城の北側約一キロメートル離れて岡城（香芝市畑）、南側約九〇〇メートルには万歳山城（葛城市當麻）が位置する。また、それぞれの城に隣接して穴虫峠越え、竹内峠越えという奈良盆地西側の主要な交通路が位置している。先に紹介したとおり、二上山城の構造は古く、単体では秀でた能力をもっているとは言い難い。これら隣接する城と連携することによって、大きな役割を果たしたのではないだろうか。

（神庭　滋）

参考文献

『當麻町史』　當麻町教育委員会　一九七六

【城跡探訪メモ】

二上山へは奈良県側、大阪府側からいくつかの登山道が整備されている。二上山城は雄岳の山頂にあり、悲劇の皇子として知られる大津皇子の墓周辺が二上山城の二の丸、山頂の二上神社が本丸に位置する。北の畑城、南の万歳山城と連携すれば、河内と大和を結ぶ穴虫越えと竹内峠越えを手中におさめることができた。

（増山和樹）

万歳山《まんざいやま》城

所在地　葛城市當麻
築城時期　戦国時代（十六世紀）？
標　高　約三八〇メートル
主な遺構　郭、土塁、竪堀群、堀切

奈良県西側の主要な交通路のひとつとして、現在も車の行き来が絶えない竹内街道。大阪府との県境付近には標高二八九メートルの竹内峠があり、古代よりこの峠を越えて数多くの人・物・文化が行き交った。

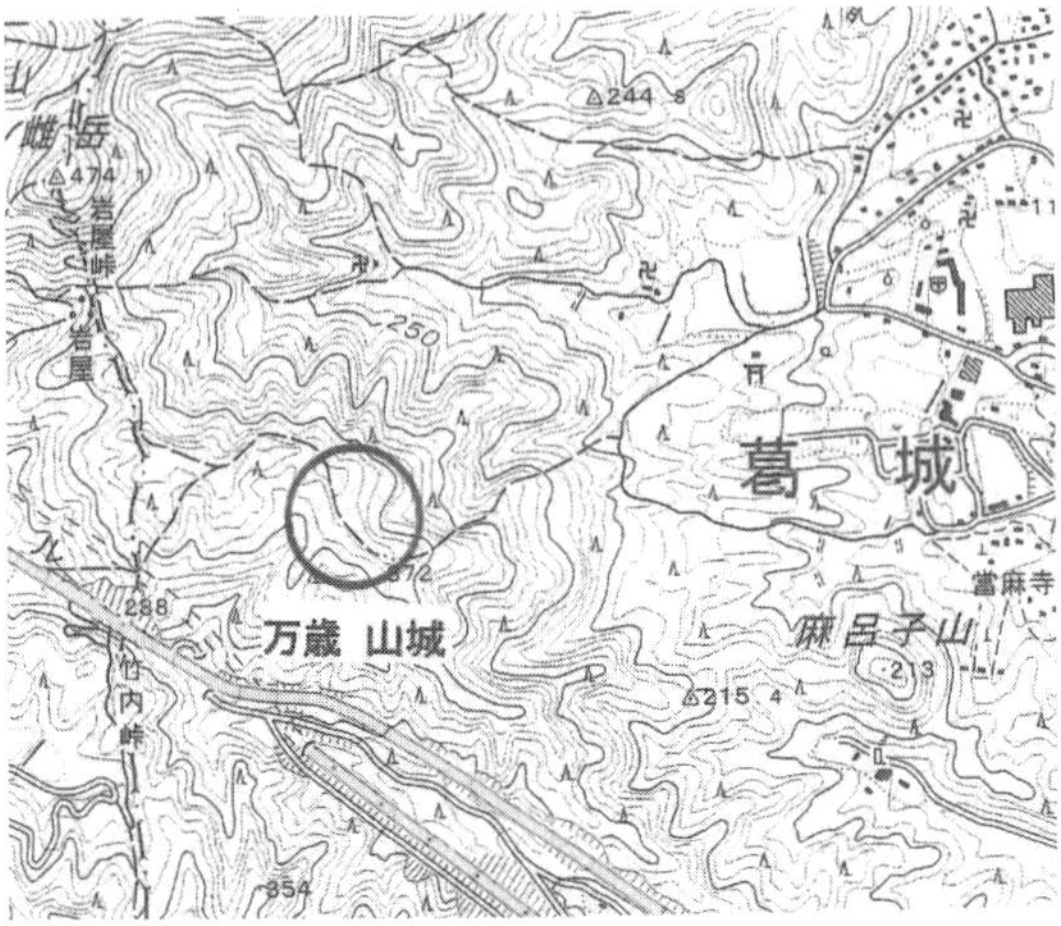

位置図

万歳山城が押さえた竹内峠

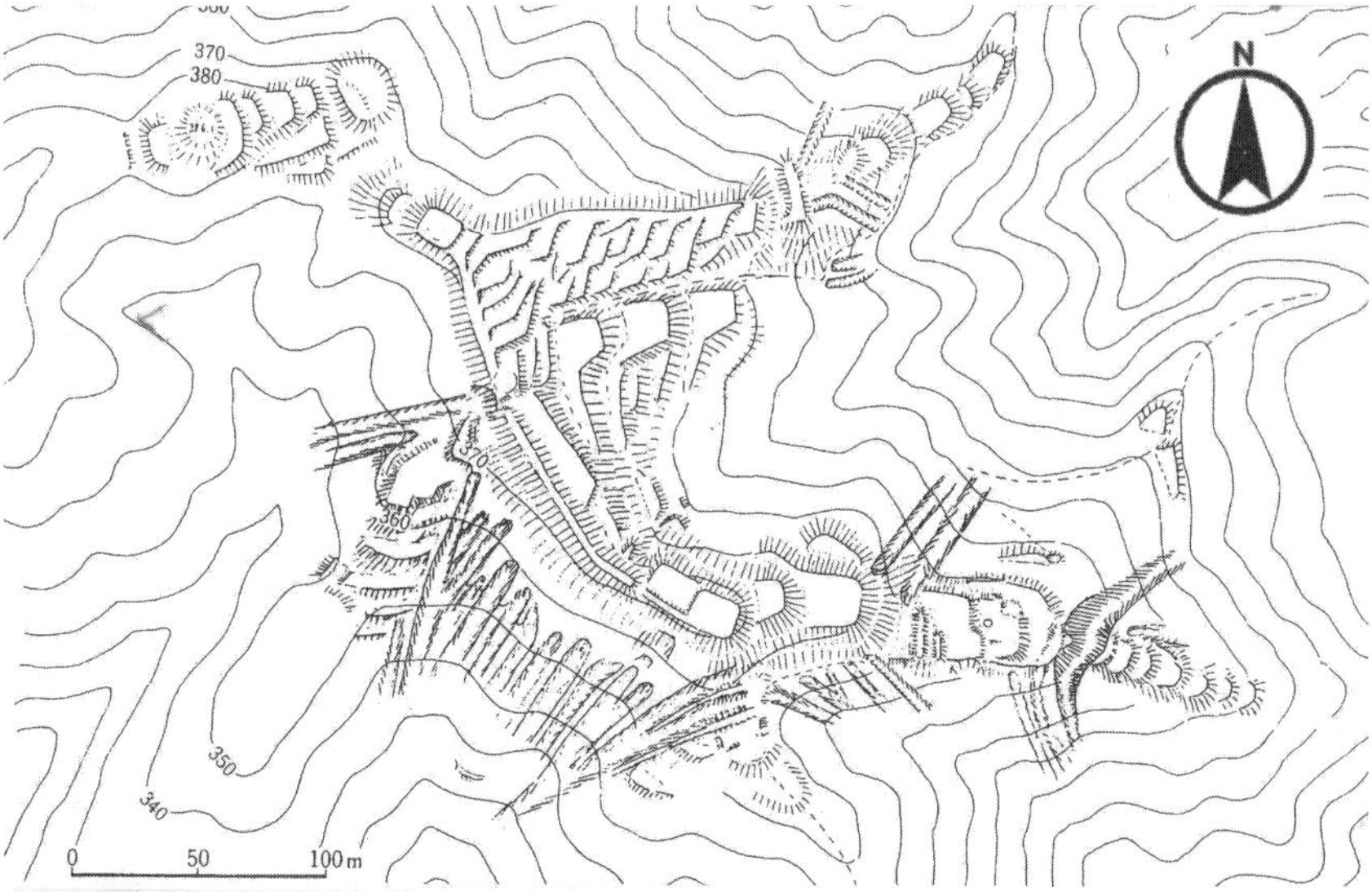

万歳山城（村田修三 1987）

この道は、時に多くの兵があふれる道でもあった。慶長十九（一六一四）年に起こった「大坂冬の陣」において新庄藩主桑山一直は、幕府の命に従い、この竹内街道を通って大坂へ出陣した。また戦場とはならなかったものの、六七二年に起こった「壬申の乱」においても、大和防衛のために兵がおかれたことは間違いないとみられる。このように、時に軍道として使用されることがあった竹内街道の北側高地に、万歳山城は位置している。

　万歳山城は、竹内峠とその北側の岩屋峠の間にある万歳山の稜線上、標高三〇〇〜三九七メートルの間に築かれている。階段状に郭《くるわ》（曲輪）が連なり、そのなかに土塁や空堀、竪堀といった防御施設が組み込まれている。城の南側では、敵兵の迎撃を容易《たやす》くするための防御施設である畝状《うねじょう》竪堀群が、城の南面をほぼ覆うように設けられている。城域は南北約三〇〇メートル、東西約四三〇メートルで、同じ葛城地域に位置する布施城（葛城市）、楢原城（御所市）などとならぶ大規模な山城である。

万歳山城は、平安時代から現在の葛城市北部から大和高田市北西部付近を中心に活躍した一乗院方の国民、万歳氏によって築城されたと考えられる。葛城地域の有力な武士であった万歳氏は、戦乱の世を迎えて以降、少なからぬ戦いに参加している。ただ、その主な舞台は、万歳山城から約四・三キロメートル東で、万歳氏の領地のなかでも東側に位置していた万歳平城（大和高田市市場）であった。万歳山城は、領地西側にあって竹内街道に睨みをきかせながら、万が一の時の後詰の城として使用されていたのではないかと考えられている。

（神庭　滋）

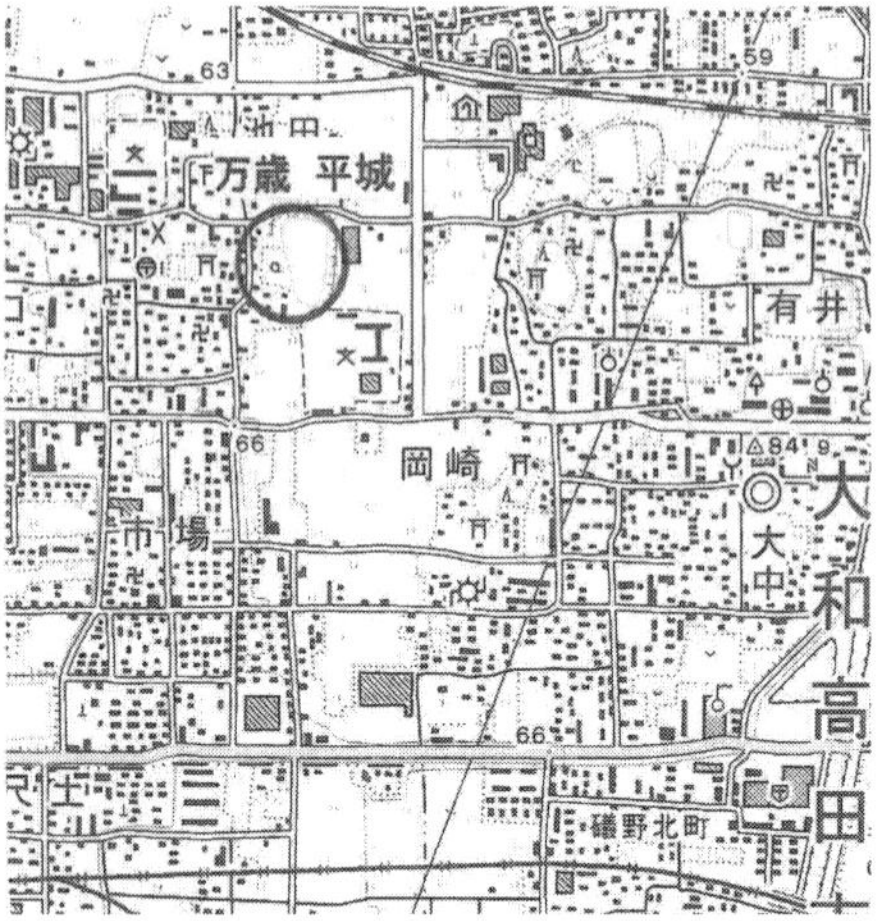

位置図（万歳平城）

参考文献
『當麻町史』當麻町教育委員会 一九七六
『大和高田市史』大和高田市 一九五八
村田修三『図説中世城郭事典』第二巻 新人物往来社 一九八七

【城跡探訪メモ】

葛城市當麻から大和高田市西部にかけてが「万歳領」とされ、万歳氏の居館であった万歳城（万歳平城）は、大和高田市西部にあった。大和高田市役所前の道を八〇〇メートルほど西に進むと、「万歳城址」の解説板がある。城跡はこの解説板から少し離れた高田西中学校の北側に広がる池の辺り。道路や家屋の境界に堀の輪郭が残り、池の西側にある竹やぶは「しろやぶ」と呼ばれてきた。春日神社東側までが城の推定範囲で、古図によると堀に囲まれた主郭に出郭が張り出す構造だったようだ。池のほとりで十四世紀中頃の土器が出土しており、万歳平城が室町時代初期まで遡ることがわかる。

詰の城とされる万歳山城は、二上山雌岳を下った岩屋峠から竹内峠に向かう道から東に延びる尾根上に築かれている。史跡に指定される岩屋峠の「岩屋」は奈良時代の石窟寺院跡とされ、竹内峠とともに古くから河内と大和を結ぶ重要な交通路であった。

（増山和樹）

城郭用語（その二）

山城《やまじろ》　山を利用して築かれた城。山地は、敵の移動を阻害でき、視界を確保できるといった利点があり、有事に備えた要塞・砦（「詰城」）から、多くの郭を連ね、居住用の施設も備えた大規模な城が築かれるようになる。椿尾上城、竜王山城、高取城、信貴山城などが代表的。山地に伽藍を構える山岳寺院も城郭として利用され、これは地形的な利点だけでなく、神仏の助力を真摯に頼んだこととも関わる。近世初頭に城郭が政治的拠点となるにつれ、瓦葺建物や石垣をそなえた郡山城や多聞城などの平山城や平城が主流となっていく。

布《ふ》施《せ》城

所在地　葛城市寺口
築城時期　室町～戦国時代（十五～十六世紀）
標高　四八〇～三六〇メートル
主な遺構　郭、土塁、竪堀群、堀切

葛城山（標高九五九メートル）は、奈良盆地の西側に連なる山々のなかで、代表的な山のひとつである。この葛城山から北方の岩橋山（標高六五八メートル）に連なる山系の中腹、標高約四八〇メートルに布施城は位置している。

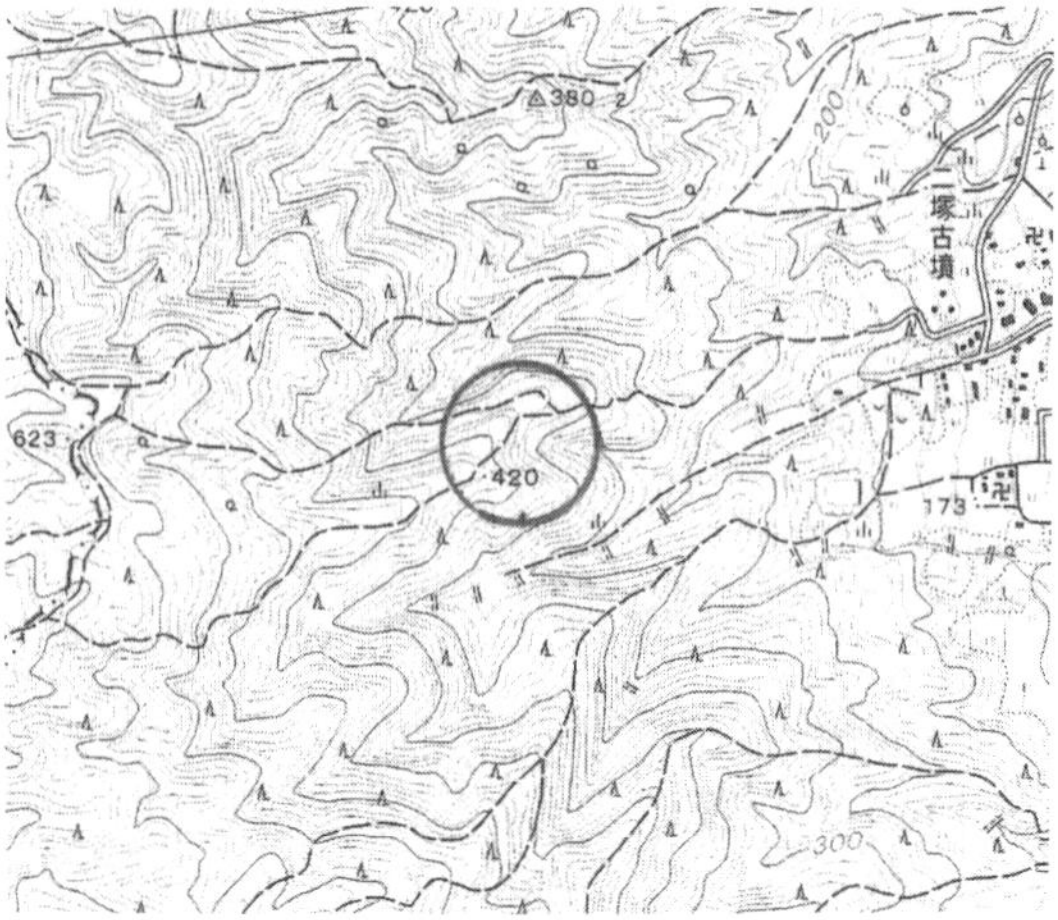

位置図

城跡の最高所近くに位置する主郭（本丸）を中心として、幅の狭い尾根の上に階段状にいくつもの郭《くるわ》（曲輪）と呼ばれる防御用の平地を連ねている。布施城の入口と推定される場所には土を盛り上げた土塁《どるい》が設けられ、敵兵が一気に侵入できないような工夫がなされている。

また、櫓台《やぐら》と呼ばれる壇や、山の尾根を深く掘り削った堀切《ほりきり》と呼ばれる空堀を、郭のなかに効果的に配置しており、城内に侵入した敵に対し、集

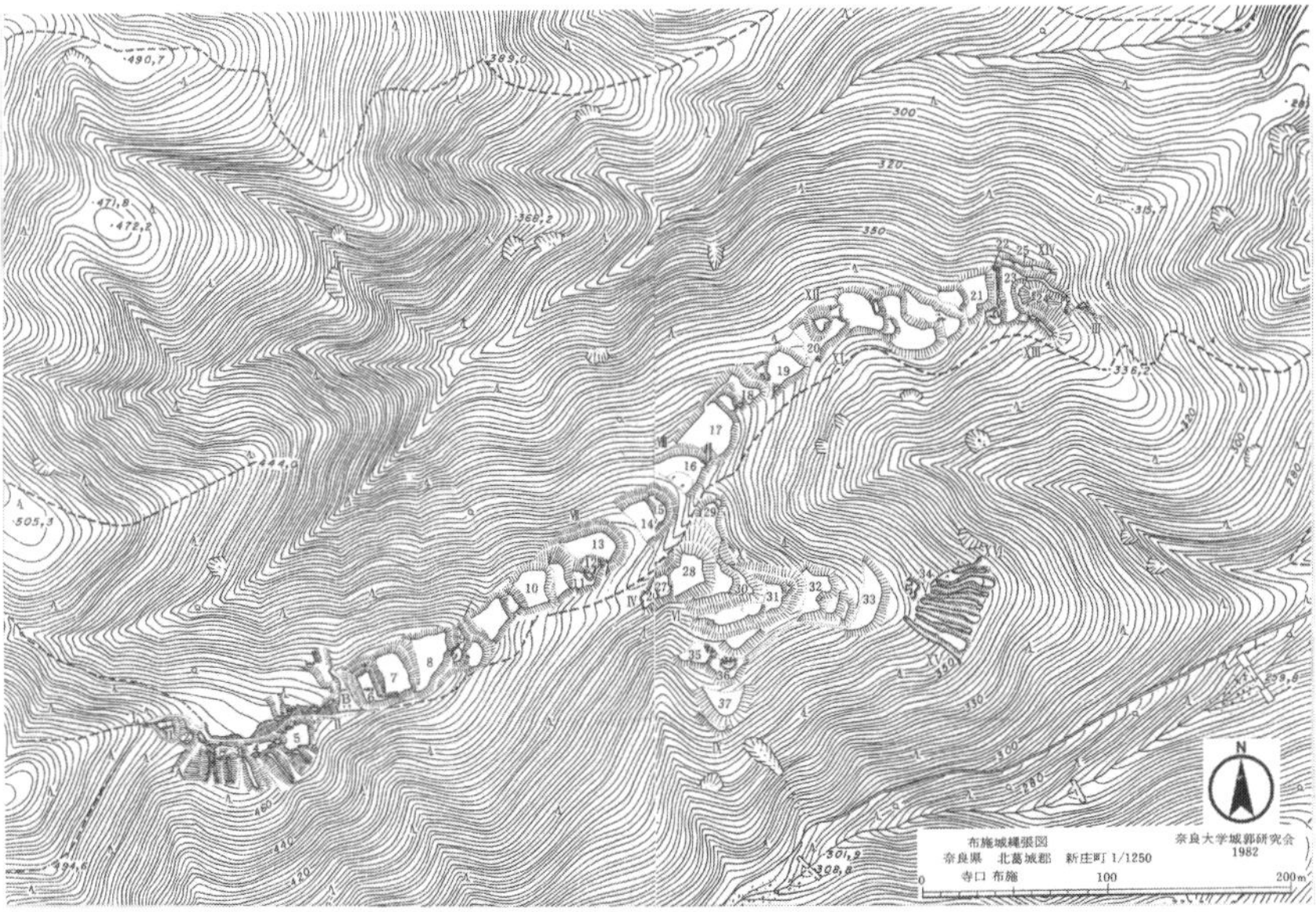

布施城（奈良大学城郭研究会 1982）

中攻撃することを可能にしている。城の後背および南東側には竪堀を畝状《うねじょう》に連続して設けた「畝状竪堀群」があって、城への接近を困難なものとさせている。これらを含めた布施城の規模は、東西約六〇〇メートル、南北約二〇〇メートルの規模をもち、全国的に見ても規模が大きい山城とされる。

　布施城は、現在の葛城市南部を拠点とした一乗院方の国民で、平田庄八荘官の一人であった布施氏によって、室町時代には築城されていたと考えられるが、十六世紀には筒井順慶とともに松永久秀に対抗している。布施城は、この時期に新たな城づくりの手法を採り入れつつ、改修が施されたと考えられている。永禄十一（一五六八）年、織田軍の支援を得た松永久秀は軍勢二万をもって大和再制圧を図り、布施城周辺は焼き払われるが、ついに布施城が落城することはなかった。

　現在、布施城の城跡南側に山道が通っており、徒歩ならば、布施城の主郭へ行くことができる。奈良盆地を眼下に見下ろしながら、織田松永軍の攻撃をしのいだ名城として名高い布施城のありし日の姿を思い起こしてみてはいかがだろう。

（神庭　滋）

参考文献

『大和北葛城郡史』奈良県北葛城郡役所　一九〇四
『新庄町史』新庄町役場　一九六七

【城跡探訪メモ】

江戸時代初期、新庄藩の新庄陣屋があった屋敷山公園にある屋敷山古墳は布施城の出城としても利用されたと伝わる。布施城跡へはここから西へ行き、寺口の集落にある二塚古墳の南の道を山へ向かう。害獣防止柵を越えると杉林、未舗装の山道となり、「布施城跡まであと９００ｍ」の案内板が立つ登山口が右手にある。道は急だが、主郭まで一〇〇メートルごとに距離標や解説板が立っており、三〇分ほどで主郭に着く。布施氏の菩提寺である慶雲禅寺（葛城市大屋）は屋敷山の東北にあり、布施氏の歴代の供養塔が立つ。また、寺口の置恩寺には置始《おきそめ》（布施）行国が寄進した文亀二（一五〇二）年の石燈籠もある。

（増山和樹）

楢原城《ならばら》

所在地　御所市楢原
築城時期　室町時代
標　高　約三八〇メートル
主な遺構　郭、土塁、空堀　竪堀群

楢原城は、奈良県と大阪府の境界をなす葛城山から東へ延びる尾根上、標高約三八〇メートル付近に位置する。東側から「前城」、「中城」、「奥城」の三区画に分けられ、城跡の規模は、南北約三〇〇メートル、東西約六五〇メートルに及び、もっとも低い場所に位置する前城と、最高所に位置する奥城との比高差は二一〇メートルとなる。

「前城」は、雛壇のように平地が連なる構造をとり、「左音寺」という中世寺院のあった場所を改変して、城の一部として利用されたのではないかと考えられている。そのためか、前城では目立った防御施設は確認されない。

「中城」は、土塁や堀切、畝状竪堀群を手厚く配置しており、三区画のなかでは最も防御性に優れ、

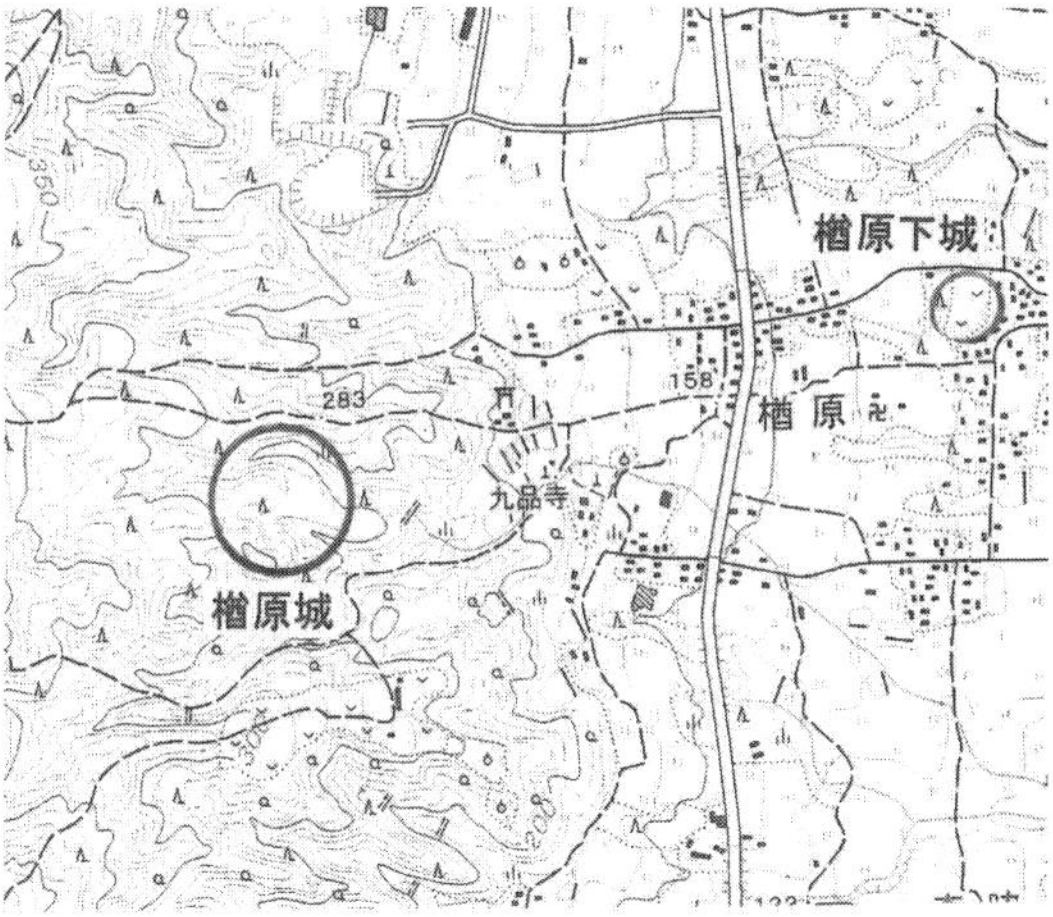

位置図

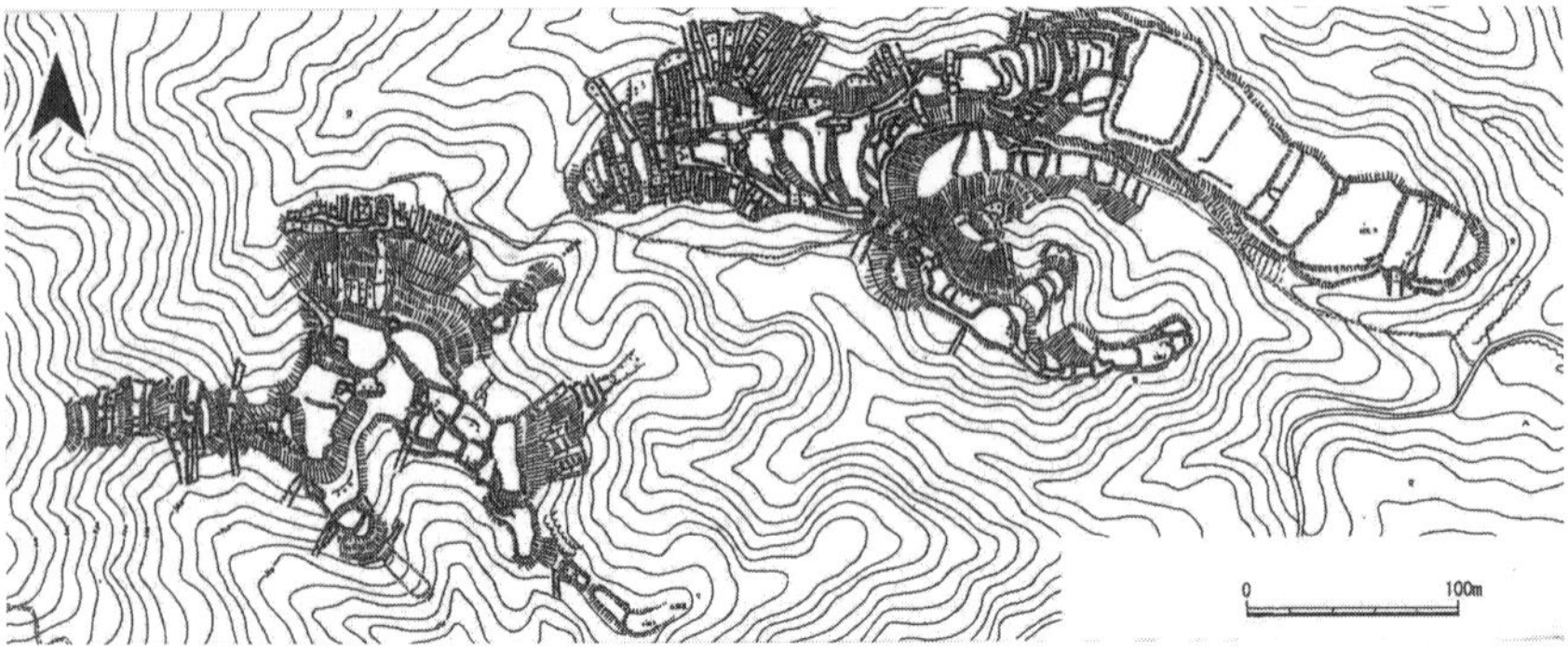

楢原城（藤岡英礼 2000）

かつ先進的な構造をもっている。

「奥城」は、「中城」とは異なる構造をもつもの、土塁、堀切、畝状竪堀群を備えている。城の西端となる高所にも城を守るための造作がなされており、山を越えてくる敵にも備えていることがわかる。「奥城」は「中城」よりも古い構造をとることから、楢原城は「奥城」から築城されたと考えることができる。その後、「中城」が築城されるに際して、奥城にも新しい防御のあり方が導入される。「奥城」、「中城」が、それぞれに城としての機能を高めた結果が、現在の楢原城の姿に表れていると考えられる。

楢原城を築いたとみられる楢原氏は葛城地域の武士団、葛上《かつじょう》党（南党）を率いる大乗院方の国民で、鎌倉時代後期からその名が史料にみることができる。越智方から筒井方となり、隣接する吐田氏と争ったが、のちには越智氏と婚姻関係を結び、南大和では越智氏に次ぐ勢力を有した。こうした過程で楢原氏は楢原城を築き、新しい築城技術を採り入れながら城を増強していったと考えることができる。大規模な楢原城の姿からは、楢原氏のもつ兵力の大きさ、ひいては楢原氏のもっていた実力をうかがい知ることができるのではないだろうか。

（神庭　滋）

参考文献
村田修三『日本城郭大系』第10巻　新人物往来社　一九八〇
藤岡英礼「楢原城」『図解　近畿の城郭Ⅰ』中井均監修　城郭談話会編　戎光祥出版　二〇一四

【城跡探訪メモ】

御所市楢原の戒那山九品寺《くぼんじ》は奈良時代の行基の開創と伝え、もと葛城山にあった戒那千坊に属したという。本尊の平安時代後期の阿弥陀如来坐像は重要文化財。楢原氏の菩提寺で一族の供養墓碑がある。城跡へは駒形大重《こまがたおおしげ》神社の南にある天理教葛上分教会墓地の角から山に向かい、貯水池を右に見て進む。右手の尾根にはさまれた狭い谷の細道へ入ると、右上が「サオンジ」の地名が残る「前城」跡。谷底には瓦片も散見される。谷を詰めると、「中城」跡の堀切に出る。「前城」の奥と南に分かれた尾根が「中城」で、「中城」への取り付きは急斜面。左手の奥の山上が「奥城」になる。楢原氏の居館とみられる「楢原下城」は、山城から約一キロ《メートル》離れた山麓の楢原の集落の西側に所在する。

（増山和樹）

吐田城《はんだ》

所在地　御所市関屋
築城時期　室町時代～戦国時代（十五～十六世紀）
標　高　二八〇メートル
主な遺構　郭、土塁、竪堀群、堀切

大阪府と奈良県を結ぶ、主要交通路のひとつである水越峠越え道（国道三〇九号線）を南に見下ろ

位置図

す要衝の地に位置する。城跡は、葛城山より派生する尾根筋上、「城山」と呼ばれる標高約二八〇メートルの山塊頂部に主郭（本丸）を設け、そこから四方へ張り出す地形を利用して放射状に郭《くるわ》（曲輪）を設けている、城跡の規模は、南北約一九〇メートル、東西約三六〇メートルである。

主郭から北西へ延びる尾根上には、主郭に近い位置に大きな堀、土塁、畝状竪堀群が配置されている。畝状竪堀群は、郭から離れて設けられており、葛城地域南部の山城と、共通の特徴をもっている。北西側の尾根先端部分には、吐田城で一番大きな堀が設けられている。北東側の尾根の先端には、土塁や堀、切岸が配置される。そこから続く郭の

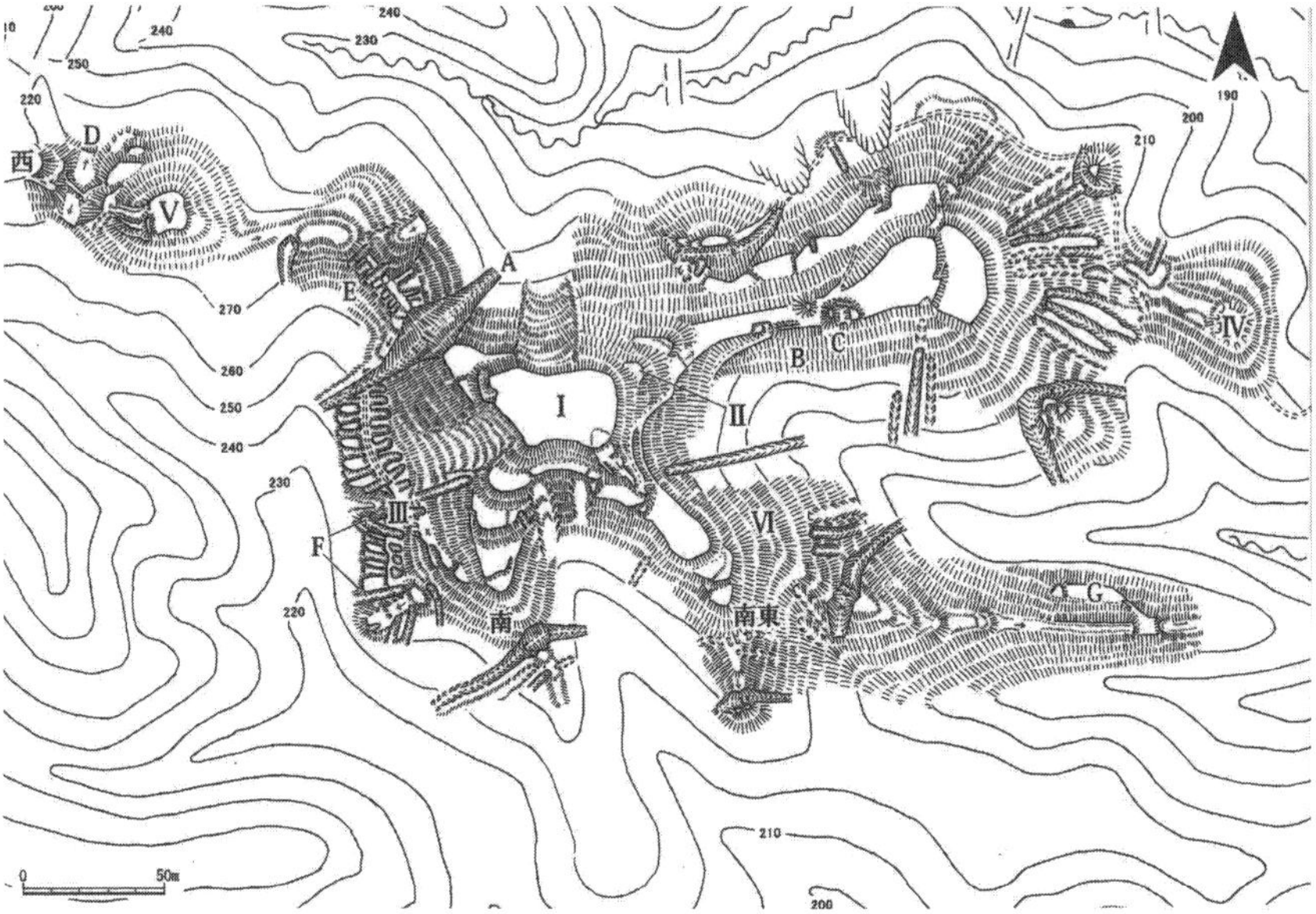

吐田城（内野和彦 2021）

なかに、南北約一六メートル、東西約三〇メートルの、ひときわ広い郭があり、ここは、「馬繋ぎ場」であったと伝わっている。この郭の先には、土塁を喰い違った形に築き、防御性の高い入口とした「喰い違い虎口」が配置されている。南側に延びる二本の尾根筋に築かれた郭の先端には、いずれも堀が設けられている。

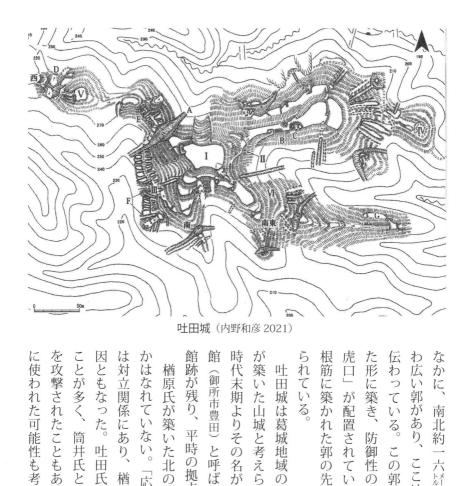

吐田城は葛城地域の有力な武士であった吐田氏が築いた山城と考えられている。吐田氏は、鎌倉時代末期よりその名が知られる。山麓には、吐田館（御所市豊田）と呼ばれる堀を配置した方形の居館跡が残り、平時の拠点であったとみられる。

楢原氏が築いた北の楢原城とは、一キロ余りしかはなれていない。「応仁の乱」においても、両者は対立関係にあり、楢原氏を筒井方に就かせる原因ともなった。吐田氏は越智氏と行動を共にすることが多く、筒井氏とはたびたび争った。吐田館を攻撃されたこともあり、吐田城は楢原城の支城に使われた可能性も考えられている。最後の吐田遠秀は筒井順慶によって郡山城に呼び出されて謀殺されたと伝わっている。
　水越峠越えという、交通の要衝を押さえた吐田城は、その時々において、重要な役割を担っていたようだ。

（神庭　滋）

参考文献
　村田修三『日本城郭大系』第10巻　新人物往来社　一九八〇
『奈良県中近世城館跡調査報告書－第二分冊』　奈良県　二〇二一

【城跡探訪メモ】
　葛城山から東方へ延びる尾根上に城跡があり、水越峠を押さえる要衝にあたる。一言主神社から池沿いに南へ歩き、水路を越え山裾を行く。西側の谷の奥へ進み、右手の斜面に取り付き、直登すれば東端の郭跡にたどりつける。急斜面は登るのに苦労する。尾根の先端にも道のようなものがあるが、木にしがみつくようにして斜面を登らなければならず、体力と充分な注意が必要。草木が繁茂する夏期の探訪は難しい。登城はあくまで自己責任。尾根の上に登ると植林地であり、見通しも良く、歩きやすい。遺跡の残存状態も良く、最後に斜面を登り切れば主郭跡に着く。主郭は台地状の高まりで、周囲に郭跡の平場が観察できる。吐田氏の居館である吐田館は、城跡の東方七〇〇メートル、名柄の交差点から国道三〇九号線を東へ行き、北へ豊田の集落へ入ると、集落の北側に三方に巡らした堀が残る。

（増山和樹）

佐《さ》味《び》城

所在地　御所市鴨神
築城時期　戦国時代？（十六世紀？）
標　高　約四一〇～四六〇メートル
主な遺構　郭、土塁、横堀

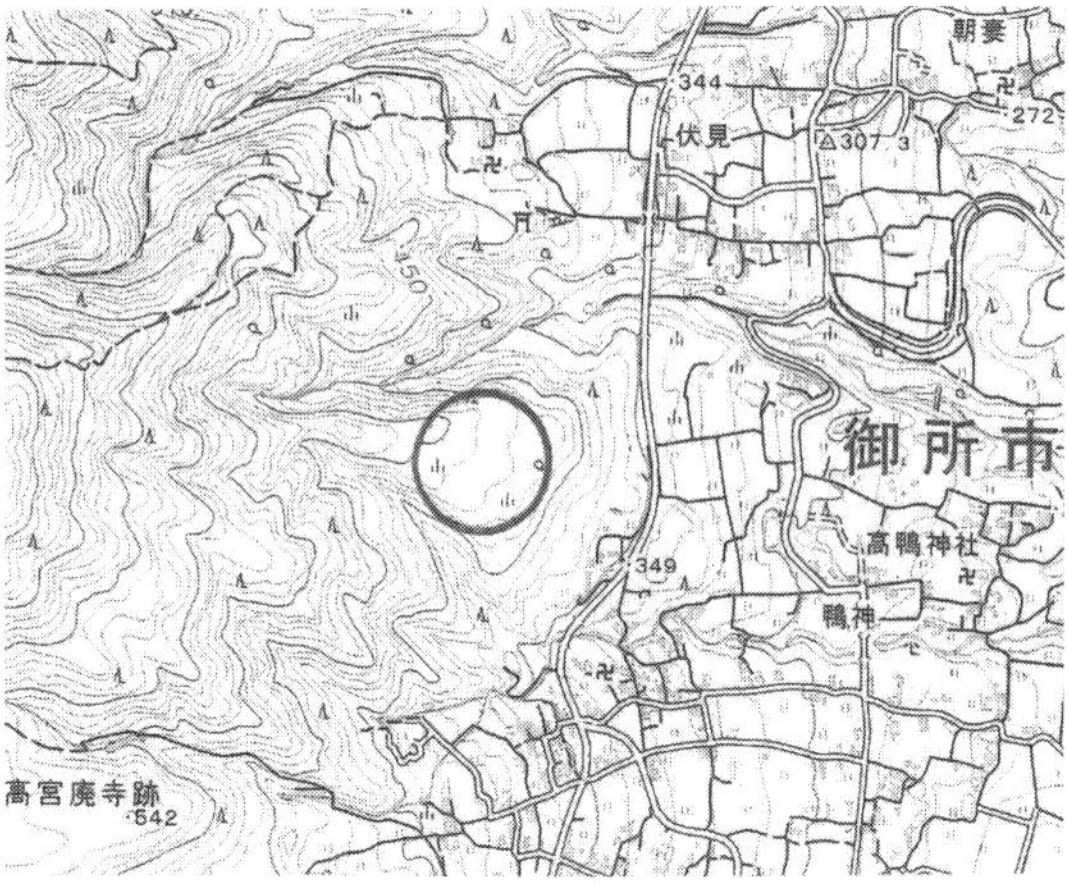

位置図

佐味城は、金剛山（標高一一二五メートル）の東麓、先端部分が大きく広がる平坦な尾根上に位置しており、その地形を活かして、南北約二〇〇メートル、東西約三八〇メートルの方形に似た形状で築かれている。東側の盆地側に城の入口があり、そこから西側高所に位置する主郭（本丸）まで、長さ約一四〇メートルの直線状の道が続く。この道の両側には、土塁で囲まれた方形の区画がいくつも配置されており、方形区画内は、さらに小さな区画に分けられ複雑な構造となっている。城跡の東西には、城全体の防御を意図した大きな堀が掘削されており、主郭の東から南側にかけて断続的な堀状の掘り込みがあり、城の入口の北側付近には、その防御を意図した郭（曲輪）の存在もうかがえる。

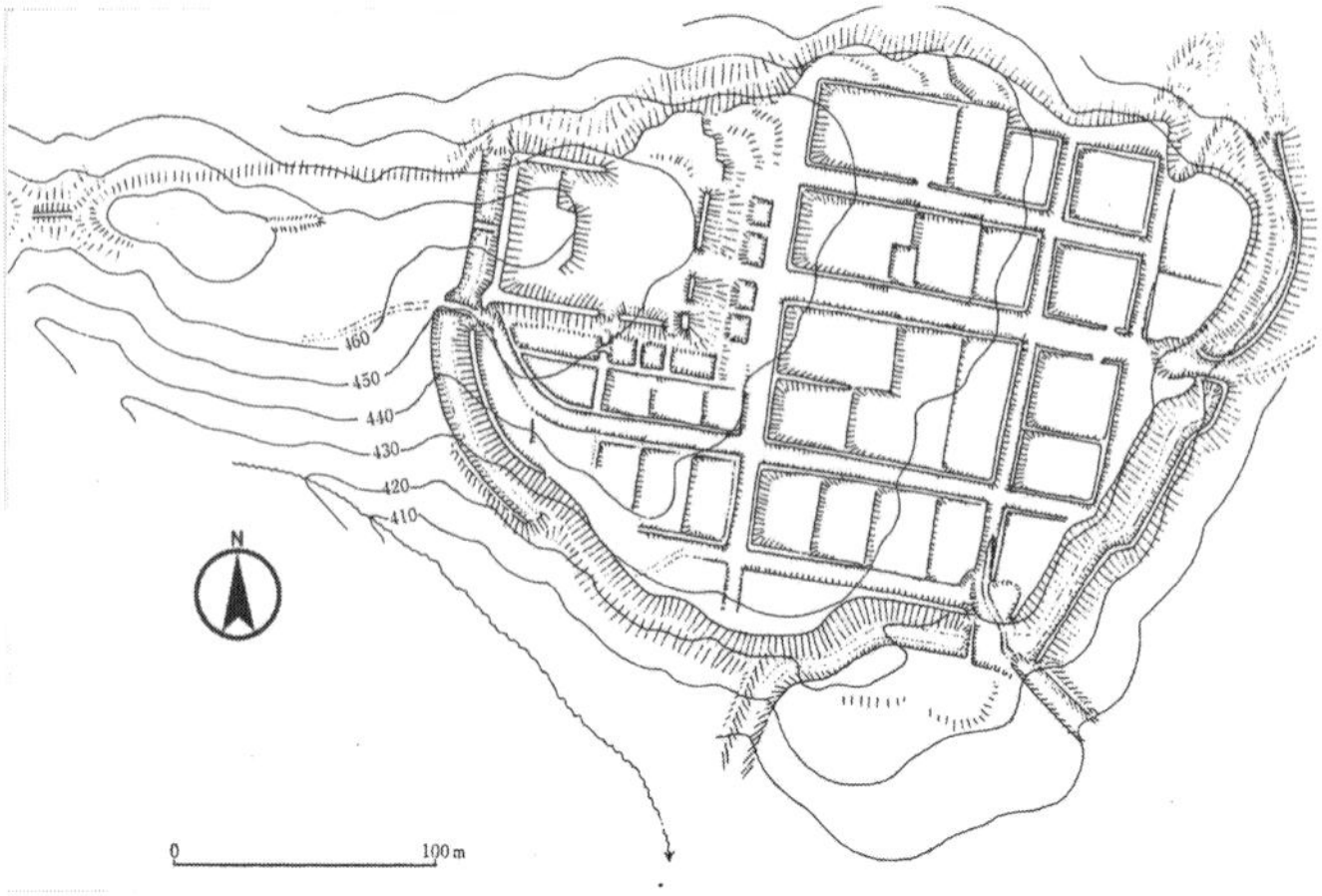

佐味城（村田修三 1987）

ただ、佐味城については、一般的な城郭遺構と比較したとき、構造的に違和感があると指摘されている。確かに、城の入口から主郭まで一直線の道でつながる構造などは、城の防御という面を考えると疑問が残る。

　金剛山や葛城山の山間、山麓域には、中世以降、多数の子院をもつ寺院が形成された。「戒那千坊」、「伏見、寺千軒」など地元にのこる言葉からも、その状況の一端をうかがうことができる。「戒那千坊」にあたる安位寺跡では、山頂へ向かってのびる直線道の左右に、大小さまざまな区画が設けられている状況が確認できる。佐味城の構造は、規模や配置は異なるもののこれと類似する。こうしたことから、佐味城については、本来寺院であったものを城として改造したのではないかと考えることができる。

　佐味城の築城時期や築城主については、主なものに天文年間（一五三二〜一五五五年）に木沢長政が築いたとする説と、永禄年間（一五五八〜一五七〇年）に筒井順慶が築いたとする説がある。また、文献史料に永禄十（一五六七）に現れる「幸田城」が佐味城のことであるともされ、これが正しければ、少なくとも十六世紀後半には城として機能してい

佐味城跡（増山和樹撮影）

たことになる。このとき幸田城は、筒井順慶方の城で、紀州から攻め込んで来た松永久秀と結ぶ畠山高政と根来衆《ねごろしゅう》の軍勢を撃退している。

佐味城から東に目を向ければ、奈良盆地の南の玄関口のひとつである「風の森峠」とそれに連なる交通路を眼下におさめることができる。こうした交通の要衝にあることが、佐味城の戦略的な意味合いを大きなものとしていたことが想像される。

（神庭　滋）

参考文献
村田修三『日本城郭大系』第10巻　新人物往来社一九八〇
村田修三『図説中世城郭事典』第二巻　新人物往来社一九八七

【城跡探訪メモ】

佐味城は金剛山から東へ延びる尾根の一つに築かれており、城跡へは県道二六一号西佐味中之線（通称山麓線）鴨神のバス停が目印。バス停脇から西の山側に入り、畑に続くあぜ道を北へ入り、西の山上に登る。主郭に通じる山道は一直線で両側に整然と区画された土塁囲みの区画が並ぶ。一帯は植林された杉林で歩きやすいが、現在はまったく見晴らしはない。

県道の東にある高鴨神社は佐味宮とも呼ばれる延喜式内社。本殿は室町時代の建築で重要文化財に指定されている。

（増山和樹）

六　東山内の城

福住《ふくすみ》城

	（井之市城跡）	（中定城跡）
所在地	天理市福住町井之市	天理市福住町中定
築城時期	室町時代（十五世紀）	室町時代～戦国時代
標高	五五九メートル	五一〇メートル
主な遺構	郭、土塁、空堀、竪堀	郭、土塁、横堀、竪堀

（井之市《いのいち》城跡）

城跡は福住町の東を限る井之市集落の背後の山にある。東山内の有力な土豪であった福住氏が室町時代に築いたといわれている。当城の北東には、山田氏の勢力範囲になり山田城（岩掛城）があった。福住といえば奈良時代には氷づくりが行われ、平城京に送られたことがよく知られている。ところがこの氷づくりは中世にも継続されていた。福住氏は氷室《ひむろ》神社の神主を相伝し、氷を運搬する馬役から税金を取り立てる役目を負って財力形成の財源としていたのである。

井之市城跡は井之市集落から十五分ほど山腹の道を登ると、標高の最も高い主郭Ⅰがある。主郭から南西にのびる尾根上にⅡ・Ⅲの郭（曲輪）を配置し、Ⅲの北には小規模な郭を連続して築いている。ⅡとⅢのあいだは狭い谷地形で、ここには堀がつくられ、一部には山腹道をとおす土橋がある。またⅢの前面は急な崖となり、裾部には地形に沿うようにU字形の深い堀と、堀の外側に土塁が築かれている。Ⅲの土塁から北西側は、山側を堀として谷側に直線の土塁を築いている。Ⅱの北西方向は視界が開けて、筒井氏が築城した山城、椿尾上城跡が見える。ⅡとⅢの間にある堀跡は、幅の広い箱堀で中仕切りがあるため、中央部は水の溜まった水堀であったというが、腐葉土や落ち葉のために確認できない。

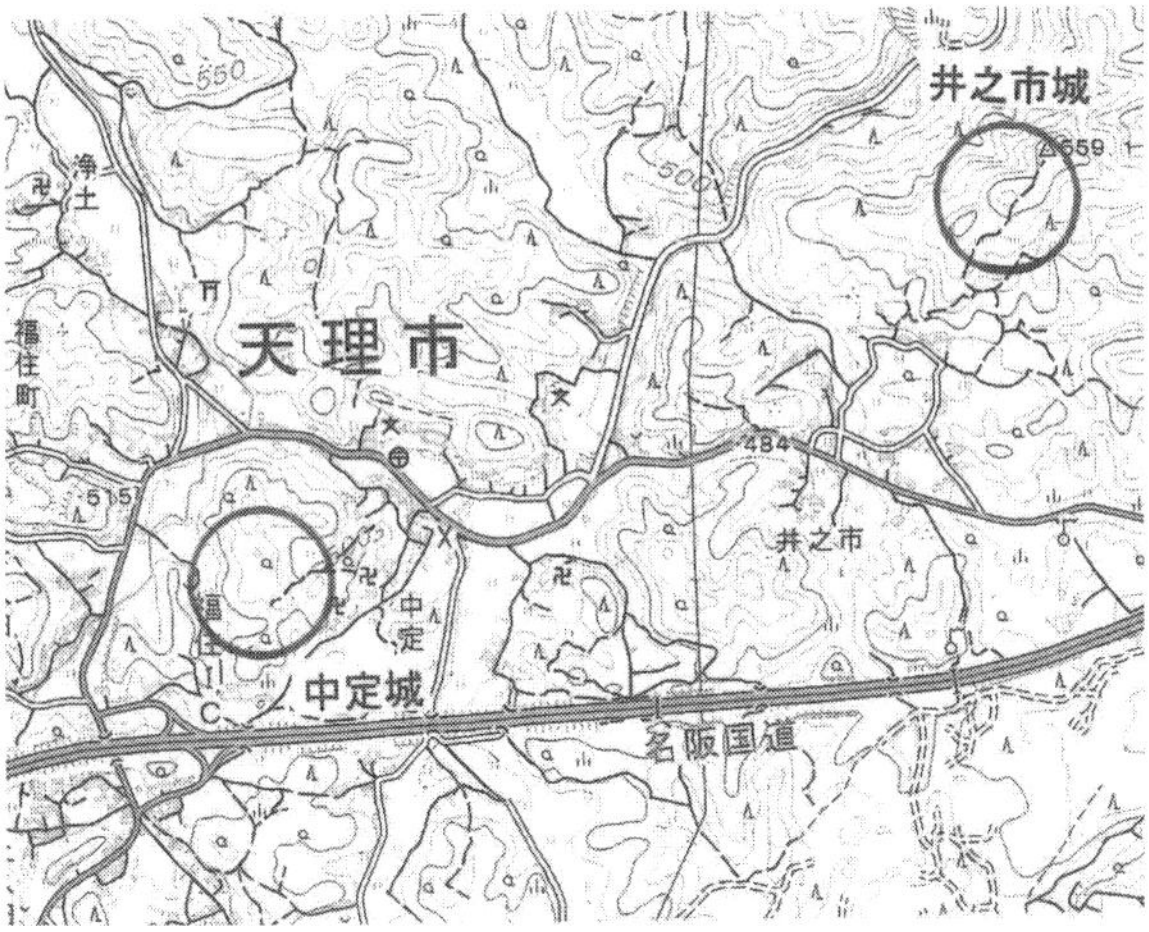

位置図

福住　氷室神社

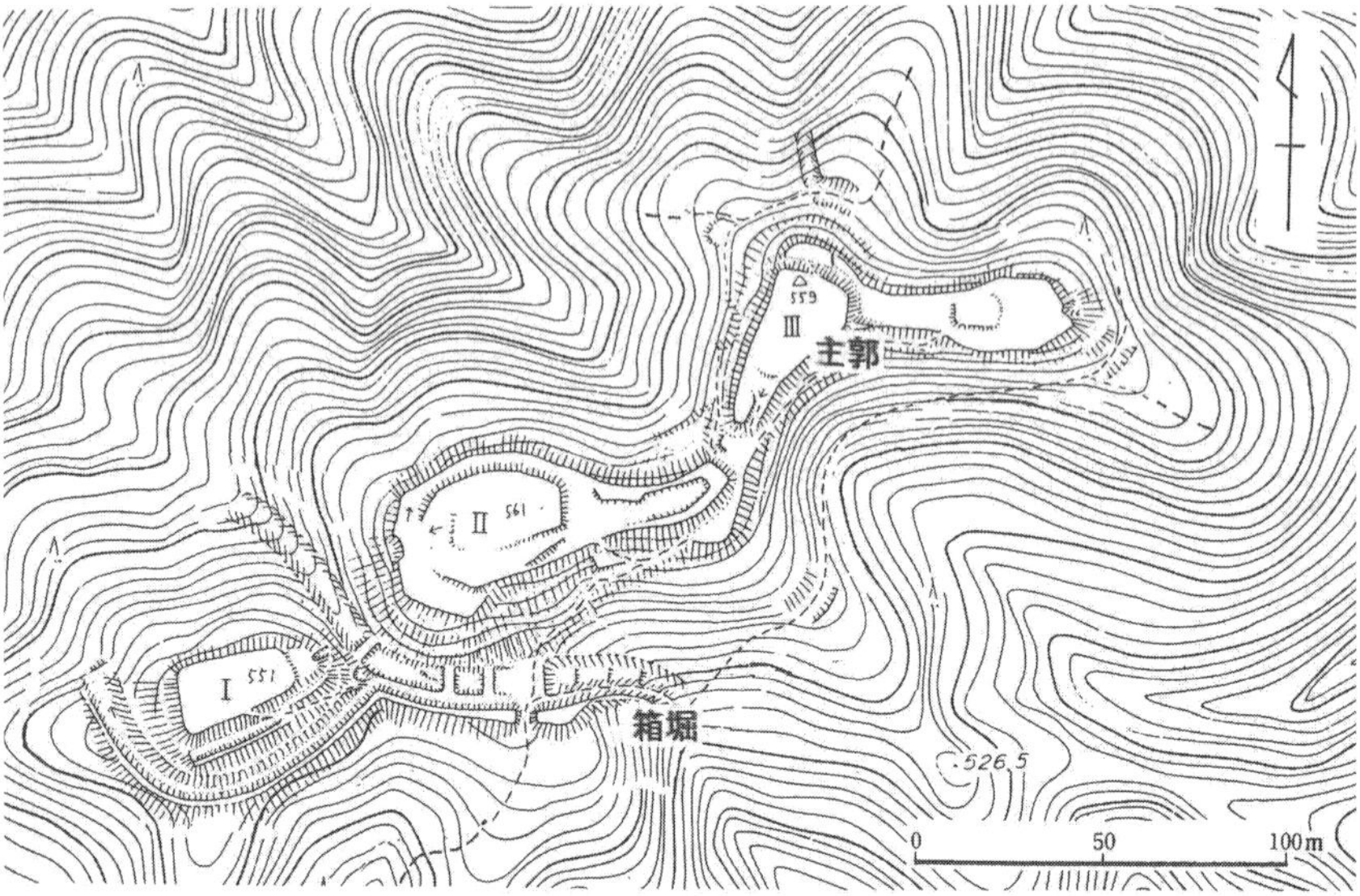

福住井之市城（村田修三 1987）

福住氏は天文年間（一五三二〜一五五五年）、惣領であった宗職《むねもと》の頃に盛期を迎えていたようで、筒井順慶の家老として活躍していたという。宗職は氷室神社に対して、天文八（一五三九）年に「大般若波羅蜜多経」六百巻を奉納した。この奥書に「氷室宮御前経也　宗職（花押）」とある。また西念寺の十一面観音像の光背には、天文二十（一五五一）年に、宗職が大檀那となって供養したことが記されている。十一面観音像は、福住小学校の敷地にあった長楽寺（廃寺）の本尊であったという。長楽寺は氷室神社の神宮寺でもあり、宗職の信仰面や文化的な教養の高さをみることができる。福住氏の菩提寺は東明寺（廃寺）で、西念寺の南東の畑地にあったと伝え、福住氏の位牌や墓碑が西念寺に祀られている。

「筒井氏の歴史」（大和郡山市教育委員会・城郭談話会編『筒井城総合調査報告書』二〇〇四）によれば、文明七（一四七五）年の史料を初出として筒井氏が福住城（館）に入った記事が頻出する。「国中《くんなか》」での合戦で筒井氏が敗走した先が「東山中《ひがしさんちゅう》」の福住だった。また、筒井氏の男子を福住氏の養子とする例が三例確認される。筒井順慶の姉は福住宗職の子息である順弘と結婚していて、筒井と福住氏との姻戚関係は濃密であった。このような、国中の有力土豪との結びつきは、当時、一般的であり、人質を介しての臣従関係とは違ったものである。筒井氏との間にこうした関係を築く必要性は、福住氏側からは、積極的な理由は見つけがたい。国中において最も戦闘が激化した時代、一族の生き残りの策の一つとして、山間部の有力な豪族と養子縁組を結ぶことにより、断絶を回避したのではないか。福住氏との養子縁組や婚姻はいわば筒井氏側にとっての戦略だったと見られる。

(中定《なかさだ》城跡)

中定城跡は天理市立福住中学校の南の山林内にあり、福住地域の中心地で、城跡と周辺の集落との比高差はほとんどない。この点は井之市城跡が山に築かれた詰城であることと対照的である。これはまた中定城跡が福住氏の居館であったことを想定させる立地といえる。

城跡は二つの丘陵に挟まれた鞍部を平坦に造成し、中央部の南北約六〇メートル×東西約三五メートルの長方形の主郭が造られている。北西と南西・南東の隅には、隅から突き出した形状で規模の大きな平場と土塁が造られ、とくに北西部には土塁の下部に、深い竪堀が穿たれている。主郭の縁辺部にも土塁が築かれ、その守りを固めている。

主郭に入るのは、南の谷筋に造られた堀底であると見られている(多田暢久一九九〇)。途中で屈曲部を設けて、東側の堀底道の開口部には武者溜りを設け、敵に対して矢を射かけることができるようだ。東からの道も屈曲し、土塁が狭まる部分に城門が想定される。この地点の崖面には、こぶし大の石を斜面に貼り付けているのが確認できるが、石垣のような積み方にはなっていない。主郭の下にも帯曲輪がめぐり、土塁や竪堀が四周に配置されている。斜面地は急な崖面として主郭を取り囲むように防御ラインをつくっている。

筒井氏が国中での戦いに敗れたときは、必ずと言ってよいほど福住に逃れ、この地で態勢を整えては国中の敵陣に攻撃をかけていた。このような敗走と出陣の繰り返しは、『大乗院寺社雑事記』にも事細かく記録された。この中に福住城や福住館という表現が散見される。また文明十三（一四八一）年には、古市氏が福住に夜討ちをかけて福住城を占拠したこともある。福住で確認される城跡には、在地の福住氏の城に加えて、このように筒井氏や古市氏が占拠利用したものがあり、残された遺構からは、だれが城主として使用したのか確定するのは難しい。

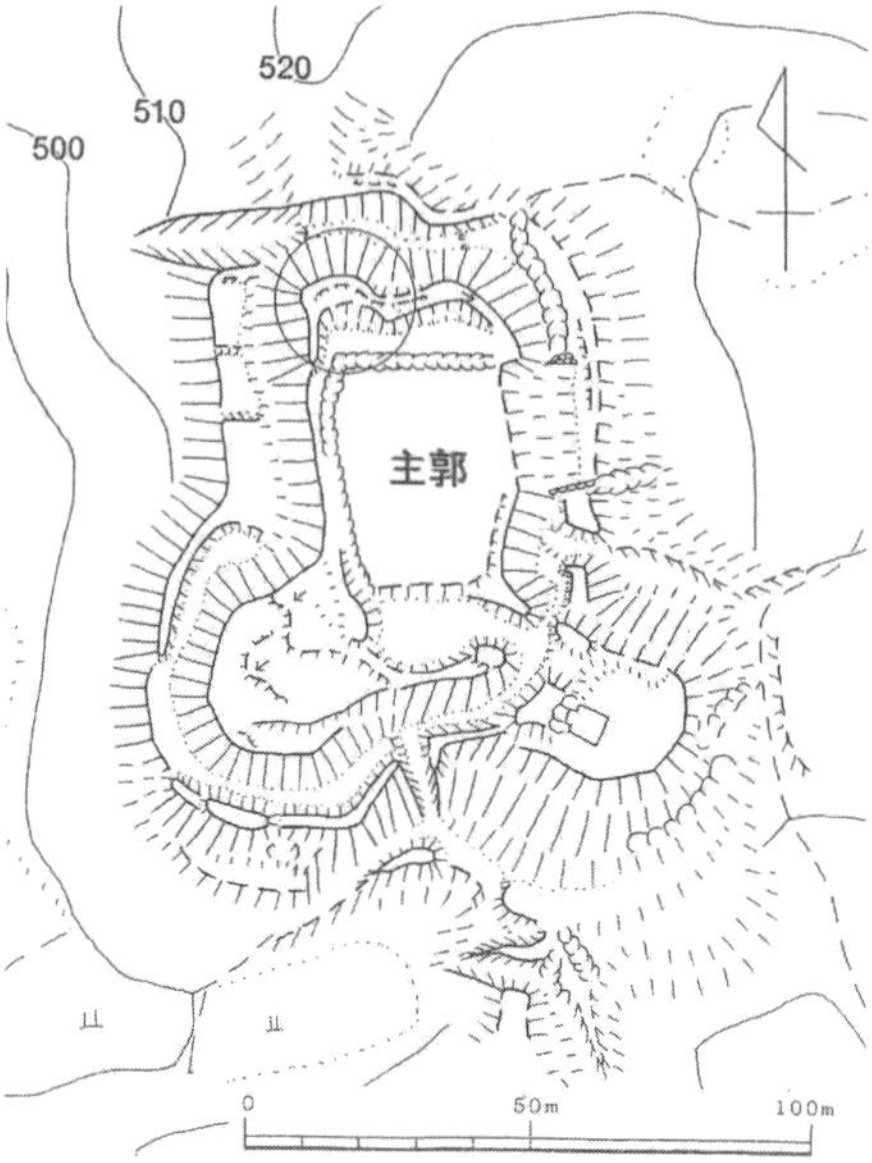

福住中定城跡（中西裕樹 2004）

筒井氏は、享禄四（一五三一）年頃に椿尾上城を築き、山ノ城として使用を始め、福住城という名称は史料からは見えなくなる。天正十三（一五八五）年、筒井定次は豊臣秀吉から伊賀への国替えが命じられた。本来であれば福住氏もこれに従ったはずであるが、福住定慶・慶之兄弟は地元に残留する道を選択した。慶長二十（一六一五）年、大坂夏の陣で徳川方として郡山城に入った福住定慶は切腹し、これが福住氏の終焉となった。

（泉　武）

参考文献
村田修三『日本城郭大系』第10巻　新人物往来社　一九八〇
村田修三『図説中世城郭事典』第二巻　新人物往来社　一九八七
中西裕樹「大規模山城の展開と後背地―大和国東山内周辺の城館群」大和郡山市教育委員会・城郭談話会『筒井城総合調査報告書』二〇〇四
多田暢久「城郭分布と在地構造―戦国期大和国東山内の動向―」『中世城郭研究論集』新人物往来社　一九九〇

【城跡探訪メモ】

井之市城跡へは名阪国道福住インターチェンジから北に向かい、天理市立福住小学校前の三差路を右（国道二五号線）に進むと、井ノ市公民館がある。城跡へは公民館の先を左に下り、井ノ市集落から山に入るが、案内板などはない。

中定城跡へは名阪国道福住インターチェンジから北に向かい、天理市立福住中学校を目指すと、福住町の中心地となる。中学校の南を小川が流れているが、橋を渡ると、中定集落があり、城はこの南の低い丘陵の鞍部に築かれている。

（泉　武）

馬場《ばば》城

所在地　奈良市都祁馬場町
築城時期　室町～戦国時代（十五～十六世紀）
標高　五三四メートル
主な遺構　郭、土塁、竪堀、堀切、石積

都祁馬場町の集落の東方、布目川と深江川にはさまれた城山に当地の土豪である山田氏が築いた馬場城跡がある。山田氏の本貫地は馬場に隣接する山田（天理市山田町）であり、この地にも小規模な山城（山田城）を築いた。『多聞院日記』永禄九（一五六六）年には「山田古城」の名がみえる。山田城は福住氏の領域に接した山城であることから、馬場城とともにこの城も使用したようだ。また、『多聞院日記』の記事によって馬場城の所属した時期の一端も知ることができよう。

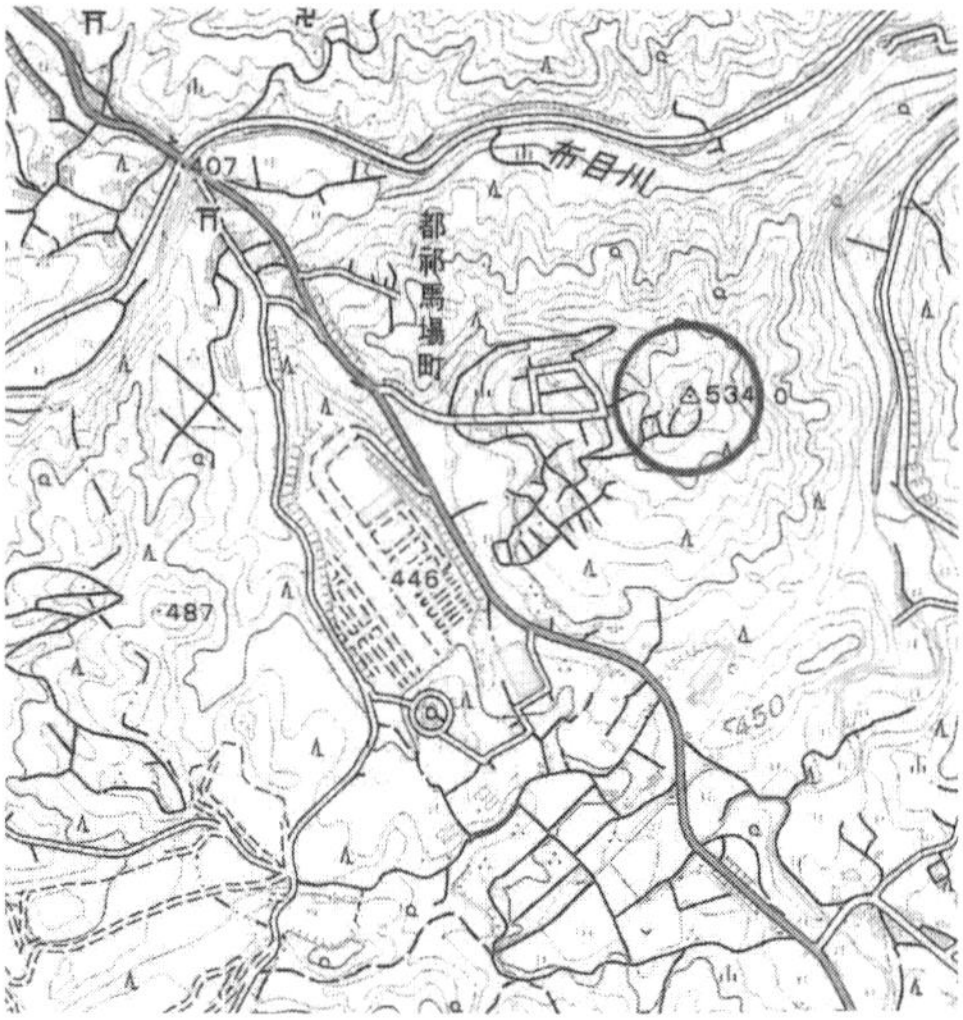

位置図

　馬場城は字《あざ》城山（標高五三四・三メートル）の頂上に主郭をつくり、主郭から四方にのびた尾根上に郭（曲輪）群と空堀、通路などを備え、良好な状態で保存されている。山城への道は、西山麓に「木戸口」の小字が残り、本来は、このあたりから谷を登るという（『針ケ別所村史』）が、この大手道は現在、分からなくなっている。郭⑦と⑧の谷間を登りつめれば、二本の竪堀が谷に沿って掘られている。この堀の間を通路とすれば、⑦の郭に通ずる道に出られる。いずれにせよ、山城の西側に登城道の存在が想定される。現在の城への山道は②の郭に到る

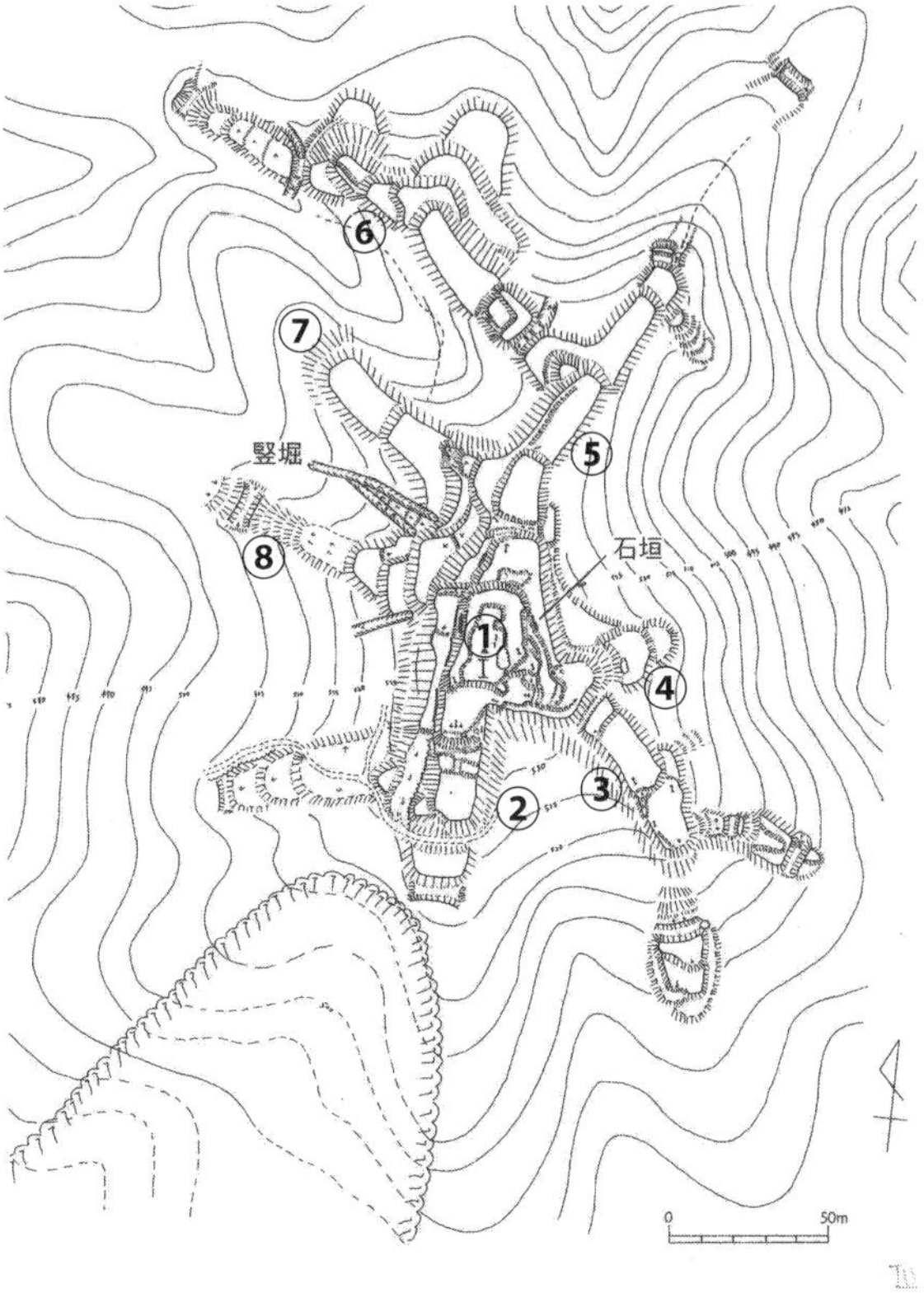

馬場城（藤岡英礼 2017）

道である。城の主郭は南北に長い平地をつくり、北から西に回る裾部には、二～四段の石積みを見ることができる。石積みは主郭の裾によく残っているものの、ほかの郭では見ることはできなかった。郭群は主郭からヤツデの葉のようにのびた尾根筋にひな壇状に連続して造成され、小規模なものを含めると二六カ所以上を数えることができる。通路は郭⑥と⑦、郭⑦から⑤、郭⑤から③などによく残っている。しかし、主郭に直結した登り道は明確ではない。これは、主郭への通路を閉ざすための城づくりなのだろうか。

天理市山田町にある蔵輪寺は山田氏の菩提寺で、山田順定（道安）父子の位牌が安置されている。位牌の裏には、「天正元癸酉年十月二十一日　馬場城主山田民部大輔（下略）」（『天理市史』）とある。天正

元年は一五七三年にあたり、この頃、馬場城の城主が山田道安であったのだろう。蔵輪寺の境内墓地には、道安父子の供養塔が二基立っており、右のものに「天正元年十月廿一日　道安」、左のものに「元亀二年八月四日　天真」とある。

山田氏は山田道安が歴史書などに登場する人物としてよく知られる。しかし、道安以前の山田氏の動向をみると、宗朝とその子息（名不詳）の時代が注目される。宗朝は長禄元（一四五七）年、春日社若宮おん祭の願主人として流鏑馬の頭役を勤めていた。応仁元（一四六七）年には越智氏に従って京都に上洛するなど、東山内に留まらない活動が目立つ。宗朝の子息は文明三（一四七一）年に古市氏を後見人として元服した。この頃の東山内一帯は、山田氏の支配するところであったことを『大乗院寺社雑事記』は記している。文明十三（一四八一）年には、「山内新城作之、越智・古市沙汰也」（『大乗院寺社雑事記』）とあり、山田氏が東山内で新しい城を普請したことがみえる。ここにいう新城とは馬場城の可能性があり、築城したのは宗朝もしくはその子息であったのではないだろうか。

山田道安の妹である「大方」は、筒井順昭に嫁ぎ、順慶を産んだ。順慶は天文二十（一五五一）年、二歳で筒井の家督を継承し、後には筒井城を拠点に大和一国を支配した武将として名を馳せた（筒井城の項を参照）。一方、道安の嫡男である順清は、筒井順昭の娘を嫁に迎えるなど、道安の時代は筒井氏と濃い姻戚関係を結んでいた。このように、山田氏は室町時代から戦国時代にかけて東山内に留まることなく、国中《くんなか》の有力豪族と臣従関係や姻戚関係を結び、戦乱の世を生き抜いたことは、福住氏とも通ずる。

山田道安は戦国武将というよりは文人墨客としてよく知られた人物である。神奈川県鎌倉市の円覚寺に所蔵される道安筆の「鐘馗図」は重要文化財に指定されている。また、東大寺大仏殿が永禄十（一五六七）年に松永三好合戦によって焼失した後、大仏の修復、復興を手掛けたことも知られ、

山田道安の供養塔（天理市山田町蔵輪寺）

この由縁により、道安の供養塔前には東大寺大仏千二百年（昭和二十七年）の際に、東大寺から燈明台が奉納建立されている。

（泉　武）

参考文献
村田修三『日本城郭大系』第10巻　新人物往来社　一九八〇
藤岡英礼「馬場城」『図解　近畿の城郭Ⅱ』中井均監修・城郭談話会編　戎光祥出版　二〇一五

【城跡探訪メモ】

名阪国道針インターチェンジから国道三六九号線を北に進み、奈良市合併記念公園を過ぎた三差路を右に入る。突き当りを右に上がると馬場城跡であるが、道が整備されているのは途中まで。ここから徒歩で城跡に入ることになる。城跡は広く、郭跡がよく残っている。山田氏の菩提寺である蔵輪寺は、名阪国道福住インターチェンジに通じる道の途中にあり、急坂の石段を登ると、本堂横の墓地内に山田道安父子の供養塔（無縫塔）がある。

（泉　武）

貝那木山城《かいなぎやま》

所在地　奈良市都祁白石町
築城時期　戦国時代（十六世紀）
標高　五九七メートル
主な遺構　郭、土塁、竪堀群、石積

天理市街地から名阪国道を東に上ると、福住町あたりから高原地形が開けてくる。この地域は古くから、奈良盆地を「国中《くんなか》」と呼んだのに対して、「東山内《ひがしさんない》」と呼ばれた。この地では、室町時代から戦国時代にかけて福住氏や山田氏、多田氏などの有力な土豪が覇権を競った。この中で、多田氏は都祁《つげ》郷《ごう》の東山内衆を結集した中心的な土豪であった。（130ページ　多田城参照）

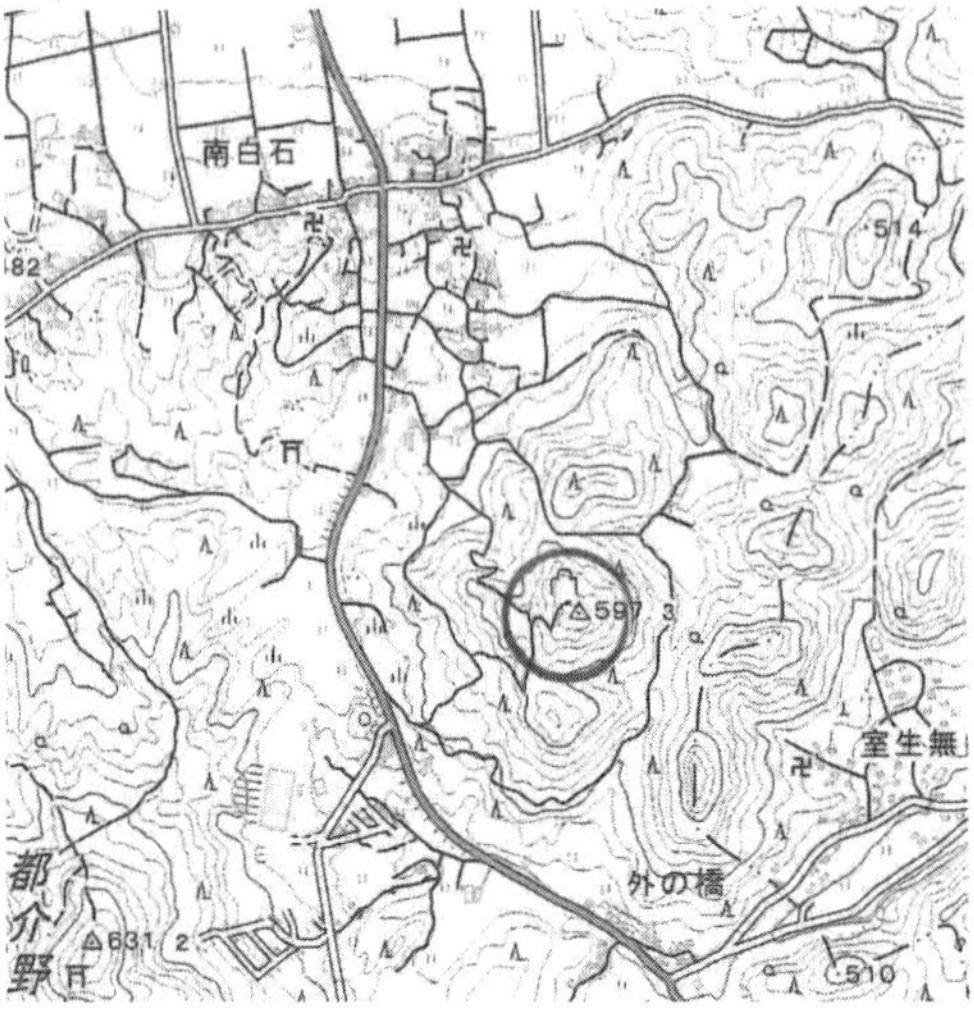

位置図

　多田氏は多田庄（宇陀市室生多田）を本拠地としたが、狭隘な山間地であり、稲作や畑作に適した平地に乏しい土地であることは今も変わらない。「多田氏系譜」（『都介野村史』一九五五年）によれば、多田延実《のぶざね》が白石庄の山頂に貝那木山城を築くとある。延実は天正九（一五八一）年に伊賀の乱で討ち死とあり、貝那木山へは天文年間（一五三二〜一五五五年）に築城していた（村田修三　一九八〇）。この山城が築かれた白石は、本拠地の多田とは違い、盆地が広く開けたところで古くからコメ作りが盛んであった。多田氏は本拠地にある多田城の出城として貝那木山城を築いたようだ。本拠地の多田からは直線距離で二キロメートルほど離れているが、東西道路で結ばれた位置関係にある。

　城跡は白石盆地の南端の貝那木山（別名城山、五九七メートル）の山頂を中心にして、北西や南尾根に郭（曲輪）と土塁、竪堀などを造り、山城の防御性を高めている。城跡には南白石の集落からの登山道を一五～二〇分登ると山頂近くの鞍部に着く。ここは「西出丸」と呼ばれ、石垣が斜面裾に残っている。西出丸からさらに頂上に向かうジグザク道を登り切れば、「二の丸」にいたる。ここからは白石を中心として大和高原の全域が見渡せる。

　本拠地からやや離れたこの地に多田氏が山城を構築したのは、戦略上の拠点を確保し、戦闘での優位性を確保する目的であったことは、この地に立てば一目瞭然である。

　二の丸からすぐの山頂東端の平場が主郭（本丸）だが、大規模な建物があったと想定できるほど広くはない。「西出丸」のある急斜面には畝状竪堀群が掘られている。これは多田氏の本城である多田

貝那木山城跡（増山和樹撮影）

城でも観察される。城郭の一部に残る石垣は、馬場城跡や中定城跡でも観察でき、畝状竪堀群は東山内では三か所の城跡でみられる。また、西出丸の山側斜面には井戸跡もみられる。これも山城が機能していた時期の湧水地点なのであろう。

貝那木山城の周辺には、観之山城や白石館と呼ばれる小規模な城跡が点在する。このうち、白石館は多田とむすぶ道路に面した小丘陵をさすことから、多田氏の白石領における居館であったと推測される。

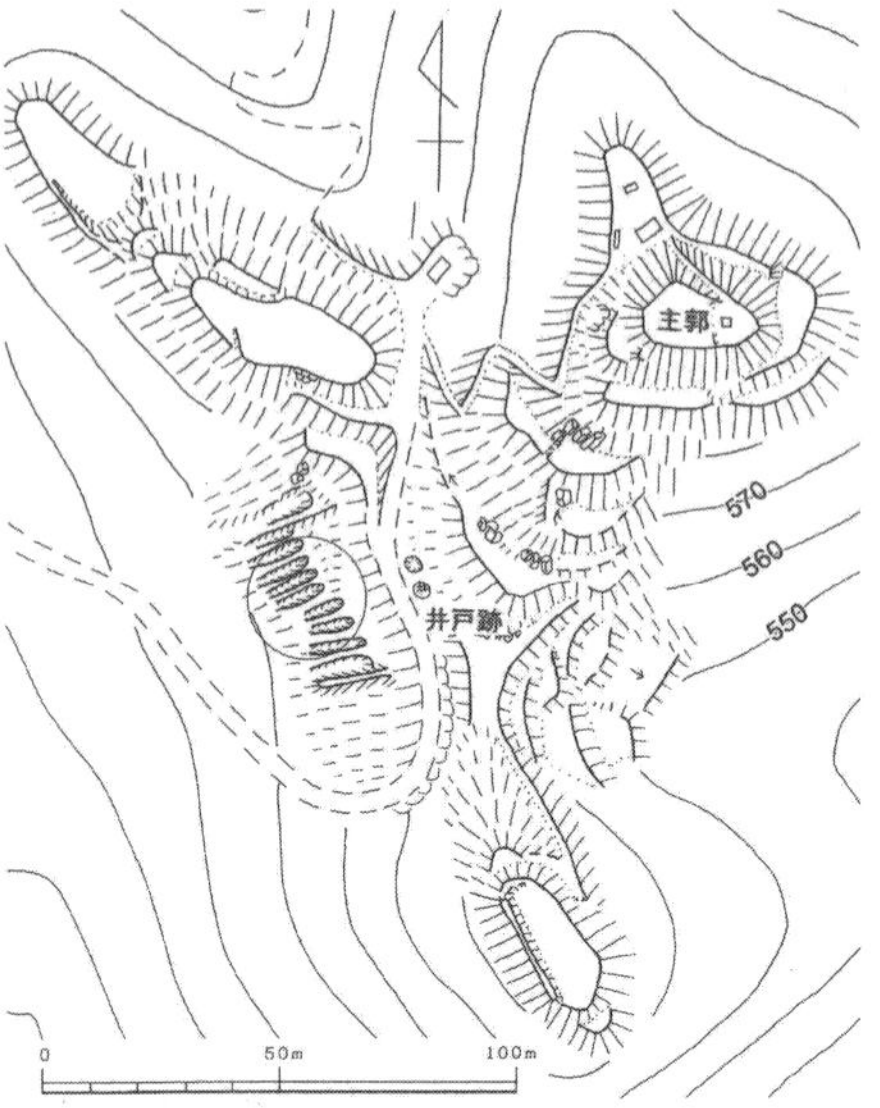

貝那木山城跡（中西裕樹 2004）

多田順実《よりざね》は貞治年間（一三六二〜一三六八年）に感得したという菅原道真の御影を染田（宇陀市室生染田）に祀り、東山内衆の有力者とともに染田天神講を結成して連歌会を開いた。この講に結集したのは、染田、無山、小倉、白石など現在の集落名と一致する諸庄の土豪と、豊田氏や山辺氏など国中の武士も参加していた。連歌会は年に一度の開催で参加者は一〇人を限度とし、開催場所は講員の持ち回りであった。会は三日間、千句を詠むことが定められていた。連歌会の間の接待は、汁と菜つきの朝粥、昼飯は小汁と菜七〜八種、夕飯は菜四〜五種と定められ、途中には茶菓子や素麺、饂飩、餅なども出されたという。

この連歌会が長きにわたって続いたのは、単なる遊興ではなく東山内衆を結集させる紐帯としての機能や戦勝祈願の場として機能したとされる。多田氏はこのような文化面においても、土豪の中核的な役割を自らが果たしていたと評価できよう。

染田天神連歌堂は春日神社の境内にあり、ここに連歌会の諸道具を入れた唐櫃、連歌披講机、天神縁起、連歌懐紙などが保管されていた。

また、都祁来迎寺町にある来迎寺は多田氏の菩提寺で、多田氏を初めとする東山内衆が檀越として維持し、本堂裏手には鎌倉時代から室町時代にかけて造立された多数の五輪塔群がある。

（泉　武）

参考文献

村田修三『日本城郭大系』第10巻　新人物往来社　一九八〇
中西裕樹「大規模山城の展開と後背地－大和国東山内周辺の城館群－」『筒井城総合調査報告書』城郭談話会編　大和郡山市教育委員会　二〇〇四

【城跡探訪メモ】

名阪国道針インターチェンジから国道三六九号線を南に走ると、やがて前方に頂上が円頭形をした独特の貝那木山の山容があらわれる。白石集落が途切れたところに、山城への登山口をしめす「白石行者　お山　頂上まで六〇〇ｍ」と書かれた標識がある。二〇分ほど登れば、主郭の一段下の郭（二の丸）にたどりつき、大和高原を一望することができる。「行者さん（役行者）」の建物の裏側から上がれば、主郭（本丸）である。昭和五十六年に建てられた「貝那木山城址」の石碑が建つ。

（泉　武）

多《た》田《だ》城（佐《さ》比《び》山《やま》城）

所在地　宇陀市室生多田
築城時期　室町地代（十五～十六世紀）
標高　五一八メートル
主な遺構　郭、土塁、竪堀群、石積

奈良県の東方、都介郷は中世に「東山内《ひがしさんない》」と呼ばれた。現在の天理市東部・桜井市東部・宇陀市北部・奈良市東部（旧都祁村）で、当地は大和と伊賀・伊勢との交通・流通の要地であり、在地武士が「東山内衆」という武士団を形成していた地域である。

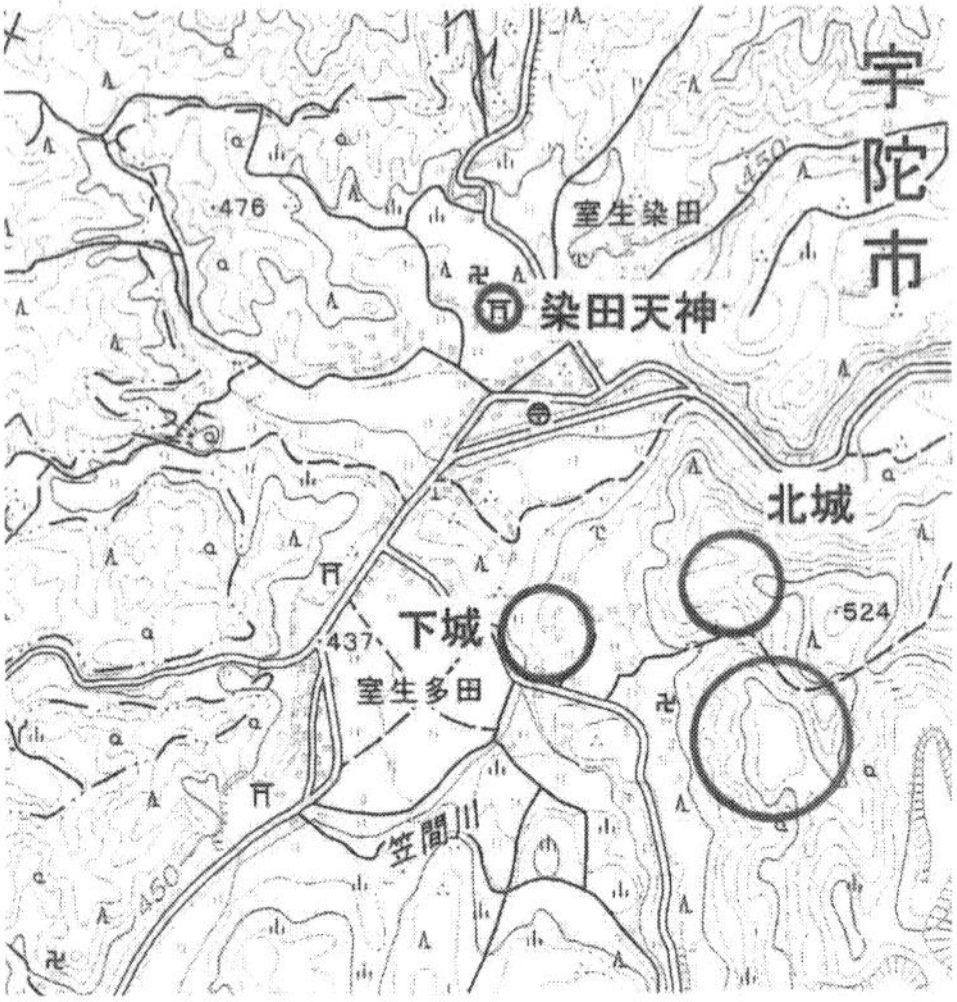

位置図

多田城は、多田集落の東方の丘陵上に築かれた山城で、東山内衆の有力者でもある多田氏が築城したと伝え、現在は城山とも呼ばれている。この多田城は、佐比山城ともいわれ、北隣にも山城（多田北城）が築かれている。多田城からは、多田や染田の集落を見ることができ、西には無山城、さらに都祁白石にある多田氏の支城・貝那木《かいなぎ》城が見渡せる東山内の要害の地にある。

多田城の主郭は、南北約七〇メートル、東西約三〇メートルと広く、四周には土塁が築かれ、虎口《こぐち》も見ることができる。この主郭の北隣には深い堀切や土塁が認められ、さらに北側の尾根上には細長いふたつ郭が続く。

多田城の北側の「シグト山」と呼ばれている尾根上には、多田北城がある。細長い尾根上に主郭の平坦面を中心として郭や堀切が連続するが、山林の荒廃で現在はこの状況を見ることが少々、困難である。

また、多田集落内の「下の城」の小字が残る台地状のところには、多田氏の館跡（多田下城）が築かれていた。この館跡は、南北約三〇メートル、東西約四一メートルと比較的広く、周囲には土塁や堀が巡る。

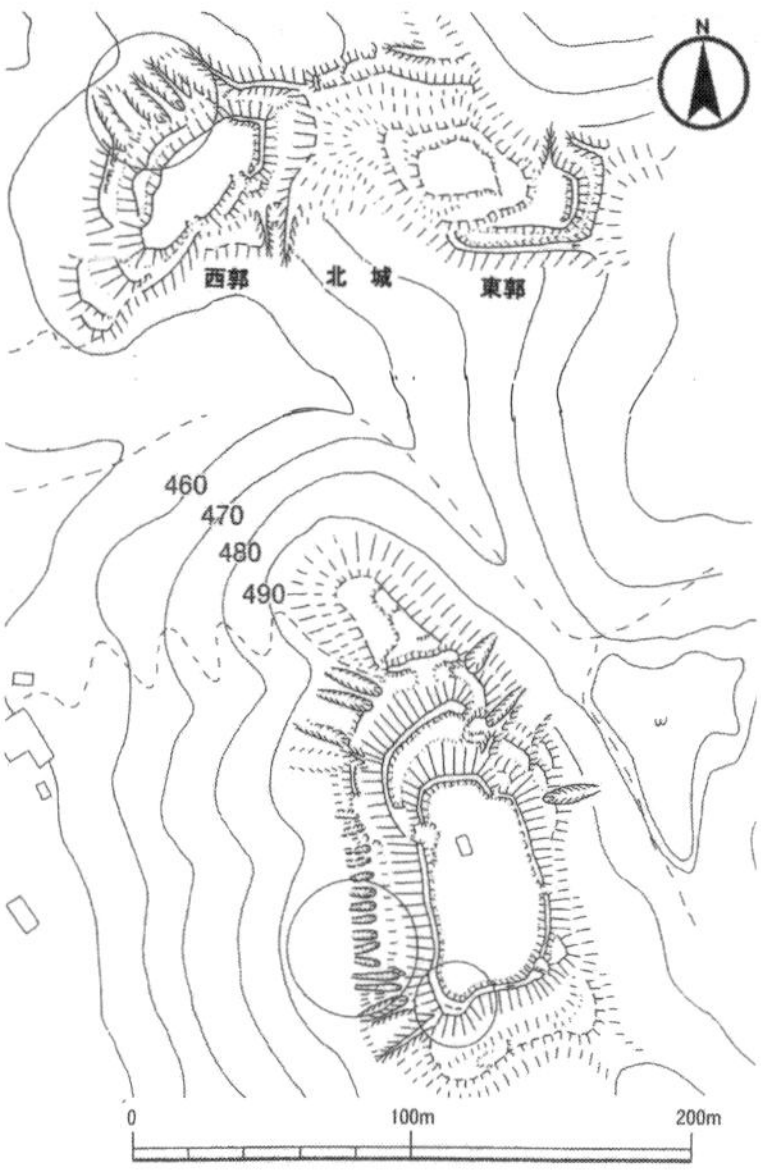

多田城・多田北城（中西裕樹 2004）

中世武士の多くは、集落内に常の館、背後の山に城を構えている。当地の有力武士である多田氏も同様、山上に多田城、多田北城、麓に下城を築き、これらが城郭群を形成し、一体的に機能していた。

多田氏は伝承によると、摂津国多田庄の源《みなもとの》満仲《みつなか》九代の後裔《こうえい》、多田経実《ただつねざね》が鎌倉時代（建保年間）に当地に移り住んだのに始まるという。当地の多田庄の荘官であったが、やがて在地武士として成長し、東山内衆の代表格となる。

染田（宇陀市室生染田）の春日神社境内には、平成二十四年度に保存修理が完了した奈良県指定有形民俗文化財の染田天神講連歌堂（天神堂）がある。入母屋造り・銅板葺（もとは茅葺）・妻入で、正面及び右側面前方部のみ開口部を設け、縁を廻している。内部は天井を高く張り、広い空間構成としている。中央奥には、極彩色を施した千鳥破風と唐破風を付けた厨子を据えている。現在の建物

染田天神講連歌堂

は、一八世紀中頃のものと思われるが、厨子部分は、それよりやや時代が遡るとみられ、簡素ながら他にあまり例を見ない建物である。

この染田天神堂は、多田《ただ》順実《よりざね》が、貞治年間（一三六二〜一三六八年）に天神御影《ごえい》を感得し、当地に祀ったのが始まりと伝える。周辺の地侍層は、これを中心として「東山内天神講」を結び、法楽連歌として以後、天神千句会がたびたび開催されてきた。

連歌会には、毎年恒例の連歌と個人の発願による立願連歌の別があったが、各地侍が順に頭役を務め、居宅や寺院で天神御影を掲げその前で興行された。地侍が連衆となって催すこの連歌会は、武士団である東山内衆の精神的紐帯強化の役割をも果たすことになった。

染田天神講に伝わった「染田天神講連歌関係資料」は、平成二十七年に国の重要文化財指定をうけ、現在は奈良国立博物館へ寄託されている。これらの資料は、南北朝時代から安土桃山時代にかけての連歌関係資料で、連歌類、文書・記録類、天神名号、机、唐櫃、計一二一点から構成される。

連歌類の大半を占める連歌次第は、発句・脇句の二句、あるいは発句から第三句までの三句を抄記する三つ物が主で、応永十六（一四〇九）年の「千句発句・脇次第」を最古のものとして、十六世紀半ばまで連綿と伝えられている。

　文書類は、主として天神講および連歌会の財源となった田地等の売却・寄進に関する証文類で、暦応三（一三四〇）年の「教円等田地売券」が古く、十六世紀前半にかけての文書が残る。記録類は外題を「大和国東山内染田天神縁起」とする一冊で、在地の連歌の規式としては最古のものと位置づけられる。永享六（一四三四）年成立の「条々」をはじめ、天神講連歌の由緒や運営の在り方を知る上での基本資料として重要である。

　染田天神講連歌関係資料は、中世後期における天神講の連歌興行の内容や運営状況等を明らかにし、同時代に盛行した連歌の地方への展開を知ることができる質量ともに充実した資料群として学術的価値が高いものである。

（柳澤一宏）

参考文献
『奈良縣山邊郡誌』　奈良縣山邊郡教育會　一九一三
『室生村史』　室生村　一九六六

【城跡探訪メモ】

　多田の集会所前から山側に見える石段を上がると、日蓮宗の満寿寺がある。多田城跡へはここから「七面堂参道」と書かれた案内板に従い、山へ入る。一〇分ほど参道を歩くと、七面堂があり、周囲は木が払われて広場のようになっている。ここが多田城の主郭跡で、広場の縁には土塁状の高まりもあり、東西は切れ落ちた斜面となっている。

　多田氏の居館である多田下城は多田集会所から笠間川の手前を右に折れたあたり。

（増山和樹）

笠間城《かさま》

所在地　宇陀市室生下笠間
築城時期　室町時代（十五世紀）
標　高　三六二メートル
主な遺構　平坦面、土塁、横堀、堀切

下笠間氏の城

笠間城は、下笠間集落の北方の尾根上に築かれた山城で、東山内衆の有力者のひとりでもある下笠間氏が築城したと伝え、城山という字《あざ》も残る。笠間城からは、下笠間の集落を見ることができ、大和と伊賀とを結ぶ主要街道のひとつである笠間街道を見下ろすことができる東山内の要害の地にある。

城は、南北約一五〇メートル、東西約一八〇メートルの規模を有し、標高三六二メートルの尾根最高所に主郭Ⅰを築き、その北西の尾根上に曲輪Ⅱ・Ⅲを配し、これらの北側には横堀を設ける。また、曲輪Ⅲの先には、尾根を画する大きな堀切を穿つ。主郭Ⅰの南東には二重の堀切と曲輪Ⅴ、さらに東にも堀切を設ける。山頂部から南には三つの尾根が派生し、この尾根上にもそれぞれ郭（曲輪）が配されている。こ

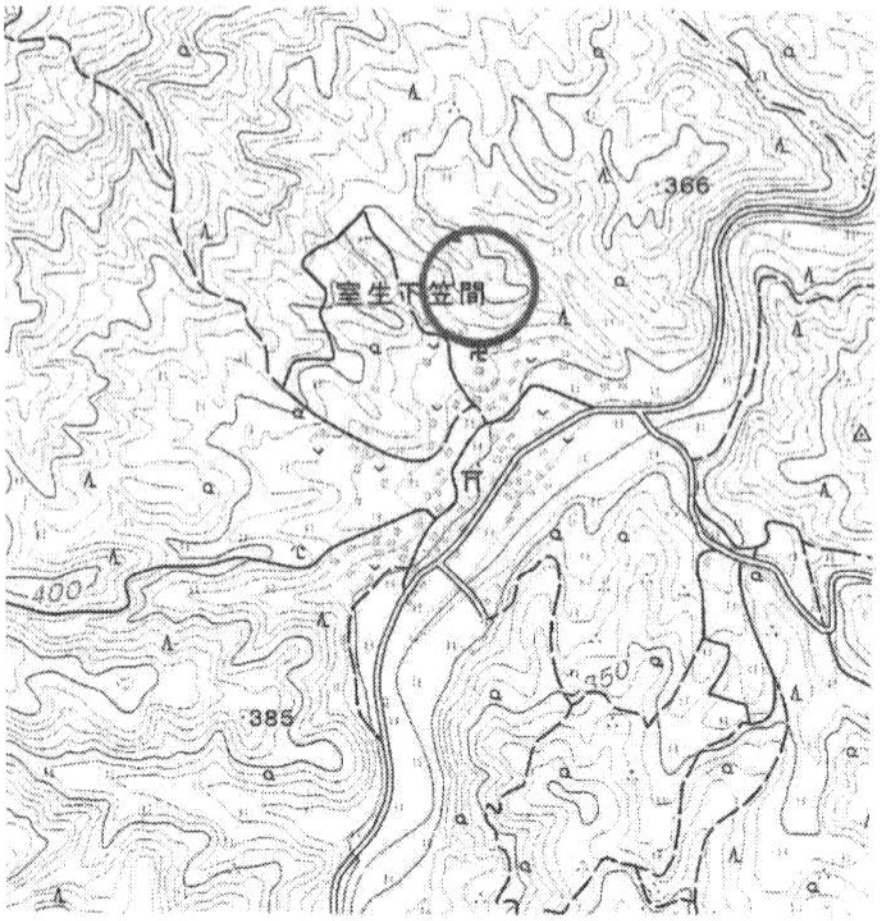

位置図

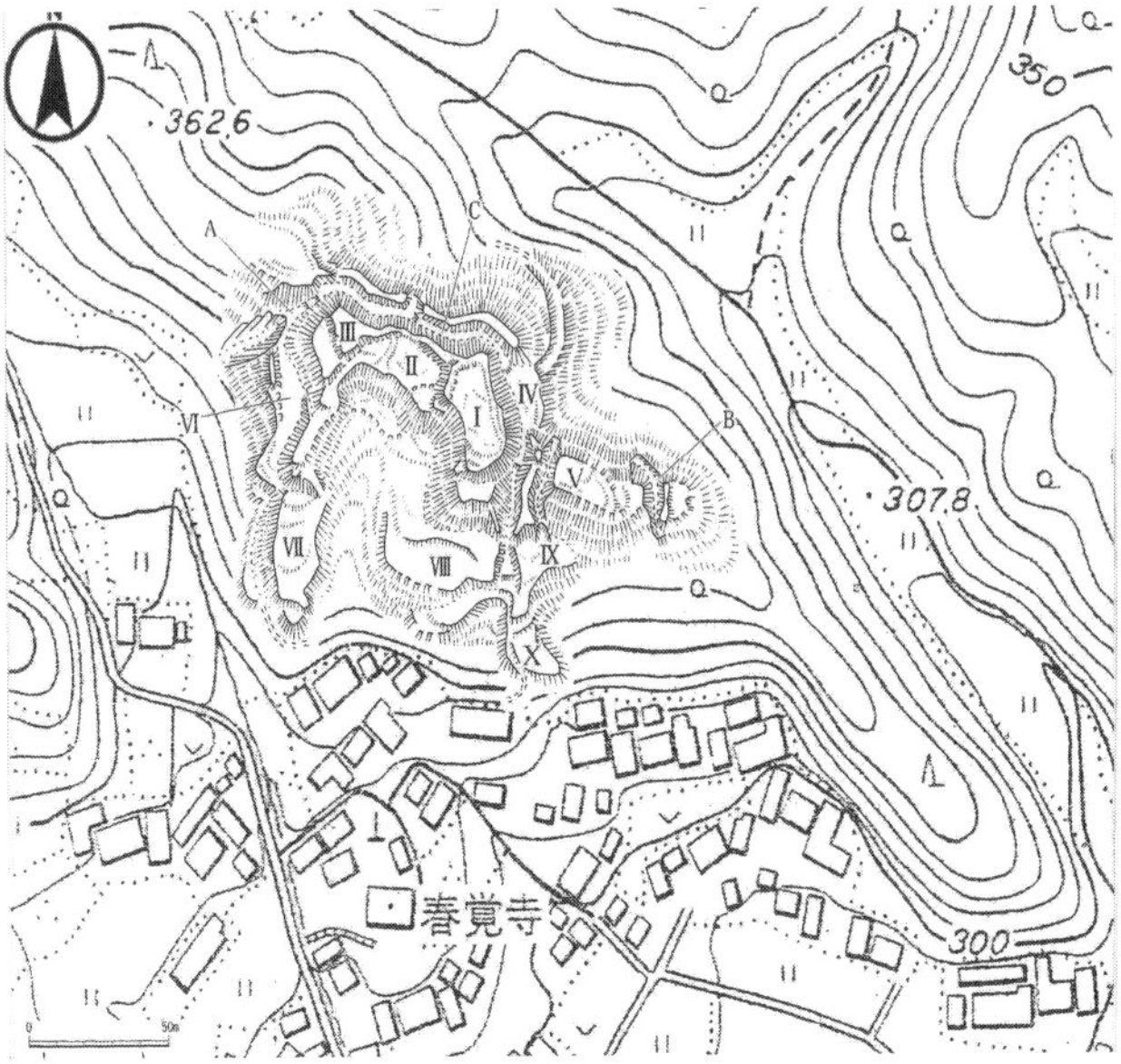

笠間城（内野和彦 2021）

れらのうち曲輪Ⅷは、削平が整った平坦面となっており、その規模は南北約二五メートル、東西約四〇メートルの規模を有し、平坦面の状況やその規模から居館であった可能性が高い。これら曲輪の状況から笠間城は、居館を内包した城館と考えることができ、居館背後の山頂部に詰の城を構えていた。

『大乗院寺社雑事記』によると明応六（一四九七）年十二月二日、筒井方に攻められた下笠間氏が「自焼没落」したとあることから、城内にはその痕跡が眠っているものと思われる。

染田天神講と東山内の土豪・下笠間氏

染田天神（宇陀市室生染田）は、多田順実《よりざね》が感得した天神御影を祀ったのが始まりと伝え、周辺の地侍層は、染田天神を中心として「東山内天神講」を結び、法楽連歌として以後、天神千句会がたびたび開催された。連歌会には、毎年恒例の連歌と個人の発願による立願連歌の別があったが、各地侍が順に頭役を務め、居宅や寺院で天神御影を掲げその前で興行された。地侍が連衆となって催すこの連歌会は、武士団である東山内衆の精神的紐帯強化の役割をも果たしていた。

『和州十五郡衆徒国民郷士記』によると、下笠間公定・下笠間定祐・下笠間大進延定など名をみることができる。下笠間氏は上笠間氏・多田氏ら、東山内の土豪らと染田天神講を舞台に、たびたび連歌会に参加している。文明十四（一四八二）年の下笠間公定の歌に「豊もしの雪をば神の太山哉」、応永三十（一四二三）年の歌に「常夏の花にもあけのいかき哉」とある。

下笠間氏は、興福寺大乗院方の衆徒・古市氏に従い、その後、筒井氏に属したという。その下笠間氏も天正九（一五八一）年の天正伊賀の乱に参戦して滅亡したと伝えられている。

（柳澤一宏）

参考文献
『奈良縣山邊郡誌』奈良縣山邊郡教育會　一九一三
『室生村史』室生村　一九六六

【城跡探訪メモ】

笠間城は下笠間集落の北側、集落からの比高約七五メートルの尾根上にある。城山の麓にある春覚寺は、重要文化財の地蔵菩薩立像を蔵する（奈良国立博物館に寄託中）。右手には錫杖を左手には宝珠を持った鎌倉時代通例のもので、台座裏には「康元元（一二五六）年四月二日造立畢大仏師刑部法橋快成」の墨書銘がある。

また、近傍の共同墓地内には、「美佛桜」がひっそりと咲く。三重県との県境近くには、宇陀市指定文化財の永仁阿弥陀石仏（磨崖仏）が岸壁に刻まれている。「永仁二年甲午　五月一日

願主　□□」の刻銘がある鎌倉時代（永仁二年／一二九四）の優品である。

（柳澤一宏）

吐山《はやま》城

所在地　奈良市都祁吐山町
築城時期　室町時代〜戦国時代（十五〜十六世紀）
標　高　五七三㍍
主な遺構　郭、土塁、堀切、石積

吐山城は大和高原の南北を縦断する国道三六九号線に沿って開けた吐山の集落を見下ろす山頂に築かれている。地蔵院の背後にそびえる城山は標高五七三㍍、円錐形の山容をみせている。城跡は挿図のように、頂上の主郭を中心にした郭（曲輪）群と、少し下がった東北尾根上の郭（曲輪）群によって構成されている。

位置図

現在、城跡への登り口はわかり難くなっているが、地蔵院のそばから東北尾根の南側斜面裾に踏み分け道がある。この道を登ると、尾根の付け根付近で左右に分岐し、右の道は東北尾根上の郭に通じる。東北尾根上の郭は五カ所ほど確認され、先端の郭は規模が大きく、幅のある土塁が北と西にL字状に築かれている。

左のつづら折れの道を登れば、主郭のある山頂に到る。主郭と尾根上の郭とは五〇メートル以上の比高差があり、峻険な独立峰に築かれた山城といえる。山頂には主郭とそれに付随する郭群で、通路、土塁、堀がある。主郭は三四×二〇メートルの規模があり、北西隅には小祠と役行者石像が祀られている。主郭の北西には八カ所の郭を連郭式に配置しており、郭の間には深い堀切が尾根を遮断している。築城にあたっては、自然斜面をさらに急峻な地形に改造したとみられ、郭群の周囲は急崖（切岸）によって取り囲まれる。敵の進攻への備えとしては効果的な防御ラインである。

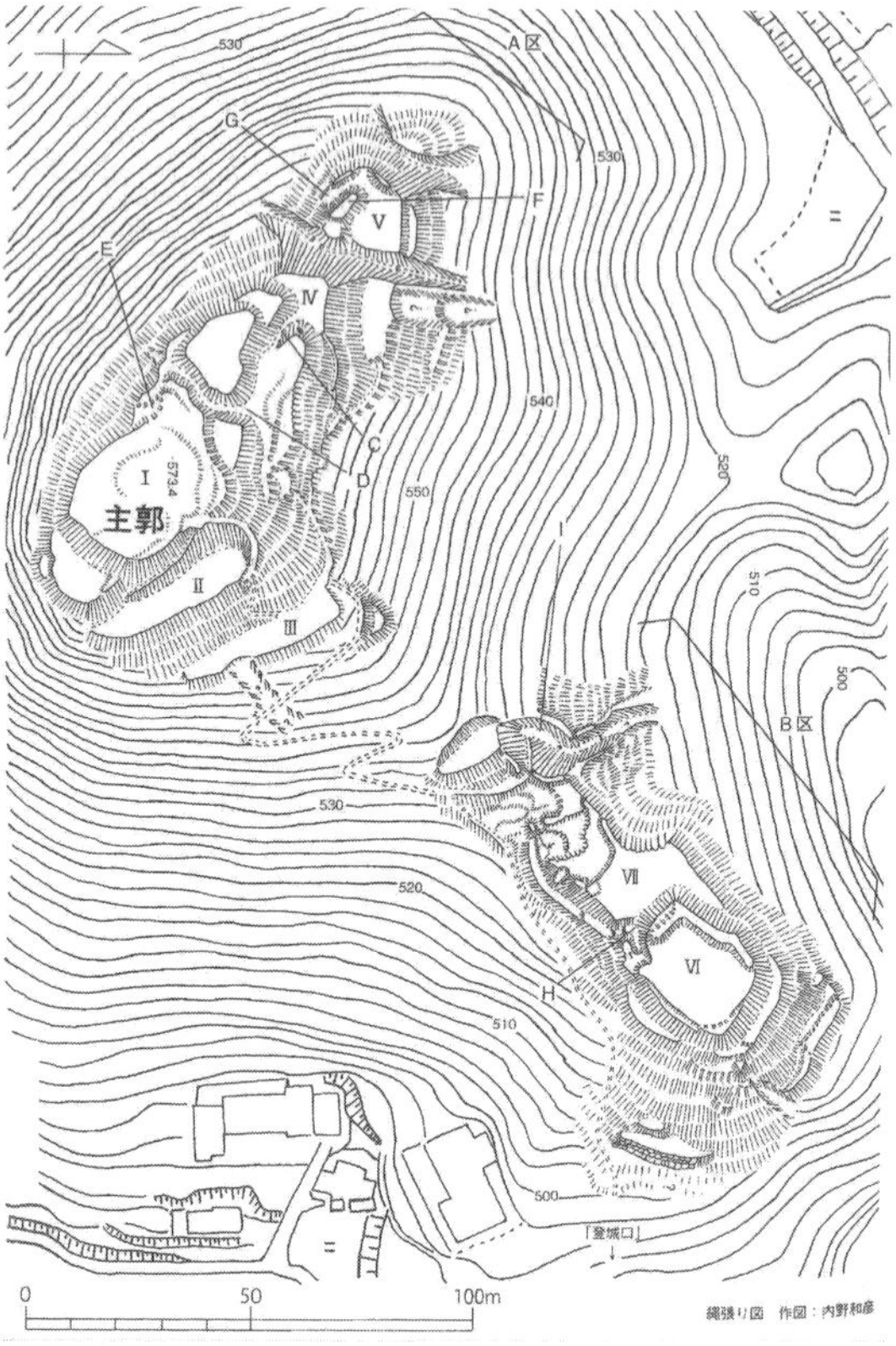

吐山城跡（内野和彦 2017）

吐山城は当地の土豪である吐山氏によって築かれた山城である。吐山氏は東山内衆の一員として知られる土豪であるが、周辺への勢力拡大を図り、隣り合う多田氏とはしばしば争った。文明十七（一四八五）年から翌年にかけて、多田氏との合戦に勝利し、最盛期を迎えた。延徳元（一四八九）年に吐山藤満は興福寺から白石庄（多田氏領）の代官に任じられ、興福寺大乗院門跡への拝謁がかなった。この時、門跡から扇子を賜ったことへの返礼として酒二荷を贈っている。

吐山城跡（増山和樹撮影）

　ところが、その二年後には、吐山氏の代官であった桑谷某が、萩原（宇陀市榛原）にあった興福寺の六方衆が支配する関所を押領する。この関所は伊勢街道が通る西峠付近に設置されていたと見られ、興福寺が関所を設け、関銭を徴収していたのである。

　このため、六方衆の討伐軍は、吐山に攻め入り、桑谷父子を殺害、屋敷や吐山城を焼き討ちした。この時、桑山屋敷には榊《さかき》を立て巡らし、吐山氏から起請文を徴して軍勢は引き上げたという（『大乗院寺社雑事記』延徳三年六月十五日）。

　この事件以後、吐山氏は没落していくが、六方衆の行為が注目される。罪人である桑山の殺害の他、罪人の住居も焼却され、罪のケガレを払うため、その土地にも榊を立てて結界したのである。ここには、中世独特の行動様式、信仰と民俗の在り方をみることができる。

　この事件以後、吐山氏の動向はうかがうことができる史料は少ない。その後の吐山氏は筒井氏の配下になったとみられ、その系図には天正四（一五七六）年から十三（一五八五）年にかけて、七郎や友光、光次、重光ら吐山一族の名の添え書きには、本願寺合戦や熊野サシカ（雑賀？）岳の戦い、伊賀ヲソ瀬（山添村遅瀬）の戦いなどで戦死したことを記している。吐山氏は筒井勢の一員として大和国外に従軍し、次々に戦死者を出していたのである。地方の小土豪の吐山氏にとっては過酷な時代であった。

（泉　武）

参考文献

内野和彦「吐山城」『図解　近畿の城郭Ⅳ』中井均監修・城郭談話会編　戎光祥出版　二〇一七

【城跡探訪メモ】

名阪国道針インターチェンジから国道三六九号線を南に下ると、吐山の中心、吐山交差点の東北に城山がそびえる。地蔵院の前を通って城山に入る。城山への入り口へはわずかな踏み跡をたどって斜面を登ることになる。登り着くと、山頂の主郭は広く開けて吐山盆地の見晴らしがよい。

（泉　武）

石打城《いしうち》

所在地　奈良市月ヶ瀬石打
築城時期　室町時代後期
標　高　二一九・六メートル
主な遺構　郭・土塁・空堀

月ヶ瀬梅林で知られる月ヶ瀬地区は東を三重県伊賀市、北を京都府相楽郡南山城村と接し、奈良県の最東北に位置する。月ヶ瀬には乙若城、桃香野城なども知られるが、城の遺構が良く残るのが奈良県県指定文化財にも指定されている石打城跡である。

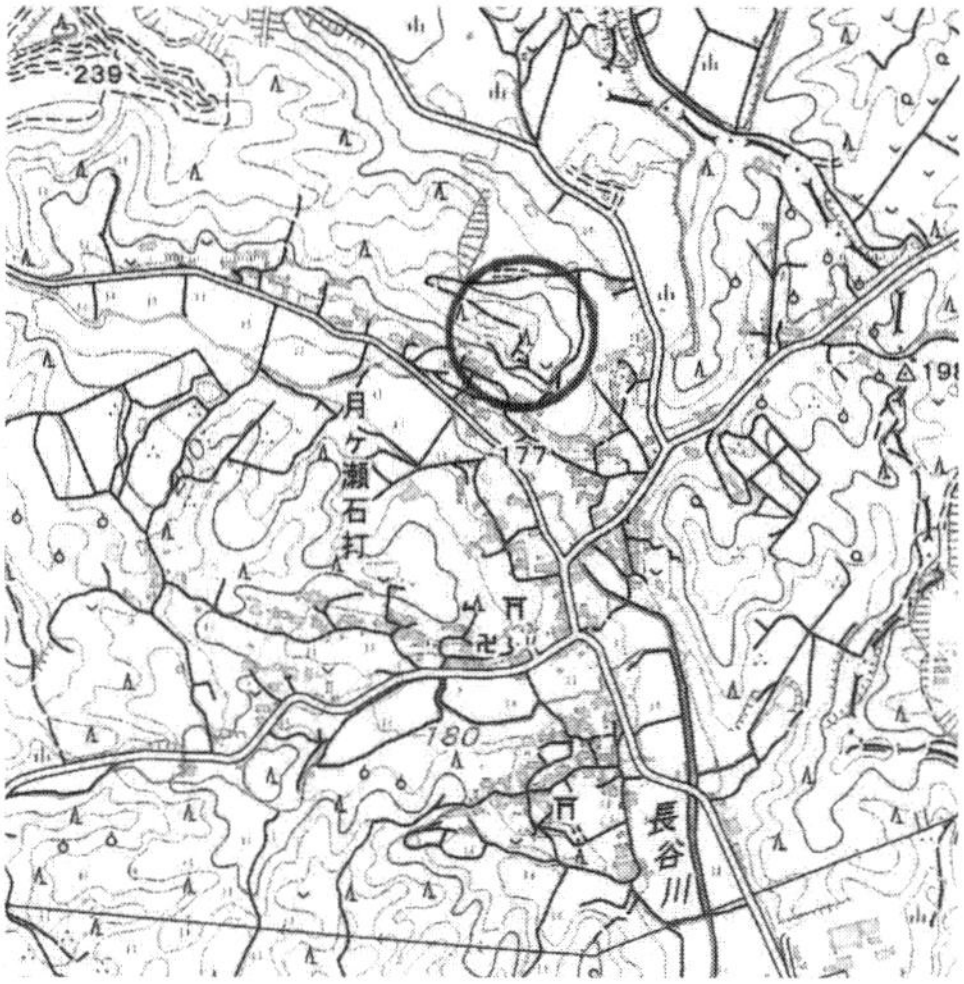

位置図

石打は奈良市の最東端、奈良晒（石打布）の産地として知られた集落で、鎌倉時代は大安寺領の石打庄であった。城は「稲垣氏城」とも呼ばれ、この地の土豪、稲垣氏によって築城されたと伝えるが、国中《くんなか》から離れていることもあり、文献史料等にはまったく登場しない。伊賀との国境《くにざかい》までは約五〇〇メートル、石打の集落に突き出た「城山」の丘陵にあり、「石打いこいの家（もと保育園）」の裏山がその城跡である。

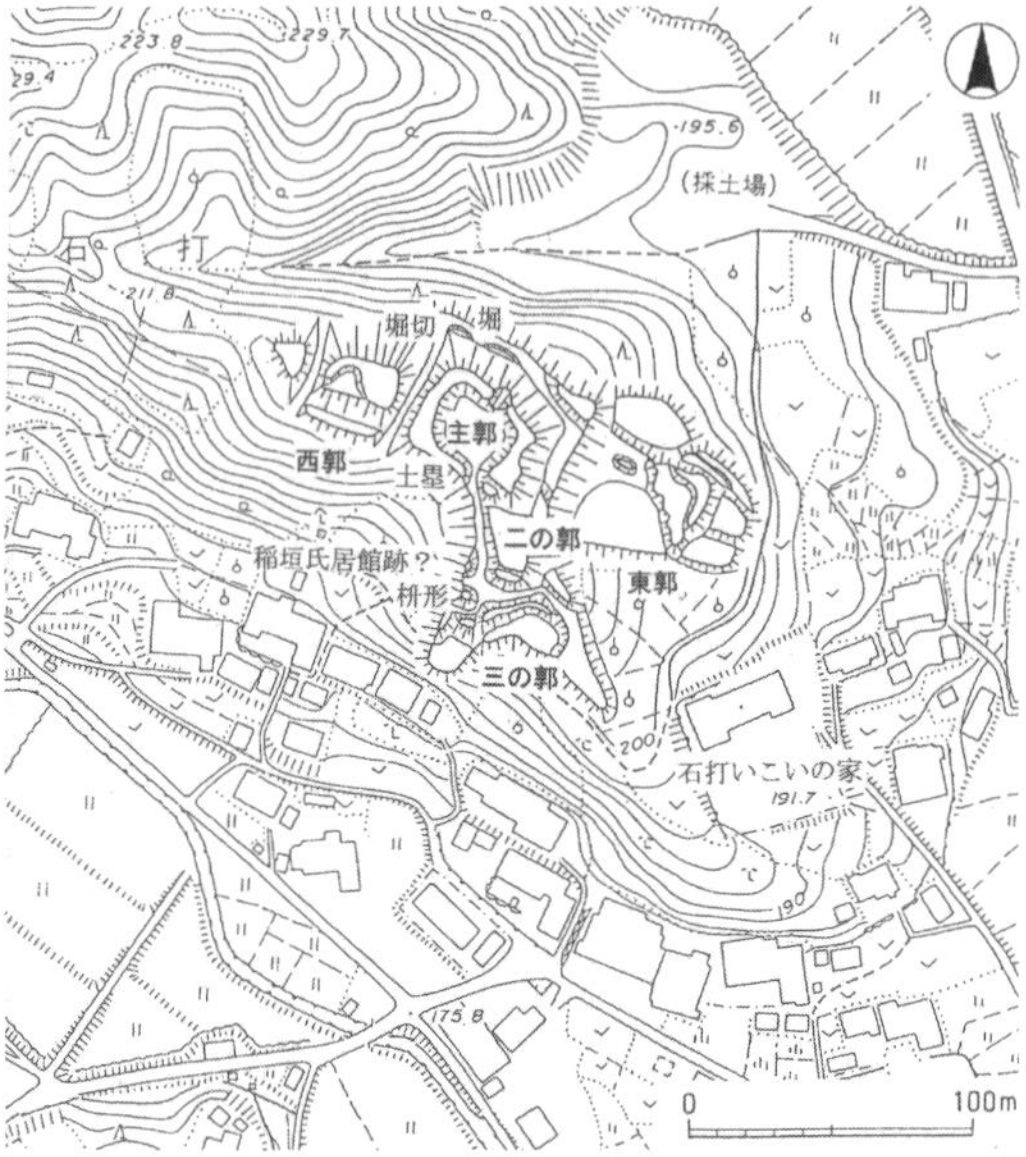

石打城跡（奈良県立橿原考古学研究所 1994 に加筆）

丘陵頂部にある東西と北側に堀を巡らした主郭は土塁で囲まれ、南東に入口を開く。本郭（主郭）を「掻き上げ土塁」で囲む手法は伊賀地方に多く、距離的にも近い伊賀の影響を受けている。北堀外の東端にも土塁が見られ、主郭の南に二の郭、三の郭が続く。二の郭下の南西には土塁を築いた「くい違い虎口《こぐち》」もみられる。丘陵東端には鍵形の土塁をもつ東郭があり、西側には東西を堀で画した西郭がある。城跡の南にある金刀比羅神社付近は稲垣氏の屋敷跡と伝え、西広川を隔てて「侍墓《さむらいばか》」と呼ばれる稲垣氏一族の墓地がある。

石打城跡本郭（増山和樹撮影）

城山の西北の尾根続き、約八〇〇㍍離れた丘陵最高所で、平成五（一九九三）年、ゴルフ場開発に伴う発掘調査が行われ、物見台とみられる遺構が検出されている。丘陵頂部に一辺約二五㍍のV字堀を掘り、掘った土を内側に掻き上げて土塁としており、郭の北寄りでは一間×三間の掘立柱建物跡も見つかっている。土師器《はじき》皿片、土師器鍋片、信楽焼壺片などの出土遺物から十六世紀前半に機能していたことがわかる。山麓を島ヶ原（伊賀市）への街道が通じ、上野方面を望むこともできる。また、丘陵上の山道は石打城跡へと通じており、石打城に附属する物見台にふさわしい。物見台の遺構こそ失われたものの、石打城は小規模ながら、中心部がほぼ完全に残る貴重な遺跡で、草刈もなされており、標識もあって訪ねやすいコンパクトな城である。

（森下恵介）

参考文献
『月ヶ瀬村史』月ヶ瀬村　一九九〇
奈良県立橿原考古学研究所「石打城第一次発掘調査概報」『奈良県遺跡調査概報一九九三年度』一九九四
奈良県立橿原考古学研究所「石打城第二次発掘調査概報」『奈良県遺跡調査概報一九九四年度』一九九五

【城跡探訪メモ】

石打城跡は奈良県指定史跡。月ヶ瀬から伊賀市白樫へ通じる県道八二号を石打で左折して行くと、「史跡石打城跡」の標識がある。西へ行き、ソーラー施設手前を左折し、舗装道を進むと城趾石碑があり、その先に説明板が建てられている。登り口から丸太階段を登ると、登り口の碑がある。三の郭の左を登ると、大手口の桝形虎口で、右手に二の郭がある。二の郭の奥には東の郭がある。

大手から少し登ると、本郭。西へ行くと堀切の先に西の郭がある。城跡は土塁や堀切の残りが良好で、要所ごとに石柱が設置されており、順路標に従って探索できる。

（増山和樹）

城郭用語（その三）

郭（曲輪《くるわ》）　城を構成する平坦面（平場）。兵士や建物などを置く陣地。通常は土塁や塀、柵などで囲って防御する。山城では尾根上や斜面に郭を段々畑状に連ねて連郭とする。主郭周囲の細長い郭は「帯曲輪《おびぐるわ》」、「腰曲輪《こしぐるわ》」などとも呼ばれる。

切岸《きりぎし》　敵兵がたやすく登れないよう郭周囲の斜面の土を垂直状に削り落とし、人工的に断崖を作り出した部分。攻め手にとっては上部の視界が遮られる。

堀切《ほりきり》　尾根を分断するよう設けた堀。尾根上の通路を遮断し、通行を困難にする。城に通じる尾根上にも設けられる。

土橋《どばし》　堀や堀切を掘り残したり、盛り土によって築かれた橋。

畑《はた》城・菅生《すごお》城

所在地　山添村春日・菅生
築城時期　室町～戦国時代（十五～十六世紀）
標　高　三七四メートル　四〇七メートル
主な遺構　郭、堀切、石積　土塁・堀切・竪堀群

山添村は大和高原の東部を占め、その東を流れる名張川が三重県と境し、北部と西部は奈良市、南部は宇陀市と接し、名阪国道がその村内を縦貫している。奈良時代にあった波多杣《はたのそま》などの杣は、中世には畑庄や切山庄といった興福寺、東大寺の荘園となり、これらの荘園の荘官を勤める土豪、地侍が村落ごとに割拠していた。大和国中《くんなか》から離れ、全国的動乱の影響も少ないようにみられるが、山添村内には松尾、的野、桐山、峰寺、北野、大塩、箕輪、堂前、助命、切幡、三ケ谷、勝原、毛原、岩屋、菅生、春日、片平、広瀬、吉田、中之庄、広代、遅瀬といった、ほとんどの集落に城山あるいは城屋敷などと呼ばれる城跡がある。

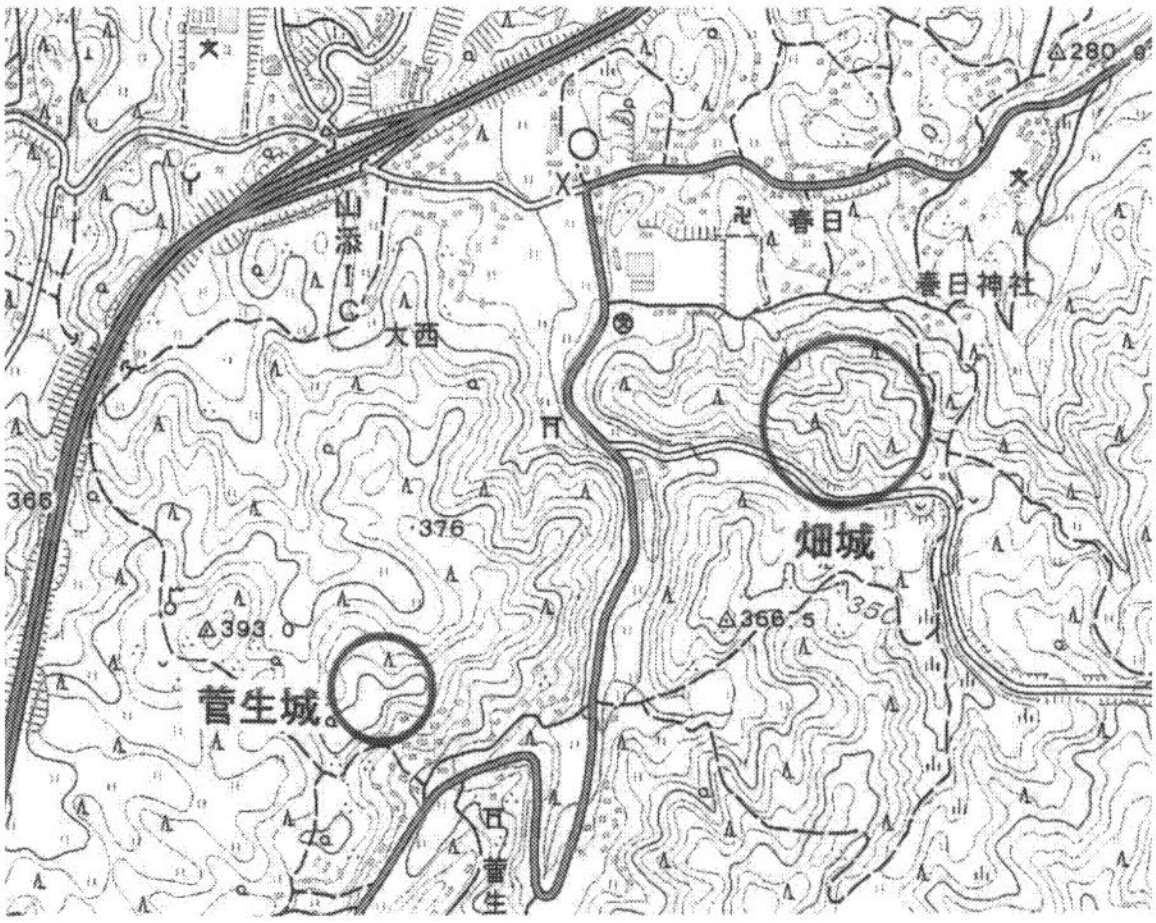

位置図

これらは集落を抑える丘上を削平し、空堀、土塁をめぐらしたものが多く、一、二村の集落を掌握する程度の実力をもった地侍たちが、その居館に

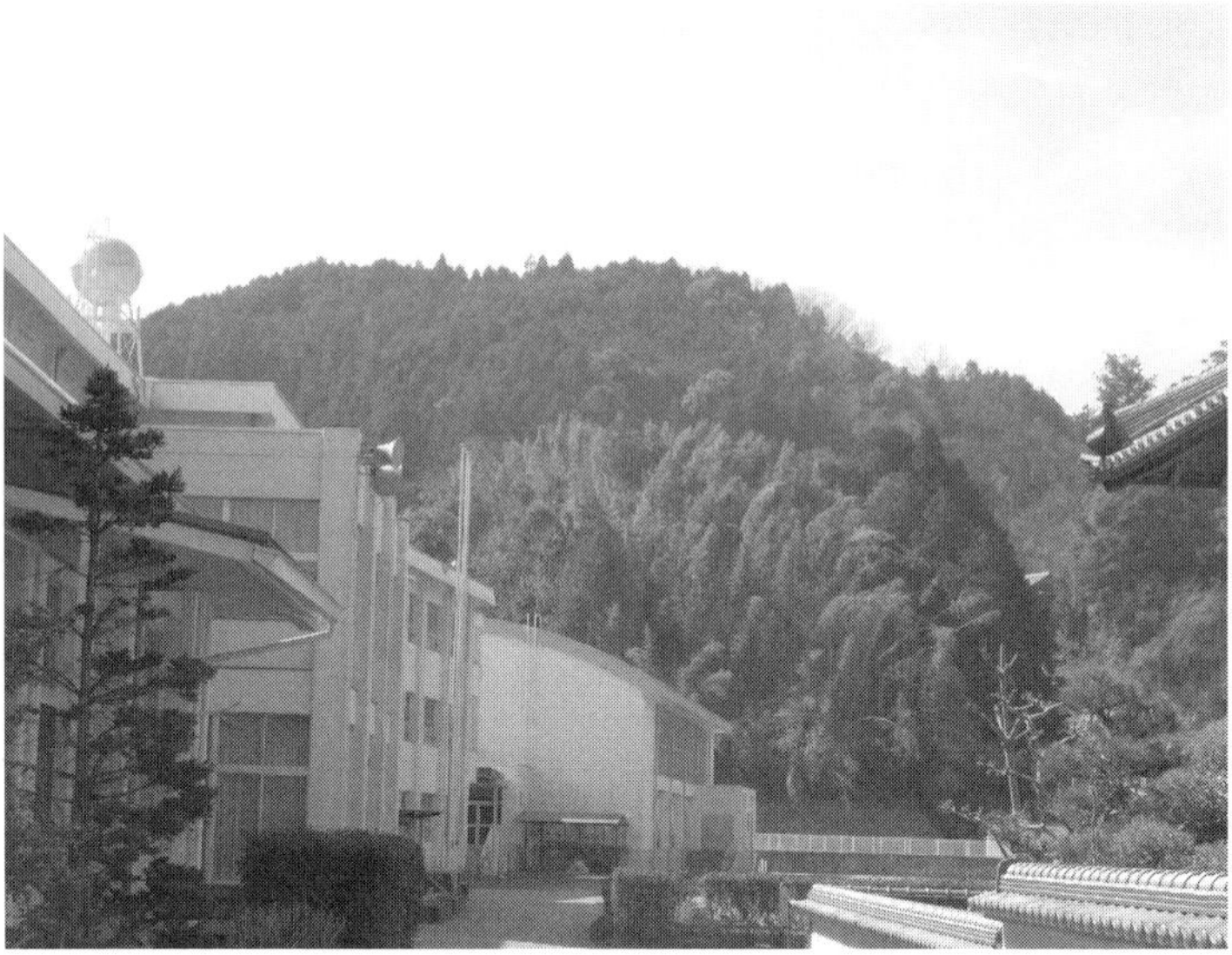

畑城跡（やまぞえ小学校から見た城山）

防備を施し、砦や塁としたものである。応仁の乱の後、山内の地侍たちは、国中の筒井氏や古市氏、後には松永久秀などの応援を得て、敵対勢力との、紛争解決を図ろうとし、戦乱は東山内にも拡散していったのである。

　こうした山添村の城跡のなかで、郭《くるわ》を連《つら》ね、比較的大きな規模をもつ城が畑城《はた》（春日城）である。畑城のある春日は波多野《はたの》の中心で、興福寺領畑庄の鎮守として春日神社が勧請されたのが、その地名の起こりとされる。城跡は山添村役場の南にある山辺高校山添分校の背後にある城山（標高三七四・五メートル）で、樹木が無ければ、旧波多野村一帯や伊賀方面を見渡せる要害の地である。畑城は、奥田三河守太郎左衛門忠高が天文年間（一五三二〜五五）以降に築城したとされ、忠高は松永久秀に仕え、周辺の大西氏、吉田氏がその「与力」であったと伝えている。

　奥田氏は、その後、信長、秀吉に従い、慶長五（一六〇〇）年、徳川家康に本領である畑八郷（春日、

大西、上津、下津、中峯山、広代、中之庄、吉田）を安堵されたという。二代三郎衛門忠次は大坂夏の陣で、

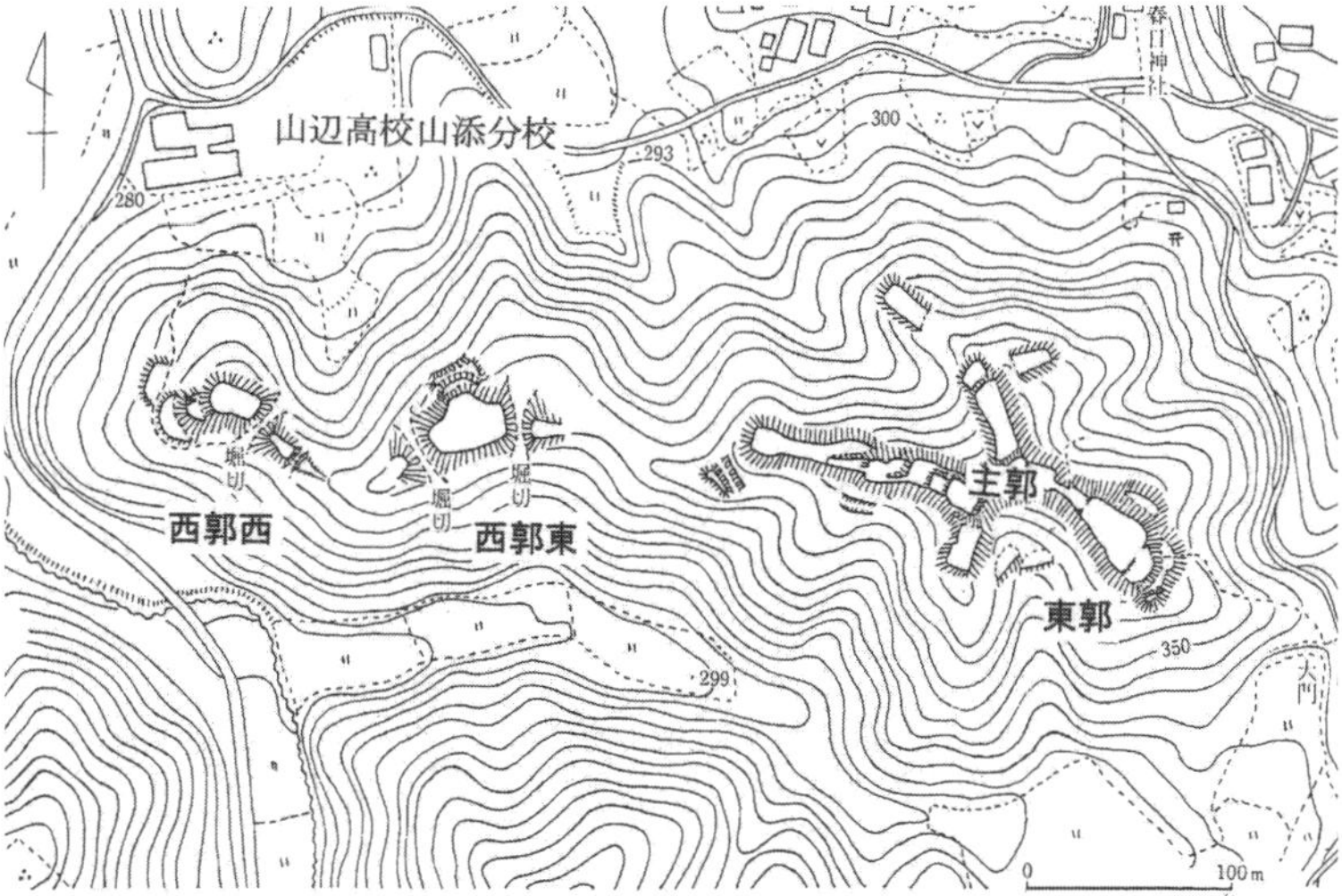

畑城（村田修三 1980）

河内片山において後藤又兵衛軍と戦って討死、三代半兵衛忠一が後を嗣ぎ、旗本として江戸に移居したという。江戸時代末には、旗本奥田氏の陣屋は城山の西北の大西に置かれ、川上直右衛門がその代官であったので、大西の陣屋は川上陣屋、川

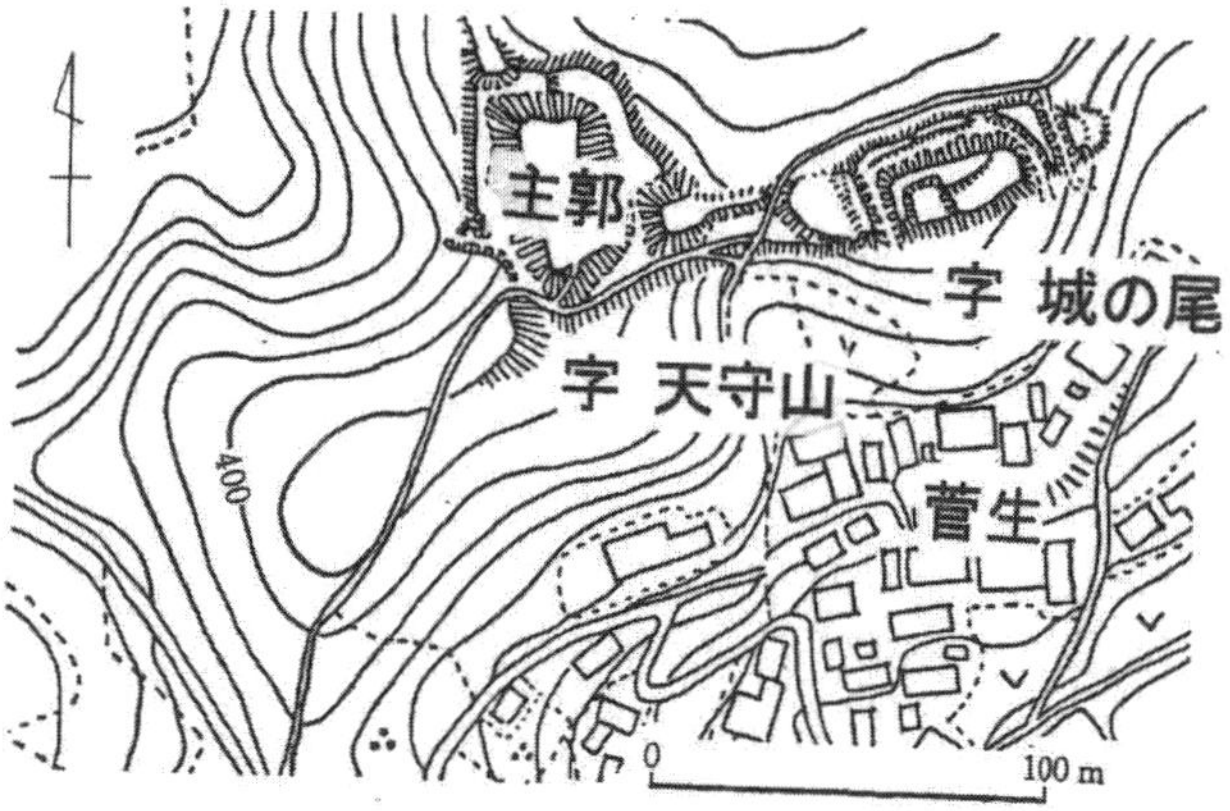

菅生城（村田修三 1980）

上屋敷と呼ばれている。柳生氏は大名として家名を保ったが、旗本として家名を江戸時代まで保った大和武士もあったのである。

畑城は城山全体を利用しており、山の西には郭が東西二つあり、東側の郭はその東西に堀切をもっている。山の東方の郭群は物見櫓の存在が想定される主郭を中心に、各尾根に段状の郭を配置した連郭式の山城で、主郭周囲には石積（石垣？）も見られる。西郭群が当初に築かれた城で、東郭群は、永禄年間以降、松永配下に入り、地域戦略拠点として築かれた可能性が高い。

この畑城の西南約八〇〇mにある菅生城《すごお》は、菅生の集落の北側にある天守山に築かれた城で、西の神野山《こうのさん》、東の伊賀盆地の遠望可能な地にある。東西と北を堀切った山頂が主郭で、東に延びる尾根に三方に土塁と空堀をめぐらした出丸をもつ。菅生但馬を名乗る地侍の城とされるが、見張り監視的な要素が強く、畑城との連絡も可能で、松永方の城砦として機能した可能性がある。菅生氏も、また畑城の奥田氏の「与力」であったのではないだろうか。

（森下惠介）

参考文献
『波多野村史』波多野村史編纂委員会 一九六二
村田修三『日本城郭大系』第10巻 新人物往来社 一九八〇

【城跡探訪メモ】

山添村役場の南、約二〇〇《メートル》にある県立山辺高校山添分校の南側から東へ延びる城山が畑城（春日城）跡。学校角に説明板がある。学校裏から西郭に登れるが、東山麓に「大門」の地名があり、山の東側が城の大手であったようだ。山麓の春日神社には正中二（一三二五）年銘の石燈籠があり、ヤマザクラの巨樹「春日のサクラ」は村指定文化財。春日にある不動院が城主奥田氏の菩提寺で歴代の墓碑があり、境内には文保元（一三一七）年の宝篋印塔、正中二（一三二五）年の五輪塔（郷塔）もある。

菅生城跡は菅生集落の背後、「天守山」にあり、集落から少し山に入れば到達できる。

（増山和樹）

城郭用語（その四）

土塁《どるい》　「土居」とも呼ばれる。敵の侵入を防ぐために築かれた、堤防状の防壁、土手。地形を削り出したもの、盛り土のものがある。堀を掘って生じた土を盛土に利用して作られたものは「掻揚《かきあげ》土塁《どるい》」と呼ばれる。

本丸《ほんまる》　「主郭」とも呼ばれる。城の中心、最重要となる郭。城主の居所でもあり、近世には天守や御殿が所在する。近世城郭では本丸の外に二の丸、三の丸が続く。

出丸《でまる》　「出郭《でぐるわ》」あるいは「出城」と呼ばれることもある。城の中心の本丸・二の丸などから外へ張り出したり、少し離れた地に配置され、非常時には最初の交戦地となる。

七　宇陀の城

檜牧城《ひのまき》

所在地　宇陀市榛原檜牧・自明
築城時期　室町～戦国時代（十五世紀～十六世紀）
標高　四一〇メートル
主な遺構　郭、土塁、堀切、竪堀群

檜牧城は、檜牧氏の城として築かれた山城で、宇陀川支流の内牧川右岸の標高約四一〇メートルの尾根上に位置している。逆Y字形の尾根上には、東西約二五〇メートル、南北約二二〇メートルにわたって、平坦面（郭跡）、土塁、堀切、竪堀群（畝状空堀群）などの遺構が良好に残っている。市内では、比較的規模の大きい城であり、ここからも檜牧氏の勢力をうかがい知ることができる。

現在は、木々によって周囲への眺望が遮断されているが、城からは西方向、式内社の御井《みい》神社が鎮座する檜牧方向の眺望は良かったと思われる。城は内牧川下流域の好位置に立地しており、大和と伊勢とを結ぶ「伊勢本街道」を眼下におさめることができる。

城は、尾根高所に本丸に相当する主郭（長さ約六〇メートル、幅約二〇メートル）があり、ここからのびる南東方

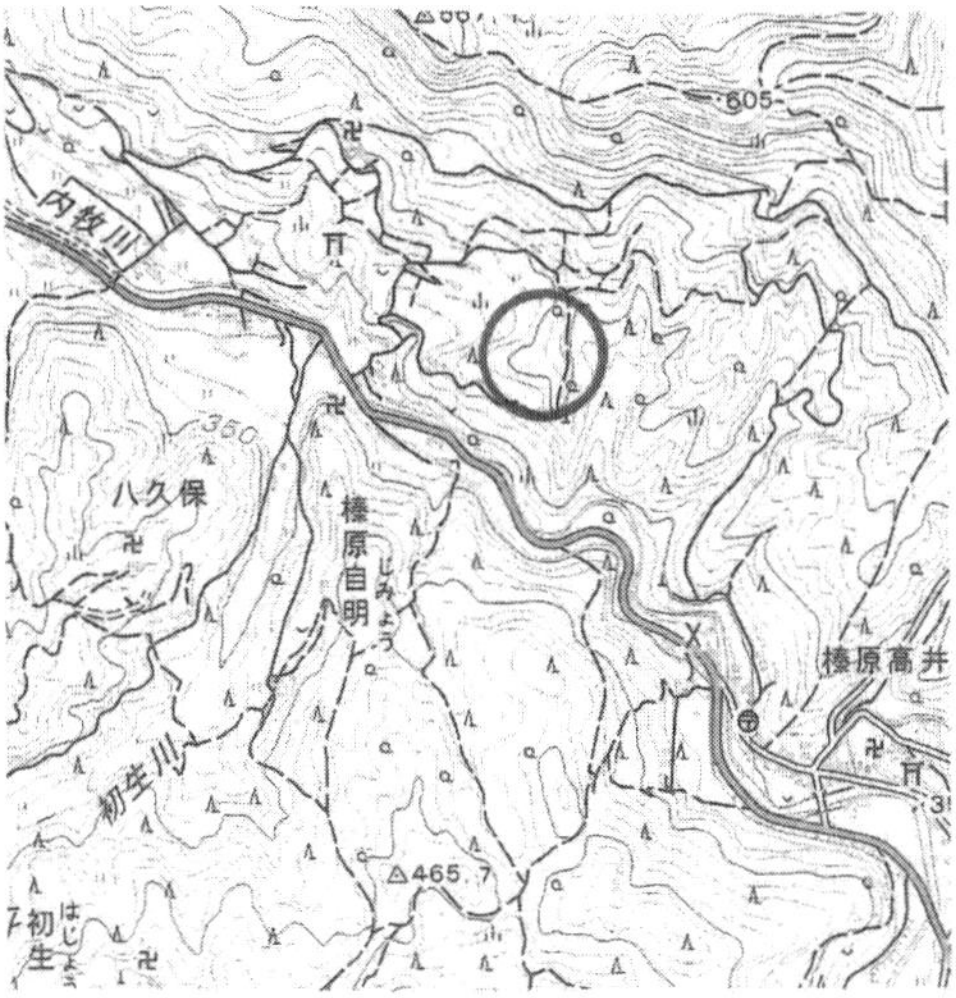

位置図

檜牧城跡（増山和樹撮影）

向の尾根、南西方向の尾根、それぞれに平坦面・堀切等が連なっている。また、主郭の背後（北側）三カ所には、尾根を切る堀切が認められる。城の中心部分が堀切・帯曲輪などで取り囲まれ、防御ラインが設定されていることから、松永方による改修の可能性も指摘されている。

　檜牧氏の館跡の詳細は、不明であるが、御井神社近くの小字「市場」周辺にあったと推定されている。

　中世前期（平安時代末～鎌倉時代）には、興福寺・春日社はその所領を宇陀にも多くもち、その荘官として地元の土豪たちが任用された。このなかで

檜牧城（金松誠 2021）

も秋山・澤・芳野の三氏が台頭、やがて武士化し、宇陀を代表する勢力となる。

　正平八（一三五三）年、伊勢国司・北畠氏が宇陀を手中に収めると、三氏をはじめとする地侍は、北畠氏勢力下に置かれることとなる。南北朝期、澤・秋山氏は南朝方（興福寺一乗院方）として、芳野氏は北朝方（興福寺大乗院方）としてその名がみえる。

　檜牧氏は、檜牧庄の荘官出身で、中世には武士化し、「檜牧殿」とも呼ばれ、澤氏の勢力発展にともない、「澤一党」に組み込まれた。澤氏の惣領が決まらなかった十五世紀中頃、澤一党の檜牧氏が一族を統率したという。

　檜牧庄は、古代の牧、「肥伊牧《ひいのまき》」の開発に始まる荘園である。『日本後紀』延暦十八（七九九）年七月二十八日条に「停大和国宇陁肥伊牧、以接民居損田園也」とあり、牧内の開発が進んだことにより、その機能が失われ、古代の「肥伊牧」が停止されたことがうかがえる。この地域の開発は、在地豪族の県《あがた》氏によるものであり、これが後に檜牧庄となる。檜牧城眼下の坊ノ浦遺跡では、堀立柱建物跡などが確認されており、檜牧庄を構成した施設の一部と推定されている。

（柳澤一宏）

参考文献
『奈良縣宇陀郡史料』　奈良縣宇陀郡役所　一九一七
村田修三『日本城郭大系』第10巻　新人物往来社　一九八〇

【城跡探訪メモ】

榛原から内牧川沿いに伊勢本街道を踏襲する国道三六九号線（栂坂バイパス）を曽爾、御杖方面に向かう。城跡は国道の対岸、標高四一三メートルの山頂にある。国道脇にある「弘法大師爪描き不動」手前の内牧川にかかる石橋（不動橋）を渡り、坂道を進む。右へ行き民家の車庫の横にある山道を行くと墓地があり、城跡の南端となる。現在は植林されているが、昭和四十年代の伐採時の写真が残っており、城跡の様子がよくわかる。城は伊勢本街道を押さえる要衝に立地している。

（増山和樹）

城郭用語（その五）

大手《おおて》　城の正面にあたる入口。近世城郭では城内へ入ろうとする者を威圧するために、石垣にも巨石を用い、枡形や大規模な櫓門を置くなど堅牢な造りになっている。城の裏手は「搦手《からめて》」。搦手は城の脱出口ともされる。

枡形《ますがた》（桝形）」　城壁や土塁などで囲まれた空間で、虎口の形態としては最も発達した形式とされる。文字通りの「方形の出入口」。「一の門」を入ると、方形の広場で、直角に曲がった先に「二の門」があり、この空間に入った侵入者は横矢攻撃を受ける。近世城郭では通常、「一の門」は角柱で妻破風造の屋根を支える高麗門形式、内側の「二の門」は，渡り櫓に入母屋造の屋根を載せた櫓門形式とする。

赤埴《あかばね》城（赤埴上城、赤埴下城）

所在地　宇陀市榛原赤埴
築城時期　室町～戦国時代（十四～十六世紀）
標高　（上城）五九五メートル（下城）四九九メートル
主な遺構　（上城）郭、土塁、横堀（下城）郭、土塁、堀切

宇陀市榛原赤埴にある山城で、東方の遺構群を赤埴上城跡、西方の遺構群を赤埴下城跡としている。城主は、在地勢力の赤埴氏と考えられている。

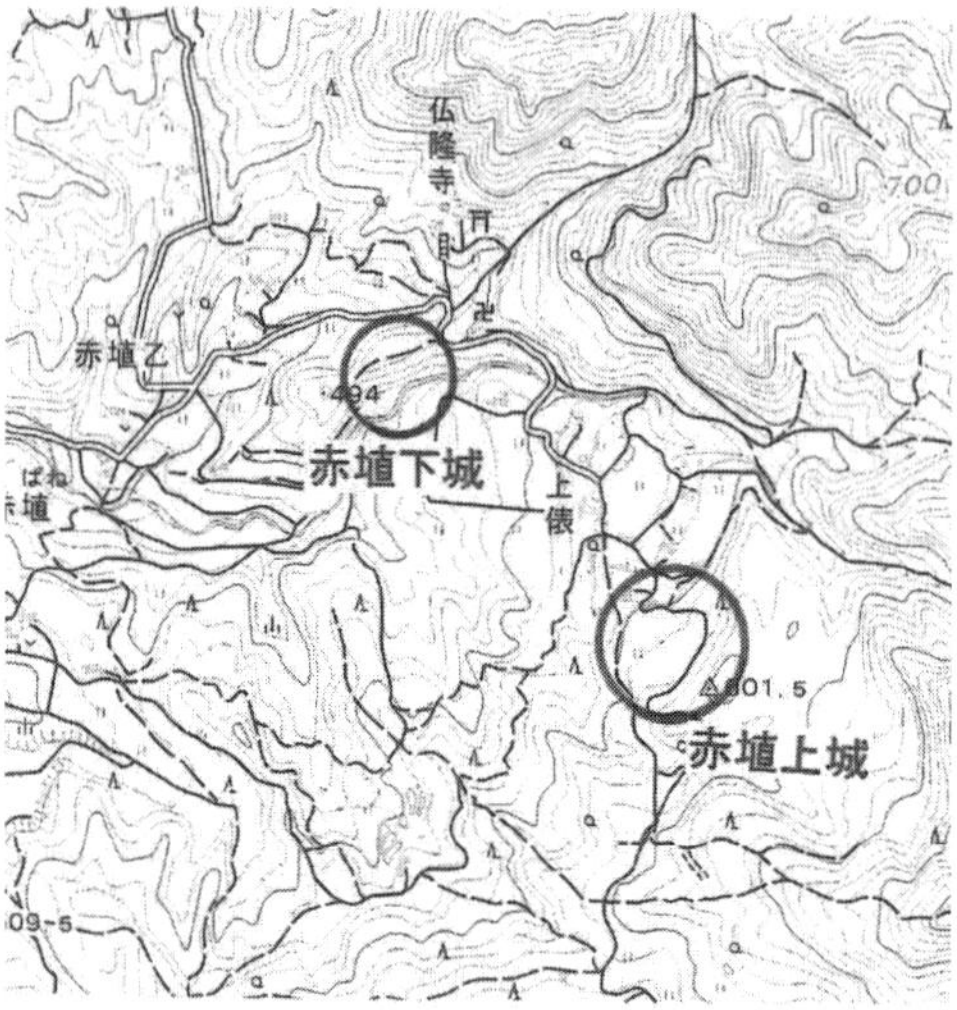

位置図

中世、当地には、興福寺大乗院領荘園・赤埴庄があり、この荘園の荘官（下司《げし(す)》職）には、赤埴氏が任じられていた。この荘園内には大和と伊勢とを結ぶ主要街道のひとつである伊勢本街道が通り、赤埴庄内には、壱名関、下司名関、大窪名関、諸木野名関といった関所が設けられ、槇野氏、澤氏、戒場氏がその管理にあたった。

当時、宇陀地域では、伊勢国司・北畠氏の影響のもと、秋山氏、澤氏、芳野氏が勢力をのばし、三氏は宇陀を代表する勢力となり、宇陀三人衆とも呼ばれた。赤埴氏はこの澤氏に属し、そのもとで郡内各地に勢力をのばし、三人衆に次ぐ「宇陀

七人衆」にも数えられた。大正時代に刊行された『宇陀郡史料』によると、赤埴安頼は後醍醐天皇に仕え、その子、安朝は赤埴山に城塁を構築、その後、赤埴信安は北畠氏の没落後、筒井氏に属していたが、天正十三（一五八五）年、筒井氏の伊賀転封後に城は破却されたとある。時は下るが、赤穂浪士の一人として知られる赤埴源蔵重賢《あかばねげんぞうしげかた》（赤垣源蔵）は、この赤埴一族であると地元では伝えている。

赤埴上城跡は、高城山から北西に伸びる山麓台地の北端上にある。主郭に相当する方形郭（南北約二七メートル、東西約二六メートル）があり、郭の東から南側には、土塁と横堀が築かれている。方形郭の南側には、虎口を経て郭がつく。さらに南方には、小規模な土塁と横堀に囲われた緩斜面の空間があり、その規模は南北約三五〇メートル、東西約二五〇メートルの範囲に及ぶ。

近年の研究では、主郭とその前面（南面）に角馬出を設けた本郭部と緩やかな斜面を小規模な土塁・横堀で囲んだ駐屯部で構成された織豊勢力による二重構造の陣城の可能性も考えられているが、今後の詳細な調査研究が必要な城郭のひとつである。

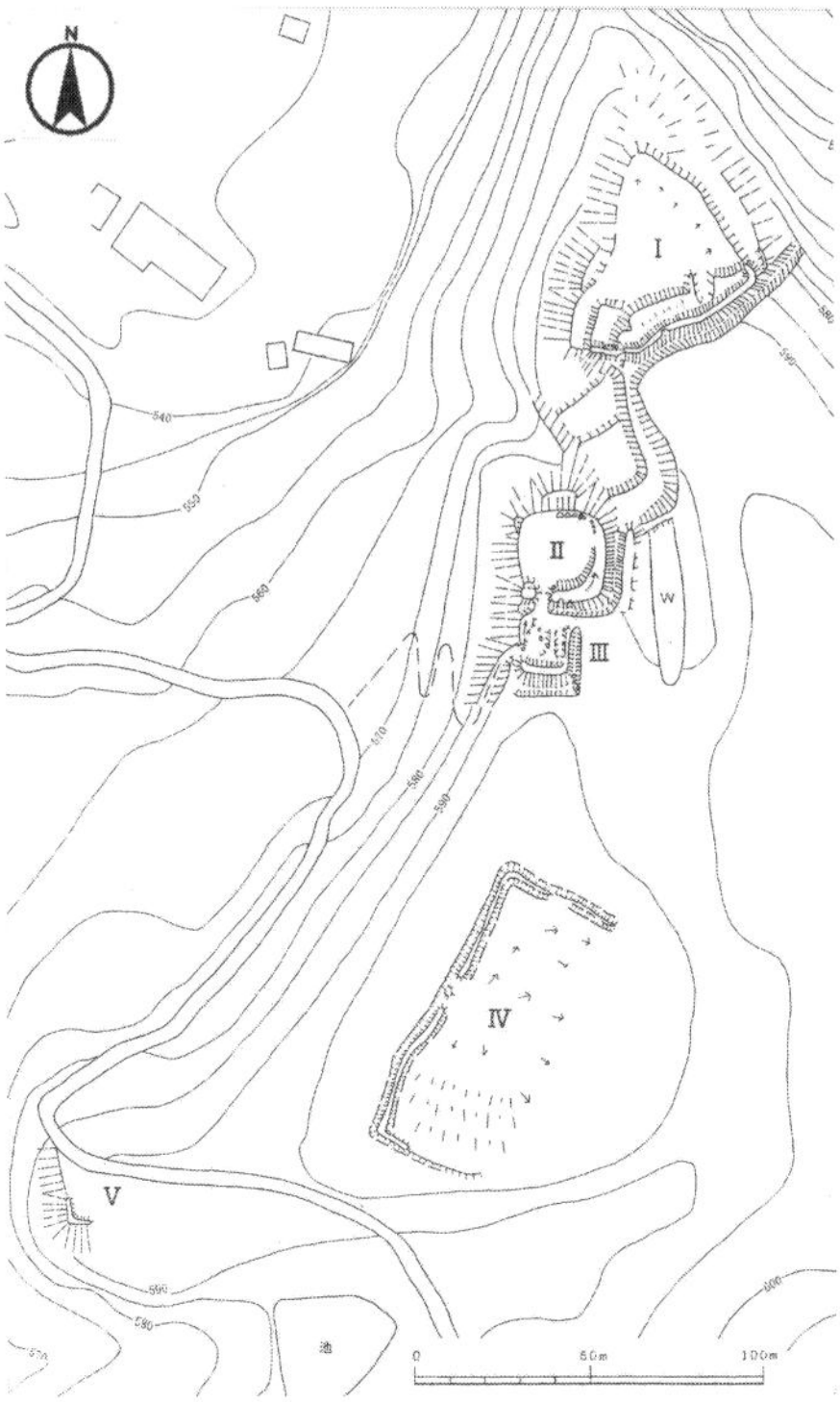

赤埴上城（金松誠 2014）

赤埴下城跡（赤埴峯城跡）は、赤埴上城跡の北西約七〇〇メートルの東西に伸びる細長い尾根上にあり、尾根の東西両端を堀切によって仕切られた細長い平坦面（約六〇メートル×約二〇メートル）が主郭である。この主郭の東方にも平坦面（約一五メートル×

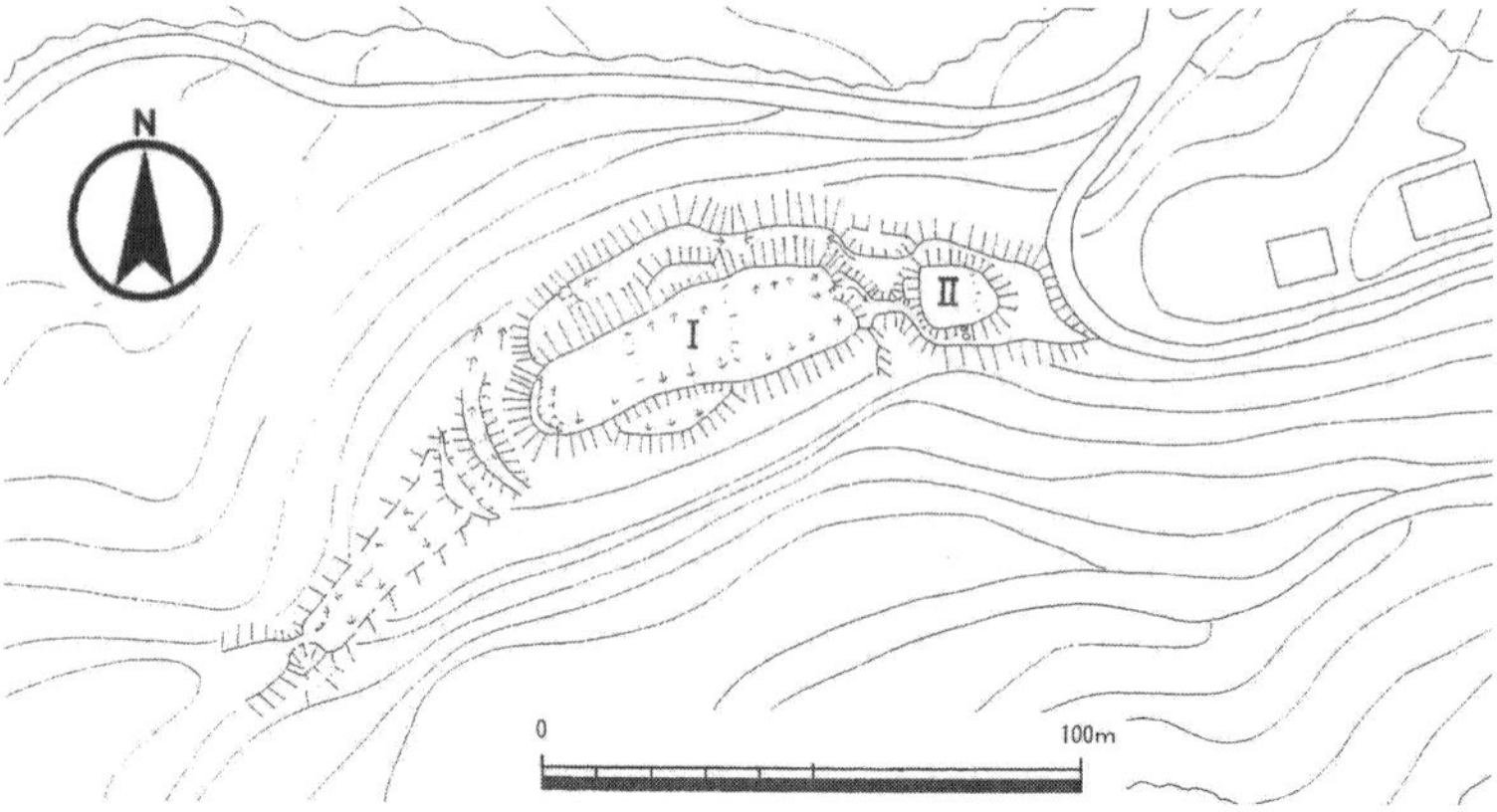

赤埴下城（金松誠2008）

一〇メートルや西方にも堀切や緩やかに傾斜する平坦面が認められる。この城は室生寺へ通じる室生古道を押さえるとともに上城へのルートを固める役割を担っていたとも考えられている。

上城の西側の「上俵垣内」には「トノヤシキ」と呼ばれているところがあり、赤埴氏の居館が広がっていた可能性が考えられ、下城から上城にかけての谷全体が広義の城域とすることもできる。

赤埴上城跡の西約一二〇〇メートルの尾根上とその南斜面には、赤埴下志明《げしも》城跡・赤埴下志明遺跡がある。赤埴下志明遺跡は、十三世紀から十四世紀の小規模な居館跡であることが発掘調査によって判明している。この地区は現在、下志明《げしも》と呼ばれる垣内となっているが、下司名《げすみょう》が転訛したものと考えられ、下司名関の関所の存在や赤埴氏が赤埴庄の下《げ》司《し(す)》職《しき》に就いていたことと密接に関係していると思われる。

（柳澤一宏）

参考文献
『奈良縣宇陀郡史料』奈良縣宇陀郡役所　一九一七
村田修三『日本城郭大系』第10巻　新人物往来社　一九八〇
金松誠「戦国期における大和　宇陀地域の城館構成と縄張技術」『城館史料学』第六号　二〇〇八

【城跡探訪メモ】

サクラの巨樹（県天然記念物）で知られる仏隆寺の谷をはさんで南西へのびる丘陵が赤埴下城跡。山門につづく石段から城跡の丘陵が見渡せる。仏隆寺は平安時代に空海の弟子、堅恵が開いたと伝え、空海が日本に伝えた茶を栽培した地として「大和茶発祥伝承地」ともなっている。下城跡は道路から簡単に城跡に行ける。上城は赤埴上俵の集落から高城山登山口へ向かう道に赤埴上城の道標があり、一〇分ほど登れば城跡に着く。　　　（増山和樹）

仏隆寺

大和の古城　こぼれ話

「弓の名手　諸木野《もろきの》弥三郎」

伊勢本街道は赤埴から諸木野を経て石割峠を越え、田口、黒岩へと通じている。諸木野には中世、興福寺大乗院が設置していた「諸木野関」があった。伊勢北畠氏の被官でもあった澤氏がこの関を守り、旅人から関銭を徴収していた。中世の関所は現在の高速道路の料金所に近く、関所を設ける支配者は関銭を徴収することにより、街道の維持管理や治安、通行安全に責任をもつというものであるが、赤埴庄内にはこの諸木野関以外に壹名《いちみょう》関、下司《げし》関、大窪関などがあり、それぞれが関銭を徴収しており、関所の乱立が物流、移動の障害になっていたことは間違いない。諸木野の集落東南に諸木野城跡があり、諸木野関守護のための砦とされる。この地を本拠とする諸木野氏は澤氏の配下にあったらしく、宇陀の在地武士と同じく、伊勢本街道沿いの上多気を本拠とする北畠氏（多気殿）に仕えていた。諸木野弥三郎は弓の名手として知られ、永禄十二（一五六九）年に伊勢大河内城（三重県松阪市）を織田軍が包囲した時、肥満した北畠具房《ともふさ》を松の木の上から「大腹御所の餅喰らイ～」と嘲《あざけ》った織田方の兵を四、五町も離れた城内から射て、松の木に射つけたという。弥三郎の墓が諸木野の墓地に残る。

黒岩《くろいわ》城

所在地　宇陀市室生　黒岩
築城時期　室町時代
標　高　六〇四メートル
主な遺構　郭、虎口、帯曲輪、堀切、竪堀、畝状空堀群

伊勢へと通じる伊勢本街道は、かつて伊勢参宮の人たちが盛んに往来し文化庁の「歴史の道百選」

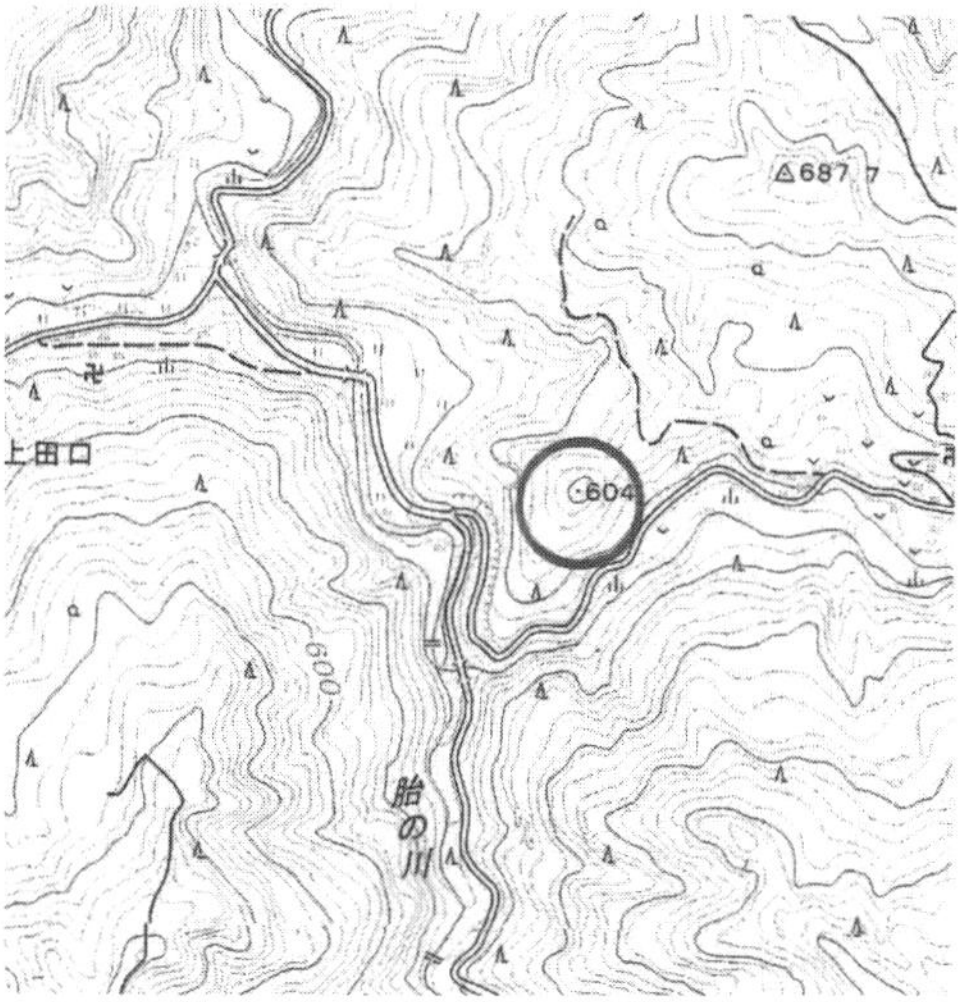

位置図

にも選ばれている。この伊勢本海道が、宇陀市榛原と室生の境にある石割峠を越え、東吉野と室生寺を結ぶ県道二八号吉野室生針線と交差する地点に黒岩城が所在する。

黒岩城は尾根先端部の標高六〇四メートル、麓からの比高差一〇〇メートル程のピーク上に立地し、東側の山腹を伊勢本街道が通っている。主郭部はピーク上を整形した三〇×一五メートル程の郭で、南東隅が虎口となっている。主郭部の周囲は五～九メートルの切岸と帯曲輪が巡り、南北に堀切を設けている。　南側の堀切Aは、主郭部との比高差が五メートル程、東側に三本の竪堀が設けられている。このうち西端の竪堀は四メートル程下にある帯曲輪に繋がっており、通路

として利用されていたとみられる。この帯曲輪は小規模な土塁を設けることで横堀化させ、南側の尾根からの侵入を阻んでいる。北側の堀切Bは主郭部との比高差が八メートル程、西端はやや方向を変えて竪堀となっている。そこから西側の帯曲輪には畝状空堀群が設けられている。かなり埋没したものもあるが、四本以上の竪堀が連なっている。帯曲輪間はそれぞれ比高差があり、主郭部との間の切岸は東側では高さ七メートル程なのに対し、西側では九メートル以上にもなる。畝状空堀群が配されていることからみても、西〜北斜面側を強く意識していたことが分かる。現在の伊勢本街道は城の東側を通っているが、もしかしたら中世の伊勢本街道は黒岩城の西〜北側を通っていたのかも知れない。

　中世の伊勢本街道は多数の関所が設けられていた。黒岩地区周辺でも数カ所の関所が存在しており、『大乗院寺社雑事記』『経覚私要抄』には「黒岩関」の名も見えるが、黒岩城に関しては築城主体や時期・目的に関する史料・伝承は知られておらず、現時点では十六世紀後半に使用されていた城郭としか言えない。

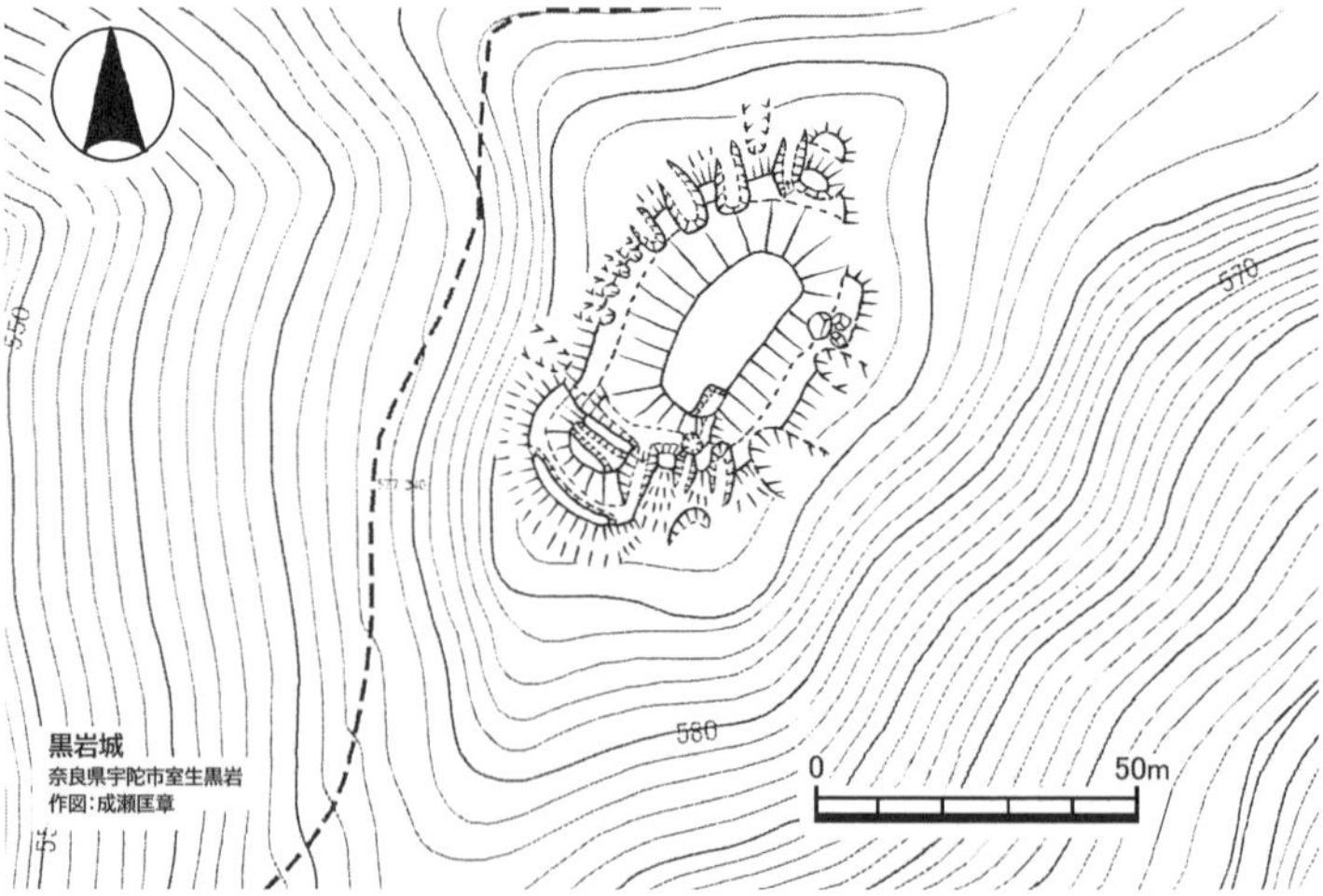

黒岩城縄張図（宇陀市室生黒岩）

　黒岩城を特徴づける畝状空堀群は、一〇キロメートル程南に向かったハチヤヅカ城（東吉野村平野）でも使用されている。ハチヤヅカ城の前には伊勢本街道と高見峠を越える伊勢南街道（和歌山街道）を結ぶ道（県道二八号）が通り、黒岩城附近で伊勢本街道と交差する。ハチヤヅカ城は宇陀郡の芳野氏と吉野郡の小川氏との勢力圏の境界に築かれた「境目の城」で、どちら側の城郭かは不明であるが、街道を押さえるために築かれたことは確かである。黒岩城を短絡的に「黒岩関」に結びつけることは控えるべきであるが、伊勢本街道を意識して築かれた城郭であることは動かないであろう。

（成瀬匡章）

参考文献

『奈良県中近世城館跡調査報告書』第一・二分冊　奈良県　二〇二〇・二一
奈良県教育委員会編　『奈良県「歴史の道」調査報告書 - 伊勢本街道 - 』奈良県文化財調査報告第45集　一九八五

【城跡探訪メモ】

中世における伊勢本海道の重要性は、南北朝時代に国司として伊勢国に入部した北畠氏が、山間部にも拘わらず、織田信長に滅ぼされる天正四（一五七六）年まで伊勢本街道沿いの多気（三重県津市美杉町）を本拠地としていたことからもうかがえる。

黒岩城は元々十分な遮断性を具えた立地に加え、九メートルもの切岸と畝状空堀群を配するなど極めて軍事性の高い城郭である。石割峠方面から伊勢本街道を歩いてみると、この城が街道を押さえる重要な地点を占めていることがわかる。

近年、伊勢本街道の整備が進められており、黒岩地区に隣接する曽爾村山粕地区でも街道の調査や補修、案内板の設置、家並みの保存が進められている。あわせて訪ねるのも良いかもしれない。

（成瀬匡章）

澤《さわ》城

所在地　宇陀市榛原沢・大貝
築城時期　室町～戦国時代（十五～十六世紀）
標高　五三八メートル
主な遺構　郭、土塁、竪堀、堀切、礎石建物

中世の大和、宇陀地域では、伊勢国司・北畠氏の影響のもと、秋山氏、澤氏、芳野《ほうの》氏が勢力をのばし、それぞれが宇陀を代表する勢力となる。秋山氏は秋山城、澤氏は澤城、芳野氏は芳野城とそれぞれが山城をもち、その麓に居館を構えていた。

位置図

鎌倉期には、興福寺、春日社はそれぞれの所領を宇陀にも多くもち、その荘官として地元の土豪たちが任用される。このなかでも澤・秋山・芳野の三氏が台頭、やがて武士化し、宇陀を代表する勢力となる。正平八（一三五三）年、伊勢国司の北畠氏が宇陀を手中に収めると、三氏をはじめとする地侍は、北畠氏勢力下に置かれることとなる。澤氏は、北畠氏の影響下、大和よりもむしろ伊賀・伊勢へとその勢力を伸ばすこととなる。

南北朝期、澤・秋山氏は南朝方（興福寺一乗院方）

澤城跡　遠景

として、芳野氏は北朝方（興福寺大乗院方）としてその名がみえる。澤氏が本拠とする澤庄は、保延三（一一三七）年には京都・安楽寿院領で、興福寺一乗院が知行し、室町期は興福寺一乗院領となっている。

　澤氏の城である澤城は、伊那佐山から南東にのびる標高約五三八㍍の山頂に造られた山城である。この城は、伊那佐山から南東にのびる尾根を切った二重堀切から大手口をおさえる郭群までの南北約七〇〇㍍、東西約四〇〇㍍に及ぶもので、東西両端を堀切で遮断された東西約三〇〇㍍の郭《くるわ》群がこの城の主要部分となっている。

　主要部分の東西には、深い堀切があり、東端は三重の掘切となっている。また、主要部分の中ほどにも堀切が認められ、これを境として東西に郭群をわけることができ、西郭群は本丸、二ノ丸等、東郭群は出丸、クラカケバなどと呼称されている。

　西郭群は、最高所にある東西約四〇㍍、南北約二〇〜三〇㍍のやや不整な長方形を呈する主郭を中心に展開し、ある程度の求心性が認められる。この郭群は基本的には、土塁が築かれていないが、主郭から北へとのびる尾根先端に形成された郭の北端には、小規模な土塁が認められる。

　東郭群の中心は、南北八五㍍、東西一〇〜二〇㍍の細長い郭を中心にしており、これらは土塁で

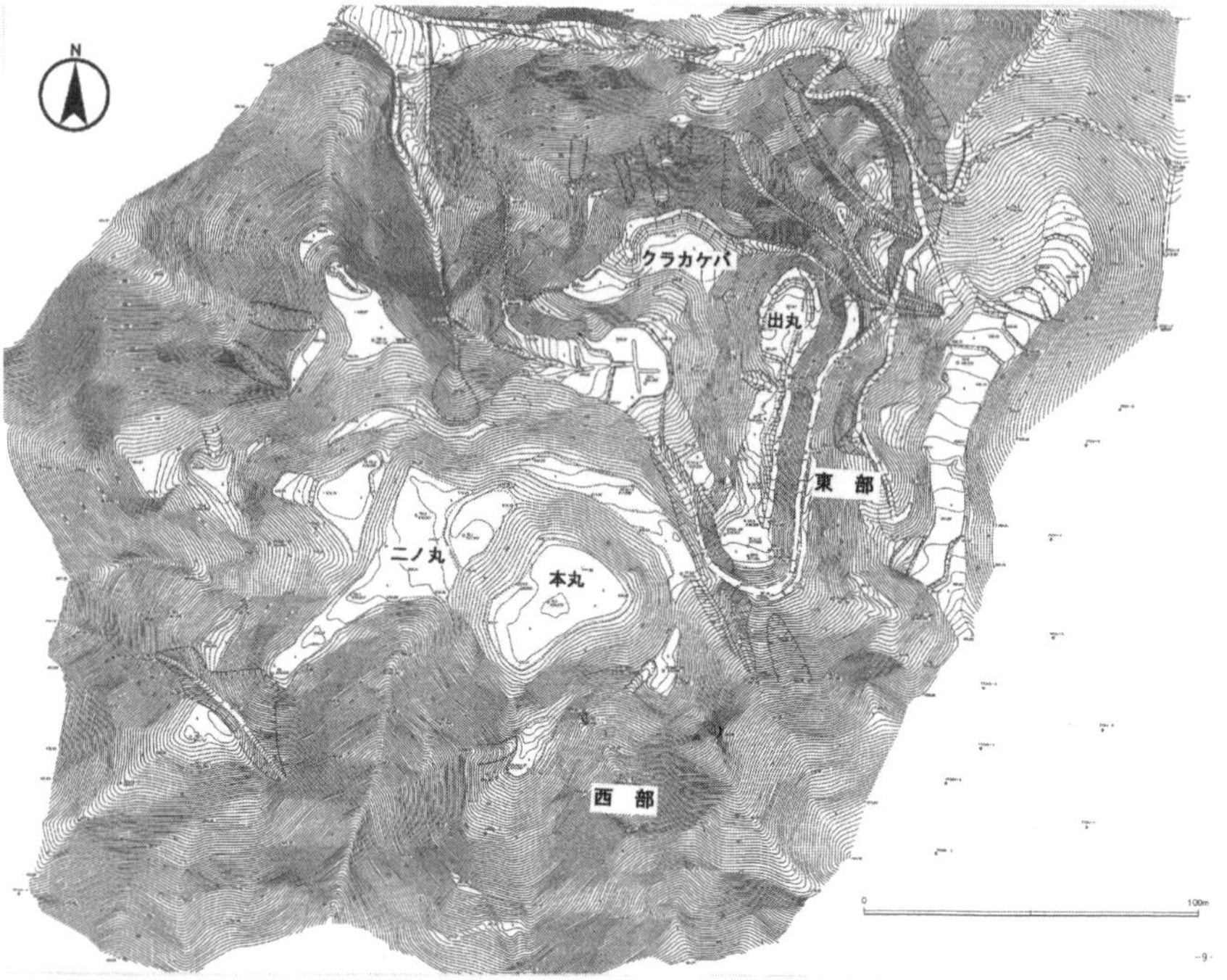

澤城測量図（宇陀市教育委員会 2011）

囲まれている。ここから北西に張り出す尾根上の郭は、武者《むしゃ》溜《たま》りと推定される。東郭群北側は非常に急峻な斜面で、東郭群全体が城の東方に対する実戦的な縄張りとなっている。東郭群は、土塁や帯曲輪によって囲まれていることから、松永方（高山氏）による改修の可能性も指摘されている。

澤城の築城時期は、明らかでないが、麓にある澤氏の居館（下城《しもんじょ》・馬場《ばば》遺跡）は、十二世紀後葉から機能している。沢集落の中央に位置し、現在も小字名に「下城」や「馬場」、「城山口」などが残っている。遺跡は、尾根とその周辺に広がっており、四段にわたる平坦面が残っている。主要建物があったと推定される南北約五〇メートル、東西約三五メートルの平坦面では、五時期（十二世紀後葉〜十六世紀後葉）に大別できる遺構（礎石建物等）を確認している。澤氏は、平時、この館で過ごしていたと思われる。

澤城と高山氏

松永久秀の大和支配に伴い、永禄三(一五六〇)年には、高山飛騨守図書が城主となり、幼少の高山右近もここで過ごし、この城内で洗礼を受けている。

この頃の城内の様子を伝える史料としては、ルイス＝フロイスの『日本史』がある。これによると、城は高い山の上にあり、遠くまで眺望でき、城内には、高山図書の妻子や約三〇〇人の兵たちが住む。小さな砦には、長さ二〇㍍弱、幅七㍍余りの教会があり、中には礼拝堂・香部屋・宣教師の宿泊部屋・従者の間などの施設がある。

一方、伊賀へと逃れた澤氏は、澤城を奪還しよう企てており、澤城では、昼夜不断の用心深い見張りがなされており、城門も設けられていた。城内における具体的な建物配置は不明であるが、高山氏は、城主であった永禄三年から永禄十(一五六七)年までの間、山城で居住し、守りを固めていたことをうかがい知ることができ、東郭群の土塁、深い堀切などは、澤氏の攻撃に備えて造られたと考えられる。

当初の西郭群は、澤氏の手によるものと考えられるが、高山氏によって主郭を中心とした居住空間が整備されたことが推察される。なお、『日本史』にある教会は、その規模からすると主郭西方の郭内に設けられた可能性も考えられる。また、『日本史』には、高山氏が毎朝、城内の教会で礼拝していたことも記されている。このことから、高山氏は、麓の下城には居を構えておらず、その機能を山上に求めていることがわかる。

永禄十年、高山氏の退去後、澤氏が再び澤城に戻ることとなる。その後、天正十(一五八二)年に伊賀衆を匿《かくま》ったことにより、織田信雄《おだのぶかつ》より澤城の取り壊しを命じられることとなるが、その伊賀衆を下城で討首にし、澤城は存続することとなる。しかし、澤氏が蒲生氏郷の与力となった天正十三

（一五八五）年には、澤城は廃城となったと考えられる。

平成二十九（二〇一七）年二月、キリシタン大名の高山右近がカトリックの「福者」に認められたことを宣言する列福式が挙行された。右近は、こ

少年右近像と高山右近顕彰碑

こ澤城内の教会で洗礼を受け、カトリックの信仰が始まることとなる。

澤城の麓には、高山右近顕彰碑と少年右近像が建立され、顕彰碑には「受洗の地」と力強く刻まれている。キリシタン大名としての原点は、ここ澤城にある。

（柳澤一宏）

参考文献

『奈良縣宇陀郡史料』　奈良縣宇陀郡役所　一九一七

秋永政孝「中世武士団の系譜－沢氏古文書を中心に－」『奈良文化女子短期大学紀要』四　一九七三

宇陀市教育委員会『澤城跡第二次～四次発掘調査報告書』二〇一一

【城跡探訪メモ】

標高五三八メートルの山頂にあり、山麓の沢と大貝からの登山道があるが、大貝から登る方が、

現在は一般的で、登山路は高山右近とその父に因み「ダリオ&ジュストの道」と名付けられ、よく整備され、道標も充実している。近鉄榛原駅から奈良交通バスで「比布《ひふ》」下車。旧伊那佐文化センター前を通り過ぎ、芳野川沿いに南へ行くと、高山右近像と右近の顕彰碑がある。この手前を東へ入り、ライスセンターを左、大貝公民館前を過ぎ、山口農園の手前で左の山道に入る。谷筋を登ると、池がある。右手の山頂が城跡で、北斜面の城坂を登ると、池から約一五分で土塁のある「出丸」跡（東郭）に到着する。山麓の顕彰碑からは五〇分。堀切を隔てた最高所が本郭（本丸、西郭）、西北に一段下がり二の丸がある。また、伊那佐山に続く尾根上に「米山城」と呼ばれる郭跡があり、城域に含んで考えることもできる。山麓の顕彰碑の南側を東に入った沢公民館付近が沢氏の居館（下城《しもんじょ》・馬場遺跡）で、沢城跡石碑と解説板が立っている。

（増山和樹）

城郭用語（その六）

縄張《なわばり》　築城の際、まず、どこに城を造るかという選地が重要になるが、次にどのような城にするのかという全体設計がなされ、予定地に杭を打ち、縄を張ったことから、城の設計を「縄張」と呼び、その計画平面図を「縄張図」と呼んでいる。縄張に基づき、郭が造成され、堀を掘るといった土木工事（普請《ふしん》）が行われる。近世城郭の石垣普請は経費や工期の上で築城の大きな部分を占める。天守や櫓、城門、土塀、御殿などの建築工事（作事《さくじ》）が最後の仕上げとなり、普請によって城の防備能力が変化することから、普請は作事よりも重要視されていた。

宇《う》陀《だ》松《まつ》山《やま》城（秋山城）

所在地　宇陀市大宇陀拾生《ひろう》・春日・岩清水
築造時期　室町時代～江戸時代初期（十五～十七世紀）
標　高　四七三メートル
主な遺構　郭、堀切、土塁、石垣、礎石建物、階段、石溝、土坑

宇陀松山城（秋山城）は、宇陀市大宇陀拾生《ひろう》・春日・岩清水の標高約四七三メートルの山頂に築かれている。

位置図

中世の大和、宇陀地域では、伊勢国司・北畠氏の影響のもと、秋山氏、澤氏、芳野《ほうの》氏が勢力をのばし、それぞれが宇陀を代表する勢力となる。秋山氏は秋山城、澤氏は澤城、芳野氏は芳野城とそれぞれが山城をもち、その麓に居館を構えていた。秋山城からの眺望は良く、口宇陀地域（宇陀市西部）を一望できる好位置にある。秋山氏の宇陀地域での優位性は明らかである。

天正十三（一五八五）年、豊臣秀吉の弟、秀長が大和郡山に入部すると、豊臣家配下の大名である伊藤義之が秋山城主となり、天正十四（一五八六）年には加藤光泰、天正十六（一五八八）年には羽田正親と、城主は短期間に入れ替わった。

文禄元（一五九二）年には多賀秀種の居城となるが、秀種は慶長五（一六〇〇）年の「関ケ原の戦い」で西軍に属していたため、戦後、改易となり、代わって福島正則の弟、福島高晴が宇陀へ入部する。高晴は城を「松山城」、城下町を阿貴《あき》町から「松山町」と改名し、さらに城の改修と城下町の整備を進めた。

宇陀松山城

宇陀松山城は、発掘調査によって織豊系城郭の特徴を極めて良好に残すことが明らかとなった。本丸等の主要郭群を総石垣で、礎石建物群には大量の瓦が使用されていた。文禄・慶長期の城郭構造がそのまま残されていることも判明し、平成十八（二〇〇六）年には国史跡に指定されている。また、平成二十九年には、（公財）日本城郭協会から「続日本100名城」に選定されている。

天守郭は東西四〇メートル、南北一二～二〇メートルの規模があり、南・北辺の中央東寄りに張り出し部をもつ。

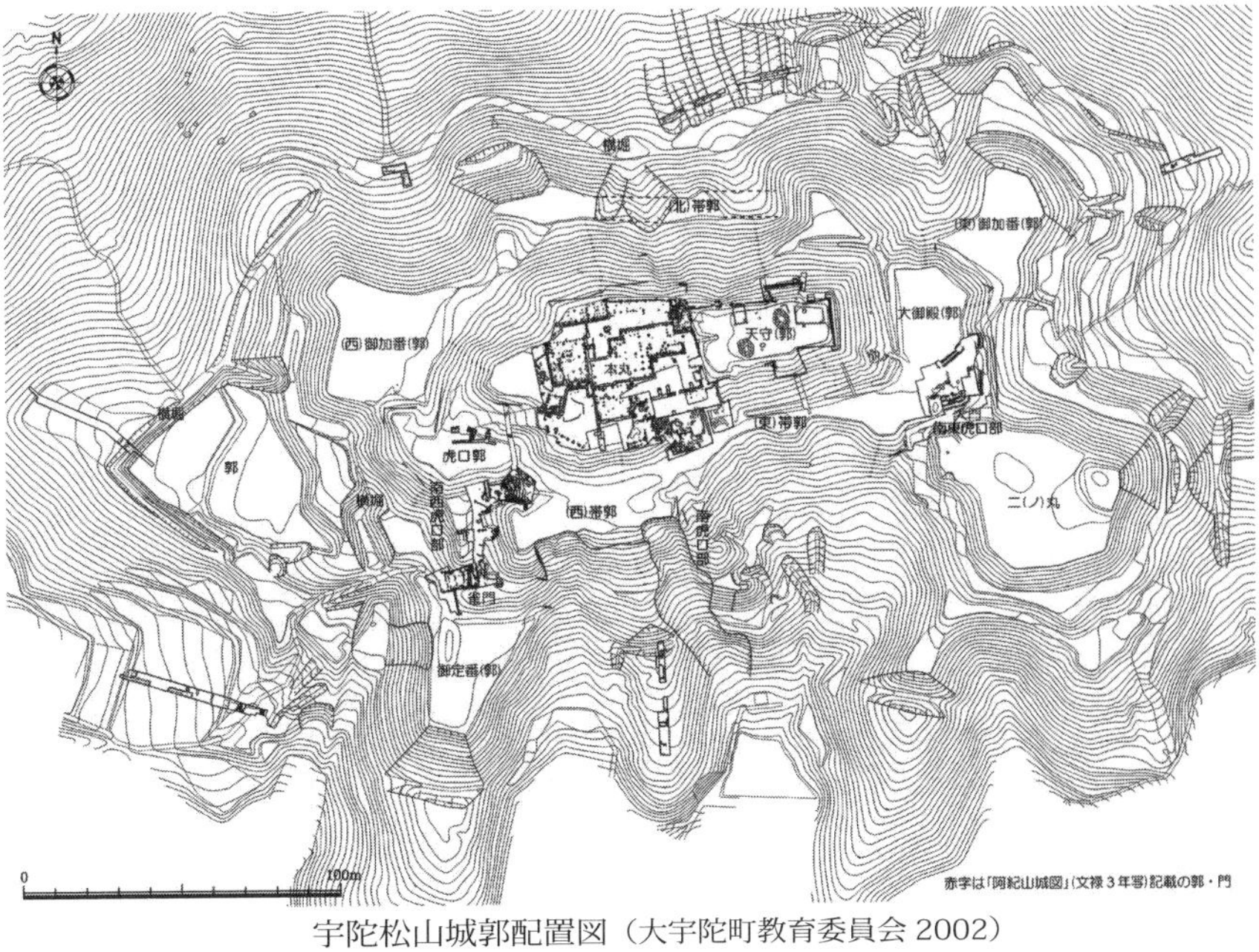

宇陀松山城郭配置図（大宇陀町教育委員会 2002）

天守郭上には、いわゆる「天守」に相当する多重の建造物が存在したと思われる。

　天守郭周辺部や南西虎口部の隅櫓周辺の発掘調査において酢漿草《かたばみ》文を表現する鬼瓦（家紋瓦）が出土している。歴代城主のなかで酢漿草文を家紋とするのは、多賀秀種である。城の中枢である天守郭や大手にあたる南西虎口部で多賀氏の家紋瓦が出土したことで、城下を含めた宇陀松山城全体の

宇陀松山城

宇陀松山城跡　本丸御殿

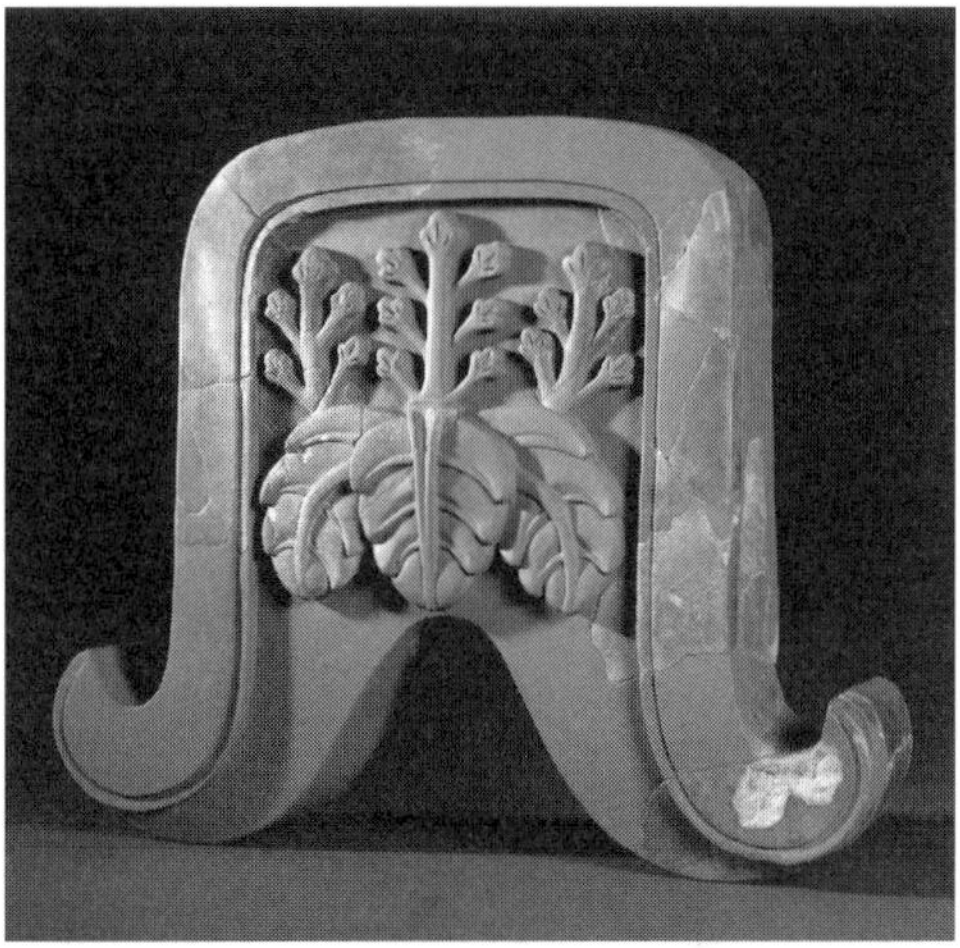

宇陀松山城出土桐文棟瓦

本格整備が多賀秀種によって始められたとみてよいだろう。

文禄四（一五九五）年の多賀秀種の知行地は、居城周辺の口宇陀地域南部と伊勢本街道沿いに集中している。このことから宇陀松山城は、宇陀郡支配の拠点であるとともに伊勢国南部へ通じる幹線道路である伊勢本街道を押さえる城郭と位置付けることができる。

豊臣政権下における大和国支配を見たとき、本城の大和郡山城を中心に高取城と宇陀松山城を支城とする三城体制を意図しており、宇陀松山城は東国に対する最前線の城であったと考えられる。

宇陀松山城の破城と宇陀松山藩

福島高晴は、慶長二十（一六一五）年の「大坂夏の陣」において、豊臣方に内通していた嫌疑をかけられて改易となり、城は破城（破却）となり、以降、城は使用されることはなく、いつしかこの山を「古城山《しろやま》」と呼ぶようになった。なお、この城割り役を担ったのが小堀政一（小堀遠州）と奈良奉行の中坊秀政である。

宇陀松山城の破城後、宇陀郡を領したのは織田信長の次男、信雄《のぶかつ》であった。信雄は織田家宇陀松山藩初代藩主となり、以降、二代高長、三代長頼、四代信武、五代信休《のぶやす》（柏原《かいばら》藩初代藩主）へと続いた。元禄八（一六九五）年に織田信休が丹波国柏原に移封された後、当地は幕府領となって明治を迎えることとなる。

（柳澤一宏）

参考文献

『大宇陀町史』　大宇陀町　一九五九
『新訂　大宇陀町史』大宇陀町　一九九二
『宇陀松山城（秋山城）跡　遺構編』大宇陀町教育委員会
二〇〇二
『史跡宇陀松山城跡　遺物編』宇陀市教育委員会
二〇一六

【城跡探訪メモ】

国の「重要伝統的建造物群保存地区」に選定されている松山地区が宇陀松山城への起点。松山西口関門（黒門・史跡）が城下の入口。この門から春日門へと通じるのが大手筋で、宇陀松山藩時代の松山陣屋も春日神社の北側付近にあった。山林に入ると、急な登りとなるが、二〇分ほどで城跡の中心部に着く。最初に現れるのが大手の南西虎口部。少し上がった本丸跡からは吉野の大峰山脈が一望でき、県の景観資産に登録されている。本丸跡は東西五〇㍍、南北四五㍍。現在は広場のようになっており、宇陀市の解説板に本丸御殿のイメージ図がある。小山のような天守台は東側から見上げると、その規模が実感できる。

（増山和樹）

芳野城《ほうの》

所在地　宇陀市菟田野東郷・下芳野・宇賀志
築城時期　室町時代（十五世紀）
標　高　四六五メートル
主な遺構　郭、土塁、堀切

芳野城は、芳野氏の城として築かれた山城で、芳野川左岸の標高約四六五メートルの尾根上に位置している。尾根上には、東西約三〇〇メートルにわたって、平坦面（郭）、土塁、堀切などの遺構が良好に残っている。城から北西方向、宇太水分神社が鎮座する古市場の方向への眺望は良く、芳野川上流域の好位置に城は立地している。眼下の芳野川は、城の外堀的な役割を果たしていたとも考えられる。

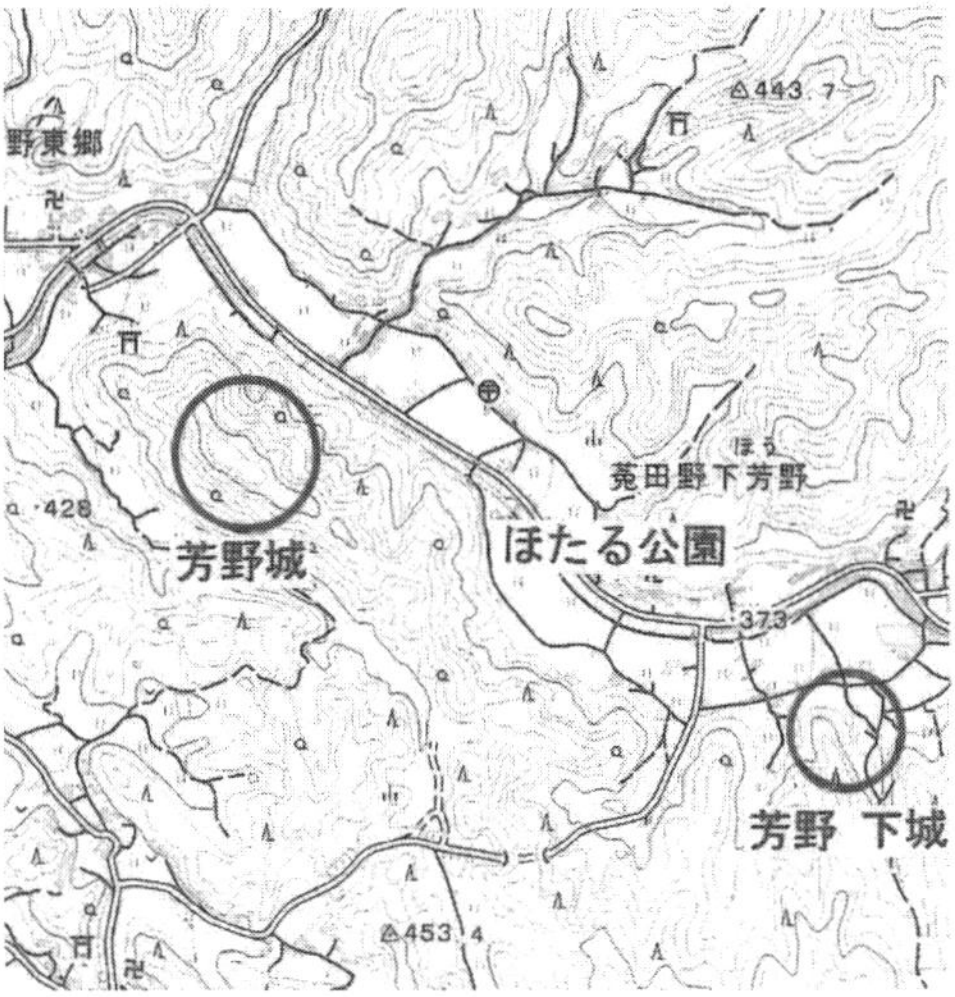

位置図

城は、尾根西側に本丸に相当する主郭・西城域（長さ約一〇五メートル）と、堀切を隔てて、その南東側に続く副郭・東城域（長さ約九〇メートル）で構成されている。

西城域の北西には堀切を挟んで四段にわたる平坦面が続き、その外側に一段低い平坦面がある。この平場周辺が虎口の機能を果たしていたと考えられ、ここから麓の桜葉神社へと下る通路があった可能性が高い。

西城域の平坦面中央は、幅が広く、最大で約三〇メートルを計測できるところもある。

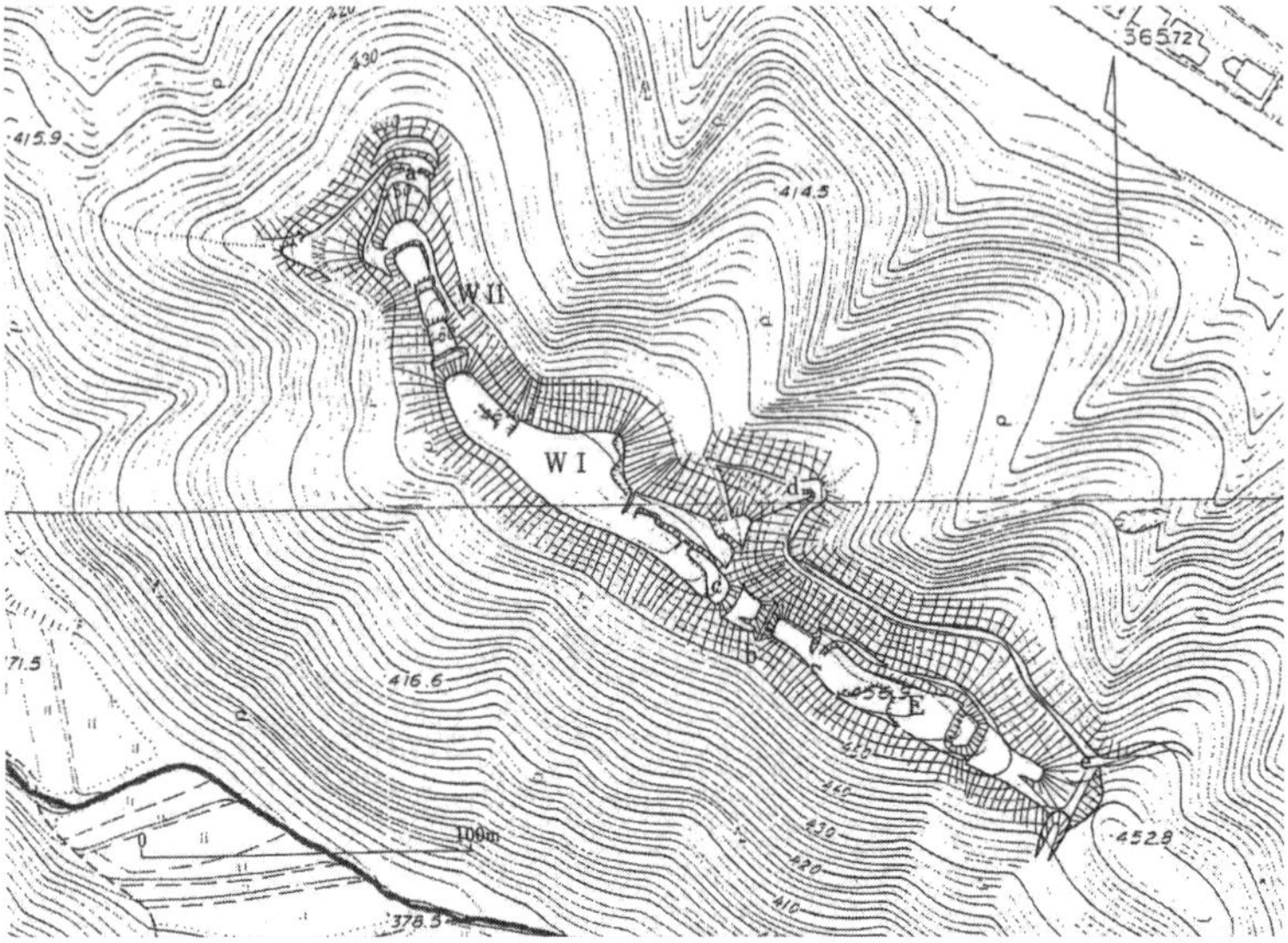

芳野城跡（伊達宗泰 1988）

東城域の平坦面の東側には、大きな堀切があり、これが城の東端となっている。

城の南東約八〇〇メートルの小字「下《しも》ノ城」には、「オヤシキ」とも呼ばれている二〇メートル×七〇メートルの平坦面がある。「下ノ城」という小字から、このあたりが芳野氏の居館（下城）であったと考えられる。

中世前期（平安時代末〜鎌倉時代）には、興福寺・春日社はそれぞれの所領を宇陀にも多く持ち、その荘官として地元の土豪たちが任用された。このなかでも秋山・澤・芳野の三氏が台頭、やがて武士化し、宇陀を代表する勢力となる。

芳野氏は、正和四（一三一五）年、春日若宮祭礼の流鏑馬興行に一〇騎のうち二騎を分担していることから、芳野庄を本拠地とする興福寺配下の荘官であったことがうかがえる。

正平八（一三五三）年、伊勢国司・北畠氏が宇陀を手中に収めると、三氏をはじめとする地侍は、北畠氏勢力下に置かれることとなる。彼らは、宇陀を代表する国人として伊勢国司北畠氏から「和州宇陀三人衆」と呼ばれ、その与力・被官となる。南北朝期、澤・秋山氏は南朝方（興福寺一乗院方）として、芳野氏は北朝方（興福寺大乗院方）としてその名がみえる。芳野氏は秋山・澤両氏とともに北畠勢力下にあったが、芳野氏は両氏に比べるとその勢力は小さかった。

天正四（一五七六）年に北畠氏が滅亡した後は、豊臣家配下の蒲生氏郷の与力衆として秋山・澤・芳野の名前を見ることができる。

芳野城の東方・菟田野上芳野に惣社《そうしゃ》水分《みくまり》神社が鎮座する。ここには、黒漆瓶子や黒漆金銅装神《しん》輿《よ（みこし）》（いずれも国重要文化財）が伝わる。一対の瓶子は、神饌具のひとつで、胴部の朱漆銘に「御供酒瓶子」とあり、神前に供えた酒器であったことがわかる。銘記中に貞和二（一三四六）年という北朝の年号が記されており、遺品の少ない中世漆器のなかでも現存最古の紀年銘瓶子である。胴部には「芳野本水分宮」とあり、当初から当社に伝来した由緒も確かである。北朝の年号が記されたのは芳野氏が北朝方であったことと関わると思われる。

当地の秋祭りでは、惣社水分神社の黒漆金銅装

惣社水分神社。右の蔵には宇太水分神社へ渡御する神輿を収納している。

神輿が菟田野古市場に鎮座する宇太水分神社（宇太社）へと渡御（お渡り）をする。惣社の社伝によると、醍醐天皇の時世に榛原下井足に鎮座する宇太社への渡御の神祭が始まり、その後、高倉天皇の時世に中断したが、享徳二（一四五三）年に宇太社への渡御の神祭が再興されたという。なお、再興されたのは享徳元年であるという伝えや、中断後に一時期再興されたことがあったという伝えもある。

また、地元の伝承では、宇太社が男神、惣社が女神であり、宇太社秋祭りは男神が女神を東郷で年に一度迎える祭りとされ、逢瀬の神事であるという。芳野城下の東郷は、惣社と宇太社の中間点に位置し、勝林寺前の御旅所で祭典がおこなわれる。この祭典では、化粧道具が宇太社宮司から惣社宮司へ手渡され、男神との逢瀬のために女神が化粧直しをするとされている。このお渡りも芳野氏の影響のもと、受け継がれ、今に伝えられている。

渡御を迎える宇太水分神社（宇太社）、その本殿（国宝）は、第一殿、第二殿、第三殿からなり、一間社春日造で桧皮葺、三連社形式をとる。当社も「和州宇陀三人衆」の影響のもと、時を重ね、今に伝えられている。

（柳澤一宏）

参考文献
『奈良縣宇陀郡史料』奈良縣宇陀郡役所 一九一七
伊達宗泰「宇陀地方にみられる三城館跡」『橿原考古学研究所論集』十三 一九九八

【城跡探訪メモ】

国道一六六号線が芳野川を渡る新松井橋の手前で左折し、県道三一号榛原菟田野御杖線を東へ行くと、大きな鐘楼のある勝林寺があり、その対岸の尾根上に芳野城跡がある。これまで道が無く、斜面を直登するほかなかったが、二〇二二年三月、宇陀市によって下芳野の「ほたる公園」近くからの登城路が整備され、城跡東端の堀切の外に立派な石碑と展望台が設けられた。

（増山和樹）

見《み》田《た》城

所在地　宇陀市菟田野見田・平井
築城時期　室町時代～戦国時代（十五～十六世紀）
標　高　四二〇メートル
主な遺構　平坦面、土塁、堀切、横堀、虎口

水の神様、鎮座の地

見田城は、芳野川の東岸、平井川と見田川にはさまれた山上を中心に展開し、口宇陀地域では、秋山城・澤城・守道城に次ぐ規模の山城である。

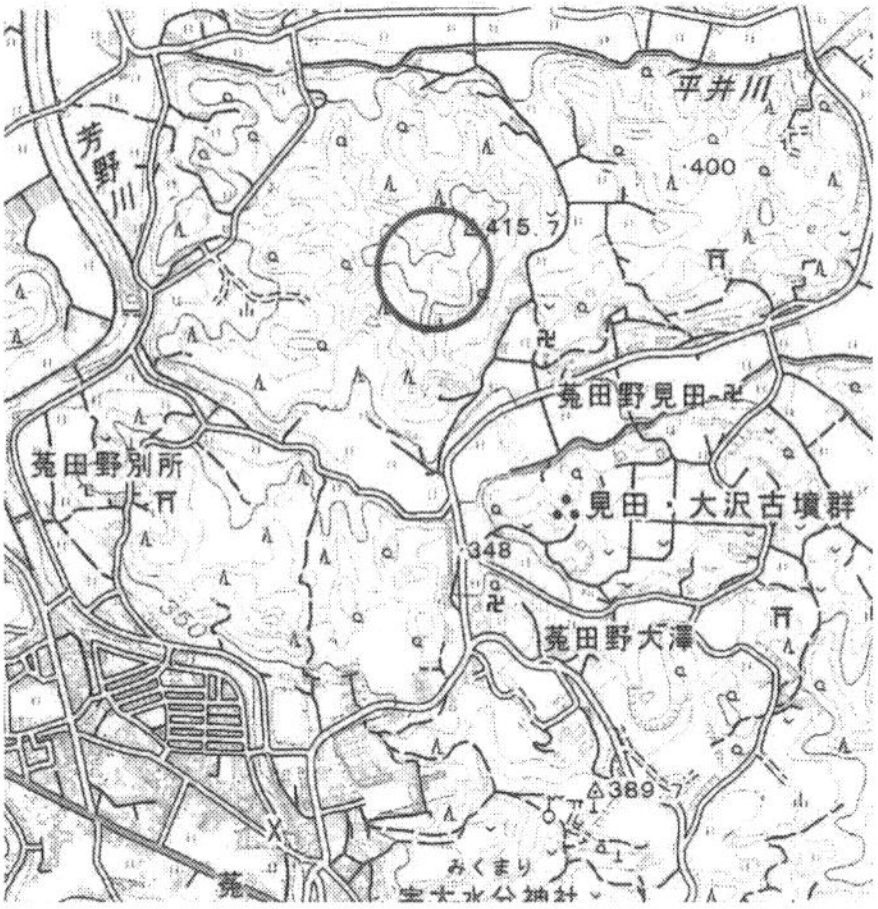

位置図

この城の約一・五キロ南方には、宇太水分《みくまり》神社が鎮座する。同社は、大和四水分（吉野、宇陀、都祁、葛木）のひとつで、天水分神《あめのみくまりのかみ》、速秋津比古神《はやあきつひこのかみ》、国水分神《くにのみくまりのかみ》を祭神とし、大和国東方にある「水の神様」として古くから信仰を集めている。祭礼は古くから盛大で、大永七（一五二七）年の祭礼に際しては、澤氏「若子様」の祭礼頭役の勤仕にあたり、サシ樽一荷を澤氏の近習衆が献納している。

トカマ山の曲輪群

城跡は、三つの曲輪群（A・B・C群）からなり、その規模は南北約二五〇メートル、東西約二〇〇メートルとなっ

ている。中心的な位置にある主郭Ⅰの切岸は急峻で、西側には小規模な曲輪と複雑な虎口が設けられている（A群）。また南側の尾根上には、細長い曲輪（Ⅴ）がある。もうひとつの曲輪群は、曲輪Ⅰの北東の尾根上にあり、曲輪Ⅵを中心に展開し、周囲は帯曲輪がめぐる（B群）。また、曲輪Ⅰの北西の尾根上には、南北に土塁を築く曲輪Ⅷがあり、南に虎口を設ける。この曲輪を帯曲輪と横堀が取り囲み、西側に土塁　曲輪Ⅸの周囲が土塁で取り囲まれ、ひとつのまとまりがみられる（C群）。

B群・C群の曲輪群は、主郭Ⅰを中心とするA群に対して明確な防御施設を設けず、むしろ尾根上に通路を配していることから、A群を中心として　B群・C群の曲輪群が付随する状況を読み取ることができる。つまり、主郭Ⅰを中心とした求心性の高い構造となっており、このような構造は、織豊系城郭にみることができる。

見田城（中川貴皓 2015）

澤城を意識した城

当城は、三つの曲輪群（A・B・C群）からなり、求心的かつ技巧的な構造となっている。C群は、小規模な曲輪の周囲に土塁が築かれている構造となっており、類似した構造の城郭としては、岩清水城、本郷東城、古市場城、平井城、三宮寺城や米山城などが知られており、これらの城郭は永禄三（一五六〇）年以降の松永久秀方の陣城の可能性が指摘されているところである。このことから、当城は北約二キロにある澤城攻めに際して臨時的に築かれた可能性が考えられる。

一九一七年刊行の『宇陀郡史料』には、「円蔵殿」の名で紹介されているが、具体的な城名や城主などは明らかにできない。このため、大字名をとって「見田城」と仮称され、近年は山名から「利鎌山城《とかまやま》」の呼称も提唱されている。

（柳澤一宏）

参考文献
『奈良縣宇陀郡史料』奈良縣宇陀郡役所　一九一七
村田修三『日本城郭大系』第10巻　新人物往来社　一九八〇
中川貴皓「利鎌山城」『図解近畿の城郭Ⅱ』中井均監修　城郭談話会編　戎光祥出版　二〇一五

【城跡探訪メモ】

見田城へは、近鉄榛原駅から奈良交通バス「岩崎橋」下車。城跡へは、城南側の集落から山頂を目指す。近傍には、国史跡の見田・大沢古墳群（古墳時代前期）、国宝の本殿などがある宇太水分神社などがある。

（柳澤一宏）

牧城《まき》

所在地　宇陀市大宇陀牧・吉野町小名
築城時期　室町時代～戦国時代（十五～十六世紀）
標高　五二九メートル
主な遺構　平坦面、土塁、堀切、横堀、虎口

「竜門牧」と牧氏

竜門は奈良時代からある地名で、『吾妻鏡《あづまかがみ》』文治元（一一八五）年五月二十四日条にあるいわゆる「腰越状」（元暦二年五月日付　源義経書状）に「大和国宇多郡竜門牧」とみえ、幼少の源義経が母の常盤御前とともに一時、当地に潜居したという。平治の乱（一一五九年）で夫の源義朝が平清盛に敗れたため、常盤御前は、幼い三人の子ども（今若、乙若、牛若）を連れて都から大和の山中、竜門牧へと逃げ、この後、竜門牧から芳野《ほうの》へと移り住んだと伝えられている。

やがて、竜門は竜門寺領となり、竜門寺庄、竜門庄、竜門郷など呼称される荘園となるが、同寺が興福寺末寺となってからは、興福寺寺務領（別当領）となっている。

運川寺（吉野郡川上村）所蔵の大般若経巻の奥書

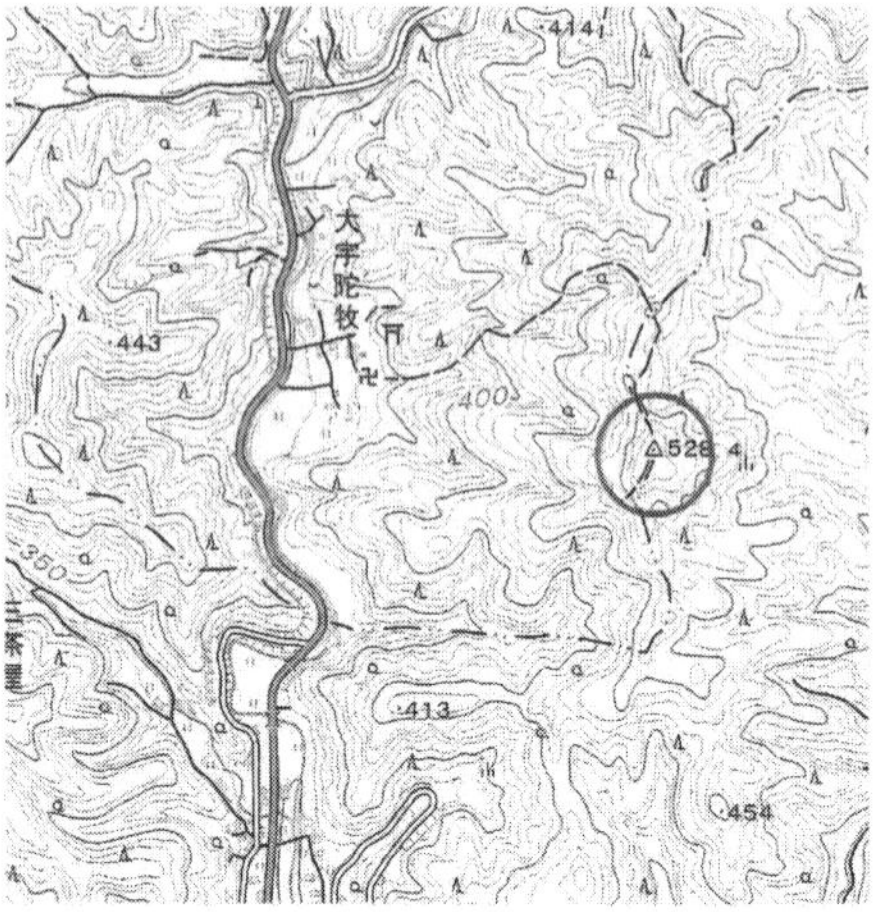

位置図

には、「牧堯観房　故牧定観房息」「牧之奥殿庵」、「惣大檀那　竜門庄領主　牧堯観大徳」などの記載があり、牧氏が竜門牧を含む竜門庄の経営に関わっていたことがわかる。

『太平記』の「神南《こうない》合戦」の条には、「和田・楠・真木（牧）・佐和（澤）・秋山」らの名があり、宇陀三人衆と呼称された秋山・澤氏とともに牧氏が南朝方で活動していたことを伝えており、竜門牧が牧氏の本拠地であったと考えられている。

城山の麓、牧の集落内には「ホリ」、「キド」、「キドガタニ」、「イドサカ」「ナワテ」、「城峠」などの小字《こあざ》が残り、牧氏の居館が推定されている。

城山の山頂

吉野川支流である津風呂川上流に「城山」と呼ばれている山があり、この山頂に牧城が築かれている。城山は大きな山容であるが、城自体は南北約八〇《メートル》、東西約一〇〇《メートル》と比較的、小規模なものであるが、大正十（一九二二）年に行われた「上

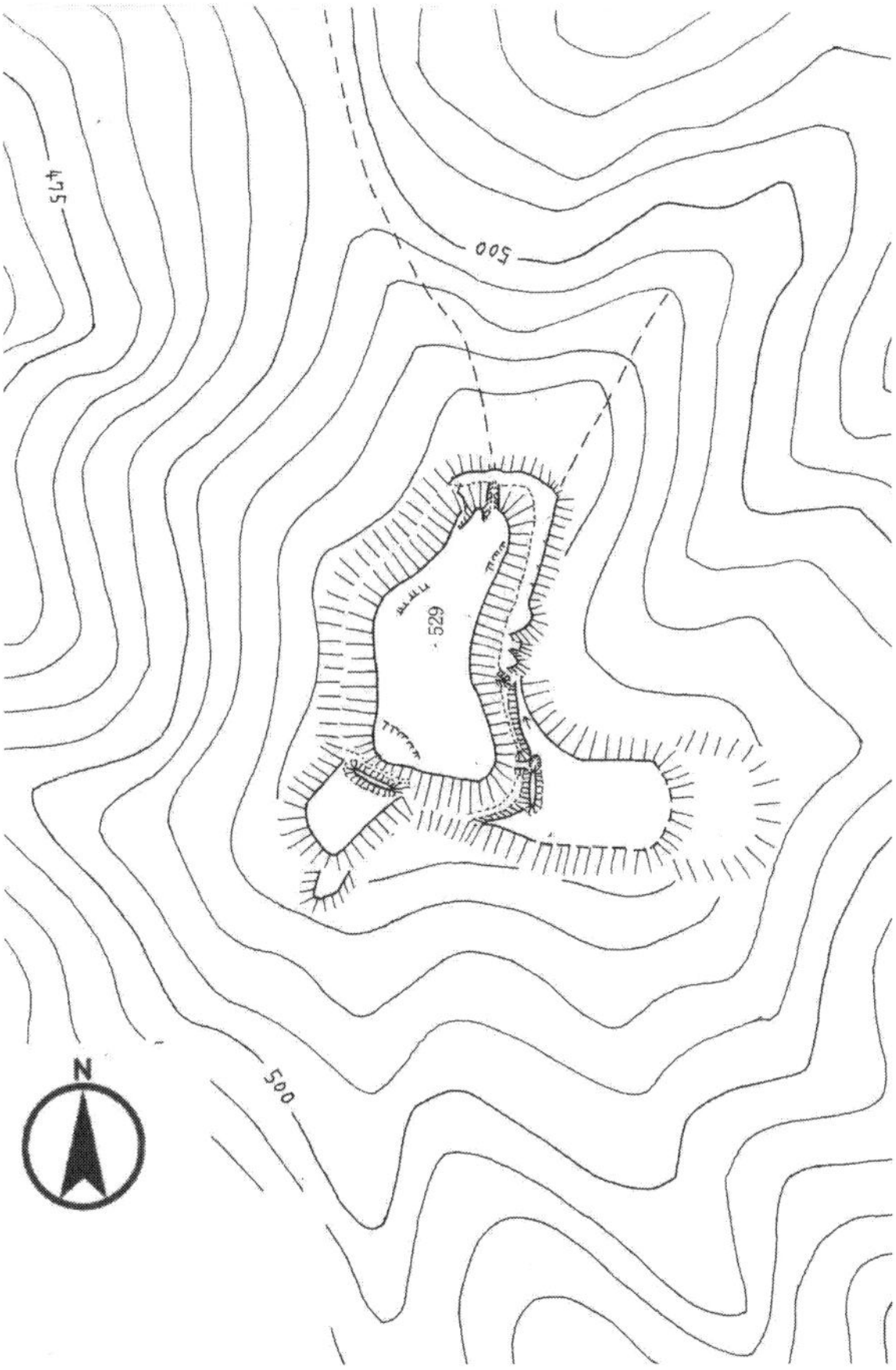

牧城（中川貴皓 2015）

龍門村史跡調査」において、既にこの城の存在が認識されている。

標高五二九メートルの山頂には、南北約四五メートル、約二〇メートルの不定形な平坦面（曲輪Ⅰ／主郭）があり、北側には虎口状の窪みが認められる。曲輪Ⅰの南西には、土塁を設けた曲輪Ⅱ、南東に曲輪Ⅲが付き、曲輪ⅠとⅡとの間には小規模な堀切、曲輪ⅠとⅢとの間には横堀が認められ、主郭を取り巻く防御ラインが形成されている。当城は、従来、牧氏の城と考えられてきたが、主郭内部が起伏に富んでおり、臨時的な要素もみられることから、「繋城」的な陣城の可能性も指摘されており、天正六（一五七八）年の筒井順慶による吉野一向宗攻めに際しての築城、もしくは改修も考えられている。

山麓の覚恩寺

牧氏の居館跡近くにある覚恩寺は、牧氏の菩提寺と言われ、戦国時代に筒井順慶によって焼かれたとも伝える。かつては広い寺域を有したが、現在は本尊の木造阿弥陀如来坐像（鎌倉時代／奈良県指定文化財）と近傍の法楽寺の本尊であったという木造薬師如来坐像（平安時代／国重要文化財）を納める収蔵庫と十三重層塔（室町時代初期／国重要文化財）があるに過ぎない。

覚恩寺の十三重層塔

（柳澤一宏）

参考文献
村田修三『日本城郭大系』第10巻　新人物往来社

一九八〇
伊達宗泰「山城と中世遺構にみる宇陀」『新訂　大宇陀町史』大宇陀町　一九九二
中川貴皓「牧城山城」『図解　近畿の城郭Ⅱ』中井均監修　城郭談話会編　戎光祥出版　二〇一五

【城跡探訪メモ】

牧城へは、近鉄榛原駅から奈良交通バス「大宇陀」下車、宇陀市有償バス（かぎろひバス）に乗り換え、「千本橋」下車。城跡は、牧集落の東方約六〇〇メートル、集落からの比高約二〇〇メートルの城山山頂にある。整備された山道がなく、少々、登城には困難が伴う。

城の麓には、義経伝説が伝えられており、常盤御前が今若、乙若、牛若（のちの源義経）の三人の子どもとともに一時、当地に隠れ住んだとも。兄の源頼朝が平氏打倒のため、兵を挙げたときは、いち早く馳せ参じ、一ノ谷・屋島・壇ノ浦の合戦を経て、平氏を滅ぼした最大の功労者となるが、平氏滅亡後、頼朝と対立するようになり、元暦二（一一八五）年には、朝敵として追われるようになる。義経は頼朝の軍に追われ、再び吉野から牧（大宇陀牧）へと逃れ、この時、傍らには静御前が寄り添っていたという。牧には、「義経座石《よしつねすわりいし》」とよばれている石があり、吉野から逃れてきた義経がここに腰かけて休んだと伝えられている。一説には、牛若を抱いた常盤御前が休んだ石ともいわれている。また、義経一行が去った後には、弁当を食べたときに使った箸、千本が落ちていたという。追いかけてくる敵に多くの兵がいるかのようにみせるため、ここに箸を捨てていったともいわれ、今、この近くの川に架かる橋には、千本橋、義経橋といった名前が付けられている。

（柳澤一宏）

龍口《りゅうぐち》城・城山《しろやま》城・西峰《にしみね》城

所在地　宇陀市室生龍口
築城時期　室町時代
標　高　龍口城（四一九メートル）・城山城（四一三メートル）・西峰城（三二四メートル）
主な遺構　郭、虎口、帯曲輪、堀切、土塁、横堀

位置図

宇陀市の室生龍口地区は、宇陀川支流の阿清水川が流れる谷間の集落である。集落北側の城山を越えると、三重県名張市の竜口地区になる。龍口と竜口は元々一つの地域であったが、中世に城山を境にして東大寺領と興福寺領として二つに分かれ、現在に至っている。龍口城はこの城山山頂にあり、その西に城山城、北の麓近くには西峰城の三城が並ぶ。

龍口城は現在、白菊稲荷社の境内となっており、龍口地区と名張市竜口地区を結ぶ峠道から参道が延びている。主郭部のⅠ郭は周囲を高さ二～三メートルの切岸とし、郭上には西面に高さ一・五メートル程の土塁を設けている。西側は斜面が削り残されているが、おそらく帯曲輪Ⅱを区切る土塁として残されたものであろう。帯曲輪Ⅱの周囲は高さ二～四メートル

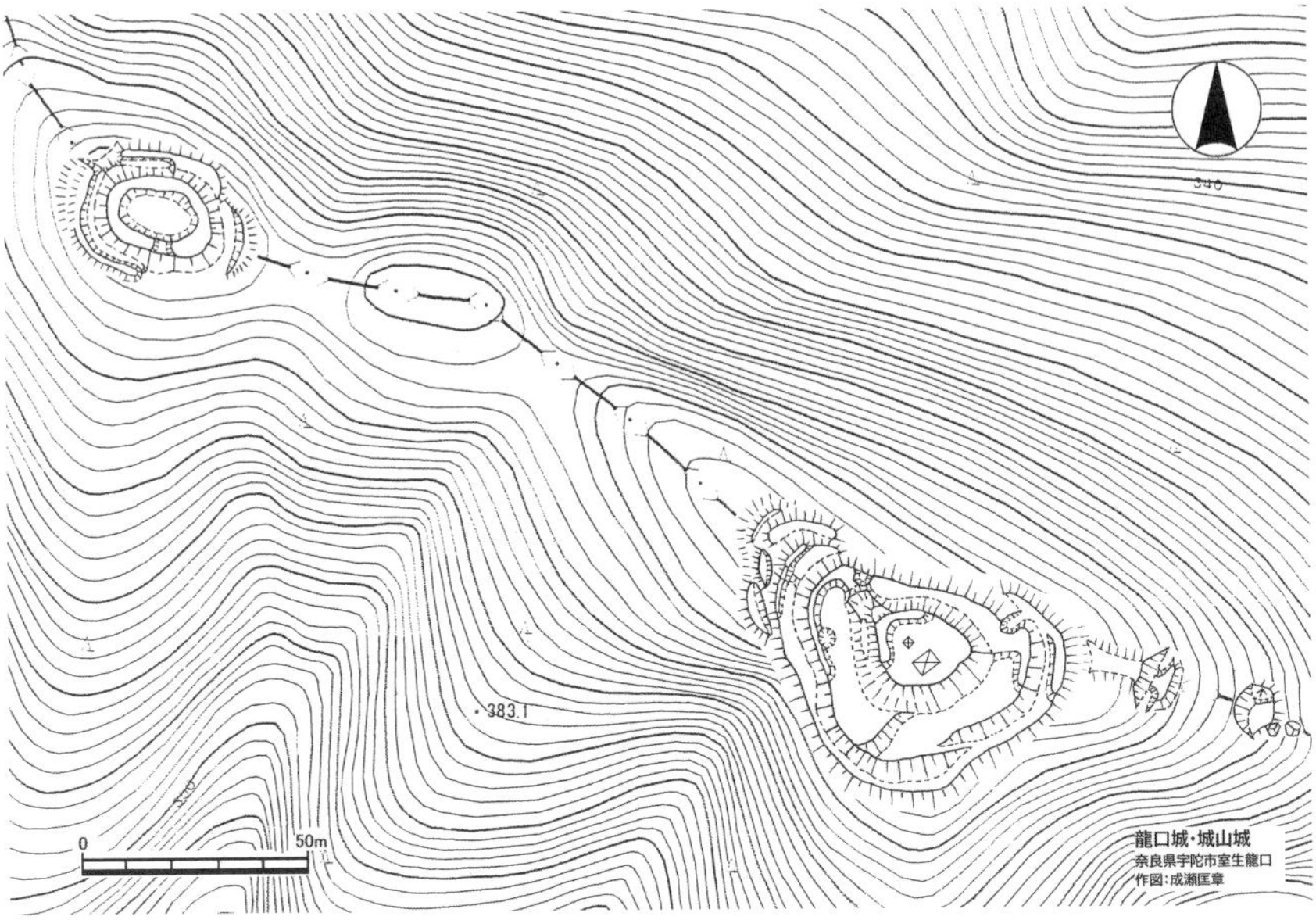

龍口城・城山城縄張図（宇陀市室生龍口字城山）

程の切岸となり、その下に帯曲輪Ⅲが巡る。帯曲輪Ⅲの西端部は一段高くなっており、外側には土塁を設け、更にその外側にいくつかの削平地を設けることで遮断を図っている。

参道が通る東側の尾根は傾斜が強いが、さらに堀切を設けることで高さ二〜三メートルの壁面を作り、その外側にも削平地を設けて高さ三メートル程の壁面を作り出して厳重に遮断している。一方で西側の尾根に対しては低い土塁を持つ二つの帯曲輪を設けるに留まっている。この二つの帯曲輪を越え、なだらかな西側の尾根上を一五〇メートル程歩くと、城山城に至る。城山城は尾根のピークを加工し、土塁と横堀で囲繞した単郭の城郭である。土塁は郭内部からの高さ〇・五メートル、横堀の底からは一メートル程の小規模なものである。土塁中央部はやや窪んでおり、横堀もこの辺りで途切れているので、この部分が虎口であろう。虎口の外側は緩斜面となり、遮断線は見いだせない。高さ二〜四メートル、二重の切岸で防御された龍口城とは対照的である。地形的に切岸を設けることが難しかったのもあるが、敢えて周囲に緩斜面のままにすることで見通しを良くし、接近を阻む意図があったのかも知れない。

　虎口から尾根筋を下る林道を下って、集落背後に至ると尾根は西に方向を変える。このあたりは耕地となっており、そこを一〇〇メートルほど西に向かったその先のピークに西峰城が立地する。西峰城も城山城と同じく土塁を設けた単郭の城郭であるが、

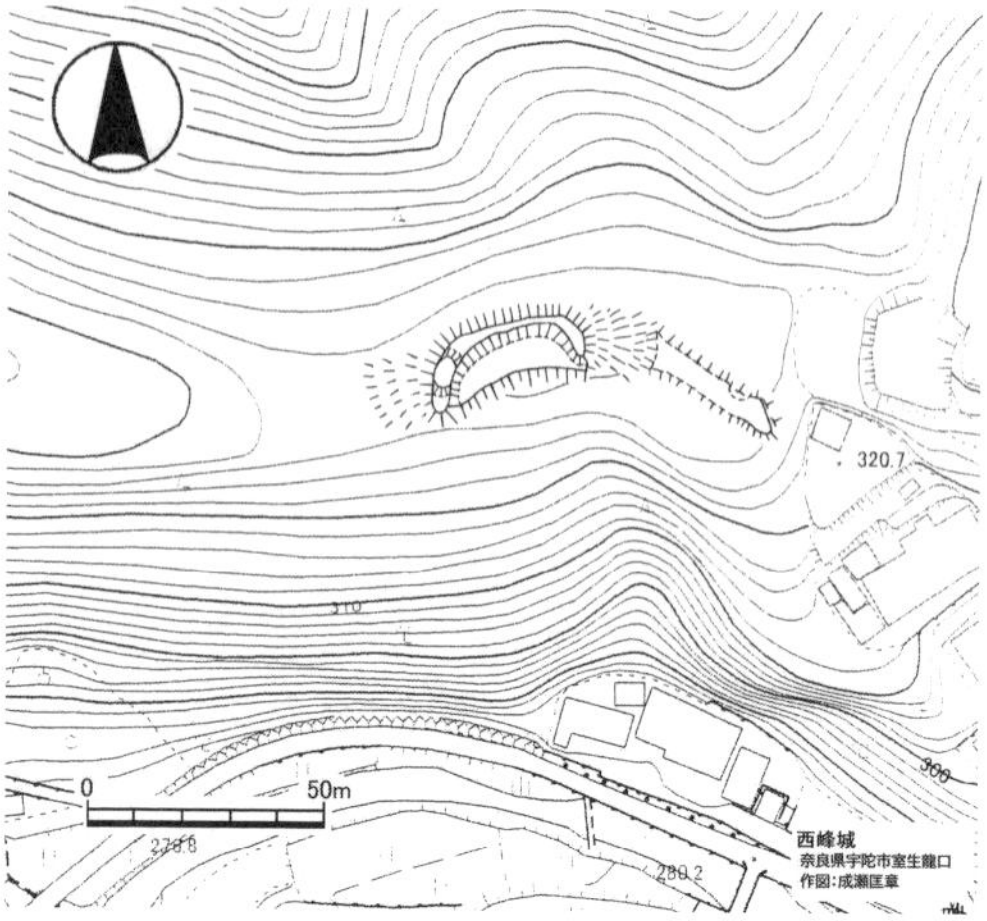

西峯城縄張図
（宇陀市室生龍口字西峰）

南面には土塁がなく、土塁の高さも西面が二メートル、東面は一・五メートル程と城山城よりは大きなものとなっている。

　龍口城には石川五右衛門の師匠といわれる伊賀忍者、百地丹波守・百地三太夫の城との伝承があり、西峰城の山麓には百地氏末裔と伝わる旧家があることから、西峰城が百地氏の館跡とする見解がある。おそらく居館の西峰城から尾根筋を通って龍口城の西側に至るルートが本来の登城路であり、城山城はそのルートの防御のために後に追加されたものであろう。

（成瀬匡章）

参考文献

寺岡光三「龍口城‐附　城山城・西峰城‐」『図解　近畿の城郭Ⅲ』中井均監修・城郭談話会編　戎光祥出版　二〇一六

『奈良県中近世城館跡調査報告書』第二分冊　奈良県　二〇二一

【城跡探訪メモ】

龍口城・城山城・西峰城の三城は有機的な結びつきをもって存在していた城郭であるので、あわせて見学すると良い。また城山の北側、名張市竜口地区には百地三太夫の屋敷跡と伝わる場所があり、現在、百地三太夫の子孫が館長を務める、まちかど博物館「百地三太夫博物館」がある。

（成瀬匡章）

城郭用語（その七）

天守《てんしゅ》　天守は殿守、殿主、天主とも書かれ、居館の屋根上に見張りのための望楼を上げたものから発展したもので、中世城郭には無い。松永久秀の多聞城にあったという「四階櫓」を天守とみる説もある。

織田信長の安土城、豊臣秀吉の大坂城を経て慶長か元和の築城最盛期に多くの天守が建設される。江戸時代には軍事要塞としての必要性は希薄となり、鯱を上げた最上層の入母屋屋根、多くの破風で飾った荘重華麗な姿が城主の権威を高めるシンボルであった。人が中に立ち入ることは稀で、平時は閉鎖されており、「天守閣」と呼ばれるようになったのは明治になってからの事のようだ。

高取城の三重天守は明治まで残っていたが、江戸時代に天守が無かった郡山城では城下からよく見えた二之丸にあった「砂子《すなご》の間《ま》前櫓」が天守の代用として城のシンボルとなっていた。

八　宇智の城

坂合部城《さかあいべ（さかいべ・さかべ）》

所在地　五條市表野町、阪合部新田町
築城時期　室町時代
標　高　（平城）約一二八メートル、（山城）約二〇〇メートル
主な遺構　郭（曲輪）、土塁、堀切、竪堀

位置図

和歌山との県境に近い、五條市北西部の阪合部《さかあいべ》地域に坂合部城跡がある。吉野川（紀の川）南岸の中位の段丘面に平城、その南東一キロの尾根に山城が築かれた。

平城は、『五條市史　新修』（昭和六十二年）の村田修三氏の記述によると、小字「城ノ越」の水田の北東側に東西二七メートル、南北三五メートル、幅四メートルのL字形の堀跡（小字「堀田《ほりた》」）があるという。その東側

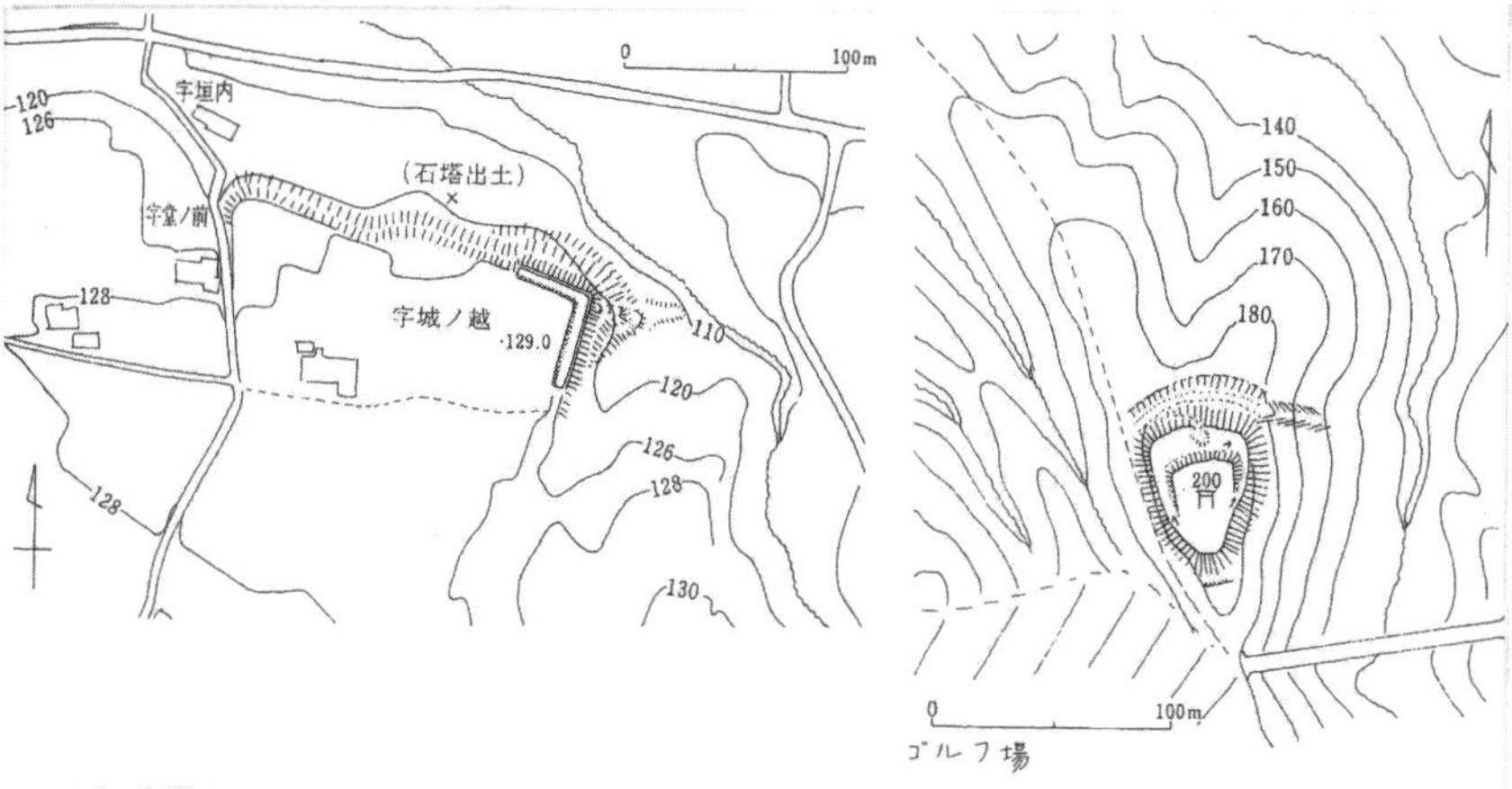

坂合部平城㊧・坂合部山城㊨
（村田修三 1987）

は自然の谷が入り、北側は高さ約一八メートルの段丘崖になっているが、西側と南側は平坦な水田が広がり、明瞭な区画は見えない。

村田氏は郭の規模について、水田の間を東西に通る里道を郭の南限とした場合、南北五〇メートルとし、東西については段丘を切り込んで通る南北方向の道を西端とみて一五〇メートルと推定する。

今から一五年余り前、平城跡を含む表野町一帯に土地改良事業（ほ場整備）の話が持ち上がった。計画が具体化する過程で平城跡付近は事業化が見送られたが、事前の踏査により、水田の各所で土師器・陶器・瓦器の破片が採集された。平城の時期や範囲を考える手がかりになるだろう。

阪合部地域を見下ろす山城は、釈迦寺の南方にあり、ゴルフ場に隣接する。現地を踏査した野田理氏によると、頂上部の曲輪（野田氏の縄張り図のⅠ郭）は東西約二五メートル、南北約二五メートルで、土塁の痕跡が数カ所見られ、中央部には祠が祀られている。その北側に下位の曲輪が東西に二つ（Ⅱ郭・Ⅲ郭）、段差を設けて造られ、いずれも北面の切岸が鋭い。

これらの曲輪の南と北に、現状で幅三〜五㍍の堀切を設け、尾根筋から切り離している。北の空堀の北岸には土塁を築き、麓の集落方面からの進入を規制する。また、北の堀の西端は西斜面の竪堀につながるようで、野田氏は、城が機能していた時は、北の堀に土橋か木橋を架けて渡っていたとみる。そして、西の下位曲輪（Ⅱ郭）の北斜面を経てⅠ郭の中央西端に通じるルートを、斜面から登る城道と判断されている。

城主とされる坂合部氏は、『太平記』に登場する酒邊氏と同一とみられ、宇智郡内の諸氏とともに南朝に属した在地の武士である。戦国期には紀州の隅田《すだ》党を頼って高野山勢の坂合部進出に対抗したとされており、坂合部城は両者の攻防の最前線だったようだ。

ところで、平城跡の北西三〇〇㍍に念佛寺がある。毎年一月十四日の夜、父・母・子の鬼が燃え盛る松明を手に、陀々堂《だだどう》（本堂）の正面に三度立つ。「春来る鬼」が阪合部の地に五穀豊穣、平穏無事をもたらすとされる修正会《しゅじょうえ》（鬼はしり）は、少なくとも十五世紀末から五三〇年以上続いているという。

坂合部城の人々も、厳寒の闇に浮かぶ松明に地域の平穏を願ったのだろうか。

（前坂尚志）

参考文献
村田修三「中世城郭跡」『五條市史　新修』五條市役所　一九八七
野田　理「坂合部山城」『図解　近畿の城郭Ⅲ』中井均監修・城郭談話会編　戎光祥出版　二〇一六

【城跡探訪メモ】

五條市の西部、国道24号線の上野町《こうづけちょう》交差点を南下、上野公園を過ぎ、阪合部橋で吉野川を渡る。県道55号橋本五條線（川南街道）を東へ行くと、大津町の民家の奥の水田が坂合部平城跡。竹やぶの手前に「阪合部城跡」の石碑がある。東側と北側の水田が一段低くL字形に巡り、「堀田《ほりた》」の地名が残る。周辺には「馬場ゾエ」や「マトバ」の地名も残る。城跡の南側丘陵にある表野町児童遊園公園から城跡が一望できる。

山城跡は薬師山と呼ばれ、表野町の釈迦寺前を南へ進む。果樹園を抜けて、そのまま上っていくと、草が生い茂ったところもあるが、立派な堀切が現れる。急斜面には道があり、主郭にはお薬師さんを祀った祠がある。

（増山和樹）

城郭用語（その八）

虎口《こぐち》　城の出入口の総称。多人数が侵入できないように、出入口が小さいことから小口《こぐち》と呼ばれたのが、危険な場といつことで、「虎口《ここう》」の文字が用いられるようになったとされる。直進可能な「平虎口《ひらこぐち》（平入り）」から入口の土塁を互い違いにすることで、門の前で通路を折り曲げ、側面からの攻撃ができる「喰違虎口《くいちがいこぐち》」が設けられ、さらに直角方向に二つの城門を備えた「枡形虎口《ますがたこぐち》」や城門の外側に防禦と出撃拠点とするための「馬出《うまだし》」が築かれるようにもなる。

岡《おか》西《にし》山《やま》城・岡《おか》平《ひら》城

所在地　五條市岡町、田園4丁目
築城時期　室町時代～戦国時代（十五～十六世紀）
標　高　（岡西山城）約二一九㍍、（岡平城）約一四六㍍
主な遺構　郭（曲輪）、土塁、空堀

五條市の中心部から北の方角を見ると、金剛山地の手前の大きな岡が目に入る。それが、岡西山城（大岡城）の築かれた丘陵である。『奈良県宇智郡誌』（大正十二年）や中岡清一氏著『大塔宮之吉野城』（昭和十二年）では、南朝に属した大岡氏の居城とされている。

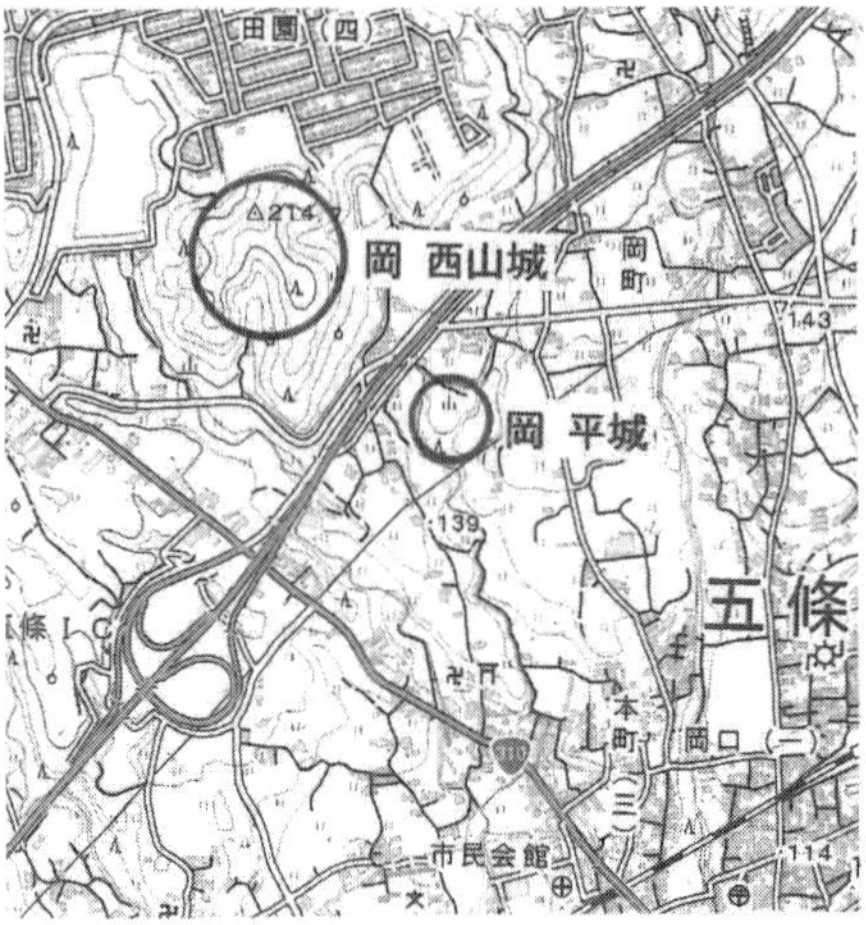

位置図

村田修三氏は『五條市史　新修』（昭和六十二年）などで、縄張り図を示して市内で最も立派な縄張りの山城と評価し、南朝方の土豪の大岡氏の城砦が戦国時代後半に畝形《うねがた》阻塞《そそく》（竪堀群）を伴う城郭に改修されたと推測した。

近年の踏査では、西の尾根頂部の主郭（東西三〇㍍、南北五〇㍍）の北から東に横堀をめぐらせ、そこから複数の竪堀を放射状に配置すること、また西と東の尾根筋に郭（曲輪）とみられる平坦面が連なり

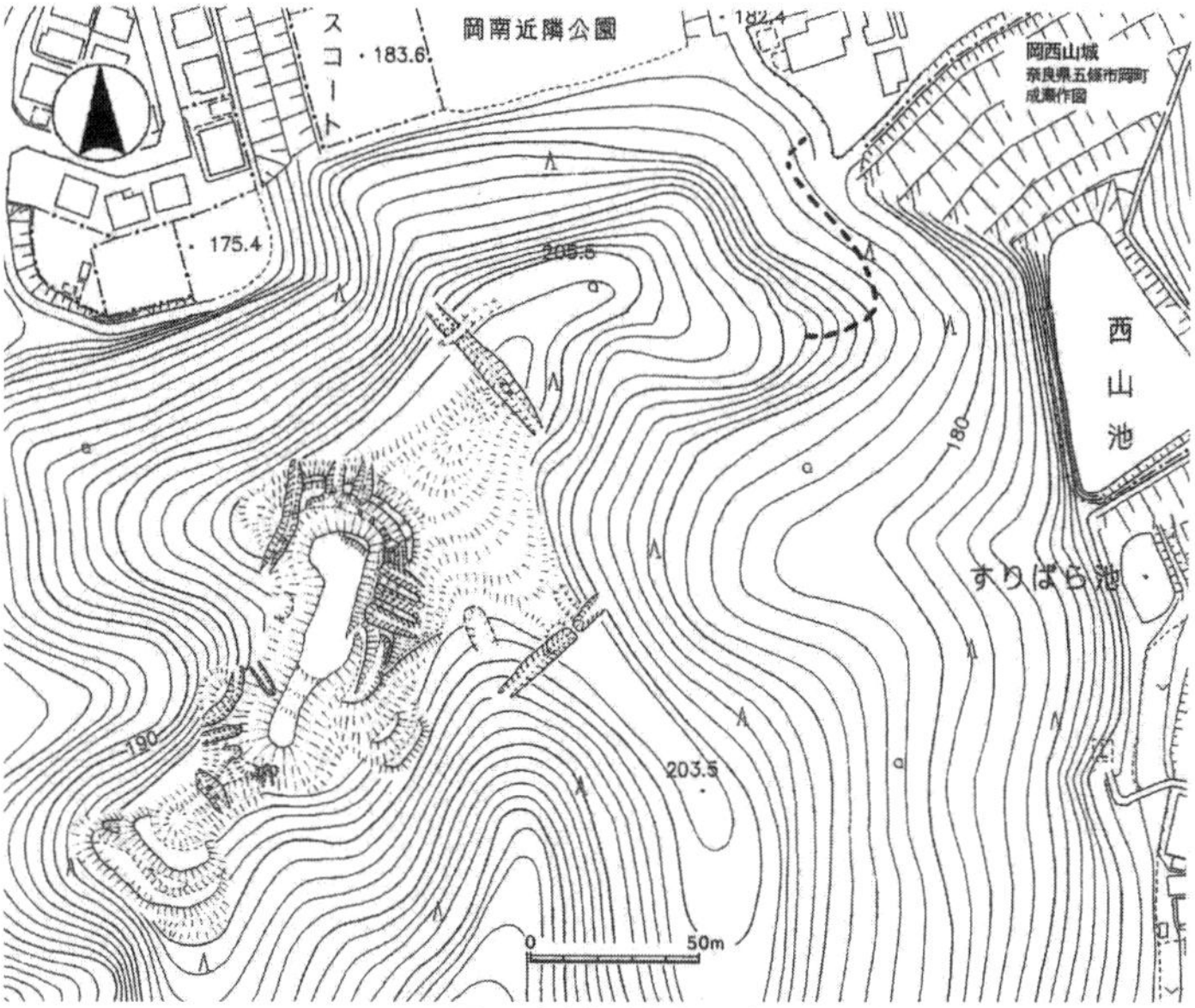

岡西山城（成瀬匡章　作図）

尾根の先端部とは堀切で遮断すること、さらに一部の堀切に土橋を設けることなどが、改めて確認されている。

藤岡英礼氏は、外縁土塁に囲まれた横堀から複数の竪堀（畝状空堀群）が延びる単郭山城の類例を参考に、当城が永禄期（一五五八～一五七〇年）に築かれたと推定している。また城の保有主体については大岡氏単独とせず、畠山政長と義就の抗争以降、政長流方に属した宇野・杉野・坂合部・野原・三箇《さんが》・大岡氏の宇智郡衆が、郡中心部と河内に近い当地に形成したとする。

この山城の南東の麓に、岡平城（大岡館）がある。北から南へY字形に刻まれた谷地形を東と西の堀として利用するとともに、その堀を東西につなぐ幅二〇メートル、深さ一〇メートルの空堀を切り、その結果、独立した台地を一辺一〇〇メートル近くの方形の主郭にしたと推定されている。また、主郭内も東西方向の空堀で北（小字「城畠」）と南（小字「城」）に分けていたらしい。現在、東の堀は堰き止められて池になり、山城との間にも京奈和自動車道が造られたが、自然地形を生かした全国屈指の方形居館跡と評価されている。

昭和四十五年、岡西山城跡を含めた丘陵地で宅地（現在の田園大字）の開発計画が持ち上がった。村田氏は『五條古代文化』第３号（昭和五十年）で、岡西山城について「小規模ながらも中世城郭の定石にかなった道具立てがそろい、山城の典型例として当地ではきわめて良質の遺構である。この山城を先の館（引用者註：岡平城）とセットにしてとらえてみるならば、中世土豪の所領支配を理解するこの上ない教材になる」と述べ、山城と平城の両方の現状保存を訴えた。山城跡については、住民による保存運動が起こり、県教育委員会による測量調査、周辺の確認調査なども行われた結果、昭和五十七年にほぼ全域の現状保存が決まった。

こうして、岡西山城は今も五條盆地のランドマークとなっている。

（前坂尚志）

参考文献

村田修三「五條の古城館址」『五條古代文化』第３号　五條古代文化研究会　一九七五
村田修三「中世城郭跡」『五條市史　新修』　五條市役所　一九八七
藤岡英礼「岡西山城」『図解　近畿の城郭Ⅰ』中井均監修・城郭談話会編　戎光祥出版　二〇一四
成瀬匡章「岡西山城」『図説　日本の城郭シリーズ⑰奈良中世城郭事典』高田徹編　戎光祥出版　二〇二一

【城跡探訪メモ】

岡西山城（大岡城）のあった丘陵と岡平城は、その間を京奈和自動車道が走る形となっている。五條インターチェンジを降りた交差点を左折、「中之町北」の交差点を右へ。「田園四丁目」で右折して住宅地を進むと「岡近隣公園」の向こうに丘陵が見える。岡西山城はその頂付近にあった。平城のほうは五條インターチェンジ前の交差点から側道を四〇〇《メートル》ほど進んだ南側で、ため池に向かう道の脇に広がる竹やぶ一帯が城跡となる。竹やぶの中は谷状に大きく落ち込んでおり、堀の跡とみられる。

（増山和樹）

城郭用語（その九）

横《よこ》矢《や》掛《がかり》　城に攻め入った敵を側面から攻撃することを横矢を掛けるといい、このために城の土塁や石垣を折り曲げたり、曲輪の隅を張り出させるなどが工夫される。通路が屈曲していることにより、敵兵の進行が滞り、より効果的な攻撃が可能になる。

横堀《よこぼり》　敵の城内への侵入するのを防ぐために郭の周囲に巡らせた横方向の堀。空堀と水堀がある。山城の横堀は堀底を道としても利用する。また、空堀には、堀底を格子土手状に掘り残し、障害物とした「格子堀《こうしぼり》」がある。

今井城《いまいじょう》

所在地　五條市今井町
築城時期　南北朝時代（十四世紀）？〜
標高　約一二九㍍
主な遺構　郭（曲輪）、堀

五條市北部の宇智地域に今井城跡がある。吉野川北岸の段丘面の東端部に立地し、城跡の北東方から東側、南東方へ内の川（吉野川支流）が流れている。西方一キロ余りには、岡西山城と岡平城の跡がある。

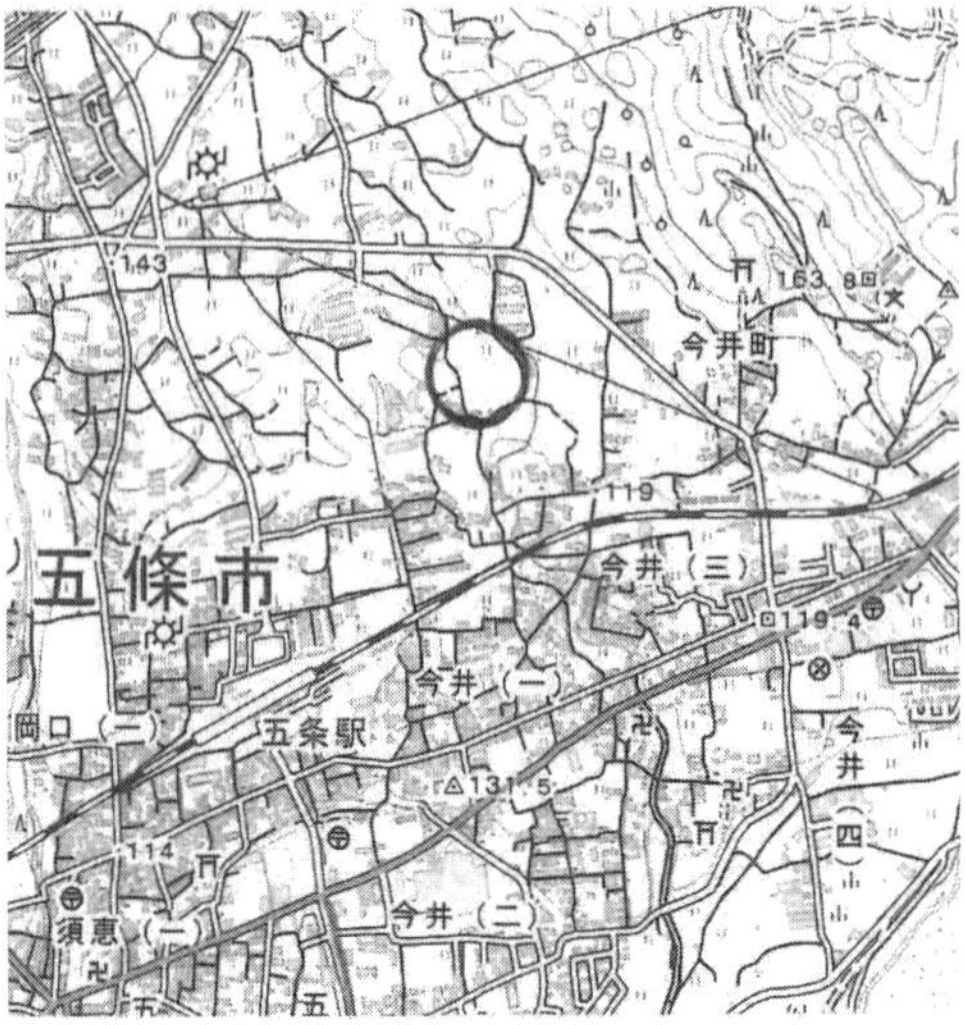

位置図

　今井城の中心部とみられるのは東西約三五㍍、南北約六五㍍の長方形の平地で、その東側に一段低く三角形に張り出した部分があり、村田修三氏はこれを腰曲輪とみる（『五條市史 新修』昭和六十二年）。また、平地の北側から西側、南側にかけて水堀が巡るが、西の堀は平地と堀の西側の段丘面を結ぶ土橋で南北に仕切られている。

　この平地と張り出し部、堀の小字が「城之内」で、その東側の内の川との間の低い水田には「瀧ノ下」「堀尻」の小字も残り、城の存在をうかがわせる。

　これまで発掘調査は行われておらず、築城・廃城の時期はわかっていない。ただ、十五世紀末から十六世紀前葉にかけての所産とみられる備前焼擂鉢の破片が採集されていて、城の機能した時期の一端を示すようである。

　五條市今井町には、平安時代に榮山寺（十一世紀後半からは同寺の本寺となった興福寺）領の荘園「今井庄」があったとみられ、南北朝時代の元中二（一三八五）年の榮山寺文書には、その公文《くもん》（荘官）として今井伊豆守貞真の名が見える。今井城は、遅くともそのころには、在地領主を務めた今井氏の居館であったかもしれない。

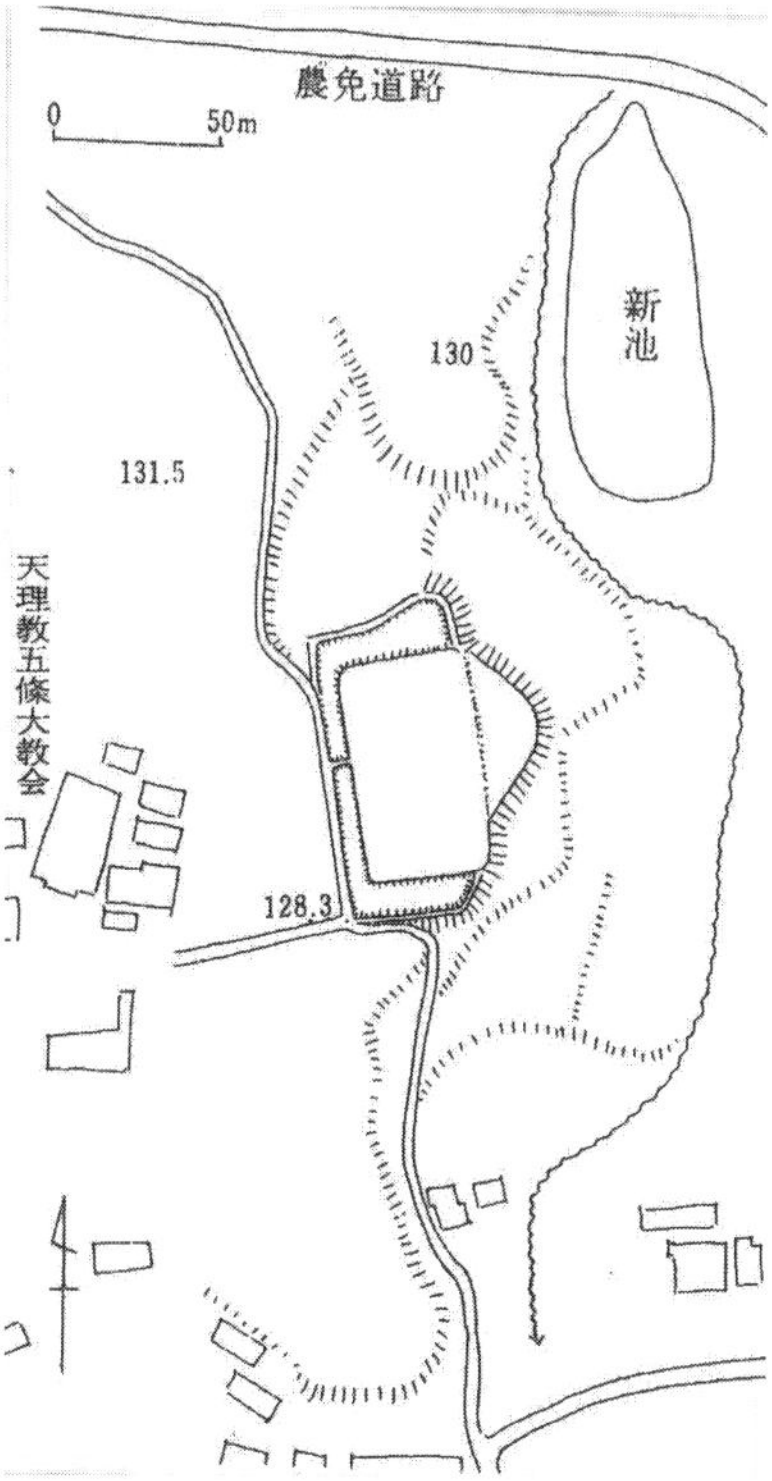

今井城（村田修三 1987）

　ところで、今井城跡近くの三箇《さんが》家には、中世・近世（十五世紀後半から十九世紀中頃）の文書七〇点余りが伝えられている（『奈良歴史研究』第59号、平成十五年）。そのうち、戦国時代の弘治四（一五五八）年の連判状に、宇智郡を領した国人（国衆）の一氏として三箇氏の名が挙がる。

　また、江戸時代の元禄二（一六八九）年の親類書には、当時の三箇家当主の父が宇智郡の地士（郷士）で、今井庄三箇の城地にあって三箇殿と呼ばれる存在であること、その祖父が先祖以来三箇の城主であったことなどが記されている。これらの文書から、国人の三箇氏が室町時代以降に三箇城主として今井庄を治めたことがうかがえる。三箇家の所在地を考えると、三箇城は今井城を指すのであろう。そうすると、今井氏と三箇氏の関係が問題になるが、これについてもまだわかっていない。城跡・城主ともに、今後の調査研究に期待したい。

（前坂尚志）

参考文献
村田修三「中世城郭跡」『五條市史　新修』　五條市役所　一九八七
「奈良歴史研究」59号（特集　三箇家文書）　奈良歴史研究会　二〇〇三
多賀晴司Ⅳ　収集保管資料（五條市内の遺跡）「〔22〕三箇城跡」『市立五條文化博物館資料目録Ⅰ－堤昭二氏収集考古資料　を中心に－』市立五條文化博物館　二〇〇四

【城跡探訪メモ】

ＪＲ五条駅から陸橋で北口へ回って、北へ歩き、二つ目の角を東へ進む。住宅地を抜け、北へ折れ、天理教五條大教会から東へ行くと、駅から約一五分で「小山　三箇城跡」の石碑が立つ今井城跡に着く。城跡は水田になっており、西側と南北にコの字形に水堀が巡り、主郭の東側に一段低い張り出し部があり、その東側には内の川が流れる。

（増山和樹）

居《い》伝《で》城

所在地　五條市居伝町
築城時期　室町時代（十四～十六世紀）
標高　（西尾根）二三五メートル、（中央尾根）二一四メートル、（東尾根）二〇六メートル
主な遺構　郭（曲輪）、土塁、堀切

五條市北部の京奈和自動車道五條北インターチェンジの西に隣接する、東谷山から南の集落に伸びる三本の尾根上にある。成瀬匡章氏の踏査報告と縄張り図をもとに見ていこう。

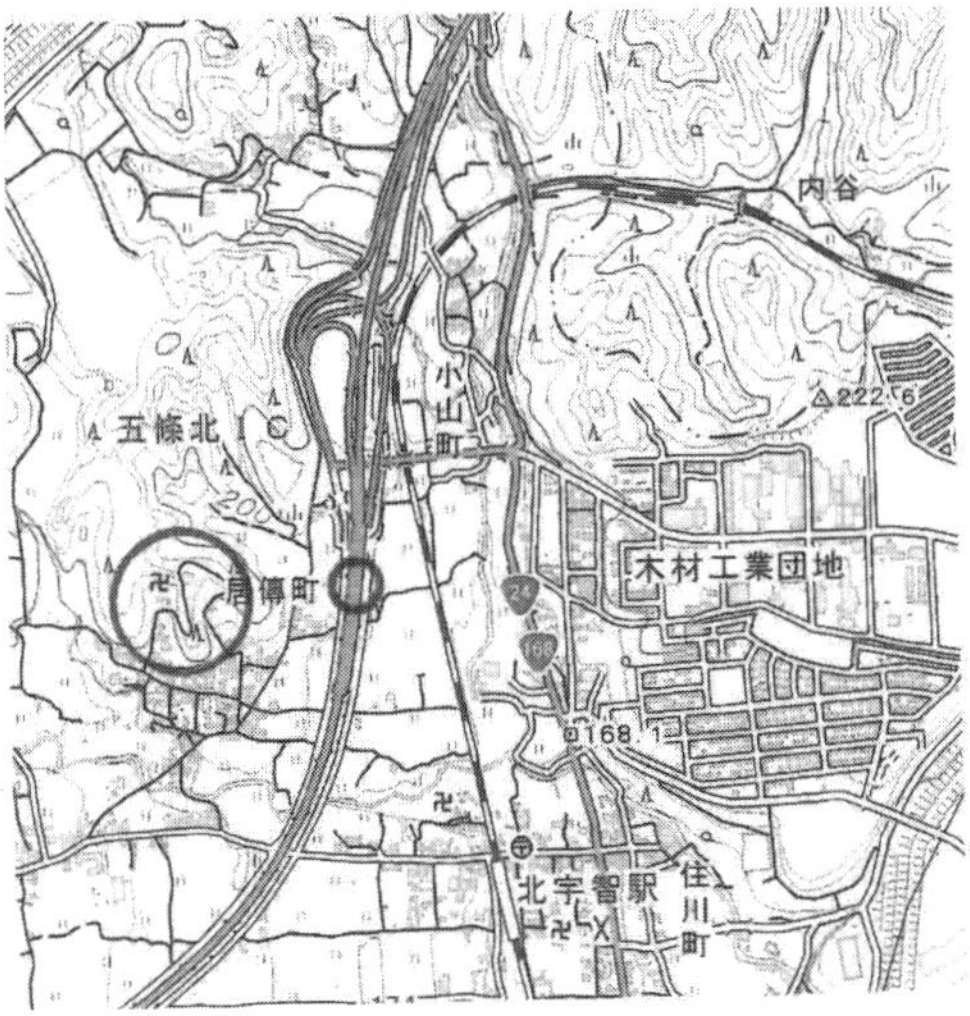

位置図

西の尾根では、先端部に南北に細長い曲輪（Ⅰ郭）と下位の小規模な曲輪（Ⅱ郭）を形成し、Ⅰ郭北側の鞍部に堀切を設ける。全体の規模は東西二〇メートル、南北七〇メートルであるが、Ⅱ郭の南側に遮断施設はない。

西の尾根の東側、西林寺の谷をはさんだ中央の尾根には、曲輪（Ⅲ郭）・堀切・帯曲輪・削平地が見られる。全体で東西四〇メートル、南北六〇メートルの規模で、Ⅲ郭と、その東側から南側にかけてめぐる帯曲輪との比高が四～五メートルある。

中央の尾根から薬師堂の谷をはさんだ東の尾根

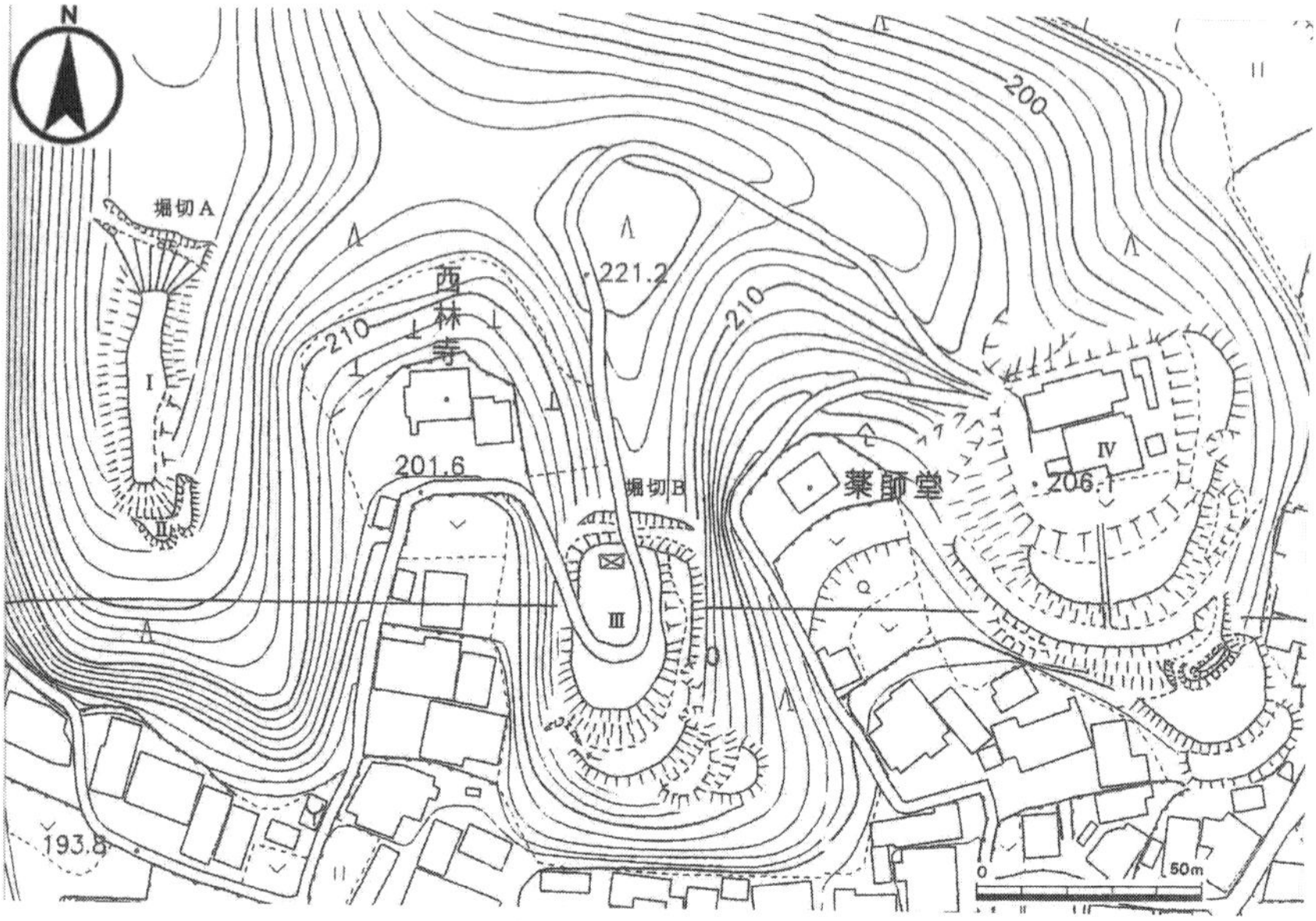

居伝城（成瀬匡章 2017）

の遺構は、宅地・農地となっている曲輪（Ⅳ郭）と、その周囲の帯曲輪・切岸・削平地群である。全体規模は東西七〇《メートル》、南北一〇〇《メートル》と、現状で西と中央の尾根をしのいでいる。

また、東の尾根とその東麓の小字名は「城越」で、西の尾根の南方には「西ヤシキ」「西ノ城」の小字名も見られる。

さらに成瀬氏は、西林寺と薬師堂が谷の奥の一段高い敷地にあることに注目し、尾根の先端部に防御施設を設け、谷の中に居館を構えていた可能性を指摘する。居伝城は、尾根筋から南麓にかけて広範囲に展開していたのかもしれない。

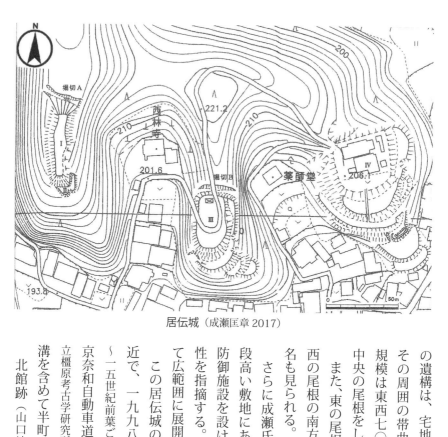

この居伝城の東側の標高約一八〇〜一八五《メートル》付近で、一九九八年、鎌倉・室町時代（十三世紀後半〜一五世紀前葉ごろ）の二つの台形・方形の館跡が、京奈和自動車道の建設に伴い発見、調査された（県立橿原考古学研究所編『居伝遺跡』）。いずれの館も、大溝を含めて半町（約五〇《メートル》）四方の規模がある。

北館跡（山口地区）は、大溝を四辺にめぐらせ、内部に複数の掘立柱建物と土坑のほか、柵、素掘り井戸（溜井）などを配置していた。西の谷水を南方の扇状地へ導く灌漑・貯水・排水を、共同で維持・管理した公共的な施設であったと考えられている。

また南館跡（キヨラセ地区）は、大溝を西辺南部から南辺にかけてのみ掘削し、南辺の中央部付近に土橋と石組み井戸を設けていた。内部には複数の掘立柱建物と土坑、柵、石組み井戸（溜井）などが配置されており、有力な個人が南を正面とする館を構えたと推測されている。

居伝城の築造・廃絶の時期を示す資料がなく、これら城と居伝遺跡の館との関係も不明であるが、これらの築造主体者としては近内《ちかうち》氏が考えられる。近内氏は、『畠山家譜』応永二（一三九五）年条に初めて登場する土豪で、元亀三（一五七二）年条まで複数の名前が記され、畠山氏の下での活動がうかがえる。

（前坂尚志）

参考文献
村田修三『日本城郭大系』第10巻　新人物往来社　一九八〇
村田修三「中世城郭跡」『五條市史　新修』　五條市役所　一九八七
成瀬匡章「居伝城」『図解　近畿の城郭Ⅳ』　中井均監修・城郭談話会編　戎光祥出版　二〇一七
『居伝遺跡』奈良県立橿原考古学研究所調査報告第79集　二〇〇〇

【城跡探訪メモ】

居伝町の集会所前を西へ行き、最初の角を北に折れると西林寺がある。奈良県遺跡地図などはこの西林寺の西の尾根を居伝城跡としているが、金比羅神社と御霊神社御旅所がある中央の尾根も東斜面を断崖に造成した「切岸」がみられ、民家がある東尾根とともに城跡と考えられる。西林寺や薬師堂に近内氏の居館があったものとも推定されている。

（増山和樹）

九　吉野の城

城《じょう》が峯《みね》城

所在地　五條市西吉野町字夜中・平沼田・唐戸
築城時期　室町時代？
標　高　五六九㍍
主な遺構　郭・堀切・土塁

城が峯城は吉野三山の一つ銀峯《ぎんぷ》山（標高六一四㍍）山頂から北方に派生する尾根上に立地している。銀峯山は吉野川流域からかなり離れ、今でこそ人家が疎らな山中であるが、山頂には延喜式内社の波宝神社が鎮座し、幕末には天誅組が本陣を置くなど、かつては多くの人たちが暮らし、行き交った地であった。

この城に関して築城者や時期を知る史料は知られていない。ただ『吉野郡旧事記』によれば「八籏庄司」・「従籏頭庄司」・「公文」と呼ばれた中世吉野郡の在地有力者の一人として、銀峯山がある平沼田周辺を治めた「平沼田公文」の名が見え、また『太平記』では護良親王の子、陸良親王が銀峯山を拠点としていることから、中世の銀峯山周辺に在地有力者がいたことは確かなようである。

城跡には、波宝神社へ向かう車道の分岐点附近

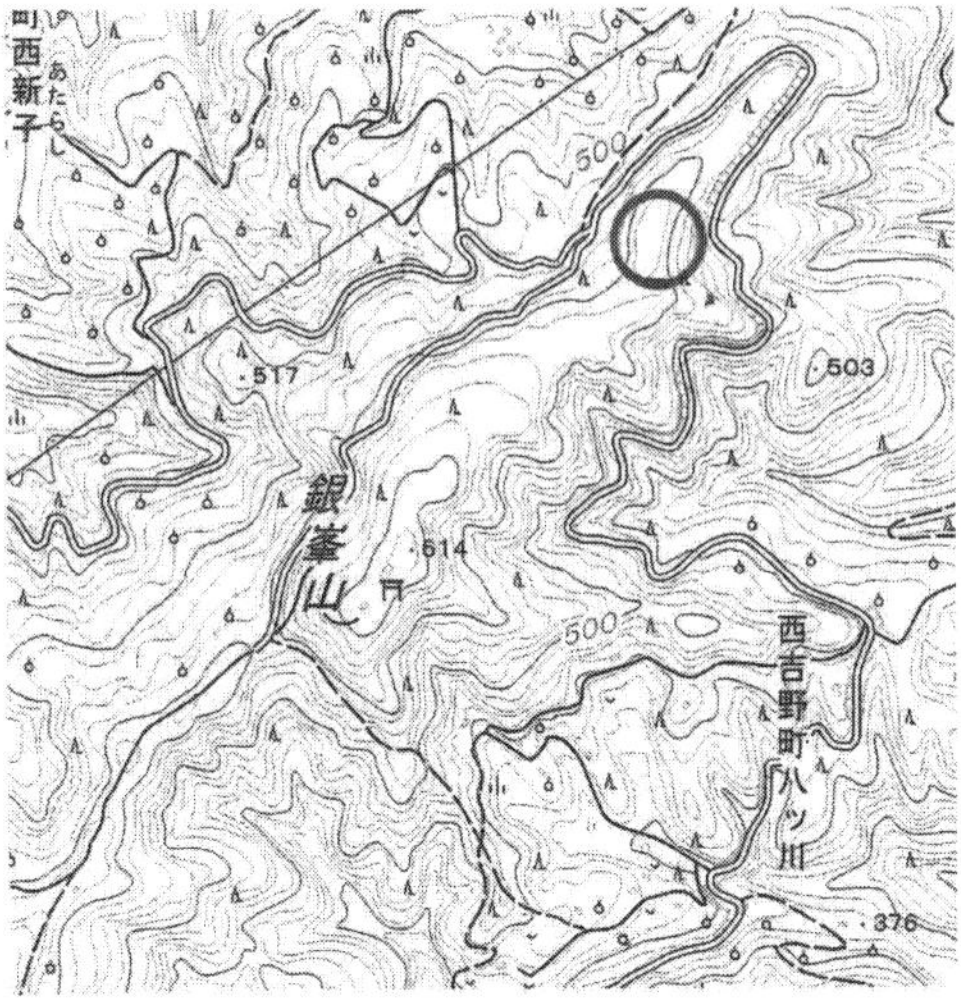

位置図

にある八王子神社から一〇分程斜面を登ると、到着できる。

　主郭部は北に向かって緩やかに下る幅広い尾根を整形したものであるが、削平はやや甘い。尾根の中ほどを幅五メートル、深さ二メートル程の堀切で遮断し、その中央部に土橋、内外には土塁を設けている。主郭部南端には小さな土塁状の高まりが見られ、その外側に小規模な削平地があることから、南側からの侵入に備えたものと思われる。『奈良県遺跡地図』では尾根全体を城跡に指定しているが、明確な遺構が見られるのは堀切より南方のみで、主郭部南側や波宝神社周辺も可能な限り踏査してみたが城郭遺構は見つけることが出来なかった。

　吉野郡北西部から五條市にかけての吉野山地には意外と多くの中世城郭が分布し、広橋城・善城城・龍王城・西山城（下市町）・御吉野城（黒滝村）・布袋山城（五條市表野町）、奥谷城・庄屋ケ峰城・和田城（五

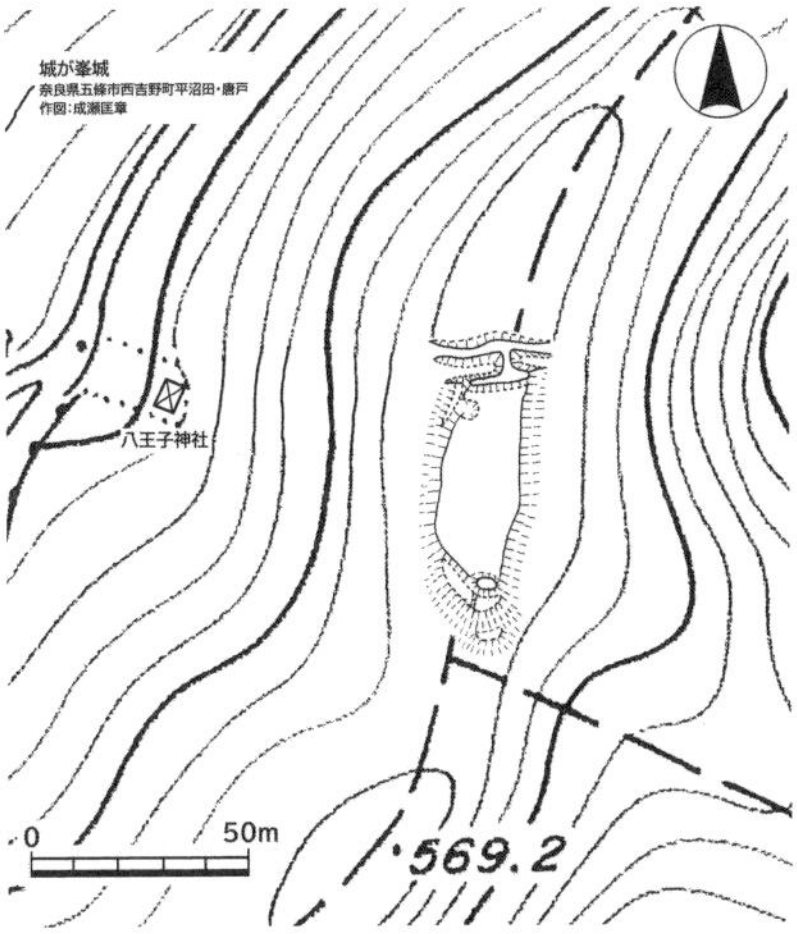

城が峯城縄張図
（五條市西吉野町夜中）

白銀岳山頂にある波宝神社

條市西吉野町）などが知られている。ただ果樹園・宅地等の造成により原形を留めていないものも多く、現在遺構が観察できるのは城が峯城と広橋城・善城城・西山城・布袋山城のみである。城が峯城の遺構は天誅組の変の際に手が入っている可能性も捨てきれないが、保存状態が良好で、この地域の中世城館を知る上で重要な城跡である。

（成瀬匡章）

参考文献

成瀬匡章「城が峯城」『図解　近畿の城郭Ⅲ』中井均監修・城郭談話会編　戎光祥出版　二〇一六

『奈良県中近世城館跡調査報告書』第一分冊・第二分冊　奈良県　二〇二〇・二一

吉野郡役所「白銀村史」『奈良県吉野郡史料』下巻　一九二三（一九七一年　名著出版より復刻）

【城跡探訪メモ】

銀峯山から竜王山に通じる尾根筋には集落が点在し、それらを繋ぐように街道が通っていた。今では想像できないが、銀峯山の山頂の南、「岳の辻」は、五條から十日市に通じる道と下市から賀名生を結ぶ道が交差する交通の要衝で、明治にできた白銀《しらかね》村役場もここにあった。城が峯城の築城もこうした交通路の掌握と無関係とは思えない。なお、城跡には地元の方々による顕彰碑があり「峯之平古城跡」と記されているが、遺跡名の表記については『奈良県遺跡地図』の名称に従った。

（成瀬匡章）

城郭用語（その十）

竪堀《たてぼり》　山城の斜面に縦方向に設けた掘。堀切を延長したりして敵兵の横移動、廻り込みを阻む。斜面に複数設けた竪堀を「畝状空堀《うねじょうからぼり》（竪堀）群」・「畝形《うねがた》阻塞《そく》」と呼んでいる。

櫓《やぐら》　矢を収納したことから「矢倉」とも、中世城郭では物見、見張り台である「井楼《せいろう》」が一般的で、武器庫兼発射台として高櫓であった。土塁の一部が広くなった箇所や郭に設けられた土壇に櫓の存在を推定し、「櫓台」と呼んでいることがある。近世城郭では重層または単層の建物で城壁の隅角に建てられ、城壁の上に長く続く櫓を「多門櫓」と呼んでいる。

矢走城《やばせ》・矢走西城《やばせにし》

所在地　大淀町矢走
築城時期　室町時代～安土桃山時代（十五世紀～十六世紀後半）
標高　二七四～二七五メートル
主な遺構　郭、堀切、竪堀

国道一六九号線の芦原トンネルを抜けると、谷が樹枝状に入り込んだ丘陵地帯が広がっている。

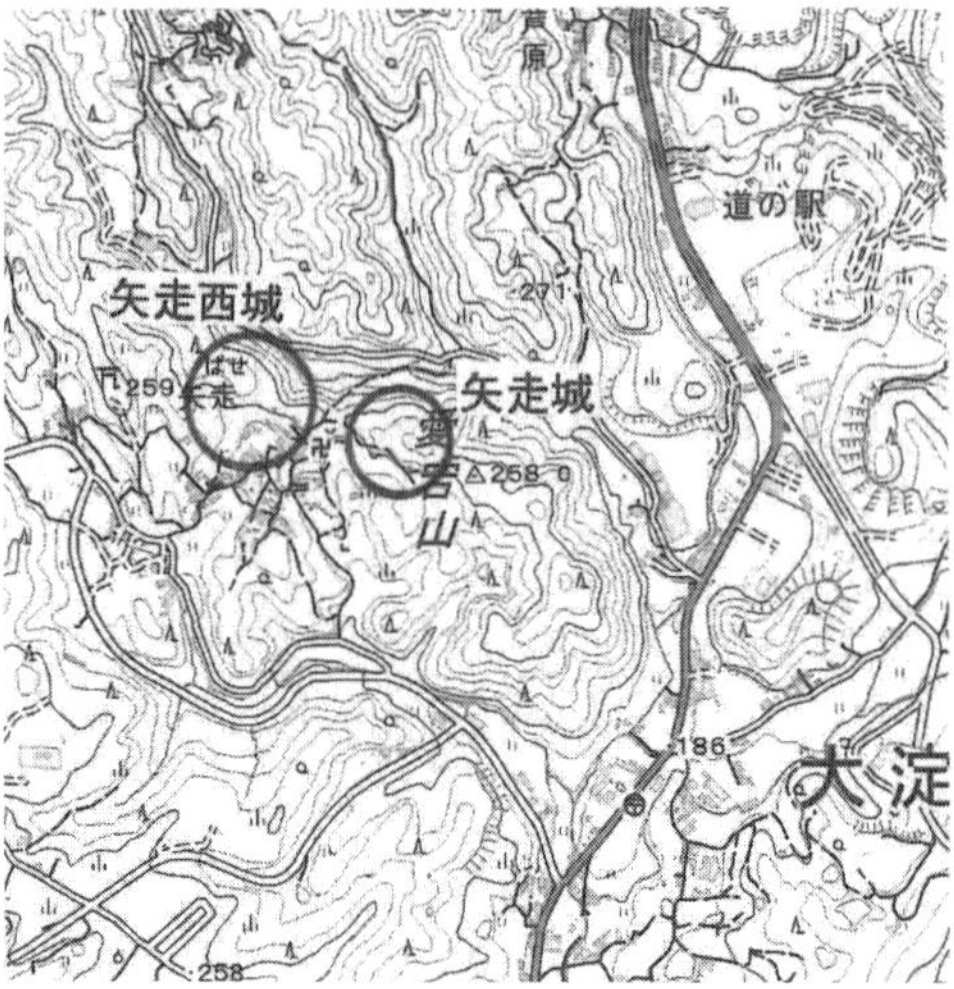

位置図

その中の愛宕山（標高二七三・六メートル）とその西側のピークに矢走城と矢走西城は立地する。

矢走城は主郭部と帯曲輪（郭）・削平地・堀切・竪堀・切岸からなる。主郭部上は自然地形のままで平坦にはなっていない。しかし端部は明瞭で北側の帯曲輪との間には高さ六メートル程もある切岸がそびえている。さらにその下の帯曲輪との間も高さ八メートル程の切岸となっており、側面に大規模な竪堀を配することで東側から帯曲輪への侵入に備えている。

堀切は主郭部の東西にある。東の堀切Aは鞍部に設けられたものでそれほど大規模なものではない。山頂にある主郭部との距離が離れているが、もともと高低差がある上に、主郭部との間に腰曲

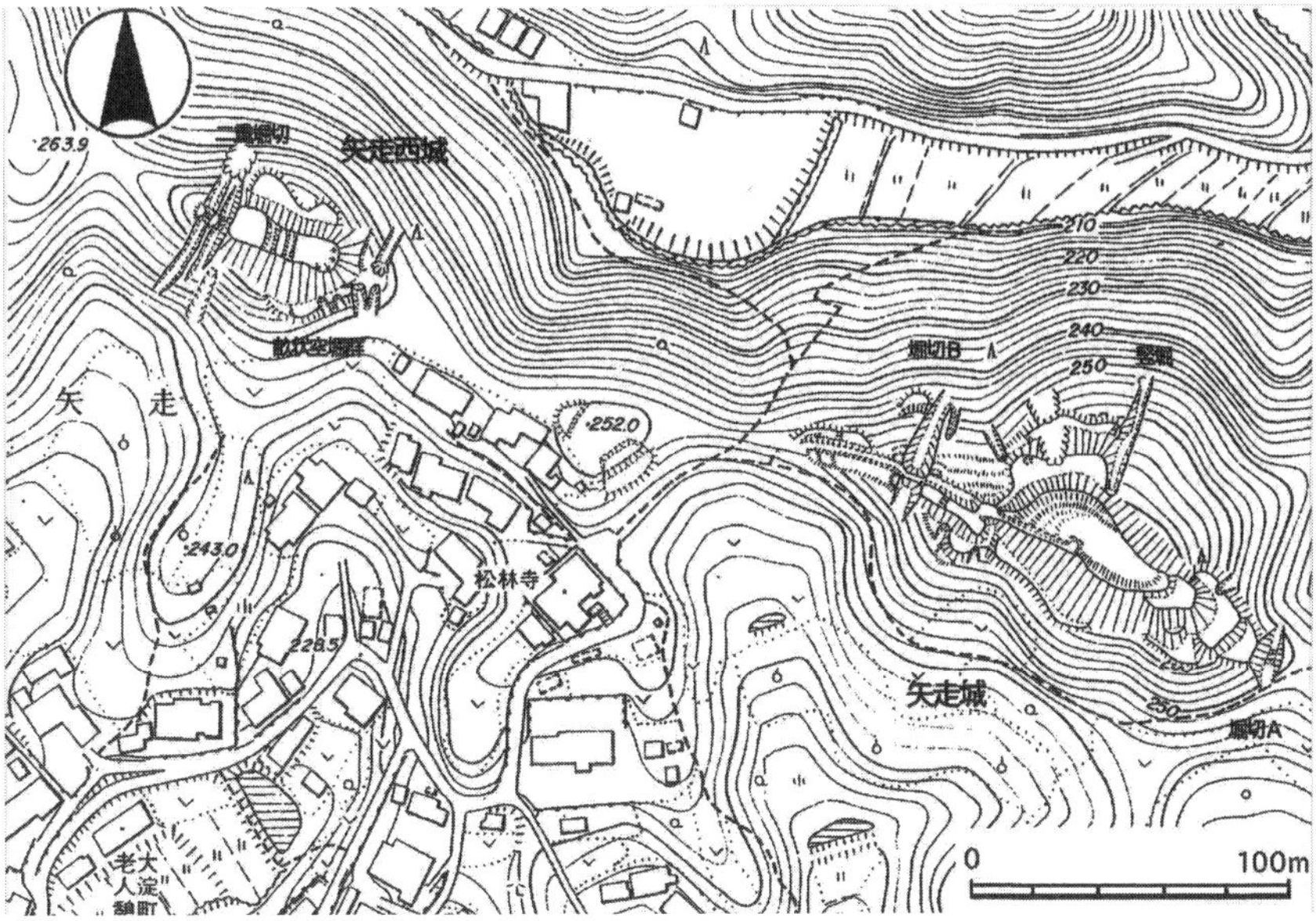

矢走城・矢橋西城（成瀬匡章作図）

輪を設けることで連続した壁面を作り出して防御力を高めている。一方で西の堀切Bは堀切Aほど地形的な効果が期待できないため、その分大規模なものになっている。堀切Bの中央には土橋があり、集落から主郭部上の祠まで続く山道が通っている。山道は堀切Bを越えるとわずかに北斜面側に反れている。その南側は二段の削平地となり、堀切Bの底からは六〜七メートル程の高さの壁となって堀切Bの外側と山道を見下ろしている。遺構の配置からみてこの土橋と山道は登城路を踏襲したものであろう。

　矢走西城は愛宕山西側のピーク上に立地し、主郭部と削平地・二重堀切・畝状空堀群からなる。主郭部内は浅い溝で区画されているが、地表面観察では城郭遺構かどうか判断はできない。主郭部西側の尾根は二重堀切で遮断されている。東側にも二重堀切らしい箇所が見られるが、風倒木によるものの可能性があり、判断は難しい。南斜面に設けられている畝状空堀群は、埋没が進んでいることと、南側の斜面が崩れているので本来の規模がどの程度になるのかは分からないが、現在のところ吉野郡内では山口城（吉野町）とハチヤヅカ城（東吉野村）でしか確認されておらず、興味深い遺構である。この畝状空堀群の存在から、矢走西城は矢走城より新しい時期（十六世紀後半頃）に築かれたとみられる。

矢走城は、芦原峠越えの街道を押さえるために築かれた可能性が指摘されているが、必ずしも最良の場所を占めているとは言えない。芦原峠の東側には中世の南大和最大の勢力を持った越智氏の拠点、高取城・壺阪寺がある。明応六（一四九七）年、畠山尚順と筒井氏に敗れた越智氏は、壺阪から吉野に没落していることから、当時の吉野は越智氏の勢力圏に入っていたと推定されている。芦原峠から吉野川までの一帯で中世城郭が確認されているのは現在のところ矢走地区のみであり、規模・構造の点からも矢走城・矢走西城は在地勢力の城郭とは考えにくい。また両城の遺構には時期差が認められるが、矢走城で採集された遺物からは両城が同時期に存続していたことがうかがわれる。矢走城の主郭部上が自然地形である点が気になるが、矢走地区は吉野における越智氏の拠点の一つであり、拠点の防御を目的に矢走城が築城され、十六世紀後半頃になってその強化のため矢走西城が築城されたのではないだろうか。

（成瀬匡章）

参考文献
成瀬匡章「矢走城・矢走西城」『図解　近畿の城郭Ⅱ』中井均監修・城郭談話会編　戎光祥出版　二〇一五
内野和彦「奈良県下での畝状空堀群を有する城郭について」第33回全国城郭研究者セミナー実行委員会・中世城郭研究会　二〇一六
『奈良県中近世城館跡調査報告書』第一分冊　奈良県　二〇二〇

【城跡探訪メモ】

国道一六九号線から西へ県道二二二号今木出口線に入ると、矢走への分岐に「矢走城跡五〇〇メートル」の標識がある。矢走の集落へ上がり、集落の北にある松林寺をめざす。松林寺の裏手に矢走城と矢走西城がある。地元の方々によって手入れされているので、矢走城跡の保存状態は良好だが、矢走西城は一部に斜面の崩落があり、見学には十分注意が必要である。

（増山和樹）

城郭用語（その十一）

石垣《いしがき》　寺院の石垣構築技術が城郭の石垣に採用され、天正四（一五七六）年の織田信長の安土城で総石垣の城が現われる。裏込め石を伴ったり，隅石を持つものを「石垣」と呼び、単なる「石積み」とは区別すべきだとされる。石材は自然石（野面《のづら》石）、転用石、割石、切石で区別され、積み方では乱層、整層（布積み）などで区別される。

広橋城《ひろはし》

所在地　下市町広橋
築城時期　室町時代
標　高　五四八・四メートル
主な遺構　郭、土塁、横堀、堀切

下市町中心部から天川村へと向かう国道３０９号線の途中、広橋峠のある下市町広橋地区は、奈良県三大梅林の一つ広橋梅林の所在地として知られている。広橋城はこの梅林を見下ろす「天守の森」（標高五四八・四メートル）と呼ばれる山頂にある。

位置図

広橋城の主郭部は東西約六〇メートル、南北約二五メートル。南半分は高峯稲荷神社の境内となり、一段高くなった北半分には「元祖」と記された墓石状の石碑が祀られている。主郭部の周囲は高さ約三メートルの切岸と帯曲輪が巡る。南～東側にかけての帯曲輪は登山道で分断されているように見えるが、それぞれ比高差があるのでもともと繋がっていなかったと思われる。

西側の帯曲輪は土塁を伴い、主郭部上に合わせるように中央に段差があり、主郭部北側を遮断する堀切につながっている。帯曲輪の外側には土塁に沿って横堀が巡らされているが、西面すべてをカバーしておらず、段差に合わせるように竪堀となって北斜面に向かって伸びている。この竪堀を斜面から見上げると虎口にも見えるが、内部は袋小路になっており、しかも堀際に沿って土塁を巡らせることで、主郭部・帯曲輪への侵入を阻んでいる。横堀の外側の尾根上には堀切で遮断している。尾根の中央には農道が通り、南側は耕地化されているが北斜面側には堀切の遺構が良好に残っている。この堀切は端部に土塁を設けることで延長させており、横堀と併せて何としても西側からの侵入を阻止しようとする意思が感じとれる。この堀切の中程には鉤の手状の通路が設けられている。奇妙な形状なので城に伴う遺構かどうかの判断は出来ないが、北斜面から堀切内に

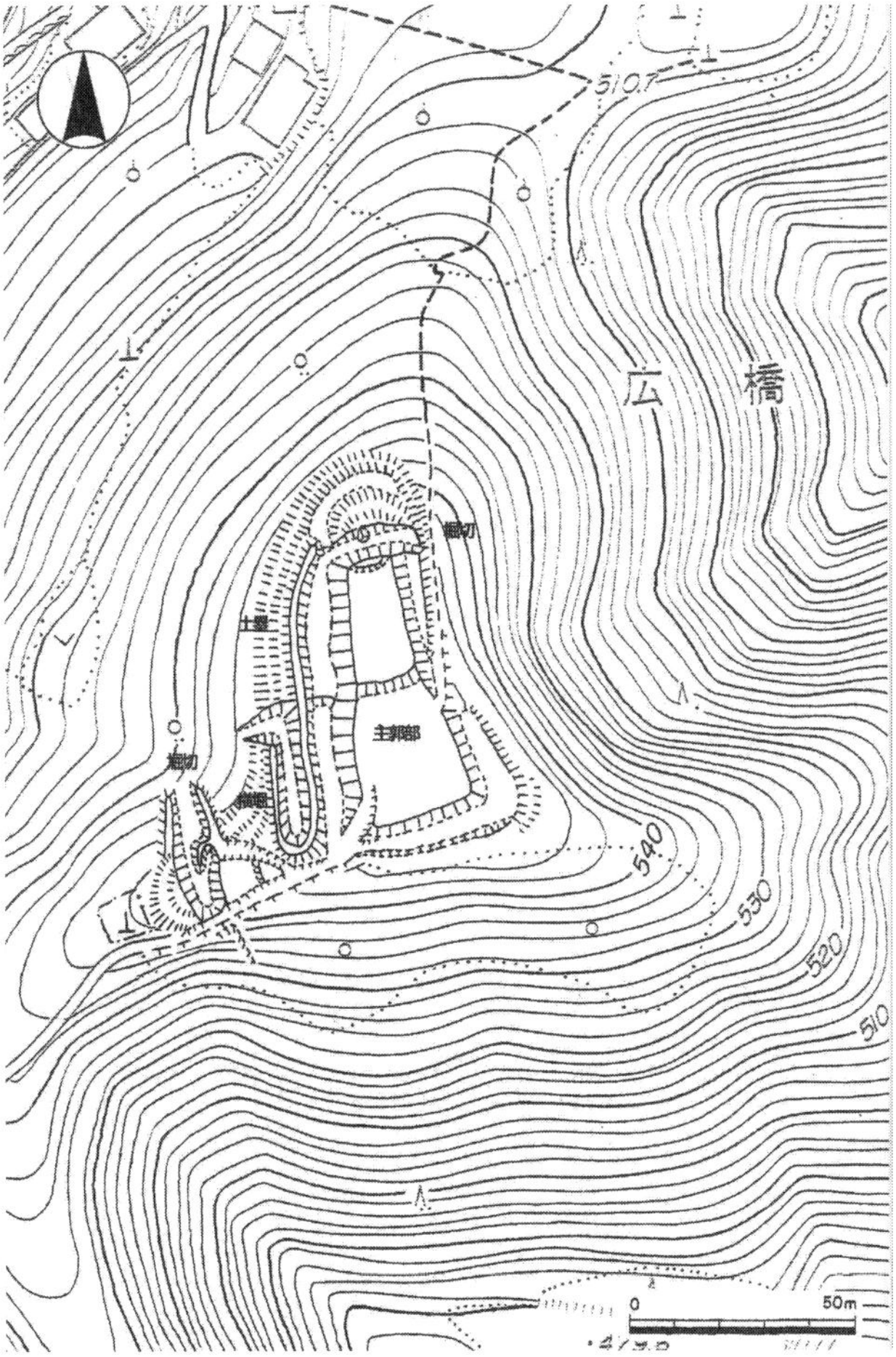

広橋城（成瀬匡章作図）

入るのを阻む施設なのかも知れない。

広橋城は横堀と土塁を多用するなど吉野川南岸の城郭の中では他に例を見ないタイプの城郭であるが、地形の険阻さよりも集落に近接したピークを選び、大型の主郭を構築する点では善城城（下市町）や城が峯城（五條市）といった吉野山地に点在する城郭と共通する。

『吉野旧事記』などによると、中世の吉野には「八籏庄司」「従籏頭庄司」「公文」と称される在地の有力武士がいた。広橋城は「八籏庄司」の一人である広橋氏、または佐野氏の居城とされ、天正六（一五七八）年、筒井順慶が吉野郡の一向宗拠点であった本善寺（吉野町飯貝）・願行寺（下市町下市）を攻略した際に、「八籏庄司」と近隣の地侍が籠城したとも伝えられている。

広橋地区には中世の甲冑（広橋家腹巻その他〈下市町指定文化財〉）を伝える旧家があり、この地に中世の村落が形成され、在地の有力者が存在していたことは間違いないだろう。

筒井順慶は本善寺・願行寺攻略後に下市に陣城を構えており、戦後処理の中でも在地有力者との緊張が続いていたことがうかがえる。遺構の時期からも筒井勢に対して在地有力者が籠城したという伝承に矛盾は感じられず、「八籏庄司」の城といっても差し支えはないだろう。

（成瀬匡章）

参考文献

下市町史編集委員会編『大和下市史』続編　下市町教育委員会　一九七三

成瀬匡章「広橋城」『図解　近畿の城郭Ⅲ』中井均監修・城郭談話会編　戎光祥出版　二〇一六

『奈良県中近世城館跡調査報告書』第一分冊　奈良県　二〇二〇

【城跡探訪メモ】

近鉄下市口駅から奈良交通バスで「広橋峠」下車。西へ約二〇分。「天守の森」と呼ばれる主郭部には高峯稲荷神社があり、幕末、文久三（一八六三）年には天誅組がこの地に布陣した。城跡を頂点に散策路があり、コウヤマキの原生林もあって、雄大な展望も楽しめる。また、城跡は広橋梅林の一画にあり、見ごろを迎える三月中旬には花見をしながら城跡まで散策するのもよい。

（増山和樹）

広橋城主郭跡（増山和樹撮影）

丹治城《たんじじょう》

所在地　吉野町丹治
築城時期　室町時代
標　高　262メートル
主な遺構　主郭部・堀切・土塁

丹治城は近鉄吉野線の吉野神宮駅の南東四〇〇メートル程にある金龍寺の背後、字《あざ》「クサヒラ山」、通称「城山」に立地する。

位置図

金龍寺は、岡寺（明日香村岡）を創建したことで知られる義淵《ぎえん》（?〜七二八年）が建立した「大和七龍寺」のひとつとされる古刹で、当初は現在地から二〇〇メートル程北にある字「コンドウヒラ」付近にあったとされている。

この金龍寺から近鉄吉野神宮駅付近までの段丘面に所在する丹治遺跡は、昭和十七（一九四二）年に県営貯木場建設に伴う調査で縄文晩期の遺物が多く出土し、その後も古墳時代前期の二重口縁壺をはじめ、中世の遺物（瓦・陶器・瓦質土器）が採集されている。特に金龍寺周辺に夥しく散布する中世瓦には融着・変形したものが目立ち、その年

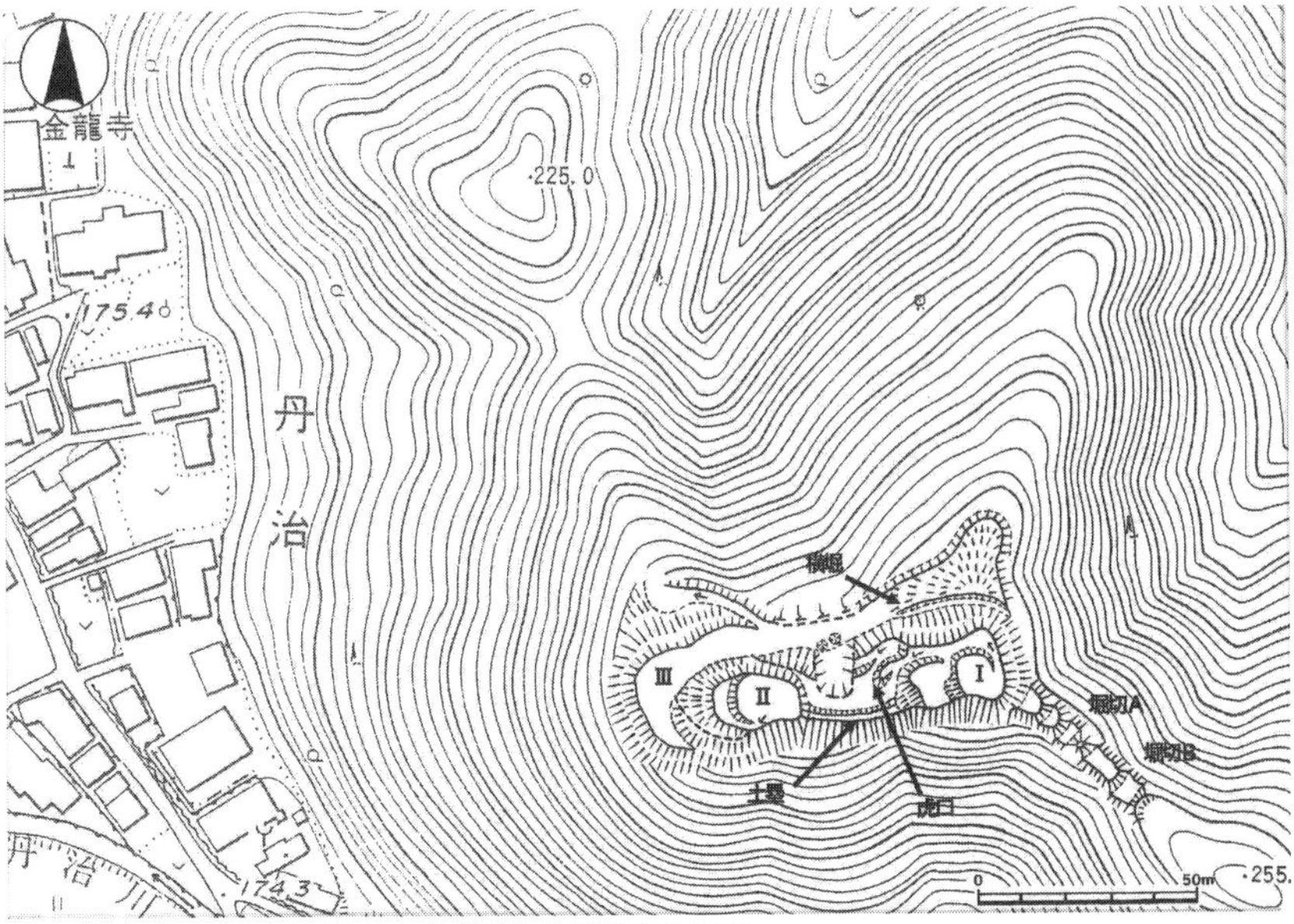

丹治城（成瀬匡章作図）

代や胎土分析から真言律僧が深く関与した文永年間（一二六四～七五年）の金峯山寺蔵王堂再建、弘安二（一二七九）年の比曽寺（大淀町）再興に使用された瓦が生産されていた可能性が極めて高い。また同時期に丹治付近に居住していた誓阿尼が正応六（一二九三）年に西大寺へ田地を寄進した記録（「西大寺田園目録」）もあり、丹治は金峯山寺と西大寺などの真言律と関係の深い地であったことがわかる。

丹治城の主郭部は東西二つのピークからなる。東のピークⅠは一〇×一〇メートル程の二段の削平地となっており、西のピークⅡは二〇×一〇メートル程に削平され西側が一段下がっている。東西のピークの間の鞍部には南側に土塁が配されている。東のピークは北側がスロープとなっており、鞍部に入った辺りが虎口となっている。虎口から北斜面に向かってスロープが続く。このスロープは崩落により途中で途切れているが、折れを持ち、横矢が掛けられているので、築城当初からのものであろう。

主郭部北側の帯曲輪Ⅲは、東側はほとんど整形されておらず、自然地形に近い。主郭部の裾に沿って横堀が見られるが、帯曲輪Ⅲには耕作用の水溜めと思われる窪みもあるので、後世に掘られたものの可能性もある。

主郭部との間は高さ七㍍近い切岸になっているが、帯曲輪Ⅲの外側には明確な壁面は作られていない。また山麓から丹治城に至る斜面上や北側のピークには若干の削平地は見られるものの、堀切も竪堀も確認できない。後世に改変を受けているとしても、北側はほぼ無防備であったと考えられる。一方で南側に対しては執拗なほどの防御を図っている。主郭部の南斜面は崖のような急傾斜であるが、鞍部の南面には小規模ながら土塁を配置し、主郭部の東のピークの背後にも腰曲輪を設けて連続した壁面を作り出し、さらに堀切A・Bを配置して南からの侵入に備えている。

丹治城は、飯貝城（吉野町飯貝）・六田城（吉野町六田）と共に吉野城の支城として元弘合戦（一三三三年）の際に大塔宮護良親王によって築かれたとされているが、現状の遺構は大塔宮の頃まで遡るものではない。また北の吉野川側ではなく南の吉野山側を意識した構造となっている。

丹治を含む吉野山周辺の集落は金峯山寺と関係の深い地域であるが、必ずしも常に良好な関係にあったわけではない。天文三（一五三四）年四月には金峯山寺が飯貝城と周辺の「五郷」を攻撃し、逆に五月と六月には金峯山寺が周辺の「八郷」により襲撃されるなど、時として緊張関係が生じることもあった。

天文三年に金峯山寺と抗争した「五郷」・「八郷」については、飯貝以外のどの集落が該当するのかは不明であるが、吉野山に近接する丹治城・六田城ともに吉野山側に厳重な警戒を払った構造であることや、丹治・飯貝・六田の集落はいずれも吉野川の主要な渡河点を持ち、中世に遡る寺院や在地有力者の存在が推定できる地であることから、丹治城も天文年間に金峯山寺に対して築城されたのではないだろうか。

（成瀬匡章）

参考文献
村田修三「丹治城」『日本城郭大系』第10巻　新人物往来社　一九八〇
成瀬匡章「丹治城」『図解　近畿の城郭Ⅳ』中井均監修・城郭談話会編　戎光祥出版　二〇一七
『奈良県中近世城館跡調査報告書』第一分冊　奈良県　二〇二〇
中岡清一『改訂　大塔宮之吉野城』積善館　一九四三
吉野町史編集委員会『吉野町史』上巻　吉野町役場　一九七二
首藤善樹『金峯山寺史』国書刊行会　二〇〇四
小山正文「文永年間の金峯山蔵王堂鐘」『史迹と美術』第五七八号　史迹美術同攷会　一九八七

【城跡探訪メモ】
金龍寺と丹治城跡は約九〇メートルの比高差があるが、遊歩道が通じているので十五分もあれば到達できる。主郭部一帯は手入れされているので遺構の観察もしやすく、吉野山への眺望も良くなっている。また近鉄吉野神宮駅は、昭和三（一九二八）年に吉野鉄道（近鉄吉野線の前身）の路線延長に伴って置かれた駅で、終点の吉野駅とともに当時の駅舎が残されている。令和四（二〇二二）年には、吉野神宮の社殿が国の重要文化財に指定されたので、丹治城と併せて周辺の近代化遺産を見学するのも良いかも知れない。

（成瀬匡章）

飯貝《いいがい》城

所在地　吉野郡吉野町飯貝
築城時期　戦国時代（十六世紀）
標高　三一〇メートル
主な遺構　主郭部・帯曲輪・堀切・土塁・竪堀・内枡形虎口

吉野川にかかる桜橋から左岸を望むと、城郭のような大寺院が目に入る。これは文明八（一四七六）年に本願寺八世の蓮如（一四一五〜一四九九年）が創建した本善寺である。本善寺は飯貝御坊とも呼ばれ、室町時代後期には大和国最大の真宗寺院となっていた。飯貝城はこの本善寺の背後に所在する。

主郭部は歪な方形の削平地で西面に内枡形となった虎口が設けられている。主郭部からは北・南西・南方向に尾根が派生している。北の本善寺方面に続く尾根に設けられた堀切は、主郭部側こそ壁面となっているが、外側は自然地形とあまり変わらず、堀切底から主郭部の北側を通って虎口に繋がる道がついている。背後の南尾根上にも堀切が設けられていた可能性はあるが、山道や電波施設による改変のためはっきりとしない。

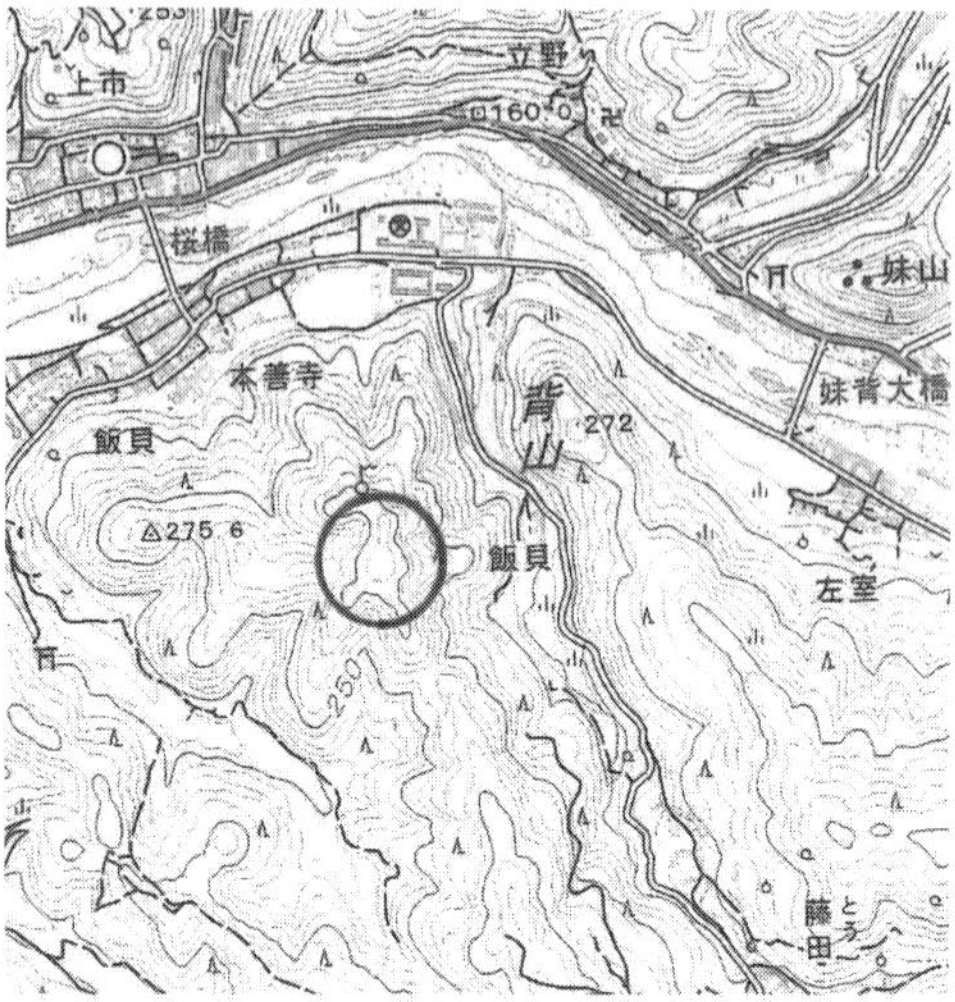

位置図

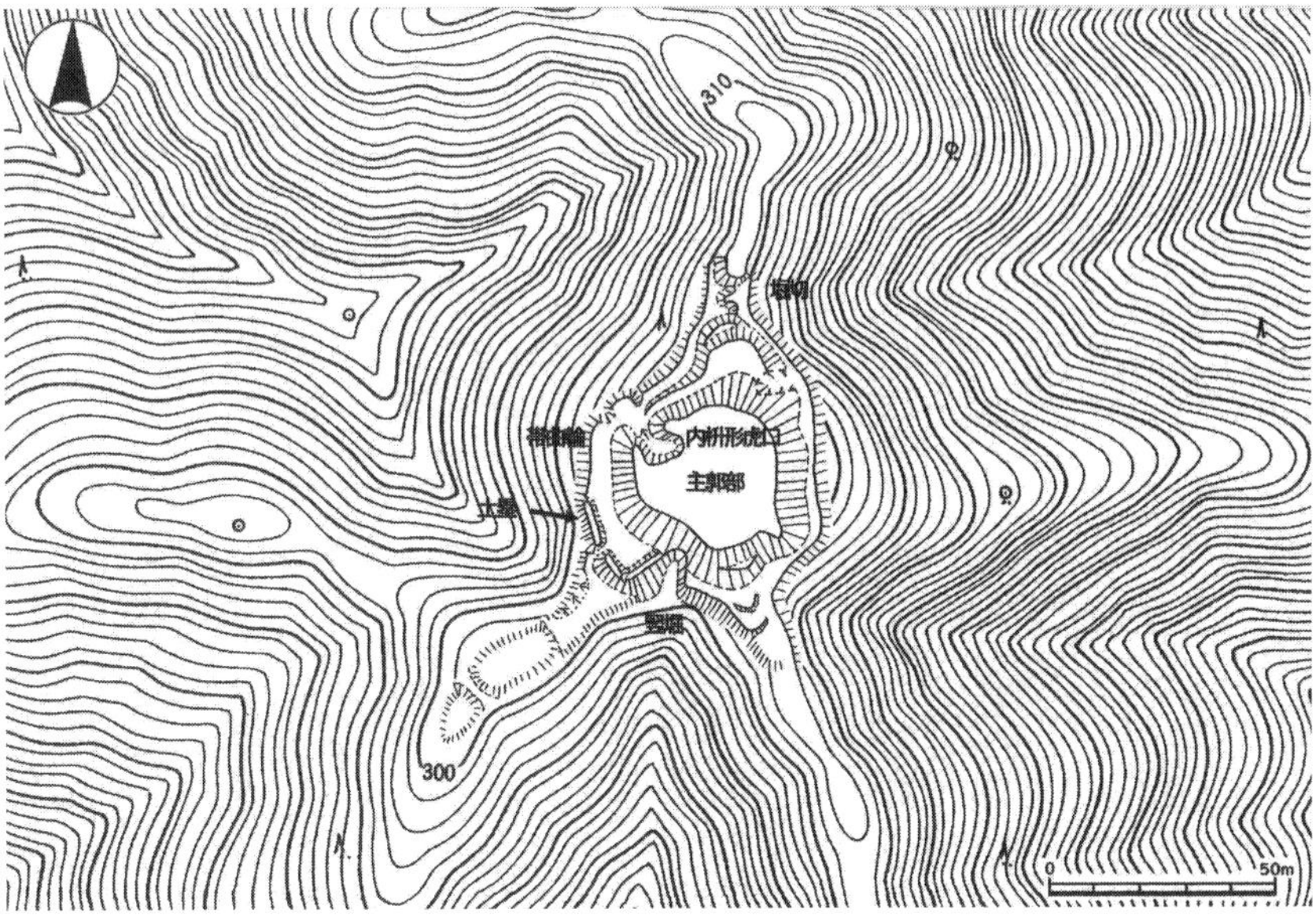

飯貝城（成瀬匡章作図）

主郭部の北～西面には帯曲輪が巡っている。主郭部との間は高さ二㍍程の切岸となっており、南端部にL字状の土塁と竪堀を配することで南西側と南側の尾根からの侵入を阻んでいる。土塁には南西側の尾根につながる切れ目があり、尾根上には加工された痕跡が認められるので虎口のひとつとして利用されていたのであろう。竪堀を挟んだ南側にも帯曲輪とみられる平坦面があり、端部には段差がある。主郭部もこのあたりで端部が突出しているが、壁面が崩落しているようにも見えるため遺構かどうかの判断は難しい。

『金峰山古今雑記』によれば、飯貝城は天文三（一五三四）年に本善寺門徒により築かれたとされる。本善寺は同年四月に金峯山寺、越智氏、木澤長政らに攻め落とされ、六月には報復として門徒が金峯山寺を襲撃している。

その後、天文六（一五三七）年に再興されたが、天正六（一五七八）年に筒井順慶により焼払われている（『多聞院日記』天正六年十月二十八日条）。飯貝城の主郭部に見られる内枡形虎口は十六世紀後半のものとみられるので、飯貝城は天正六年時点でも機能していたのであろう。築城時期についても後世の編纂物に依るものであるが、本善寺の歴史とも矛盾しておらず、築城者と目的、存続時期が知られる中世城郭として重要である。（成瀬匡章）

参考文献
村田修三「飯貝城」『日本城郭大系』第10巻　新人物往来社　一九八〇
成瀬匡章「飯貝城」『図解　近畿の城郭Ⅱ』中井均監修・城郭談話会編　戎光祥出版　二〇一五
『奈良県中近世城館跡調査報告書』第一分冊　奈良県　二〇二〇
中岡清一『改訂　大塔宮之吉野城』積善館　一九四三
吉野町史編集委員会編『吉野町史』上巻　吉野町役場　一九七二
首藤善樹『金峯山寺史』国書刊行会　二〇〇四

【城跡探訪メモ】

本善寺の現在の本堂は江戸時代の寛文年間（一六六一～一六七二年）に再建されたもので、境内には太鼓櫓（寛政二年・一七九〇年建立）などのほか蓮如上人の廟所もある。飯貝城にはこの廟所から山道を登っていくが、道は細くやや分かりにくい。飯貝城は大塔宮護良親王が吉野城の支城として築いたという見解もあるが、現地を訪れると吉野川の渡河点ではなく、西方に蔵王堂を眺めることができ、あきらかに吉野山を意識した地点に築かれたことが実感できる。さらに背後の尾根を進むと、如意輪寺西方の船岡山に達するが、その途中には「城山」と呼ばれるピーク（標高四一〇メートル）がある。遺構は確認出来なかったが、本善寺と金峯山寺との抗争を考えると興味深い地名である。遺構の状態は良好であり、本善寺も含めた保存・活用が求められる。

（成瀬匡章）

山口城《やまぐち》

所在地　吉野郡吉野町山口
築城時期　室町時代～安土桃山時代？（十六世紀後半）
標高　四一〇メートル
主な遺構　郭、枡形虎口、堀切、畝状空堀群

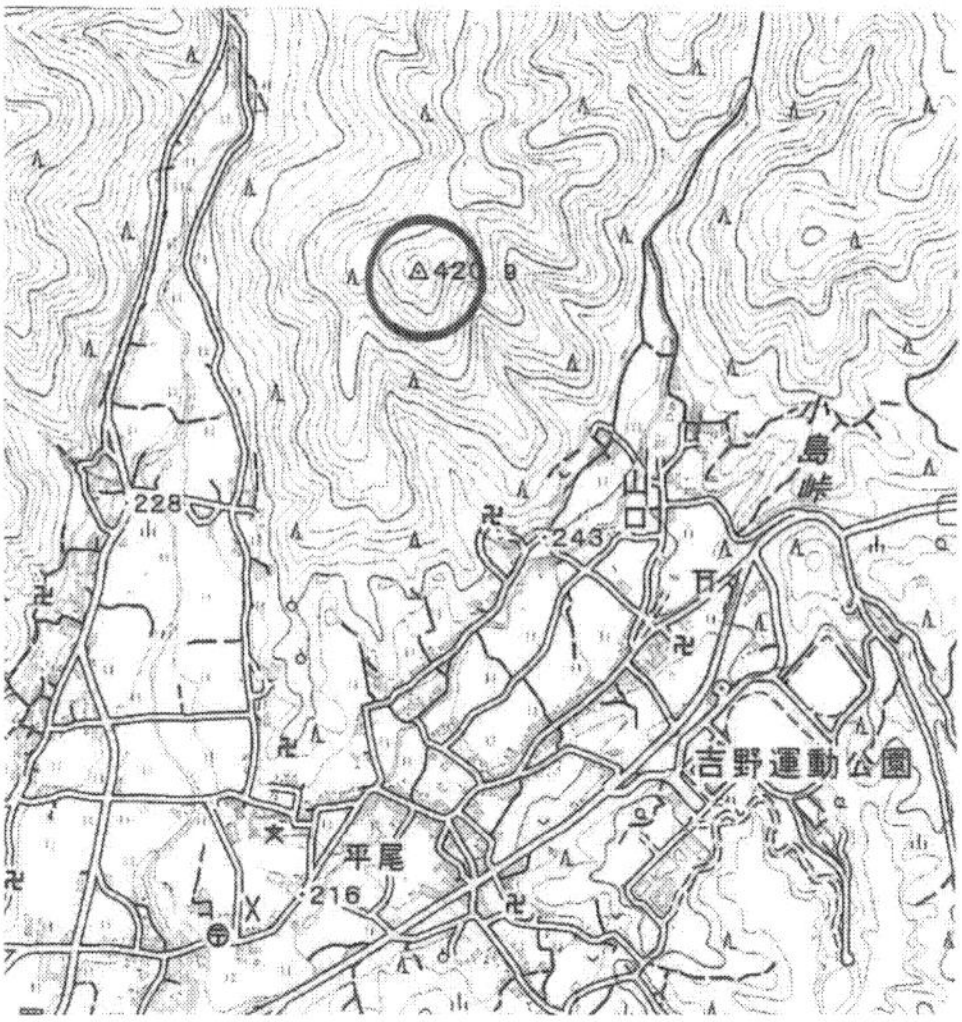

位置図

山口城は、竜門山地の主峰、竜門岳（標高九〇四メートル）から南に派生する尾根の先端にあたる城山（標高四一〇メートル）山頂に築かれている。山頂からは吉野山口神社・伊勢南街道を眼下に収めることができ、竜門岳南麓を掌握する上で有効な場所を占めていることが実感できる。

竜門岳南麓は、中世には興福寺領竜門庄であった地域である。南北朝時代は南朝方の牧氏の支配下にあり、その後は小川氏が代官を努めたが、応永十六（一四〇九）年から多武峯妙楽寺（現　談山神社）が代官となっている。竜門庄については『大乗院寺社雑事記』などの興福寺・多武峯妙楽寺・金峯山寺の史料のほか、「大頭入衆日記」（一三二五～一五八四年）といった地元に伝えられた史料からもその歴史を知ることができるが、残念ながらその

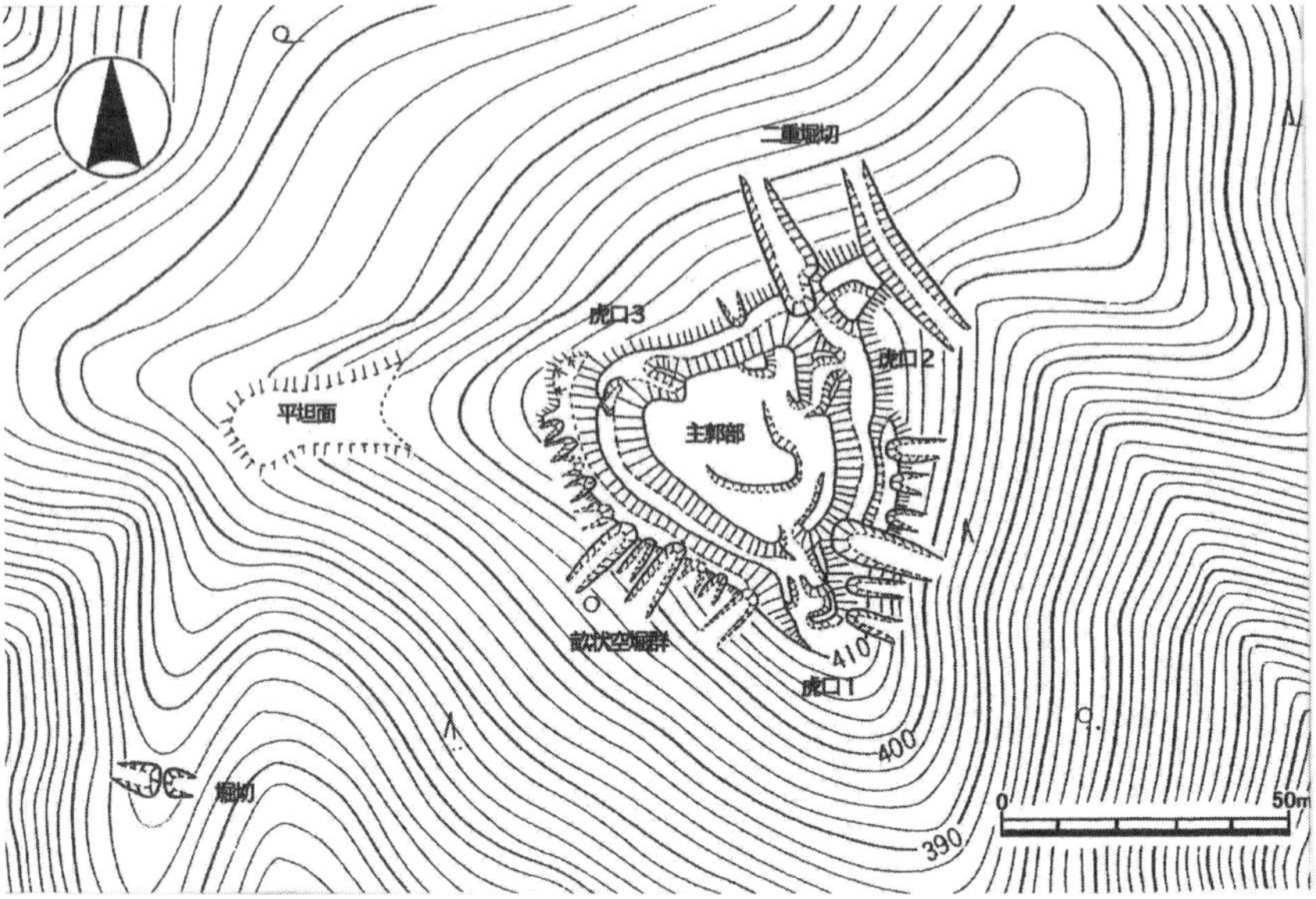

山口城（成瀬匡章作図）

中に山口城に関する記録は知られていない。

山口城の主郭部は山頂を削平した三〇×三五メートル程の規模で、周囲に高さ三〜四メートルの切岸と帯曲輪が巡り、東の尾根には二重堀切と土塁を伴う曲輪を配置して背後からの侵入に備えている。虎口は三か所あり、南の尾根に向く虎口1は外枡形、虎口2は内枡形で東の帯曲輪に繋がる。虎口3は北の帯曲輪に繋がり、そのあたりに窪みが見られるが城郭遺構かどうかは不明である。西の尾根は山麓から虎口1へ向かうルートに対し横矢をかける位置にある。土塁などは見られないが平坦面となっていることから城域に含まれると考えられる。おそらく虎口3はこの平坦面に連絡するためのものであろう。

山口城の最大の特徴は畝状空堀群である。主郭部の南側に判別が難しいものを含めて一七本確認できる。今後の調査によって増減することがあっても、この方面の防御が強く意識されていたことは変わらない。畝状空堀群は十六世紀後半から見

山口城のあった城山（手前の三角形の山）と竜門城のあった竜門岳

られる防御施設で、県内では三八城での使用が確認され、吉野郡内ではハチヤヅカ城（東吉野村）と矢走西城（大淀町）でも見ることができる。ただしこれほど多くは用いられておらず、両城とも山口城ほど発達した縄張ではない。遺構から判断すると、山口城は十六世紀後半でもやや時代が下る時期に少人数で防御することを前提にして、築城または改修されたと考えられる。

この頃に竜門庄周辺で起こった軍事的緊張を挙げてみると、永禄三（一五六〇）年の松永久秀の宇陀郡侵攻、同十二（一五六九）年の多武峯妙楽寺と金峯山寺との抗争、そして天正六（一五七八）年の筒井順慶による願行寺（下市町下市）・本善寺（吉野町飯貝）への攻撃が挙げられる。

この筒井順慶の願行寺・本善寺への攻撃に直接関係するものかは検討が必要ではあるが、慶長十（一六〇五）年頃にまとめられた「慶長郷帳」によると、山口城が所在する一帯を知行し、周辺の蔵入地を管理していたのは筒井順慶・定次に仕えたことがある辻子和泉とされる。辻子氏は大乗院方衆徒で吉野郡の在地勢力ではない。筒井順慶は戦後処理を目的に下市に城（下市御坊峯城か？）を構えており、山口城も筒井方により築城または改修され、辻子氏が管理していたものではないだろうか。

（成瀬匡章）

参考文献

村田修三「竜門城」『月刊奈良』第二三巻 第二号 社団法人現代奈良協会 一九八三
成瀬匡章「山口城」『図解 近畿の城郭Ⅳ』中井均監修・城郭談話会編 戎光祥出版 二〇一七
『奈良県中近世城館跡調査報告書』第一・二分冊 奈良県 二〇二〇・二一
吉野町史編集委員会編『吉野町史』上巻 吉野町役場 一九七二
東吉野村史編纂委員会編『東吉野村史』通史編 東吉野村教育委員会 一九九三

【城跡探訪メモ】

吉野運動公園の西、五〇〇㍍に大師山菅生寺（吉野町平尾）がある。山口城跡へは菅生寺西側の尾根を登り、三〇分ほどで到達できる。一部見えにくいところもあるが、地元の方々の手入れによって遺構は観察しやすくなっている。山麓の菅生寺はもと竜門寺の子院と伝え、鎌倉時代に三輪寺の僧、慶円が再興したと伝える。本堂裏に建武三（一三三六）年の慶円の供養笠塔婆とその墓塔とみられる鎌倉時代後期の五輪塔がある。また、寺の西方、山口城への道沿いの蓮華大台院跡には延元四（一三三九）年の笠塔婆がある。城跡と併せて見学したい。

（成瀬匡章）

竜門山城《りゅうもんさん》

所在地　吉野町山口・西谷
築城時期　室町時代
標高　九〇四メートル
主な遺構　郭、堀切、虎口

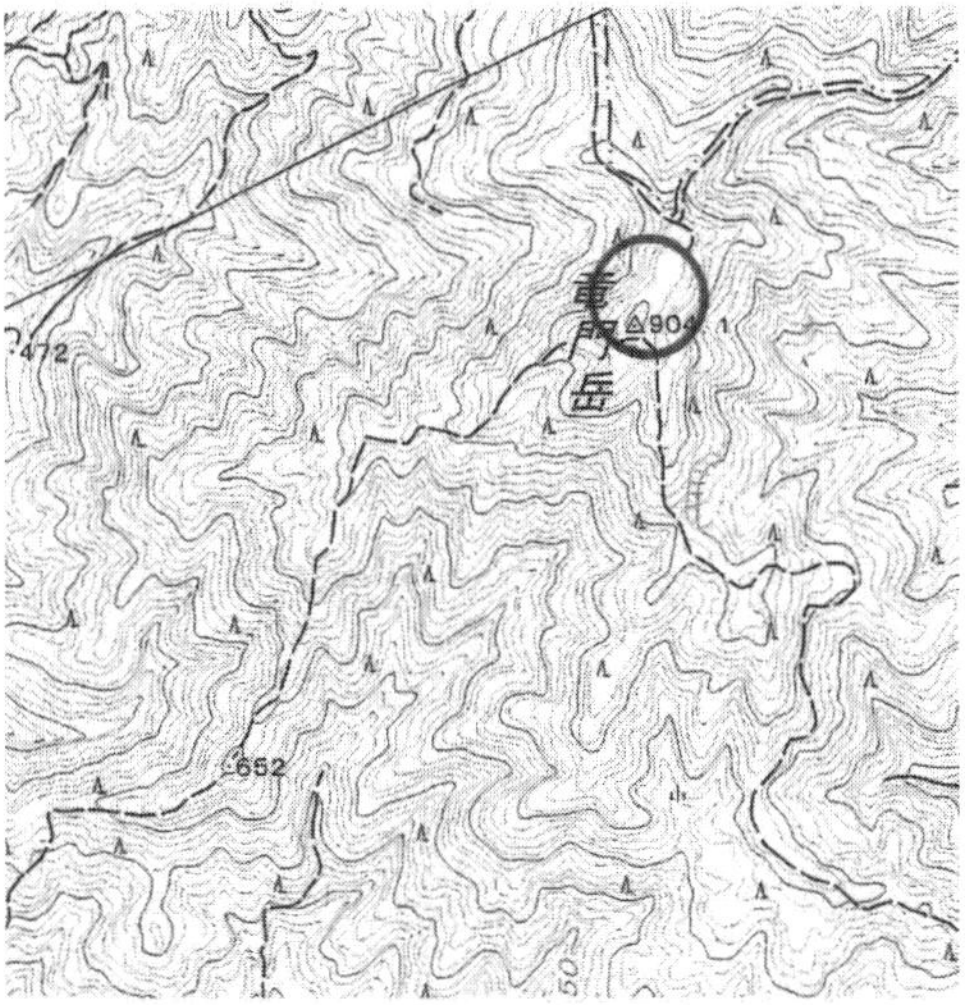

位置図

吉野と国中を隔てる竜門山地の主峰、竜門岳（標高九〇四メートル）山頂に所在する竜門山城は、遺構が確認できるものの中では県内最高所に立地する城郭である。南山麓の竜門寺跡（吉野町山口）から登山道を一時間半程登ると、尾根を東西に横断する溝と聳え立つ急斜面に出会う。その急斜面を登りきった先が竜門岳の山頂で、高鉾《たかほこ》神社奥宮の嶽《だけ》神社が鎮座している。この尾根を東西に横断する溝は竜門山城の南を区切る堀切Aで、急斜面は切岸、そして嶽神社の鎮座地が竜門山城の主郭部に当たるⅠ郭である。Ⅰ郭から北に延びる尾根上は平坦に整形され、堀切BによってⅡ・Ⅲ郭に区画されている。Ⅲ郭北端は一メートル程掘り下げられて、土塁を伴う虎口となり、その東斜面にも土塁を伴うⅣ郭がある。

現在の登山道は堀切Aから堀切Cまで尾根を縦走しているが、堀切を越え、高さ四～五㍍の切岸を登攀して城内に出入りしたとは考えにくい。本来はⅣ郭から東斜面を登って虎口から入っていたのであろう。

竜門山城には大和永享の乱（一四二九～一四三九年）の際、室町幕府に追われた一色直信が立て籠もったという伝承と、松永久秀（一五〇八?～一五七七年）が拠ったという伝承があるが、現在のところ築城者・築城時期を示す史料は見つかっていない。Ⅰ郭には瓦器を含む中世の遺物が散布しているので鎌倉時代には既に人の手が入っているのは確かであるが、それが城郭であったとは

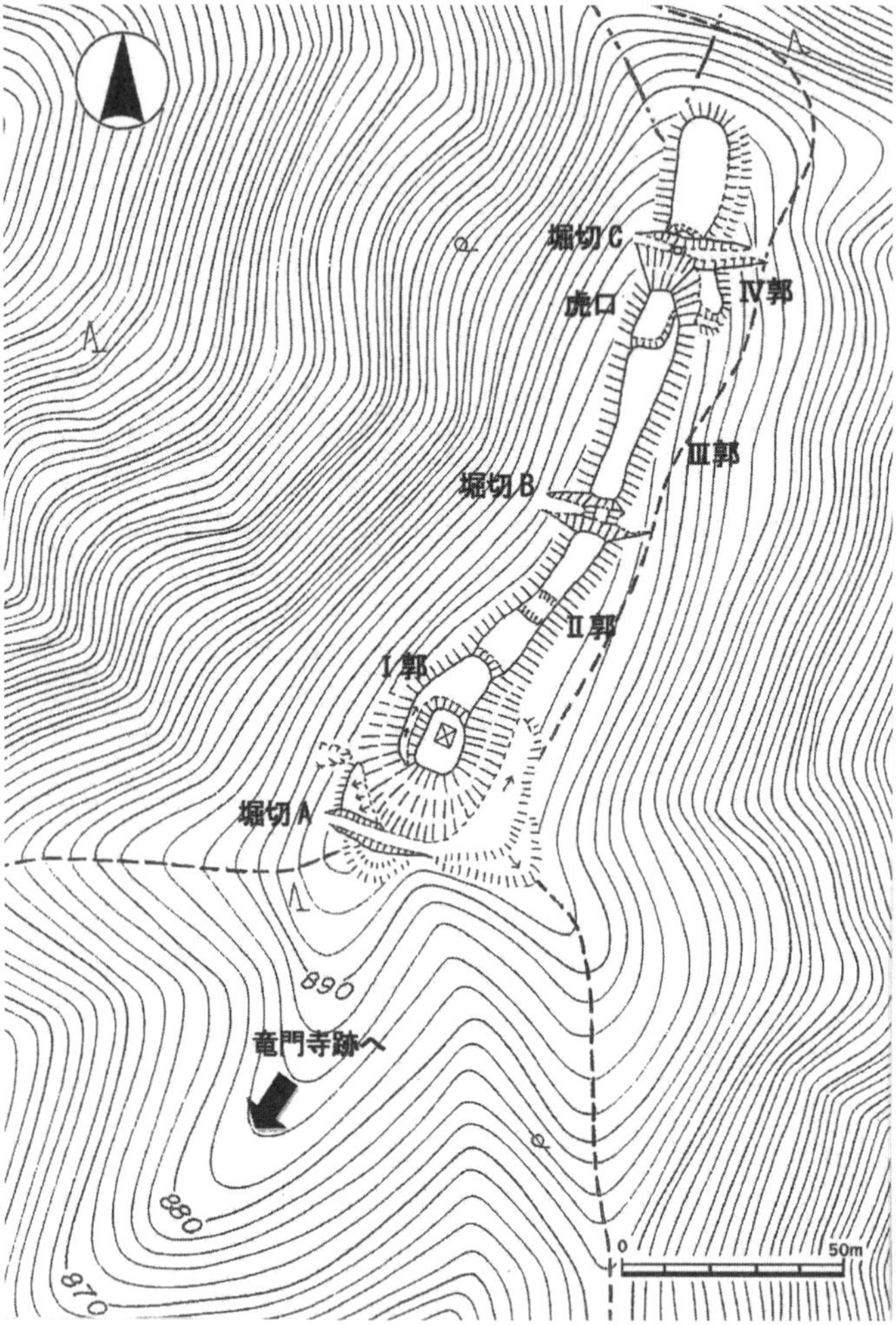

竜門山城（成瀬匡章作図）

限らない。

周辺の歴史的背景から探ってみると、中世に竜門岳南麓にあった興福寺領竜門庄は、南北朝時代は南朝方の牧氏、その後は現在の東吉野村一帯を拠点としていた小川氏が代官として支配していたが、応永十六（一四〇九）年に多武峯《とうのみね》妙楽寺（現在の談山神社）が代官となり、大永二（一五二二）年には竜門庄を攻撃して対立していた庄民を屈服させている。多武峯妙楽寺は大和永享の乱では室町幕府、永正三（一五〇六）年には赤沢朝経、永禄二（一五五九）年には松永久秀に攻められており、永正三年の時には竜門庄も放火されるなどの被害を受けている。この過程で妙楽寺の周辺に多数の城郭が築かれていった。これらは「多武峰城塞群」と呼ばれ、その南端は吉野と国中を結ぶ竜在峠に築かれた竜在城（吉野町滝畑）とされる。

竜門滝

竜門山城はその規模や山麓から隔絶した立地から在地勢力による築城とは考えがたい。妙楽寺とは離れた位置にあるが、竜在城を経由して尾根で繋がっているので、最終段階で誰が利用していたのかは別として竜門山城も「多武峰城塞群」の一角として築かれたのかも知れない。ただし、竜在城などとは縄張の類似性があまり感じられない。土塁を伴う小郭を経由して城内に進入させる点などは東吉野村の小川城に類似する。立地から似通った形になっただけかも知れないが、伝承にある松永久秀など外部勢力が手を加えている可能性もある。

（成瀬匡章）

参考文献
村田修三「大和の城跡12　竜門城」『月刊奈良』23－2号　社団法人現代奈良協会　一九八三
村田修三「多武峰城塞群」『図説中世城郭事典』第二巻　新人物往来社　一九八七
成瀬匡章「竜門山城」『図解　近畿の城郭Ⅲ』中井均監修・城郭談話会編　戎光祥出版　二〇一六
『奈良県中近世城館跡調査報告書』第一分冊　奈良県　二〇二〇

【城跡探訪メモ】

竜門山城は竜門岳の山頂にあり、登山道が通じる嶽川の渓谷には「竜門の滝」を中心に義淵僧正の開基と伝える古代山岳寺院、竜門寺跡が広がる。竜門寺跡には塔跡・本堂跡・坊跡伝承地のほか『今昔物語集』に登場する久米仙人の窟伝承地もあり、周辺は吉野町のセラピーロードとして整備されている。竜門寺跡から山頂の城跡までは約一時間半の本格的登山となる。冬季には、積雪に充分注意されたい。山頂からは北へ三津峠、細峠から竜在峠、大峠から多武峰へ通じる山道が通じている。

（成瀬匡章）

小川《おがわ》城・小川古城

所在地　（小川城）東吉野村鷲家口、（小川古城）東吉野村小《おむら》
築城時期　室町時代（十六世紀後半、小川古城は小川城より若干古い）
標　　高　四一〇メートル、三二五メートル
主な遺構　郭、土塁、堀切、郭、堀切

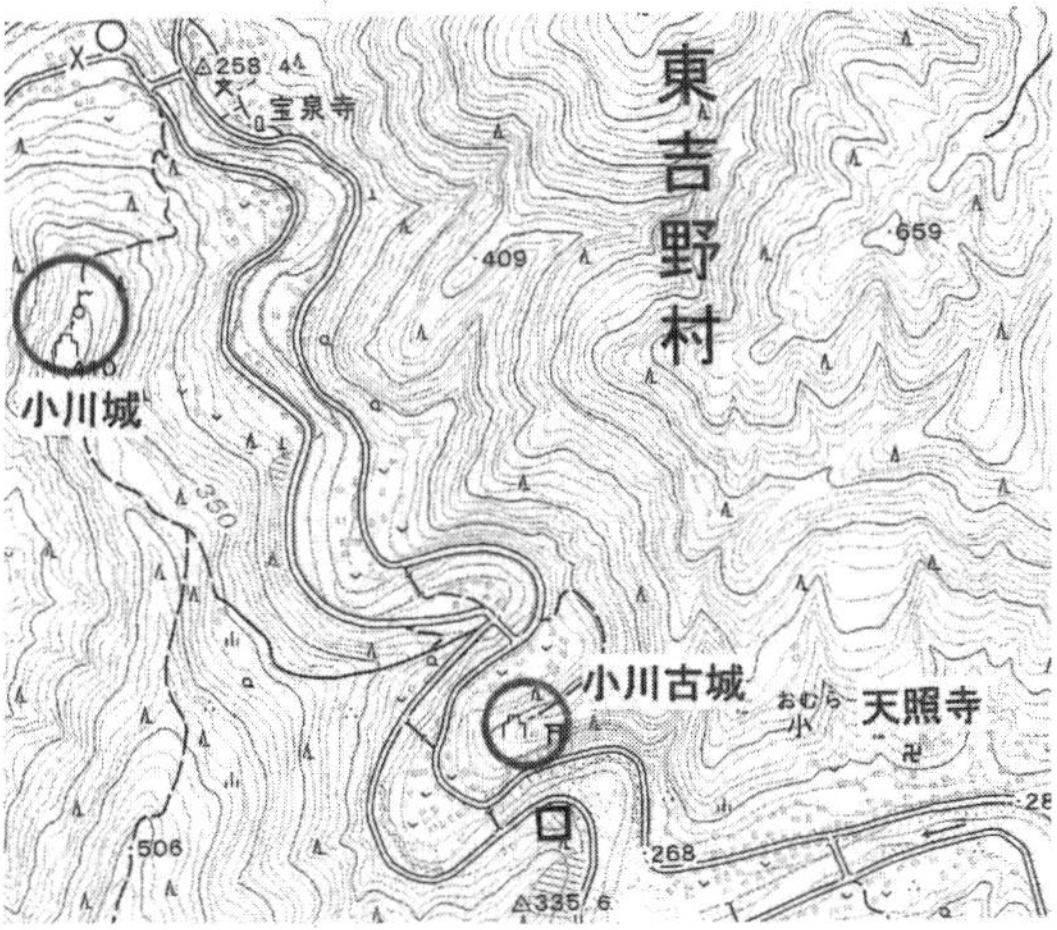

位置図

奈良・三重県境の高見山に源を発する高見川は、吉野山地に河谷を刻みながら吉野町国栖で吉野川と合流する。その高見川が支流の四郷川、日裏川が合流する川岸に水神宗社として全国から崇敬を集める丹生川上神社中社が鎮座する。鬱蒼とした杉の巨木が並ぶ境内と、神社に伝わる多くの神像（平安〜鎌倉時代・県指定文化財）、弘長四（一二六四）年銘の石灯籠（国重要文化財）は古い由緒を感じさせる。

中世にこの神社の神主を勤めた小川氏は、現在の東吉野村一帯を勢力圏とした国人で、長禄の変（一四五七年）では後南朝からの神璽《しんじ》奪回に協力したことでも知られている。鎌倉時代以来この地で勢力を保った小川氏も、戦国時代に入り、松永久秀や筒井順慶による大和平定が進む中で没落して

いったが、村内には今でも小川氏の史跡や伝承が数多く残され、小川城と小川古城も小川氏の城と伝えられている。

小川城は東吉野村役場南方のハルトヤ山（標高四一〇メートル）山頂に築かれており、山麓との比高差は二〇〇メートル程である。主郭部は神社の境内となり、南端の土塁上には城跡を示す碑が建てられている。

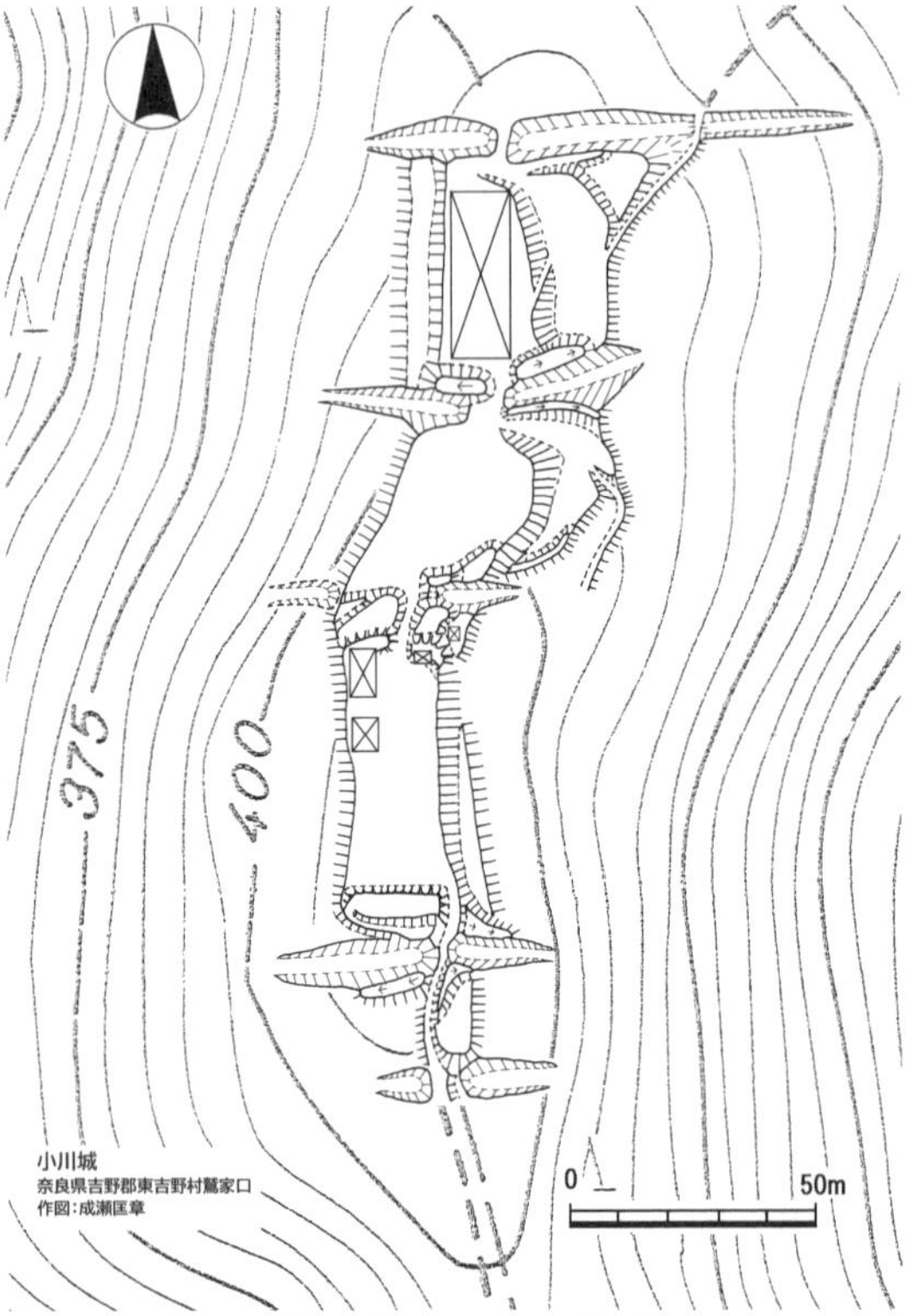

小川城縄張図（東吉野村鷲家口）

この土塁の背後に二本、主郭部北側に三本の堀切が設けられている。いずれも土橋を伴い、長さ一〇〇メートル近くある大規模なものもある。虎口は主郭部北側のⅢ郭から入るルートと、北端の堀切Aを越えてⅣ郭に入るルートがある。堀切Aの土橋から現在、通信施設が建っているⅣ郭西端のスロープを登ったと考えられるが、現在山道が通る東側も、Ⅳ郭東端を突出させ一段低い削平地を設けているので、こちら側も虎口として機能していたのかも知れない。

小川古城は小川城から一・五キロ離れた地点に所在する。高見川に向かって張り出した尾根先端部に立地し、主郭部は神社の境内となり、山麓との比高差は五〇メートル程である。小川城と同じく東端部の土塁上に社殿が建っている。背後に設けられた堀切は深さ五メートル程で、岩盤を掘り割っ

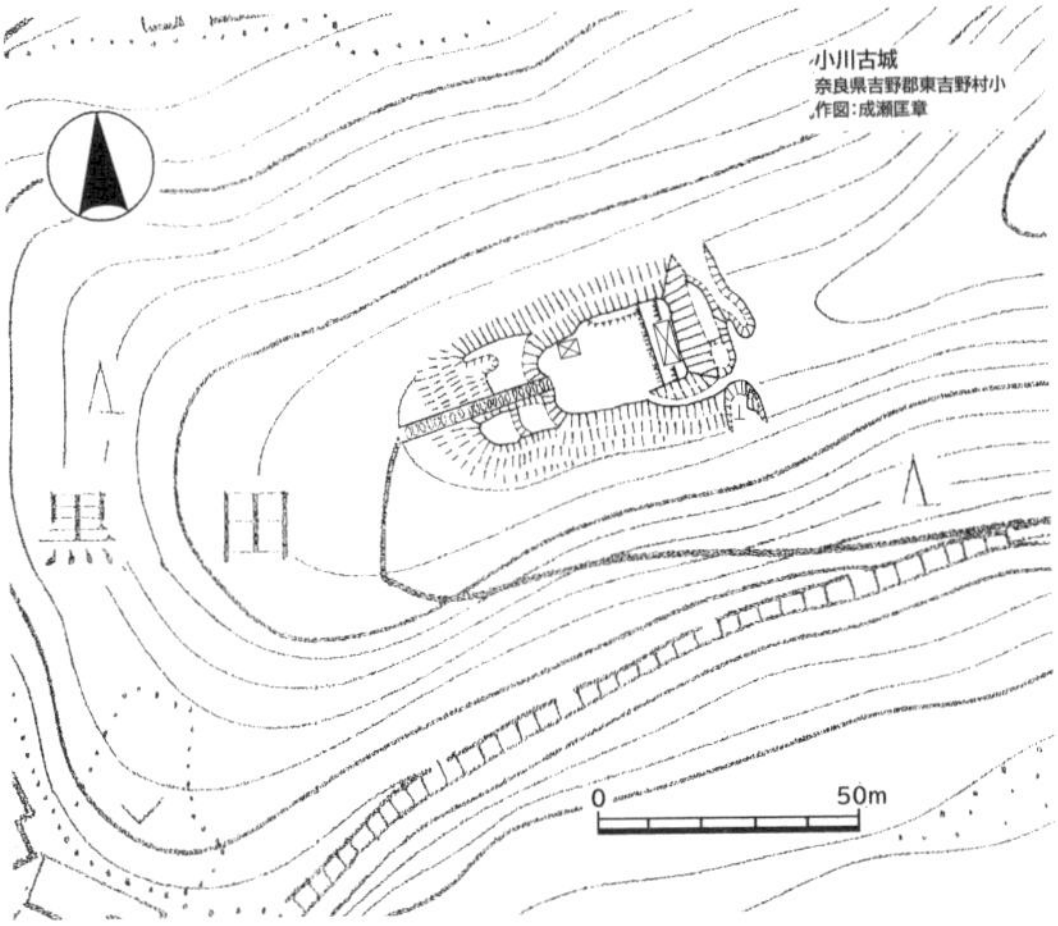

小川古城縄張図（東吉野村小）

た箇所も見られ、厳重に遮断している。一方、主郭部西側には三段の削平地が設けられているものの、堀切は見られない。主郭部周囲の切岸も東・南・北面に比べて明瞭ではなく、防御が手薄な感じを受けるが、小川古城の麓では僅かながら中世の遺物の散布が見られ、一帯に城の施設が広がっていた可能性がある。堀切が竪堀化していないことなどから、築城時期は小川城より若干先行するとみられる。

　小川城は吉野郡内最大規模の城郭であり小川古城とは隔絶した規模である。しかし現在のところ、この時期に小川氏の勢力が急拡大したことを示す史料は知られていない。小川城は郭群の配置や虎口の形状が竜門山城（吉野町）と似ている。立地条件からたまたま同じような形になっただけかもしれないが、竜門山城は松永氏など外部の上級権力が関与した可能性が指摘されており、小川城もその可能性を考慮すべきなのかも知れない。

（成瀬匡章）

参考文献

村田修三「小川城」『日本城郭大系』第10巻　新人物往来社　一九八〇
成瀬匡章「小川城」『図解　近畿の城郭Ⅱ』中井均監修・城郭談話会編　戎光祥出版　二〇一五
『奈良県中近世城館跡調査報告書』第一分冊　奈良県　二〇二〇

東吉野村教育委員会編『東吉野と小川殿』　東吉野村教育委員会　一九八五

東吉野村史編纂委員会編『東吉野村史　通史編』　東吉野村教育委員会　一九九三

【城跡探訪メモ】

小川城へは東吉野村役場の道を隔てた南に登山道があり、二〇分内で登ることができる。若干の改変は受けているものの、遺構の残存状態は良く、見学しやすい。小川古城へは県道二二〇号大又小川線から神社へ車でも登れる道が整備されている。

小川古城の対岸には小川氏の家臣団の墓地と推測される「小三昧墓《おむらさんまいぼ》」もあり、役場から一キロほど下流にある福寿院跡（小栗栖《おぐるす》）にも小川氏に関わると考えられている鎌倉時代の十三重石塔が残されている。丹生川上神社中社の手前にある天照寺は小川氏の菩提寺として弘安年間（十三世紀後半）に創建されたと伝え、小川氏の墓所に鎌倉～南北朝時代と見られる層塔二基、大型五輪塔三基がある。薬師堂（県指定文化財）は天正十二（一五八四）年の造営、装飾を排した質実簡素な建物で、城跡とともに東吉野の中世がしのばれる。

（成瀬匡章）

ハチヤヅカ城

所在地　東吉野村平野
築城時期　室町時代
標高　六九一メートル
主な遺構　郭、堀切、畝状空堀群

高見川支流の平野川が流れる東吉野村平野地区は、高見峠を越える伊勢南街道（和歌山街道）と伊勢本街道を繋ぐ県道二八号吉野室生針線が通る集落である。ハチヤヅカ城はこの平野地区の西側、「ハチヤヅカ」「ハタツカ」と呼ばれる山頂に立地する。

位置図

主郭部のⅠ郭は、長さ三五×幅三〜一〇メートル程の細長い形状で、南北に堀切、東斜面に畝状空堀群を配している。南側の堀切Aは深さ四〜五メートル程、外側にも土塁を思わせる若干の段差がある。北側の堀切Bは深さ三メートル程で外側の尾根上は「く」の字形の削平地となり北と西に尾根が伸び、西の尾根側には二重堀切Cが設けられている。Ⅰ郭の東側は大きく斜面を削り取って切岸とし、その下に畝状空堀群を配している。畝状空堀群内には小土塁を配するⅡ郭があり、内部には礎石にも使用で

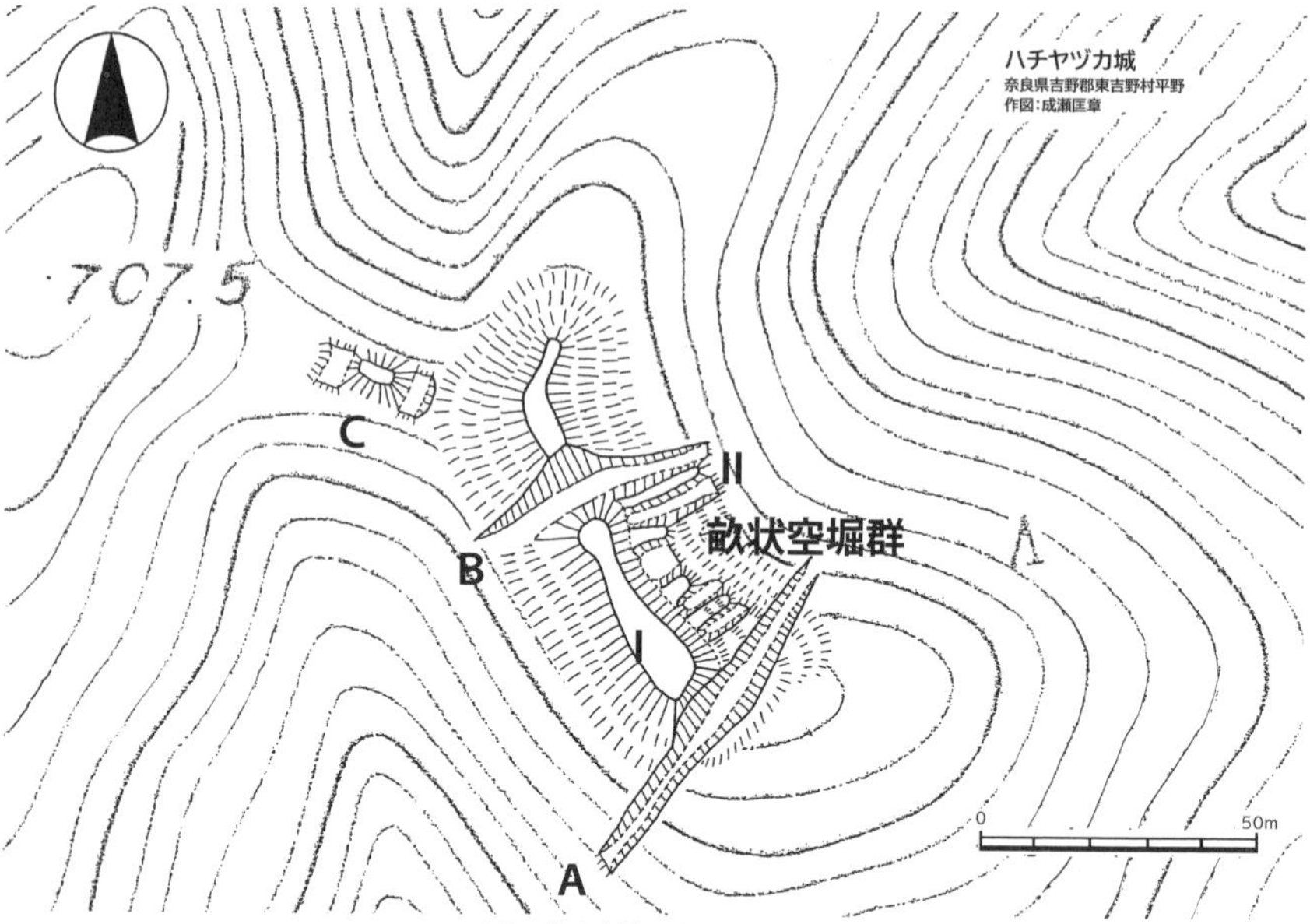

ハチヤヅカ城縄張図（東吉野村平野）

きる程度の大きさの川原石が見られる。畝状空堀群は、経年による埋没や崩落があったとしても北端の竪堀以外は斜面上にはそれほど伸びていない。Ⅰ郭東側斜面を掘削して切岸を作る過程で生じた平坦面を潰し、Ⅱ郭への侵入を阻むことを目的に設けられたと考えられる。ハチヤヅカ城はその構造や規模からみて大人数での使用は考えにくい。おそらくⅠ郭とⅡ郭を守るのがやっとという程度の少人数が守備していたのであろう。

吉野郡内で畝状空堀群を有する城郭には山口城（吉野町）・矢走西城（大淀町）がある。また平野地区から街道（県道二八号吉野室生寺針線）を一〇キロ程北に進んだ伊勢本街道との合流点にある黒岩城（宇陀市）でも畝状空堀群が用いられている。いずれも規模はそれほど大きくはなく、街道に隣接した城郭という点が共通する。

畝状空堀群は軍事的緊張が高い地域の城郭で用いられるケースが多い。中世の東吉野村一帯は小川氏の勢力圏であったが、平野は天文十六（一五四七）

年に宇陀郡の芳野氏の支配地となり、芳野氏被官の松山総介が居住したとされる（「三箇院家抄」挿入文書）。このような両勢力の角逐する地域に設けられた城郭を「境目の城」と呼ぶ。平野川を下って和歌山街道と合流する東吉野村杉谷地区には「陣屋」と呼ばれる小川氏の城跡伝承地と「川の対岸と合戦があった」との伝承が残ることとも、この地域に軍事的緊張が生じていたことをうかがわせている。現在確認できる遺構・史料・伝承から判断すれば、ハチヤヅカ城は小川氏と芳野氏の抗争の中で、いずれかが築城したとみるのが穏当であろう。

（成瀬匡章）

参考文献

『奈良県中近世城館跡調査報告書』第一・二分冊　奈良県　二〇二〇・二一

成瀬匡章「ハチヤヅカ城」『図解　近畿の城郭Ⅱ』中井均監修・城郭談話会編　戎光祥出版　二〇一五

内野和彦「奈良県下での畝状空堀群を有する城郭について」第31号　中世城郭研究会　二〇一七

髙田　徹「畝状空堀群の諸問題－その現状と課題－」第31号　中世城郭研究会　二〇一七

東吉野村教育委員会編『東吉野と小川殿』東吉野村教育委員会　一九八五

東吉野村史編纂委員会編『東吉野村史』東吉野村教育委員会　一九九三

【城跡探訪メモ】

城跡は「たかすみ温泉」のある平野の集落の南にある水分神社向側あたりの民家の間から西の山へ登ることになるが、山麓の県道からかなり離れており、なおかつ急斜面であるので訪れる際にはそれなりの注意が必要である。ただしその苦労を忘れさせるほど遺構の保存状態は良好である。全域が植林されているため城内からの眺望は利かないが、堀切Aの少し手前の皆伐地からは平野地区と街道を一望することができ、この地点が選ばれた理由も実感することができる。また城内では一点であるが土師器片が採集されている。小片のため詳しい形式の特定はできないが胎土などの特徴から中世の南伊勢系土師器鍋と見られ、中世の流通資料として興味深いものである。

（成瀬匡章）

十　環濠集落と寺内町

稗田《ひえだ》環濠

所在地　大和郡山市稗田町
築造時期　室町時代（十五世紀）
標高　四九メートル
主な遺構　環濠

環濠《かんごう》とは周囲に濠《ほり》（水堀）をめぐらすこと、濠で囲むこと。吉野ケ里遺跡や唐古・鍵遺跡のように弥生時代から存在するが、ここでは中世に多く形成された環濠をとりあげる。奈良盆地には約二四〇カ所の環濠が存在する。そのほとんどが集落をとり囲む環濠であり、そもそも城ではない。大名も住んではいない。なのになぜこの本に……。城と同じような役割をはたすことがあったからであろうか。

稗田環濠は典型的な環濠として知られる。室町時代に現在のような形になったようで、東西二五〇メートル、南北二五〇メートルの範囲が濠で囲まれる。濠内の面積は約五ヘクタール。濠の平面形は不整形で、北西辺は斜めに、北東辺は幾重にも折れ曲がり、「七曲り」とよばれる。濠の幅は七〜一五メートル。西辺、南辺の幅がとくに広い。濠内には民家が密集する。

道幅は狭く、くい違いや袋小路、T字路も多くて見通しがきかない。集落へは本来四カ所の橋を通って出いりしていた。

『経覚私要抄』という史料には、文安元（一四四四）年二月、古市胤仙が稗田を筒井から奪い取って陣を敷いた、とある。また、『大乗院寺社雑事記』の文明十一（一四七九）年、文明十四年の記事には筒井氏の焼き討ちを受けたことが記載されている。この記事からだけでは、全体が城構えの構造であっ

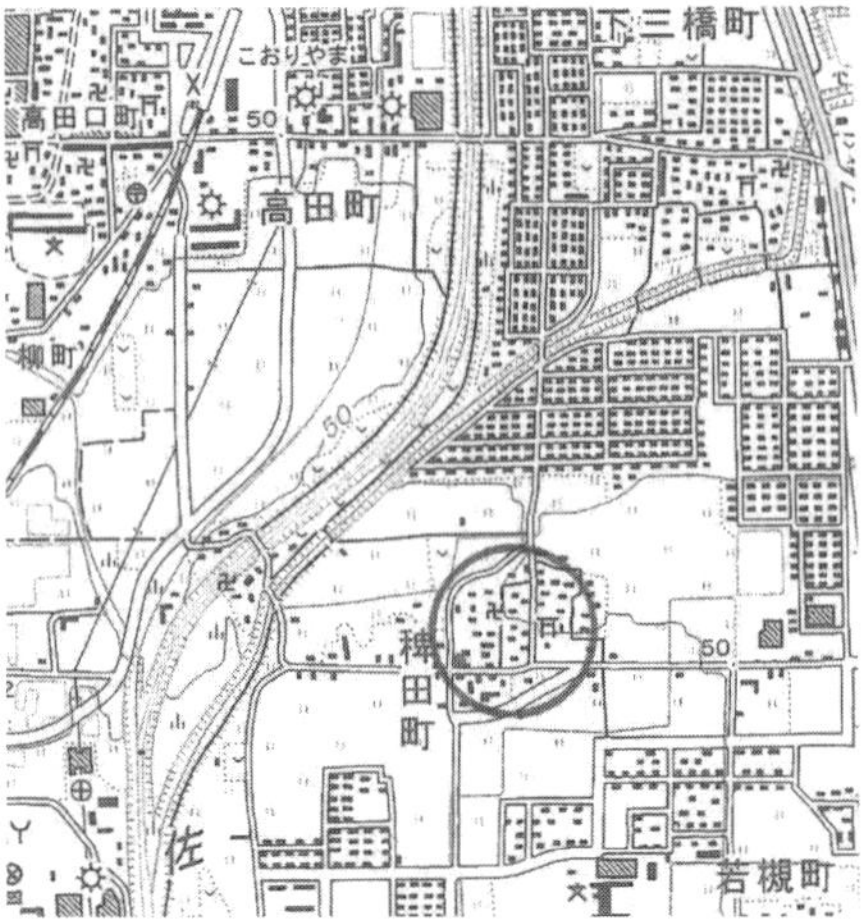

位置図

稗田環濠

たとは断定できない。村が攻められ、一時的に陣地や砦《とりで》として使われたことを示すだけである。他の環濠では「○○塁」と表現される事例がある。塁も陣地や砦を意味する。

環濠の機能にはさまざまなものがある。外敵の侵入を防ぐというまさに城の堀としての機能もあれば、洪水時に調整池として集落を守る治水機能、

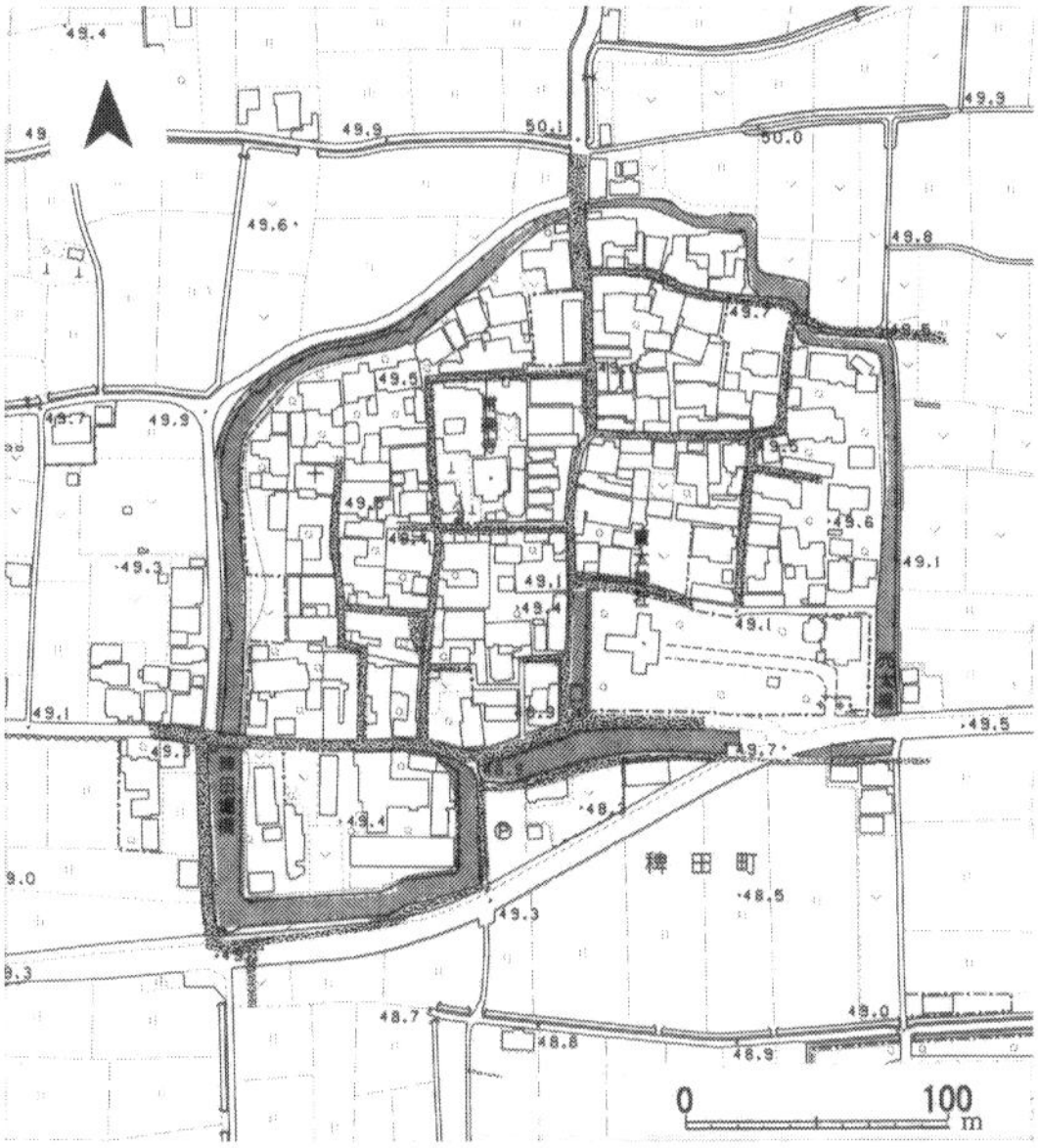

稗田環濠（服部伊久男作図）

田畑を潤す用水を貯水する灌漑《かんがい》機能などである。はたしてどの役割を求めて環濠は形成されたのか。実はまだ解明されていない最大の謎である。

稗田環濠の南東約七〇〇メートルに位置する若槻環濠は史料が豊富で、十五世紀中頃に環濠が形成されたことが明らかな事例である。ただ、環濠は東西三〇〇メートル、南北七〇メートルの長方形で、東西に細長く幅も狭い。環濠の形態や形成の過程もさまざまである。

寺内町、城下町、領主層の館も堀に囲まれる事例がある。ムラやマチやヤカタをなぜ環濠で囲んだのか。通底する歴史的な意義があるはずである。

集落の南よりに鎮座する賣太《めた》神社は式内の古社。古事記を口伝した稗田阿礼《ひえだのあれ》を祭神とし、毎年八月十六日には阿礼祭が開催される。語り部の里としての稗田。環濠のことも永く語り伝えていきたいものである。

（服部伊久男）

参考文献
『大和郡山市史』大和郡山市役所　一九六六

【城跡探訪メモ】

稗田町へは平日であれば、大和郡山市コミュニティバスが近鉄郡山駅やJR郡山駅から運行しているが、休日はJR郡山駅から東南に歩いて約二〇分。集落の周囲を幅七メートル、広いところで一五メートルの水濠が巡り、環濠沿いに歩くことができる。集落内の道は細く、見通しが利かないようにつくられている。集落の東南にある稗田阿礼《ひえだのあれ》を祀る賣太《めた》神社では毎年八月十六日に「阿礼祭」が行われ、「日本のお話しの神様」として子供たちが「阿礼さま音頭」を輪になって踊り、参詣者で賑わう。

（増山和樹）

賣太神社（服部伊久男撮影）

今《いま》井《い》環濠

所在地　橿原市今井町
築造時期　戦国時代（天文年間・一五三二～五五）
標高　約六〇メートル
主な遺構　環濠・土塁（土居）・寺内町（「重要伝統的建造物群保存地区」）

奈良盆地の南部、近鉄橿原線八木西口駅から南西方向へ徒歩約五分、飛鳥川を西に越えた所に今井町が広がる。

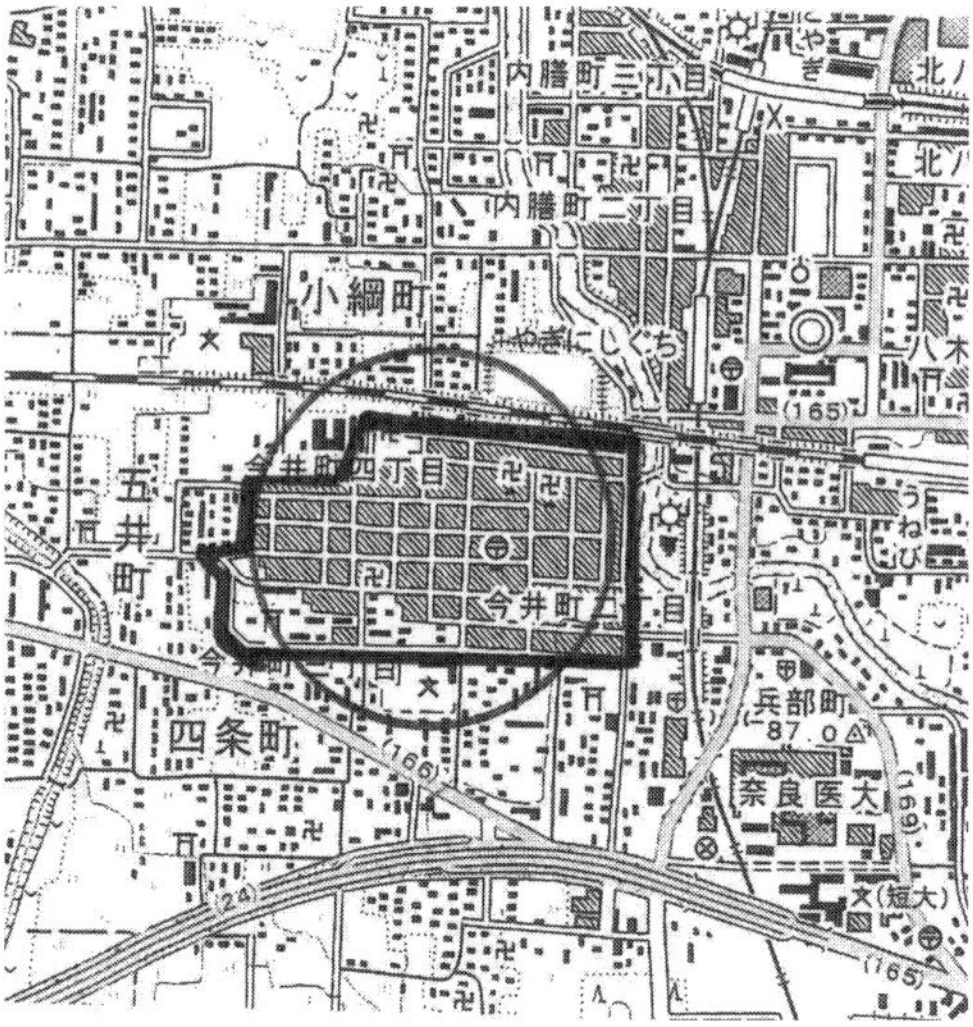

位置図

国の重要文化財九件をはじめとする江戸時代以来の建造物が多数建ち並び、国の「重要伝統的建造物群保存地区」に選定されている。東西約六〇〇メートル、南北約三一〇メートルの範囲に五〇〇棟を超える伝統的建造物が存在する。江戸時代の面影・情緒を色濃く伝える場所として、連日多くの人々がこの町を訪れている。

江戸時代にタイムスリップしたような町歩きが楽しめる場所として一般に人気の今井町であるが、寺内町・今井の成立は戦国時代にさかのぼる。天文年間（一五三二～一五五五年）ごろに一向宗の門徒によって道場が開かれる。現在の称念寺につなが

今井環濠

今井町環濠発掘調査写真

る、この道場を中心とした町場が形成されたことが、その起こりとされる。

　戦国時代後半、大和における興福寺の支配力の衰えや本願寺一派の勢力拡大を背景に、今井は寺内町として急速な発展を遂げる。町域は次第に拡大され、その周囲に大規模な濠や土居（土塁）を巡らせた防御的な性格をもつ環濠都市が形成された。ここに今井が本書に掲載された理由がある。

　一方で、今井は本書においては異質の存在とも言える。いわゆる武士層によって築かれた他の古

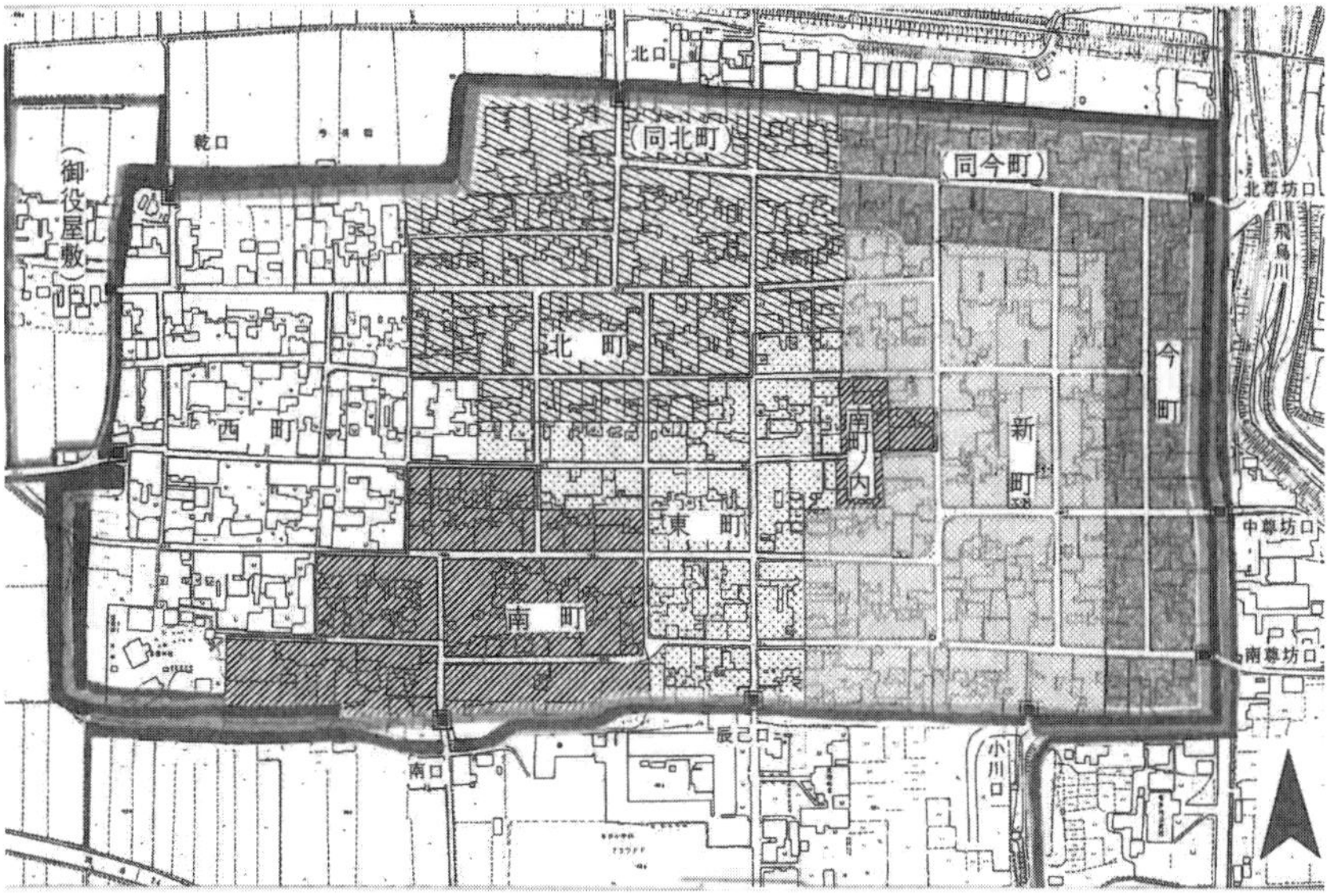

今井町復元図・江戸中期、元禄期（亀井伸雄 1989）

城と異なり、今井の形成・経営の中心となったのは商人層や一向宗門徒であった。それは後の時代にも受け継がれ、江戸時代前半には『大和の金は今井に七分』といわれるほどの経済的発展を見せるに至る。

元亀元（一五七〇）年～天正八（一五八〇）年には織田信長と本願寺勢力の抗争、いわゆる「石山合戦」が展開された。今井も天正元（一五七三）年ごろから本願寺側として信長勢と争ったようである。天正三（一五七五）年に信長と本願寺が一時和議を結んだ際、今井は先立って降伏しており、その赦免状が称念寺に遺されている。降伏に際しての一連の文書には、明智光秀の名も見られる。降伏条件として、土居を崩し武装放棄することが求められた。以後の今井は、時の天下人たちの保護を受ける形となり、商業都市として再興・発展していく。現代に伝わる今井の姿はそうして形作られたのである。

発掘調査では十六世紀後半に埋没した環濠が発

見されている。信長に降伏した際に埋め立てられたものかもしれない。環濠は十六世紀末までに掘り直しが行われ、今井は再び環濠都市の形を取り戻している。

近代以降、周辺の開発に伴って環濠は次第に姿を消していき、近年は規模を縮小した形で一部が残るだけの状態となっていた。現在、町の南西部を中心とする範囲において発掘調査成果を基にした環濠の復元整備が新たに行われており、環濠都市としての今井の姿を現地で確認することができる。今回紹介した視点をもって今井町を訪れてみると、また違った景色が見えてくるのではないだろうか。

（石坂泰士）

参考資料

『今井町史』今井町史編纂委員会　一九五七

【城跡探訪メモ】

今井町は国の「重要伝統的建造物群保存地区」として景観保全が進んでおり、江戸時代にタイムスリップしたような町歩きが楽しめるが、つくりものでなく全て本物なのが今井町の価値だといえる。今井町の歴史を知るなら、町の東南にある「今井まちなみ交流センター　華甍《はないらか》」へ。建物は奈良県指定文化財、明治三十六（一九〇三）年に高市郡教育博物館として建設され、昭和四年からは今井町役場、現在は資料館として活用されている。町内には町の核ともいえる称念寺、惣年寄筆頭であった今西家住宅や造酒屋の河合家住宅など重要文化財に指定される建物も数多い。

（増山和樹）

十一　江戸時代の城と陣屋

奈良奉行所《ならぶぎょうしょ》

所在地　奈良市北魚屋西町
築城時期　慶長八（一六〇三）年
標高　八〇メートル
主な遺構　堀・土塁（削平・埋没）

位置図

江戸時代の奈良は幕府の直轄都市、遠国《おんごく》奉行のひとつである奈良奉行が京都所司代の下知を受け、治めていた。奉行所は奈良の町二百余町と町に接した天領（幕府領）の奈良廻り八カ村（城戸《じょうど》・油坂・杉ケ町《するがまち》・芝辻・法蓮・京終《きょうばて》・川上・野田）を支配し、大和一国の治安維持、法令伝達、公事訴訟を受け持っていた。奉行は江戸から派遣され、与力七名、同心二五名を率い、奈良の町の惣年寄《そうどしより》、町代《ちょうだい》を支配

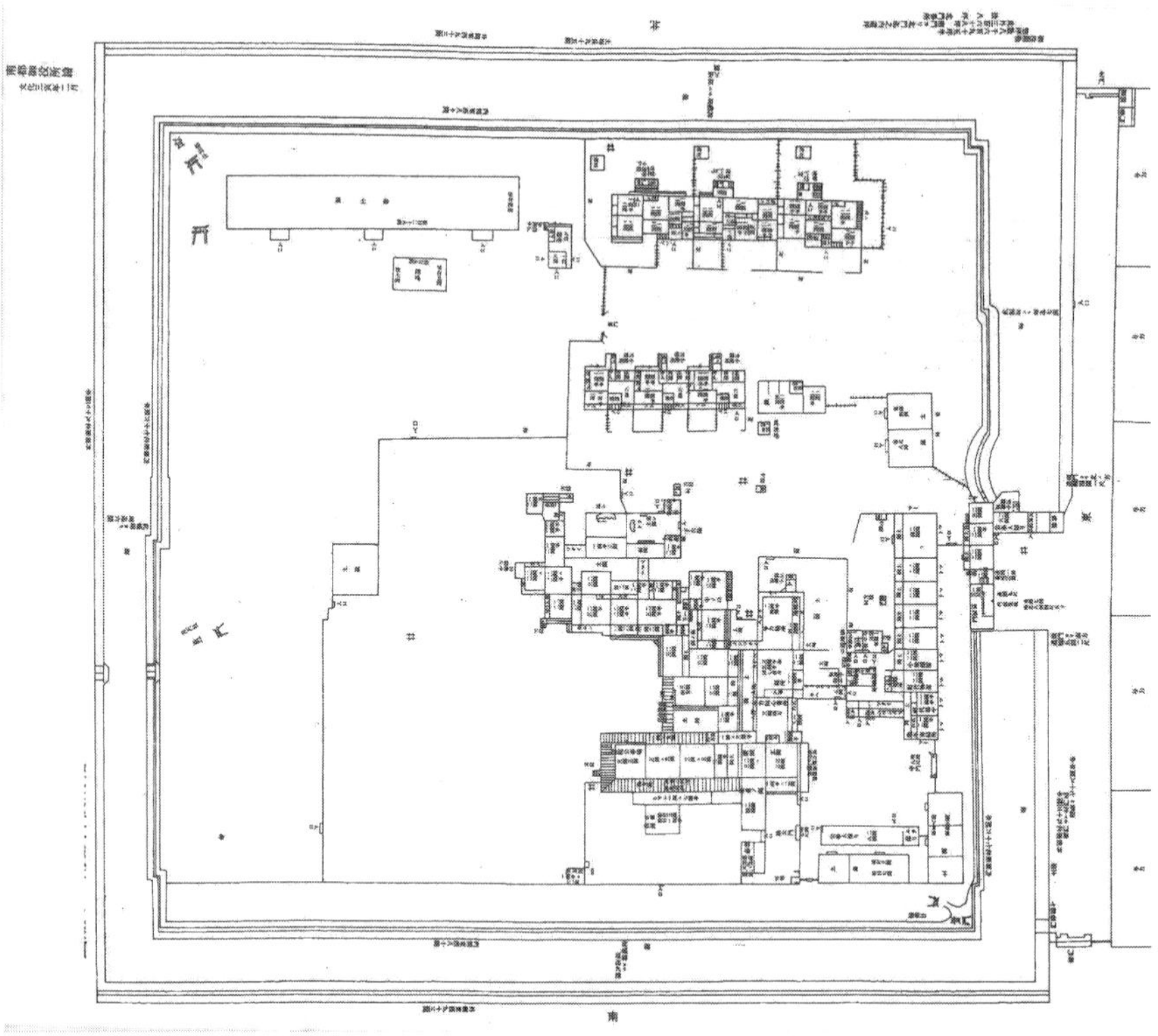

文化三年南都御役所絵（奈良女子大学 1984）

下に置いて町政にあたった。

「南都御役所」とも呼ばれた奈良奉行所は現在の奈良女子大学構内に所在し、大学正門の位置が奉行所の正門、キャンパスの東南隅が奉行所堀の東南隅と一致する。周囲に幅一二〜一七メートルの堀を巡らした東西九三間（約一九二メートル）、南北九三・五間（約一八九メートル）の方形の陣屋で、大坂、京都、堺などの奉行所よりも大きく、徳川家康が築かせた駿府城、篠山城、名古屋城、二条城など正方形プランの城の本丸の規模に近い。

奈良奉行所は当初、大坂方包囲網のひとつとして奈良に築城が計画された堀内一町半四方の平城《ひらじろ》であった可能性が指摘されている。堀は明治になって埋め立てられ、女子大構内の発掘調査で北堀と西堀が確認され

奈良女子大学正門

ている。堀の外側には築地塀があり、内側には土手があり、松が植えられていた。

奉行所の正門は東面する十間の規模をもつ長屋門。道を隔てた東側の女子大寮は与力の組屋敷で、前面道路の南北には惣門《そうもん》があって夜間は閉じられた。長屋門を入ると、奈良の町の町代部屋や惣年寄詰所などがある表長屋があり、南側にある中門を潜ると、正面が玄関。その北側は与力、同心の番所や詮議所。玄関の南にある塀重門を入ると、書院南庭の「お白洲」である。書院の北は奉行の

奈良奉行所復元模型（奈良市史料保存館）

住居で、奉行所の西南部は庭園、北側には家来の長屋や蔵が建っていた。

名奉行と評された幕末の奈良奉行川路聖謨《としあきら》は奈良奉行所について「いかにもきたなき田舎寺のごとき御役所」と評し、「奈良の御役所玄関前は立派なることにて表向は長屋門、玄関、太鼓やぐら等に至るまで、ことごとく筒瓦葺（本瓦葺）にて、五、六万石位の大名の立派なるがごとし、されども慶長以前の普請のままなるべければ、きれいにはあらず、しかし畳替え等ありて、我が宅よりはよほどきれい也」とその日記に書き記している。

（森下　恵介）

参考文献
『奈良市史　通史3』奈良市　一九八八
『奈良女子大学構内遺跡発掘調査概報Ⅱ』奈良女子大学　一九八四
『奈良女子大学構内遺跡発掘調査概報Ⅳ』奈良女子大学　一九八九

【城跡探訪メモ】

奈良奉行所があった奈良女子大学へは近鉄奈良駅から東向北町、花芝町の商店街を抜けて徒歩五分ほど。大学の正門が奉行所の正門の位置にある。正面の記念館は奈良女子高等師範学校本館として明治四十一年に完成、重要文化財に指定されている。奈良奉行所の復元模型が市内脇戸町にある奈良市史料保存館（月曜、休日の翌日休館）で展示されている。

（増山和樹）

柳生《やぎゅう》城・柳生陣屋

所在地　奈良市柳生下町
築城時期　（柳生城）室町時代・（柳生陣屋）寛永十三（一六三六）年
標高　（柳生城）三一八メートル・（柳生陣屋）二六〇メートル
主な遺構　郭・土塁、堀切

位置図

奈良市の東部には狭川、須（簀）川、北村、平清水、水間《みま》、別所など地侍の居館を城郭化した方形単郭の館城《やかたじろ》が多いが、一方で誓多林《せたり》、大平尾《おびらお》、大柳生など街道を押さえるために眺望の良い山頂に築かれた小規模な山寨もあり、柳生《やぎゅう》、邑地《おうじ》、興ケ原《おくがはら》、丹生《にう》などには地域の支配拠点とみられる城郭もある。柳生氏は春日社領であった柳生庄の荘官を勤める国民で、戦国時代には狭川氏、簀川《すがわ》氏などとともに自立的な動きをしていたが、天文十三（一五四四）年、大和制覇を押し進める筒井順昭に抵抗、柳生の本城は水の手を止められ包囲されて落城した。

　この柳生氏の城は芳徳寺の東南の山頂にあって広い主郭をもち、南尾根と東北尾根に小郭と堀切が見られる。芳徳寺や正木坂道場が建つ平地も城域に含まれた可能性もある。柳生にはこの他に柳生谷の東北にある古城山にも城跡があり、柳生城の支城とも見られるが、こちらは東西南北の交通の要衝にあって、邑地城を山内の根拠地とした古市氏が築いた笠置への繋ぎ城であった可能性もある。

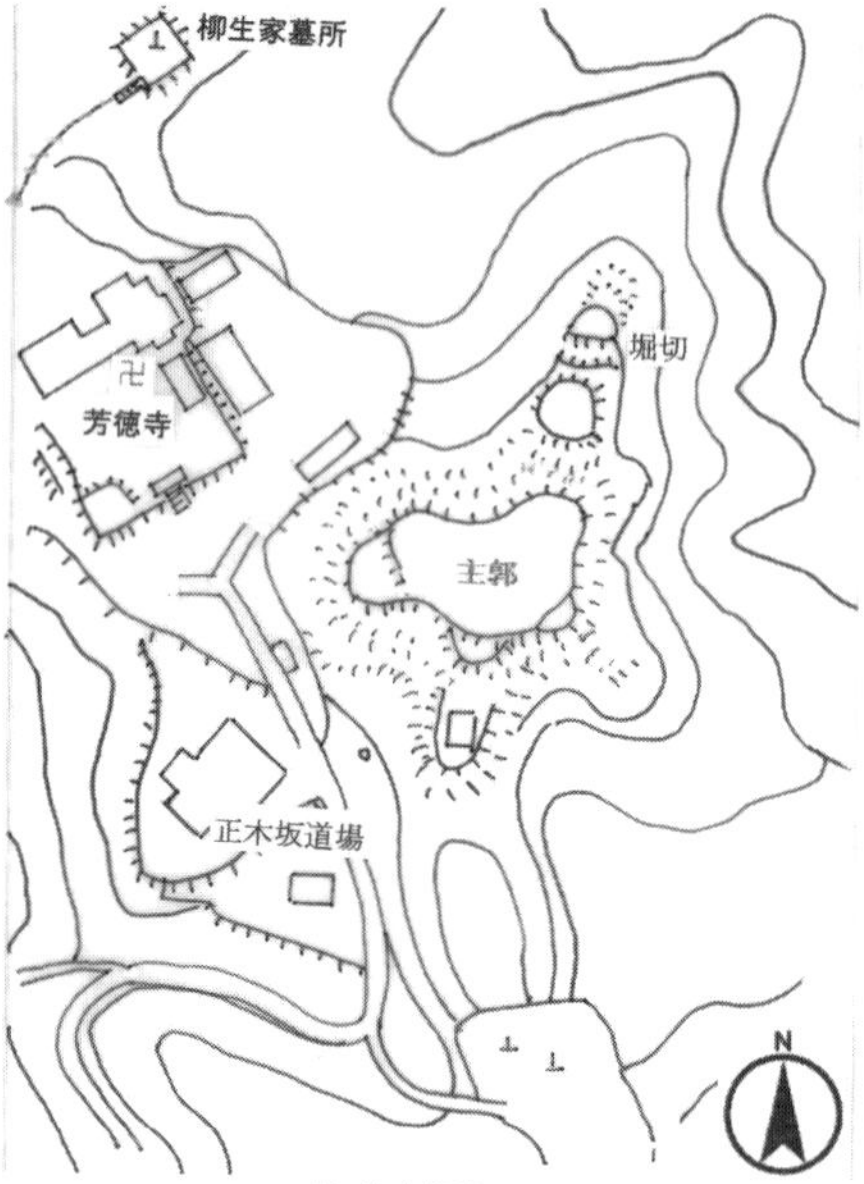

柳生城跡

松永久秀の大和入り以後、柳生氏は松永久秀に属したが、元亀二（一五七一）年の辰市合戦で松永方の柳生息（宗厳の長男、厳勝《としかつ》か）が負傷し、久秀の滅亡後、柳生宗厳《むねよし》は隠遁し、柳生にある塚穴古墳の石棺に因み、「兵法のかじを取りても　世の海を渡りかねたる石の舟かな」と詠み、石舟斎と名乗り、剣法の研鑽に努めたという。

文禄三（一五九四）年、徳川家康に新陰流を披露したのが、柳生氏再生のきっかけで、以後、宗厳が開創した柳生新陰流は徳川将軍家の兵法とされ、五男の宗矩《むねのり》が兵法指南として出仕、その本貫地である柳生を回復し、柳生氏は石高一万石の大名として江戸時代を通じて存続した。

柳生氏は、定府《じょうふ》大名として江戸屋敷に住み、国

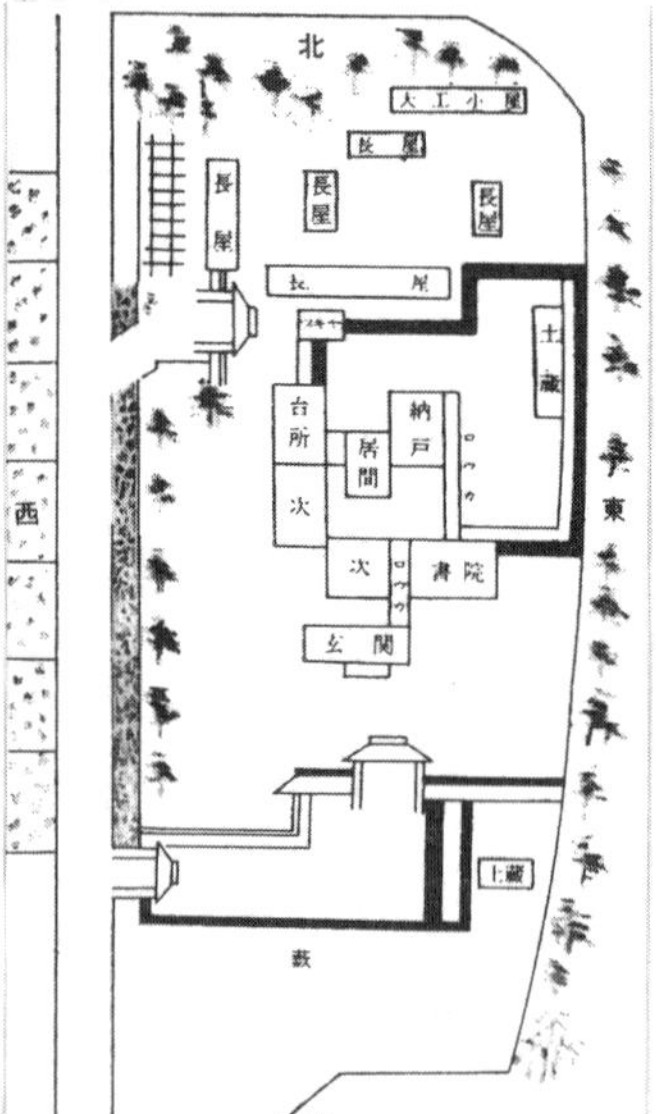

柳生陣屋屋敷図
（享保 12〈1727〉年『柳生家の雑記』）

元には陣屋（正木坂陣屋）を置いて領地支配を行った。柳生公民館の北側に残る陣屋跡は公園化され、その建物位置が表示されている。中世の大和において、各所に城を築き、抗争を続けた大和の地侍の中で、小藩とはいえど大名として生き残れたのは柳生氏だけで、柳生氏は兵法の舵をとって、みごと戦国の海を渡りきったのであった。

（森下恵介）

柳生氏の正木坂陣屋跡

参考文献
村田修三「中世の城館」『奈良市史　通史二』奈良市　一九九四
『柳生の文化財』奈良市教育委員会　二〇〇二

芳徳寺境内にある「石舟斎塁城址」の石碑（右）
と柳生家歴代墓所

【城跡探訪メモ】

正木坂道場前から城跡へと上がる道があり、谷状の堀跡を左にとれば主郭跡に出る。

周囲は急斜面として削られ、南と北に郭跡があるが、南の郭跡は浄水施設による改変が激しい。柳生氏の菩提寺である芳徳寺は、柳生宗矩が父、石舟斎宗厳の菩提を弔うために創建。本堂北に柳生家歴代墓所がある。門前には「石舟斎塁城址」の石碑が立つ。柳生陣屋跡は打滝川をはさんだ西側の高台にあり、公園として整備されている。幕末の柳生藩家老小山田主鈴の屋敷もあり、周辺には見所が多い。

（増山和樹）

郡山《こおりやま》城

所在地　大和郡山市城内町ほか
築城時期　安土桃山〜江戸時代（十六〜十七世紀）
標　高　七二メートル
主な遺構　天守台、櫓台、門、郭（天守郭、毘沙門郭、法印郭、玄武郭、緑郭、麒麟郭、二の丸、陣甫郭、柳郭）、堀、石垣

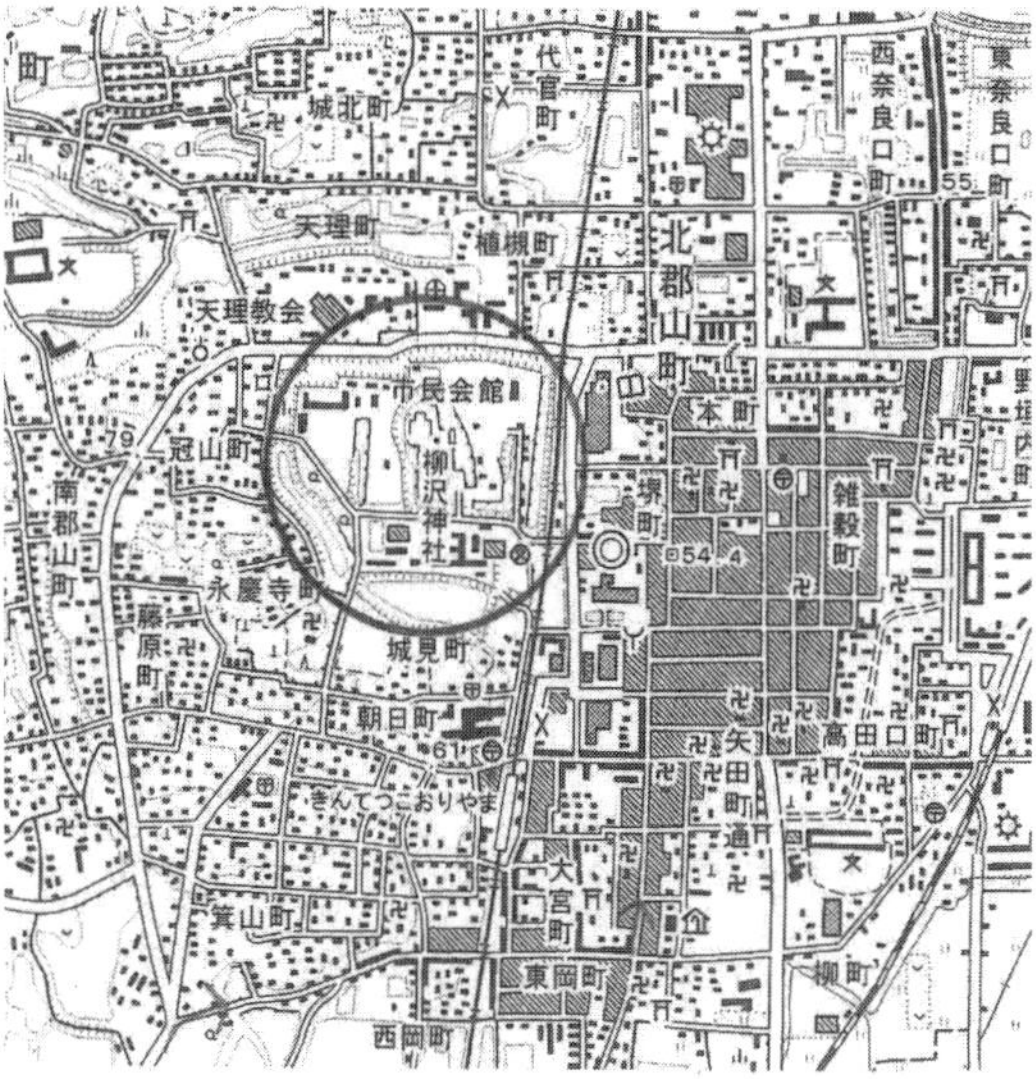

位置図

桜の名所としても知られる郡山城の歴史は大きく二つにわかれる。戦国末期から安土桃山期の織田・豊臣政権下の時代、そして関ケ原合戦後の徳川幕藩の時代である。

天正八（一五八〇）年九月、織田信長は大和一国に差出検地（自己申告による検地）を命じるとともに、郡山城以外の城を破却し、大和の支配を筒井順慶に預けた。これにより郡山城は一国統治の拠点となる。

『多聞院日記』には、奈良中の大工を郡山に召集する▽明智光秀が視察にくる▽天守が完成する――などの記事がみえ、城普請が進んでいたことがうかがえる。ただ、筒井時代の遺構がどこにあるのかは今も不明。筒井氏は在城五年で伊賀へ国替え

となり、大和を去る。代わって入城したのが豊臣秀吉の弟、秀長で、豊臣期は秀長—秀保—増田長盛と一五年間続いた。

『多聞院日記』には、根来寺の大門を木津から運ぶ▽水屋川から大石を運ぶ▽奈良中の家ごとに「ごろた石」を二〇顆《つぶ》ずつ課す—など、城普請の記事がみえる。城下の商業振興に関する古文書も多く残され、郡山城下を大和の経済の中心としたことがわかる。郡山城を本格的に整備拡張したのはやはり豊臣政権と考えてよいだろう。

郡山城追手向櫓と追手門の復元（森下恵介撮影）

しかし、今に残る石垣や堀は徳川期の水野・松平・本多の時代につくられたもので、豊臣期の遺構は残されていないと考える研究者もいた。この問題に決着をつけたのが、大和郡山市教育委員会が平成二十六(二〇一四)年におこなった天守台の発掘だ。豊臣大坂城と同じ瓦や金箔《きんぱく》瓦が出土したばかりでなく、天守の礎石列の検出によってその実在が明らかとなった。石垣も含め、豊臣期に築造されたものだった。

今後は、織豊期城郭として再評価することが必要だ。秀吉の大坂城、伏見城、聚楽第《じゅらくだい》などの実態がよくわからない中、郡山城はこの期の貴重な遺跡である。安土城から近世期の天守にいたる変遷

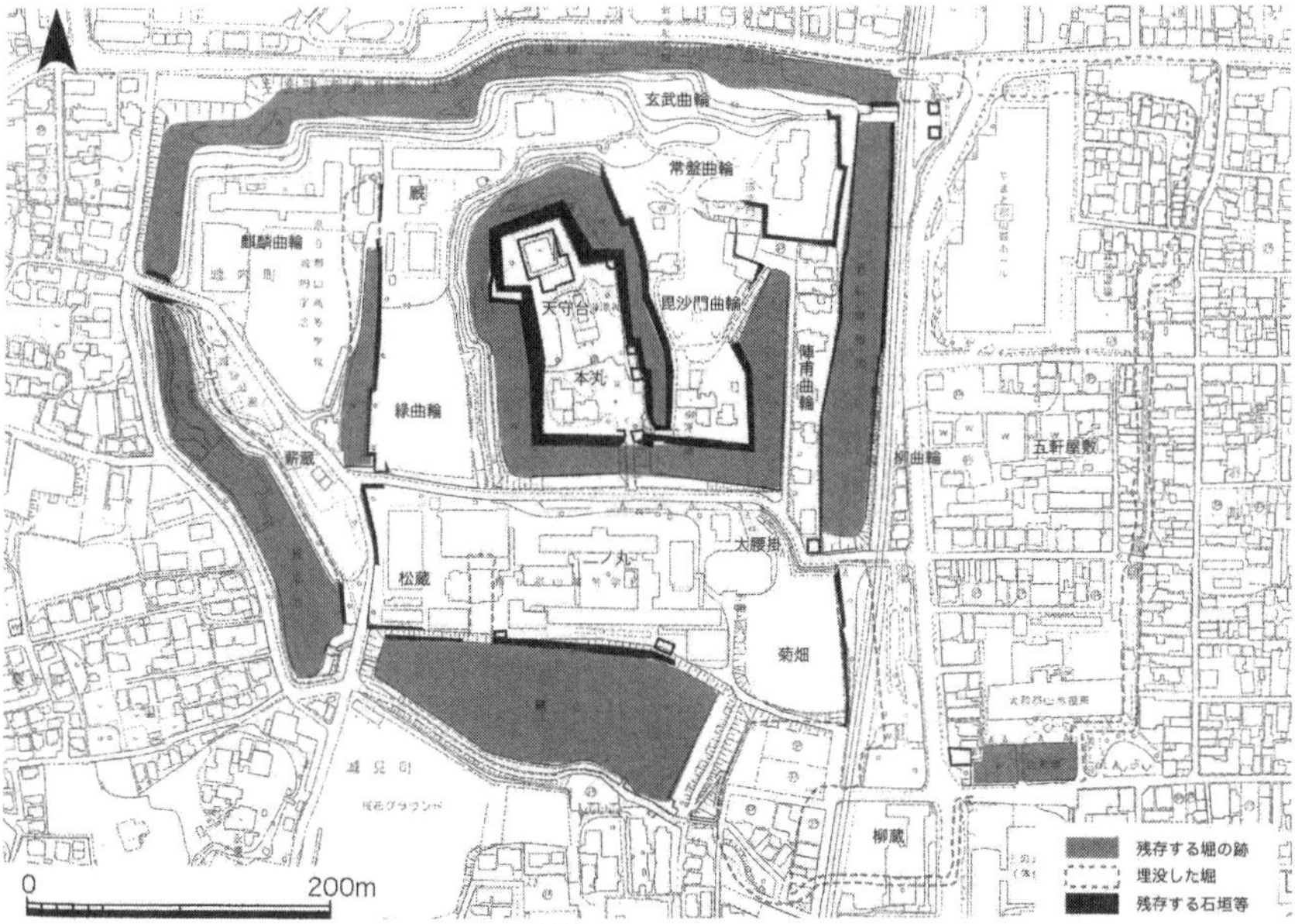

郡山城（大和郡山市 2021）

を読み解く手がかりにもなる。

天守の大きさには誰もが興味をもつが、三層から七層まで諸説紛々。確実な資料はない。郡山城天守には昔から移建説がある。二条城から最後は淀城へ。検出された天守は七×八間の平面規模で、淀城の規模と一致する。ただし、淀城はいわゆる穴蔵式で構造がちがう。

平成二十七年には石垣の解体修理がおこなわれ、野面積み石垣の構造や積み方の特徴が判明した。裏込め石にはおびただしい数の墓石や石仏が、角石には二・八トンの巨石が使われていた。野面石は加工を施さない自然のままの石。一つ一つ重さも形もちがう。それらを積み上げる技術の高さ。はらみが生じ、崩落の危険があったとはいえ、四百三十年間持ちこたえた。当時の石積み技術に感嘆する。

さまざまな表情を見せる石垣。どの時代に積まれたのか。石垣の編年研究は大きな課題である。

関ケ原合戦後、全国で築城ラッシュが始まる。

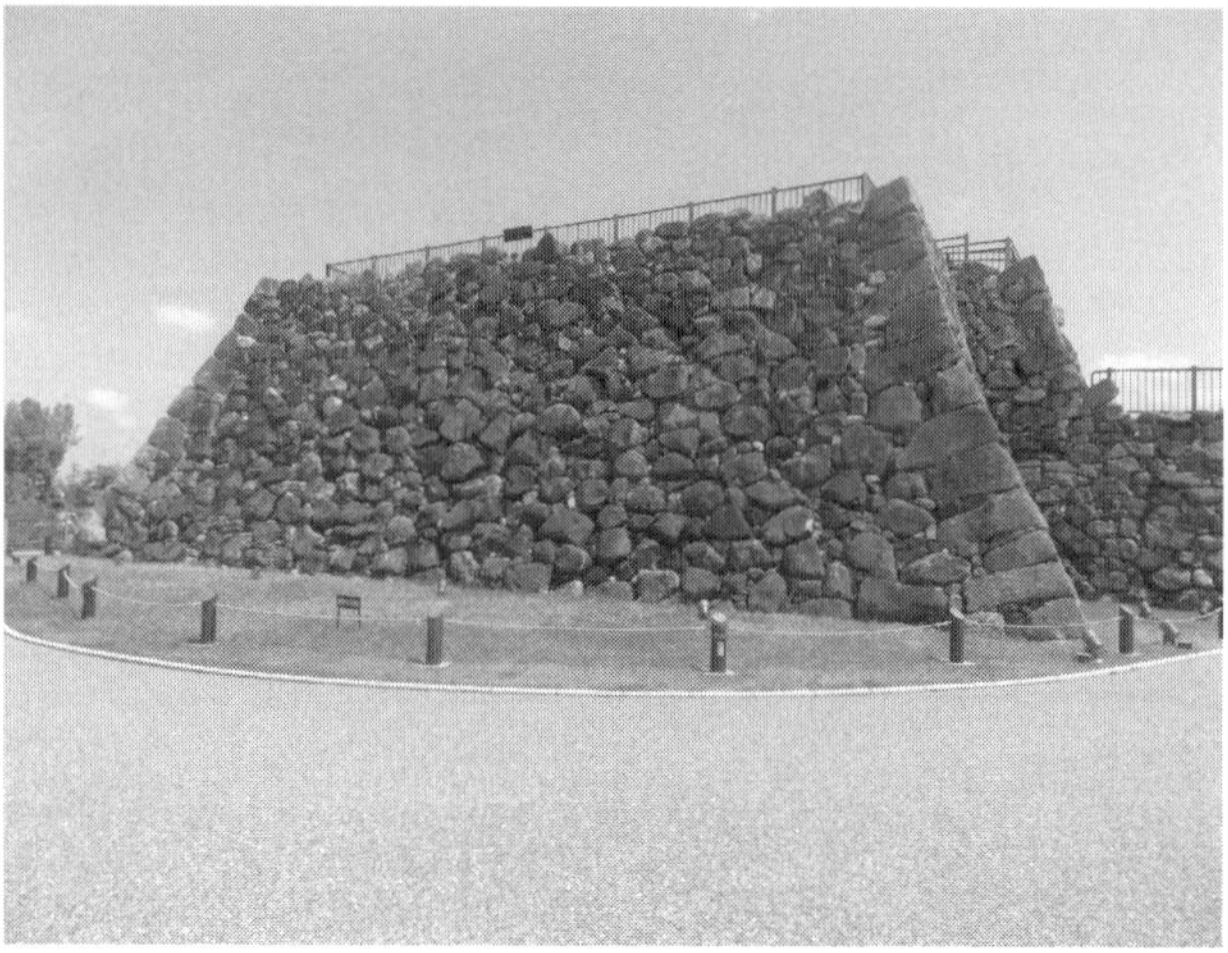

郡山城天守台

論功行賞に沸き立つ「お城バブル」だ。しかし、なぜか郡山には城主が置かれず、大久保長安（徳川家康側近）や旗本の城番支配となる。豊臣方をあまり刺激したくなかったか。城番支配は十五年間におよび、この間、郡山城がかなり荒廃したという記録もある。

　大坂夏の陣のあとは徳川譜代の大名が次々と郡山にはいる。水野（六万石）―松平（十二万石）―本多（十九万石）―松平（八万石）―本多（十一万石）と目まぐるしくかわる。前半の大名は在藩期間が短い。印象が薄く、忘れられがちである。『郡山旧記』には、水野のころに天下普請で城郭を整備し、松平のころに伏見城から城門を移築―とあり、荒れたお城を大急ぎで修復したようだ。

　郡山城最古の絵図であるいわゆる正保絵図をみると、十七世紀中頃に城郭はほぼ完成していることがわかる。全国的にみても武家諸法度により新規の築城や増改築は規制され、築城が一段落していた時期である。

　江戸中期の享保九（一七二四）年、甲府から柳沢吉里がはいり、以後明治まで六代百四十七年間にわたり藩政をおさめた。この間、「文人大名」ともいわれる名君が輩出している。

　石垣をみると本丸などには古い様相がある一方、

二の丸、松蔭《まつかげ》堀、松倉郭などの石垣は割石を使った新しい積み方である。豊臣の時代から江戸初期にかけてどのように城が整備されたのか、具体的なことは今もよくわかっていない。

城郭がひととおり完成してからは、石垣などを新たに積むことはなく、もっぱら修理に追われていたようだ。堀が埋もれ、土居が崩れ、もちろん石垣の崩落もあった。そのたびに幕府に修理願いを出し、許可を得なければならなかった。無許可で修理するとたいへんだ。江戸初期、安芸広島藩の福島正則が幕府に内緒で石垣を修理した。幕府はそれをとがめて改易処分とし、禄を失った藩士は全国に散った。郡山藩も何人かを抱かえることになり、広島町の町名はこれにちなむ。今でいうリストラの悲哀である。

江戸時代は実は泰平の世。お城は権力の象徴であり軍事拠点だが、実践で使われた事例はほとんどない。郡山城もしかり。しかし、大火や大雨、大地震と災厄は次々と降りかかる。そのたびに再生を繰り返し成長した城と城下町。堀と石垣、町名、道路、宅地割りなどは今も都市の基盤として残され、四百年前から続く町づくりの上に現代生活がなり立っていることを実感する。

郡山城の中心部では、令和三（二〇二一）年に極楽橋が復元され、一帯の整備が進められている。また、令和四年に郡山城は国の史跡に指定された。今後、整備と活用が急ピッチで進められる。県内でも有数の交通至便の地にある都市部の遺跡である。歴史を体感し、市民が憩う場として再生してほしいものである。

（服部伊久男）

参考文献

『大和郡山市史』大和郡山市役所 一九六六
『郡山城跡の研究Ⅰ　天守台展望施設整備事業に伴う調査報告』大和郡山市　二〇二一
『大和郡山城』 城郭談話会 二〇〇九

【城跡探訪メモ】

近鉄郡山駅から北へ歩き、線路を西にわたると郡山城跡。城の正面にあたる追手門は昭和五十八年に復元され、両脇に東隅櫓《ひがしすみやぐら》と追手向櫓も復元された。門をくぐった毘沙門郭（曲輪）の広場からは内堀をはさんで天守台の石垣が眺められ、今も変わらぬ威容に圧倒される。復元された極楽橋をわたって本丸へ。ゆるんでいた天守台の石垣の修復工事も完了し、天守台からは大和盆地の眺めが楽しめる。内堀に沿って散策路が設けられており、城内にある柳沢文庫では藩主柳沢家ゆかりの資料が公開されている。県立郡山高校の校地は二の丸にあたる。

郡山城の石垣には石塔や石仏、古代寺院の礎石などが多数転用されている。とりわけ集中しているのが本丸東側で、大和郡山市教育委員会が石垣の除草をおこなったところ、長さ二〇㍍にわたって大量の転用石で積まれた部分があり、松永久秀の居城であった多聞城（奈良市）から石材が運ばれた可能性もある。天守台の石垣では、「逆さ地蔵」や平城京羅城門のものとされる礎石がよく知られていたが、大和郡山市教育委員会の天守台の調査では天守礎石の根石や石垣裏込めでも多数の石塔や石仏が見つかった。こうした石造物の転用は築城が急ピッチで進んだことを示す一方、石塔や石仏の利用をためらわない当時の宗教観もうかがえる。郡山城石垣の石造物転用は約一千個確認されており、奈良時代の頭塔《ずとう》（奈良市、国史跡）の一部とみられる石仏もある。

（増山和樹）

大和の古城　こぼれ話

「郡山城の石垣」

郡山城の石垣には寺院の礎石・基壇石材、五輪塔・宝篋印塔・層塔などの石塔、石碑、石仏、石臼などの転用石材が使用されていることがよく知られている。石材不足、石垣の守護のため、仏教勢力の弾圧、戦国時代の荒々しさを示すなどいろいろと言われているが、これは時期的な特徴であって石垣に規格性を持った割石（間知石《けんちいし》）が使用される慶長年間（一五九六～一六一五）以降になると転用石材の使用はほとんど見られなくなる。それ以前には城の石垣に限らず寺院においても石造物を石材として転用しており、石塔や石仏は造立する行為こそは積善であるが、供養後の石造物そのものが霊力をもつ崇拝対象ではなかったことをうかがわせる。郡山城の石垣ではその使用は天守台と本丸に圧倒的に集中することもその築城時期を反映しているようだ。『多聞院日記』には天正七（一五七九）年に筒井へ多聞山の石を奈良中の人夫に申付け、これを運んだこと。また豊臣秀長が天正十五（一五八七）年には春日の水屋《みずや》（水谷）川から大小四〇〇ばかりの石を郡山に運び、翌十六年には奈良の家々に「ごろた石」を二〇荷づつ出すよう命じ、諸方で石の取り合いが起こり、「当山（興福寺）内ノ大小ノ石悉《ことごとく》以郡山へ車ニテ取之　沈思々々　理手無之浅猿《ことわりてこれなくあさまし》」と記される。郡山城石垣に転用された石造物では天正七年銘の舟形五輪塔板碑が最も新しい。城内の石造物で最も古いものは本丸にある柳沢保申《やなぎさわやすのぶ》（静山）伯爵頌徳碑前にある古墳時代の凝灰岩石材（播磨竜山石）である。竪穴石槨の天井石あるいは石棺材とみられ、築城に伴い持ち込まれたものか、もとからこの付近にあったものかも不明だが、築城以前に古墳時代前中期の前方後円墳が存在した可能性は考えてもよい。天守台の東北隅基底部に三段積み重ねられた柱座をもつ方形の凝灰岩礎石（二上山凝灰岩）は平城京羅城門のものと伝える。天守台にはこの他に奈良時代とみられる柱座をもつ花崗岩礎石もある。南大寺とも呼ばれた大安寺の礎石は十六世紀末から十七世紀初めにそのほとんどが抜き取られていることが発掘調査で明らかになっており、郡山城へ運ばれた可能性は高い。奈良時代のものでは本丸南門東隅櫓隅石にもと頭塔石仏（奈良市高畑町）とみられる五尊石仏が積み込まれていることが知られる。割って石垣の裏込め石として使われたものも多い。永仁六（一二九八）年銘の宝篋印塔基礎、大永三（一五二三）年銘の地蔵石仏（さかさ地蔵）、鎌倉時代中期の地蔵十王石仏（柳沢文庫保管）など石造美術品として知られるものもあって、城跡探訪には双眼鏡必携である。

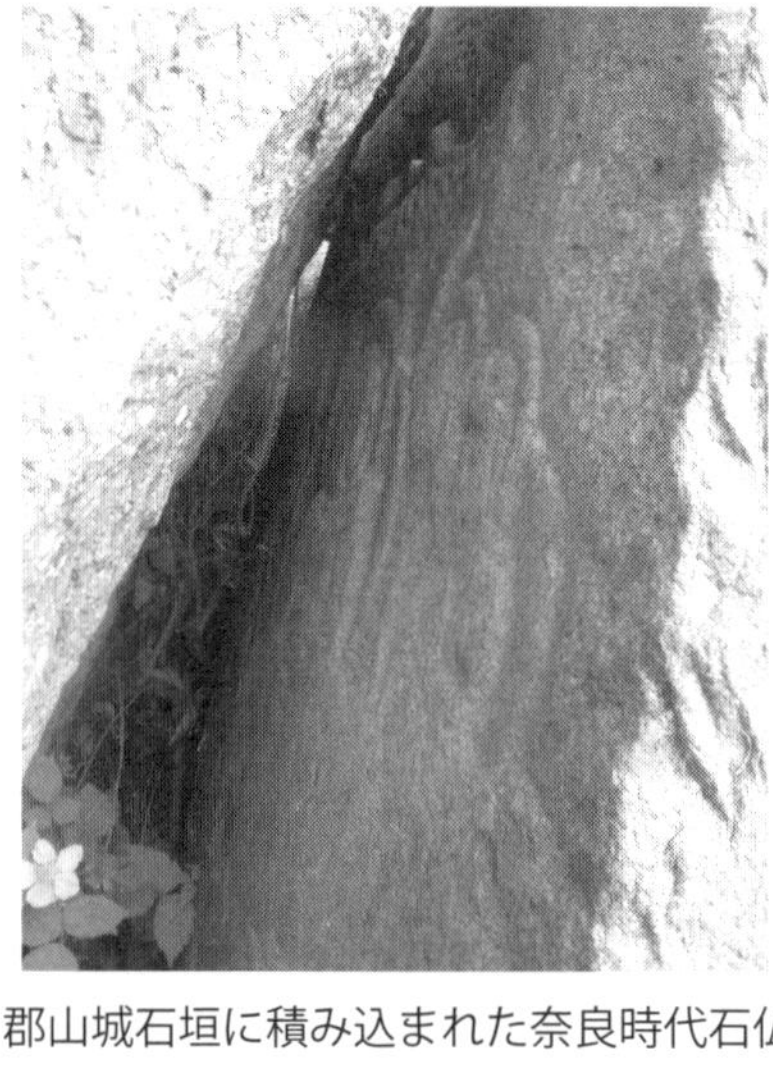

郡山城石垣に積み込まれた奈良時代石仏

小泉《こいずみ》陣屋

所在地　大和郡山市小泉町
築城時期　江戸時代（十七世紀）
標　高　六一メートル
主な遺構　堀、門（小泉神社、金輪院）

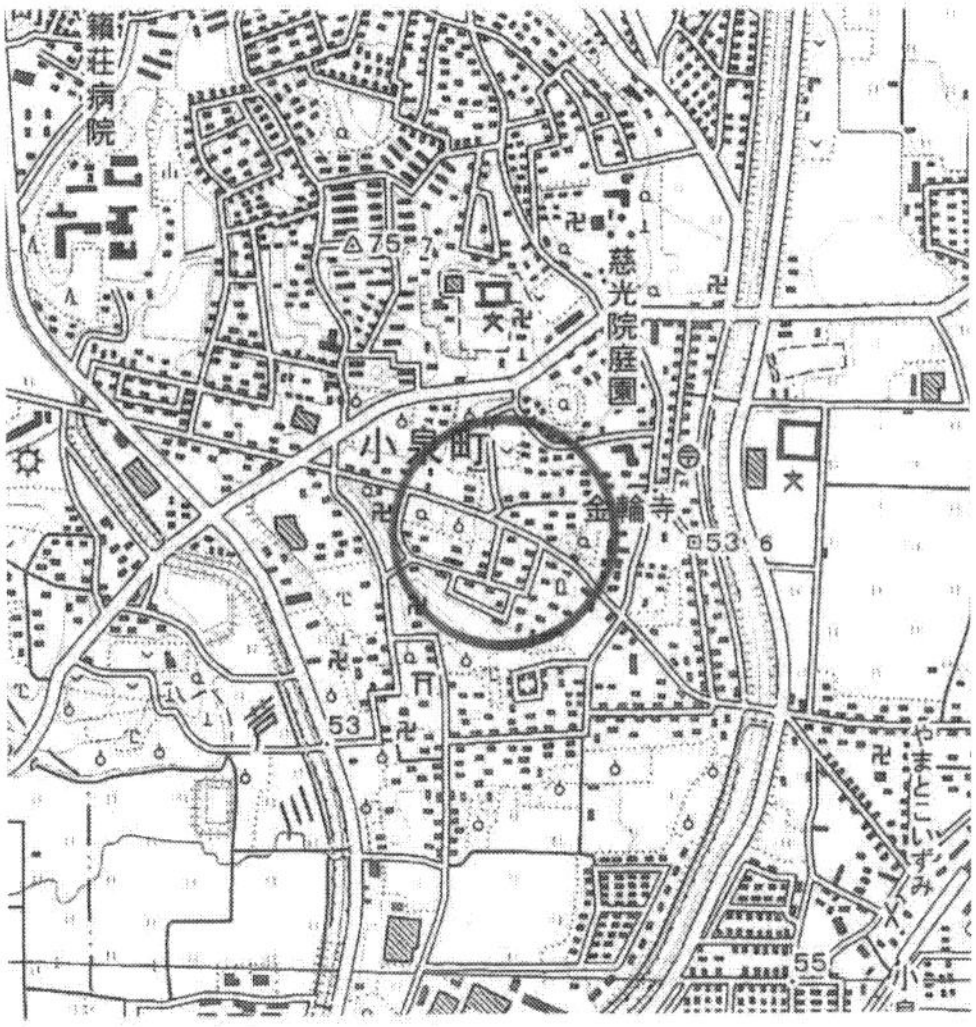

位置図

江戸時代、大和一国はすべて郡山藩が支配していた、というのは大きな誤解。関ケ原の戦い後、徳川系の武将に領地が配分され、小藩が分立する。高取藩、柳生藩、新庄藩、柳本藩、戒重藩、御所藩、龍田藩、興留藩など。早くに消滅した藩もあったが、幕末まで存続した藩も多い。

こうした外様小藩の一つが小泉藩である。藩祖は片桐且元《かつもと》の弟、片桐貞隆《かたぎりさだたか》。元和九（一六二三）年に立藩し、以後、幕末まで十一代続く。石高は一万二千石だった。

居城の小泉陣屋は矢田丘陵南東裾の低い丘陵地を利用して築かれる。東西六〇〇メートル、南北五〇〇メートル、主要部の総面積は約一四万平方メートル。高石垣を伴う本格的な城ではなかったが、堀や武家地、社寺、町方など、基本的な要素はそろっていた。

藩主の居所、藩庁である内郭は城のやや東寄りの地点にあったようだ。東西二〇〇メートル、南北一五〇メートル、面積は約二万平方メートル。内郭の西側に表

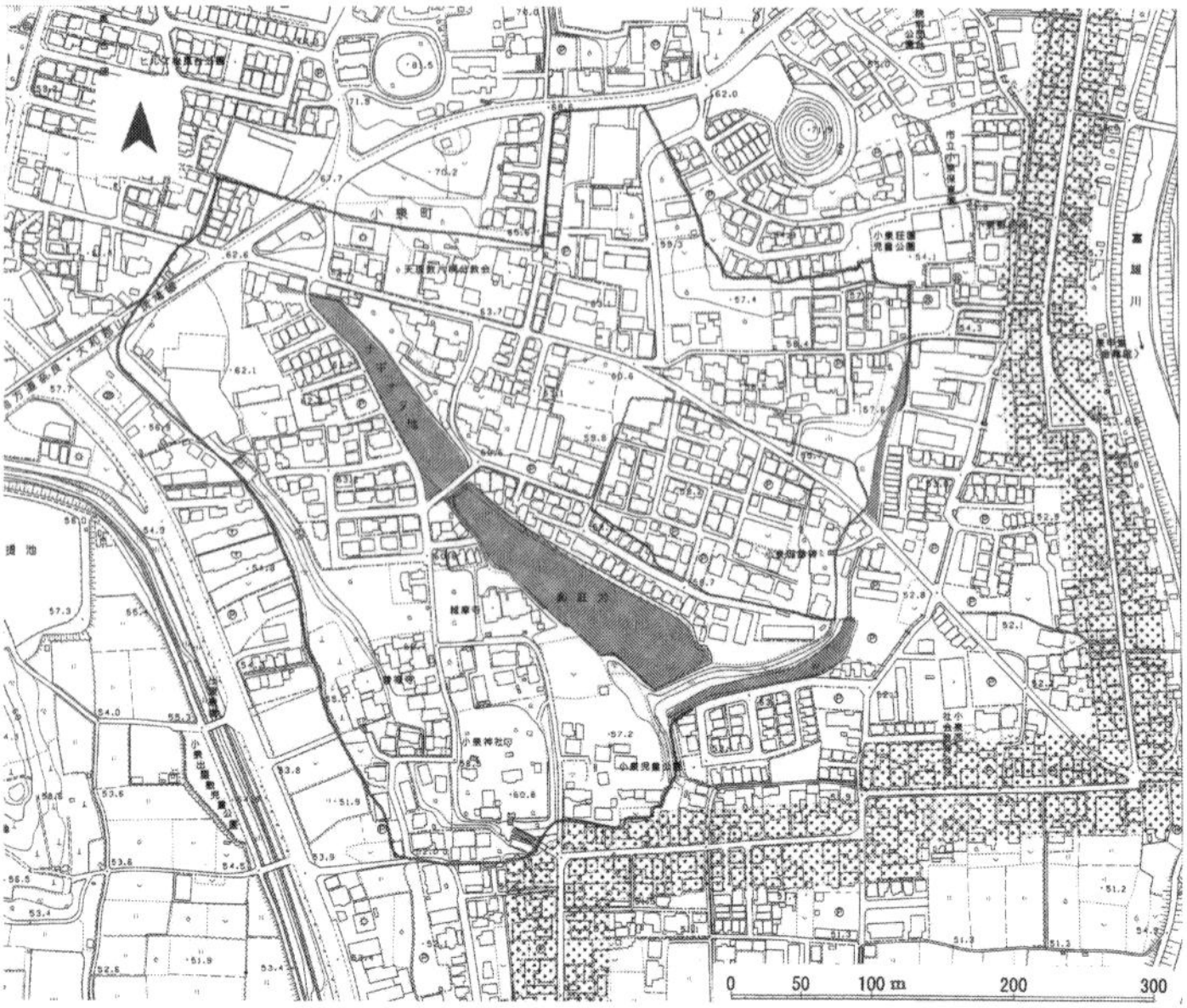

小泉陣屋（服部伊久男作図）

門があったとされるが、内部の詳しい構造はわからない。

この内郭にはもともと中世大乗院方衆徒の小泉氏の「小泉館」があったと推定されている。近代には片桐中学校となったが、今は住宅地で、東端に「小泉城跡公園」がある。

周囲には家中の屋敷地が広がり、全体は外堀に囲まれていた。丘陵部の北辺は空堀だったが、他は水が張られていたようだ。丘陵裾部の谷地形をうまく利用して堀を築く。城の南東部の外堀は今もよく残っている。中心部にお庭池、薙刀《なぎなた》池が残る。延宝元（一六七三）年に完成したとみられているが、構築時期ははっきりしない。北東に大手門があり、番所を伴っていた。出入りは北門、西門、南門などを利用した。

東側、南側の街道沿いには北之町、中之町、本町の町方（町人の居住区）が広がる。後にさらに南側へと町方が広がり、「出張《でばり》」と呼ばれた。

現在、城跡の大部分は住宅地となり、全貌はわ

かりにくい。薙刀池のかたわらに昭和初期に復元された武家屋敷や長屋門、隅櫓が往時の姿をしのばせる。

現在の小泉神社表門、金輪院庚申堂《こうしん》裏門が、かつての大手門、陣屋門であるといわれている。貴重な建築遺構である。

城の北側の丘陵地に位置する慈光院は、小泉藩の二代藩主、片桐貞昌が寛文三（一六六三）年に創建した。借景庭園として知られ、大和東山がよく望める。貞昌は茶道石州流の開祖でもあり、将軍家の茶道師範にもなった。町方の中にある金輪院庚申堂は貞昌の家臣藤林宗源が創建。「小泉の庚申さん」として信仰を集め、大和の庚申信仰の拠点となった。小泉神社の本殿は重要文化財。秋祭りの布団太鼓は有名である。

（服部伊久男）

参考文献

『大和郡山市史』大和郡山市役所　一九六六

【城跡探訪メモ】

ＪＲ大和小泉駅から北西に歩き、富雄川を渡ると、道は緩やかな上り坂となり、住宅地の一角になまこ壁の屋敷が現れる。片桐貞昌を祖とする石州流茶道宗家の「高林庵」で、長屋門や隅櫓も備える。屋敷裏の薙刀池は内堀とみられ、水面に映える高林庵の隅櫓の白壁が美しい。薙刀池に沿って南に進んだところにある小泉神社の表門は小泉陣屋の大手門を移築したとされ、高麗門形式の城門である。表門からは南への見晴らしがよく、小泉陣屋が高台に築かれていることがよくわかる。ほとんどが住宅地化しているが、直角に折れる奈良街道（大坂街道）にも陣屋町の名残りがうかがえる。

（増山和樹）

龍《たつ》田《た》陣屋

所在地　斑鳩町龍田南ほか
築城時期　江戸時代前期（十七世紀）
標　高　五一メートル
主な遺構　堀、土塁

慶長六（一六〇一）年、片桐且元《かたぎりかつもと》が二万四千石余、大和平群郡内の五五カ村を領して龍田藩が成立した。孝利―為元―為次と続いたが、後嗣にめぐまれず、明暦元（一六五五）年に廃藩し、短命に終わる。その後、最後の藩主為次の弟が旗本となって遺領を継いだが、元禄七（一六九四）年に片桐家は断絶し、廃藩となった。

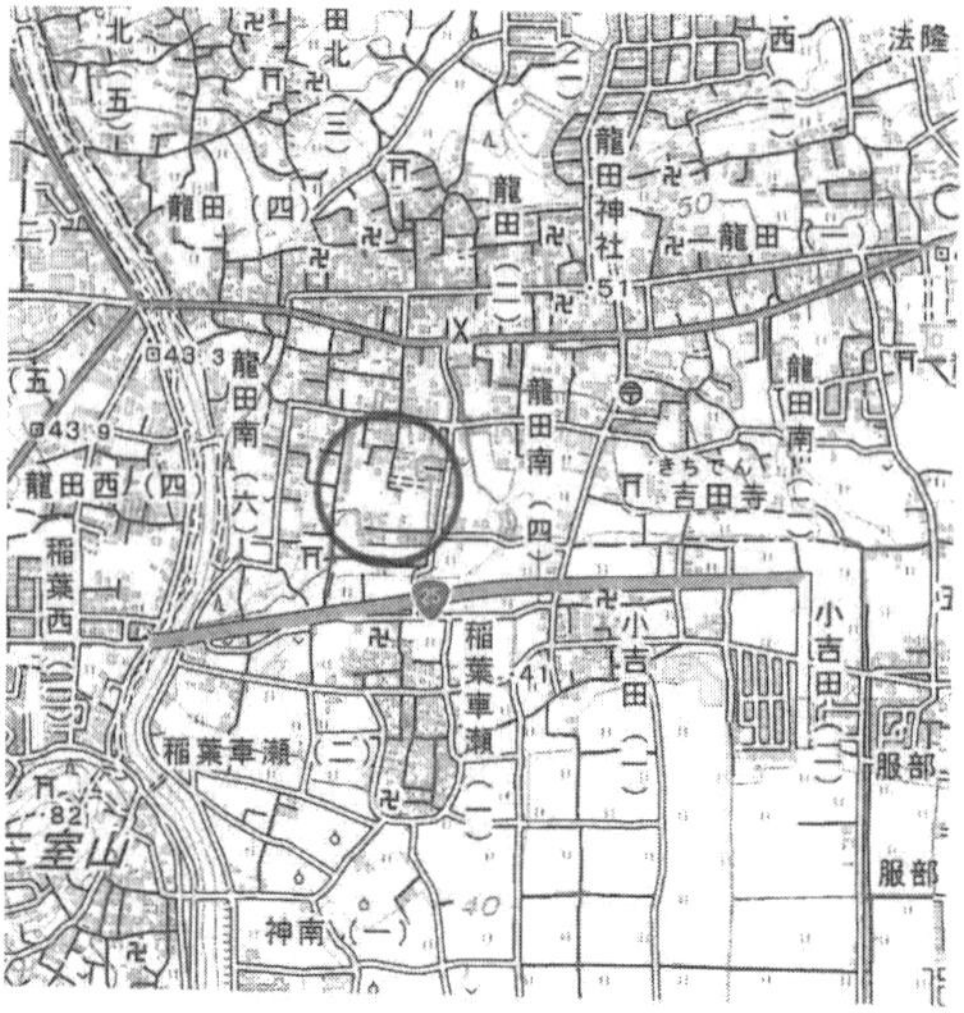

位置図

陣屋と陣屋町は、元和四（一六一八）年、二代目藩主孝利の時に完成した。龍田神社の南西五〇〇メートル、現在の龍田南五、六丁目あたりである。北側からのびてくる丘陵の緩斜面を利用して造る平城である。西側は竜田川に面した急崖を活かし、南側、東側も丘陵末端の段差地形を巧みに利用する。十七世紀末に作製された龍田村の古図は、陣屋廃絶後のようすを描いたもので、陣屋の構造を具体的に知ることができる。

陣屋の規模は東西約三六〇《メートル》、南北約三〇〇《メートル》、全体として回字形のプランで、内郭が中央よりやや南側に偏した位置にあり、内堀に囲まれていた。四方を藪《やぶ》（土手・土塁）に囲まれ、北辺と東辺のやぶの外側には外堀があり、西側は竜田川を自然の堀として利用する。北辺中央に陣屋町からつながる大手道があり、東辺中央にももう一カ所入り口がある。周囲を武家地が取り囲み、陣屋の北側を東西にのびる奈良街道（大坂街道）の両側に町家が展開する。

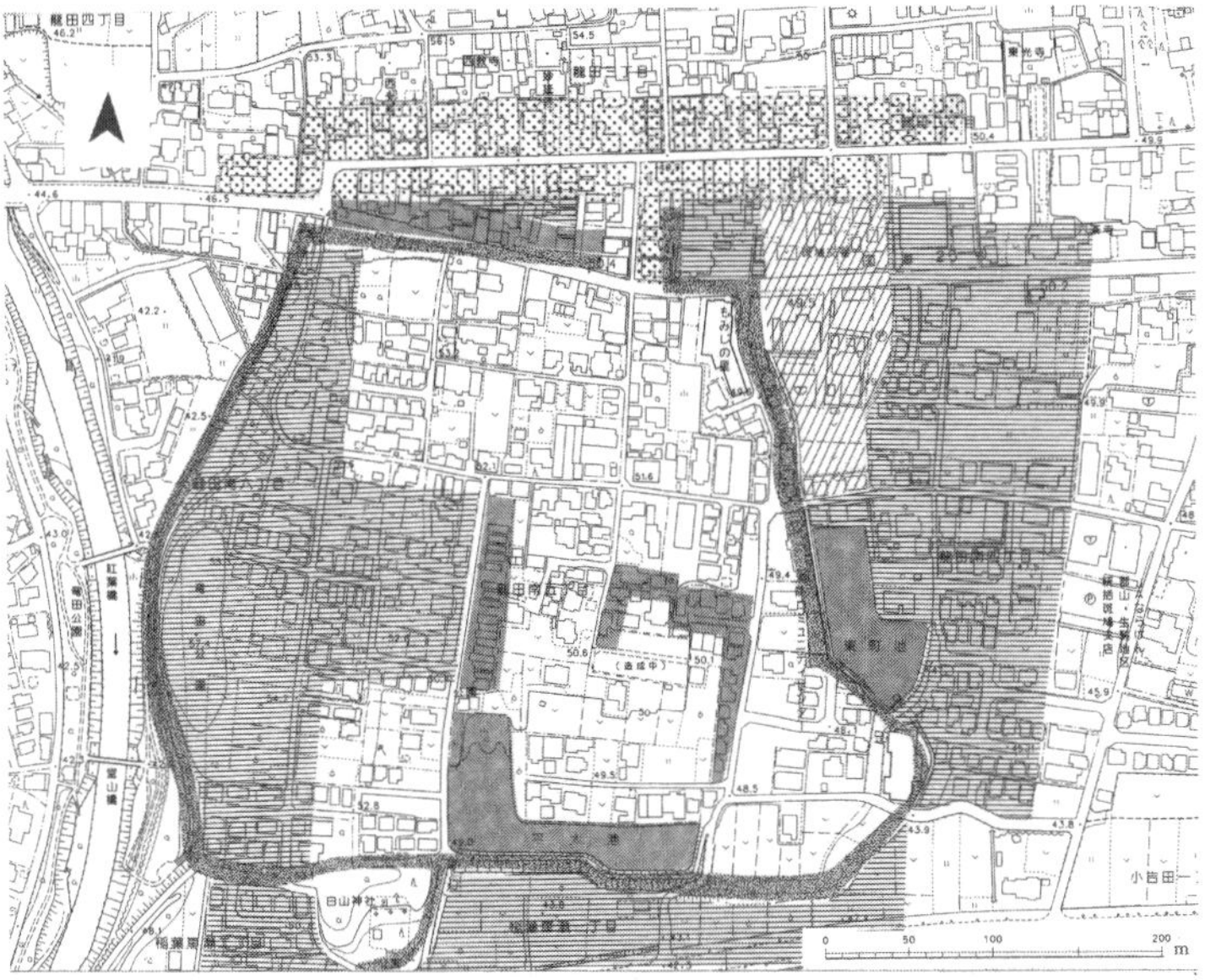

龍田陣屋（服部伊久男作図）

陣屋跡の現況はほとんどが宅地、畑などであり、全体として平坦地なので一見すると城跡とはわからない。石垣も築かれていない。しかし、現在、公園として整備されている竜田川に面した西部の小字「堂山」部分には土塁状の高まりが残っている。また、中心部の「平太池」や東よりの「東町池」はそれぞれ内堀、外堀の跡である。村古図に描かれた遺構も部分的ではあるが良く残されている。

平成十九（二〇〇七）年、陣屋の南辺にバイパス道路が建設されることとなり、発掘調査が実施された。陣屋の南端部で一段低くなった小字「下町」

の部分であり、古図によると下級武士の屋敷地の一画にあたる。十六世紀末から十七世紀前半、まさに陣屋があったころの井戸、埋甕、石列、溝、濠跡などが検出された。

この地は龍田越奈良街道が通り、王寺から北葛城方面、平群から生駒・河内方面へ通じる諸道の交点でもある交通の要衝である。そのため戦略的な拠点としてもともと興福寺衆徒の龍田氏の居館があったと考えられている。内郭とされる字「広間」あたりである。中世の在地領主の居館を取り込みながら拡張整備されたのが龍田陣屋であろう。北東四キロメートルに位置する小泉藩の陣屋が、中世の小泉氏の居館を内部に取り込みながら成立したようすと類似している。

（服部伊久男）

参考文献
『斑鳩町史』斑鳩町 一九六三
奈良県文化財調査報告書第１４７集『龍田陣屋跡』
奈良県立橿原考古学研究所 二〇一一

【城跡探訪メモ】

国道二五号線の斑鳩交番前を南に入ると、右手にある平太池が龍田陣屋の内堀跡。池の東北を西へ入ったあたりには「広間」の地名が残る。平太池の堤からは南側に展望が開け、陣屋が丘陵地の高地に築かれていることがよくわかる。丘陵西下には竜田川が流れ、丘陵端の竜田公園にはわずかに土塁状の高まりをみることができる。

（増山和樹）

柳本《やなぎもと》陣屋

所在地　天理市柳本町
築城時期　江戸時代初期（十七世紀）
標　高　八八メートル
主な遺構　堀、石垣

天理市柳本町の柳本小学校敷地は、もとは柳本（楊本）氏の館、後には十市氏が柳本城として構えた中世城郭があったが、この時期の遺構は確認されていない。関ケ原合戦で東軍に味方した織田信長の弟、織田長益（有楽斎）はその戦功により、摂津国嶋下郡、大和国山辺郡・式上郡三万石を領有することとなった。長益は豊臣家との関係についての弁明の意味もあって、元和元（一六一五）年には、四男の長政と五男の尚長、各々に一万石を分与した。

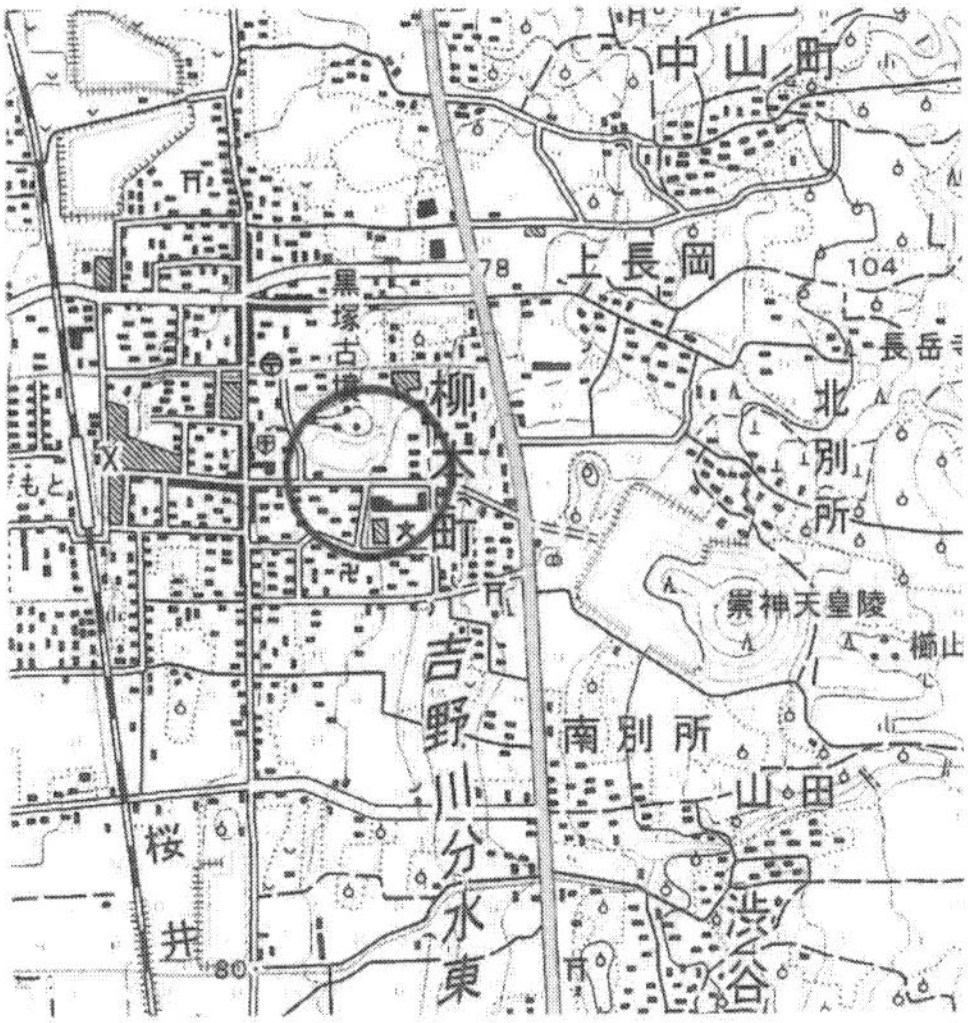

位置図

織田尚長は柳本城の跡地「をくやしき」の荒れ地を取り込んで陣屋を構え、寛永年間にこの地に移った。これ以降、幕末まで同地は織田家柳本藩の中心地として藩政がしかれた。柳本藩が陣屋を構えたころの資料は残っておらず、現在みられる絵図は、幕末の嘉永七（一八五四）年当時のものが伝えられている。

この絵図によれば、陣屋は二町の敷地を有し、中央には織田家の家紋である木瓜《もっこう》紋を大きく描くが、屋敷の配置などは描かれていない。ここに藩主の「御殿」を構えたことが家紋によって知ることができる。御殿の出入り口は、南東隅に門構えがあり、その前に番所の建物が描かれて正門のひとつである。御殿の周囲には、家臣屋敷が東、南、西に配置されたようで、幕末のころの家中の姓名を記している。

柳本藩邸絵図（秋永正孝 1940）

御殿の建物は、文政十三（一八三〇）年の家系図に、「柳本御殿残らず焼失、爾来御仮住居十年」とある。第十一代藩主の信陽《のぶあきら》の時代に陣屋が焼失。ところが、すぐには再建がならず、殿様は長きにわたって仮住まいを余儀なくされた。藩祖である尚長から二百年ほどが経過し、藩の財政がひっ迫していたことがうかがえる。

陣屋に入る門は、西門と南門、北門の三カ所があった。この中でもっとも重要なのが西門である。この場所は上街道から陣屋に入る大手道と、陣屋の石垣のところに門構えがある。この門の北には、使者溜りや門番小屋と書かれた一画があり、現在も使者溜りの建物があったところに石垣が残り、ここには近年まで駐在所があった。正門としては南門と西門が構えられており、これに対して北門は陣屋の裏門であった。陣屋の周囲は、堀と土塁をめぐらせて城の構えとしたが、このころは戦乱などがない時代であり、平地の屋敷地を防御するための塀である。

柳本陣屋絵図で目につくのは、北西に大きく黒塚古墳が描かれ、古墳の堀の部分に「内堀」、「外堀」と書かれた堀がめぐっている。後円部や前方部の調査において近世期の石垣や屋根瓦が出土した。古墳の上にも瓦を葺いた規模の小さな建物が建てられていたようである。陣屋の西門のそばにある古墳に結ばれた堤を出入口として、屋敷内庭園としていたのではないだろうか。また内堀の外周には石垣が描かれていることから、柳本一帯の水田を潤す灌漑池としての機能をはたしていたことがわかる。

橿原神宮に移築された旧織田屋形の大書院と玄関
（文華殿・重文）＝奈良県提供

陣屋の南西には、土塁の外に専行院が描かれ、その一画に御墓所がある。専行院は織田家の菩提寺であり、御墓所には歴代藩主のほか奥方や子息の石塔が並ぶ一画がある。

柳本織田藩は明治政府の廃藩置県政策によって藩主が東京に移住したことで、藩としての命脈は断絶した。御殿は明治時代から昭和四十年まで小学校の校舎として利用された。その後、御殿建築は木造校舎の建て替えによって橿原神宮に移築・保存されることになった。現在は藩邸時代の表玄関と大書院の主要部分がすべて保存され、重要文化財旧織田屋形（文華殿）として気品あるたたずまいを見ることができる。

（泉　武）

参考文献

秋永政孝『柳本郷土史論』柳本町産業組合　一九四〇
『天理市史』天理市　一九五八

【城跡探訪メモ】

柳本陣屋跡はＪＲ柳本駅から東への道を歩くと、左手に黒塚古墳、右手に天理市立柳本小学校が見えてくる。黒塚古墳は戦国時代の砦跡。柳本陣屋跡は柳本小学校にその屋敷地が受け継がれている。中心建物は橿原神宮に移築されたが、陣屋の家臣屋敷や周辺の土塁や堀跡、石垣などはよく残り、散策しながら見学することができる。

（泉　武）

芝村《しばむら》陣屋

所在地　桜井市芝
築城時期　江戸時代（延享二〈一七四五〉年）
標高　七七メートル
主な遺構　堀、石垣（復元）

織田長益《ながます》は、織田信秀の十一男、信長の弟にあたる。有楽斎《うらくさい》如庵《じょあん》と号し、有楽、有楽斎とも称される。関ヶ原の戦いでは、東軍での戦功により、摂津国嶋下郡、大和国山辺郡・式上郡に三万石を与えられ、豊臣秀頼の大叔父にあたるということから、豊臣氏の家臣となっていた。豊臣氏滅亡後の元和元（一六一五）年には、徳川氏に理解を求める意思を表すために、所領を四男の長政、五男の尚長に一万石ずつ分地し、自らは一万石を隠居料として京都建仁寺に籠った。

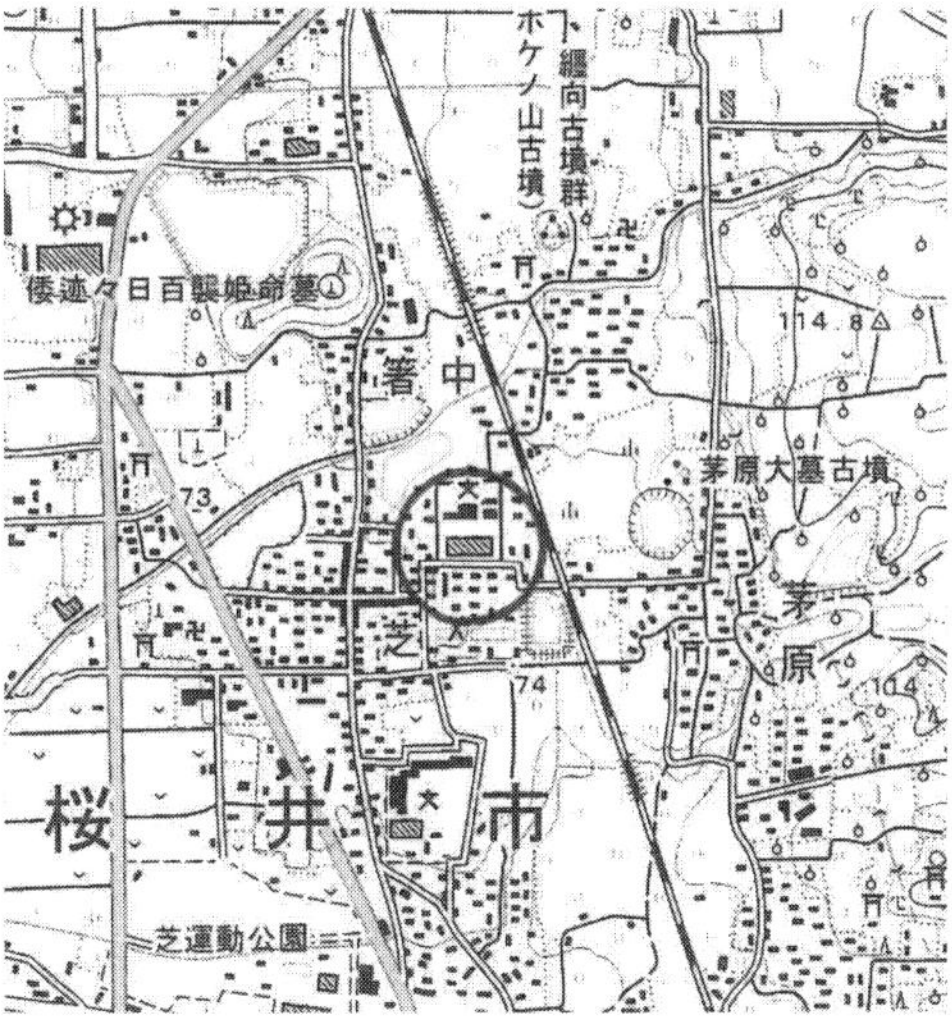

位置図

　長政が戒重《かいじゅう》藩（のちの芝村藩）、尚長が柳本藩の藩祖となり、いずれも一万石の外様大名として藩の礎を築き、両藩とも明治維新を迎えている。なお、長益が隠居料とした一万石は、長益の死後は江戸幕府に没収されている。長政は、中世の戒重城に戒重陣屋、尚長は、楊本城《やなぎもと》に柳本陣屋をそれぞれ築いた。戒重陣屋（桜井市戒重）は、東西約二四〇メートル、南北約二七〇メートルの規模と推定され、一部に濠を見ることができる。柳本陣屋は、黒塚古墳を取り込んで築かれており、表向き御殿のうち、玄関と大書院は、柳本小学校が開校してからも職員室や教室として使用されていた。これらの建物は昭和四十二（一九六七）年に橿原神宮へ移築され、文華殿（重要文化財「旧織田屋形」）として活用されている。

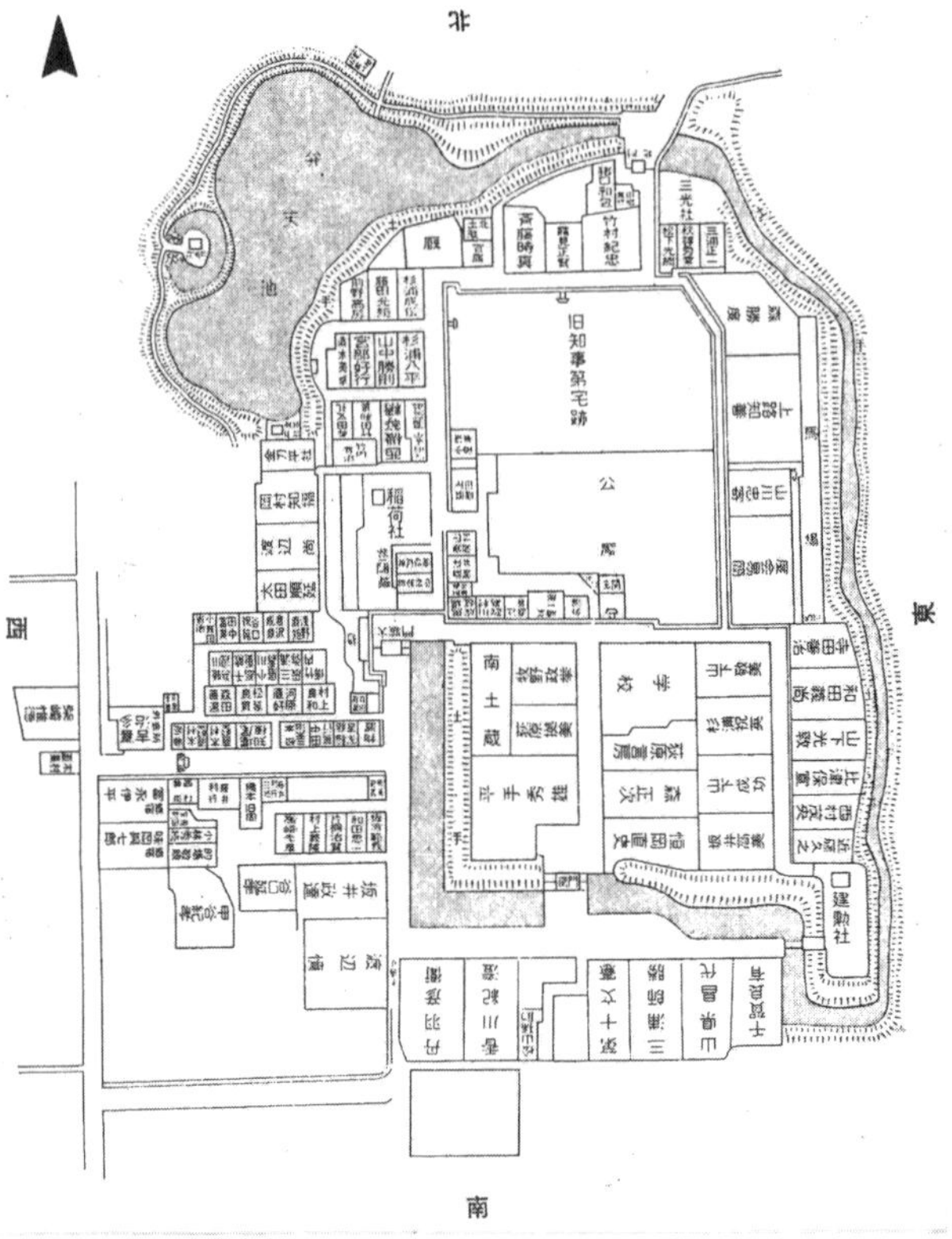

芝村陣屋（『桜井市史』1979）

戒重藩（後の芝村藩）は、織田長政を初代とし、長定《ながさだ》—長明《ながあきら》—長清《ながすみ》—長弘《ながひろ》—長亮《ながあき》—輔宜《すけよし》—長教《ながのり》—長宇《ながのき》—長恭《ながやす》—長易《ながやす》と続く。戒重陣屋は、四代長清（宇陀松山藩三代藩主織田長頼三男、戒重藩三代藩主長明の養子）の時に岩田村（のちに芝村と改称）への屋敷替えが計画されたが、財政悪化のため、すぐには実現しなかった。

正徳三（一七一三）年に岩田村を芝村に改め、延享二（一七四五）年十二月、七代輔宜の代にようやく藩庁を芝村に移転することができた。陣屋の総面積は約八ヘクタールに及び、陣屋の南側には、武家屋敷

芝村陣屋跡

が配置され、北の弁天池を防備の一郭に取り込み、周囲に濠と土塁をめぐらしている。陣屋の前面（南側）には、大手前通りが整備され、通りは西側の上街道（上ツ道）へとつながる。この上街道に面した西門の他に南門・北門が設けられている。

長清以降、歴代藩主が陣屋の移転にこだわったのは、芝村（岩田村）が藩領の中心に位置し、上街道が通っているなど、交通の要衝にあったことに起因している。

この芝村には、旅籠、郷宿が設けられ、多く人々が往来し、上街道沿いには、町が形成され、寛政年間（一七八九～一八〇一年）には戸数約四〇〇軒、人口約一六〇〇人に達したという。

明治四（一八七一）年七月、芝村藩は廃藩、芝村県となり、同年十一月には奈良県が設置される。明治九（一八七六）年には、芝村藩邸は払下げとなり、奈良師範学校分校が設置され、現在は桜井市立織田小学校の敷地となっている。この小学校南側には、石垣や土塀が復元され、往時をしのぶことができる。

陣屋の西方約四〇〇メートルにある慶田寺（桜井市芝）は、戒重藩・芝村藩織田家の代々の墓所となっており、有楽斎、初代長政、二代長定、三代長明、四代長清、九代長宇、十二代長猷《ながみち》などの墓石を見ることができる。また、陣屋の南門が移築され慶田寺の山門となっている。織田小学校の西側には、織田信長を祭神とする建勲《たけいさお》神社がある。地元では、祭神の信長公《しんちょうこう》が訛った「しんちょこさん」と呼ばれ、毎年夏には、「信長公祭」が開催されている。

（柳澤一宏）

参考文献

『桜井市史』桜井市　一九七九

【城跡探訪メモ】

陣屋跡の織田小学校は奈良交通「芝」バス停から東へ徒歩約一〇分。学校の校門、石垣、塀などは陣屋風につくられており、大手にあたる正門前の広い道路が往時をしのばせ、南端には外堀跡も残る。学校の塀に沿って西側に回ると、織田信長を祀る建勲神社。織田家墓所のある慶田寺は芝バス停の西側、国道に挟まれてある。本堂裏に墓所があり、土塀に囲まれて歴代の五輪塔が並ぶ。

（増山和樹）

高取《たかとり》城

所在地　高取町
築城時期　南北朝時代・安土桃山〜江戸時代
標高　五八三・六メートル
主な遺構　天守台、小天守台、櫓台、門、井戸、郭（本丸、二の丸、三の丸、吉野口郭、赤土郭、壷坂口郭、八幡郭、岩屋郭、横垣郭、別所郭）、石垣、堀切

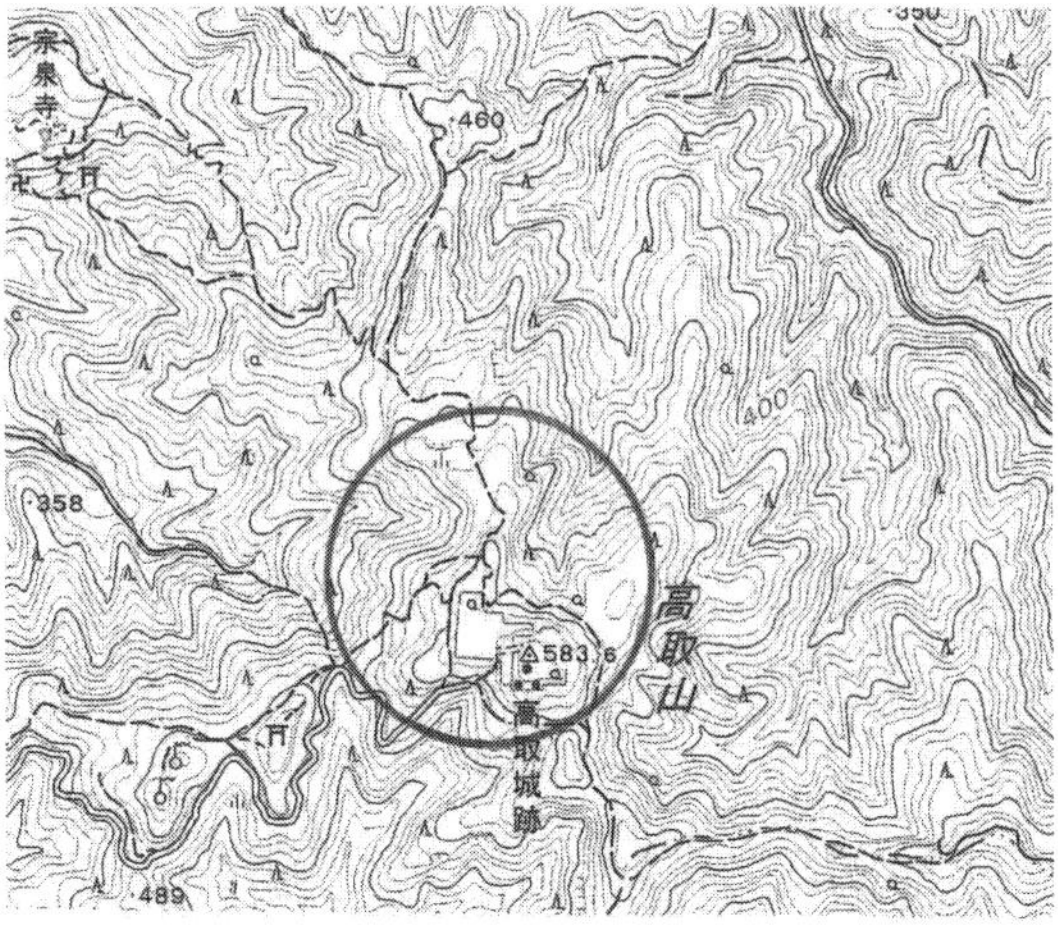

位置図

備中松山城（岡山県高梁市）、美濃岩村城（岐阜県恵那市）と並ぶ、日本三大山城の一つに数えられるのが、大和高取城（奈良県高取町）である。

高取城は、南北朝時代に護良《もりよし（もりなが）》親王の挙兵に応じた越智邦澄《くにずみ》が、築城を始めたと伝えられる。越智氏の時代の高取城は、山の地形をならし、山頂と尾根筋に連なる郭《くるわ》（曲輪）が築かれた、砦《とりで》のようないわゆる「掻《か》き揚《あ》げ城」であったと思われる。また、貝吹山城（高取町及び橿原市）が、越智氏の本城であったのに対し、高取城は吉野への重要交通路である芋峠越え、壷坂峠越えを押さえる支城として機能していたのだが、次第に高取城が重要視されるようになっていく。

戦国時代に入り、天正八（一五八〇）年の織田信

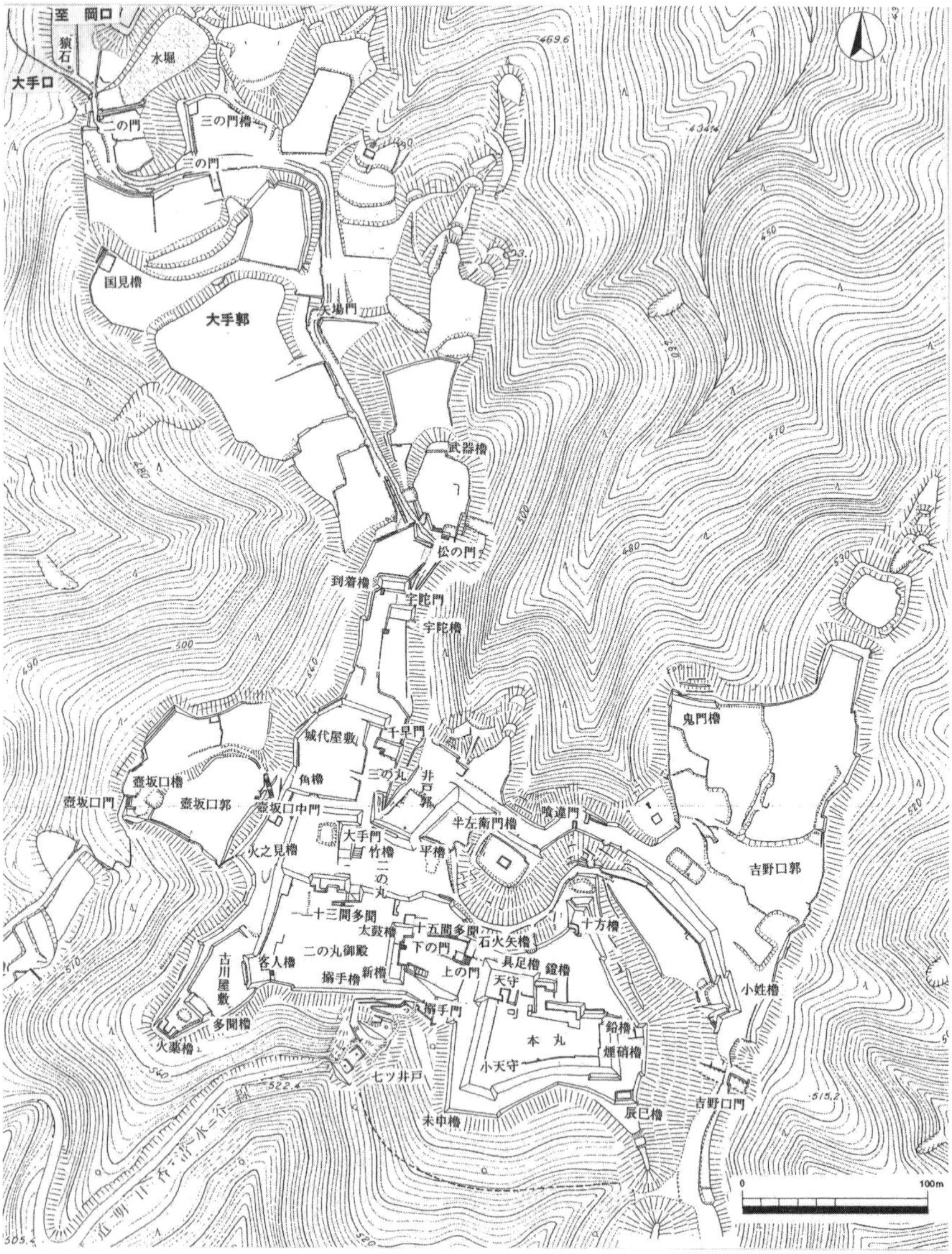

高取城（高取町教育委員会 2004 に加筆）

長の城割により、大和国も郡山城以外は全て廃城となった。しかし、天正十二年には、大和国を治める筒井順慶が、郡山城が敗れた時の最後の拠点となる詰城《つめじろ》として高取城の改修にとりかかった。天正十三年、筒井氏は伊賀へ国替えとなり、郡山城へ入城した羽柴秀長（豊臣秀吉の弟）は、脇坂安治に代わり、家臣の本多利久を高取城主とし、天正十七年に高取城の大規模な改修を命じた。

高取城は、この時、新たに縄張りされ、多聞櫓で繋がれた三重の大天守や小天守が本丸に築かれ、二の丸の大名屋敷や十七基の三重櫓が城内に建ち並ぶ、壮大な近世城郭へと変貌を遂げたのである。

㊤高取城天守台㊦高取城大手門跡（森下恵介撮影）

本多氏が三代で途絶えた後、寛永十七（一六四〇）年に、徳川家譜代の家臣である植村家政が二万五千石に加増され、高取城が与えられた。『城山由来覚書』によれば、大和南部を押さえる重要な城であり、三代将軍徳川家光から城内の修理維持（「常普請」）を認められたとされる。その後、明治維新までの約二三〇年間、植村氏は十四代にわたり高取城主を務めることになる。

　現在、高取城に建物は残っていないが、各所に空へと伸びる石垣を見上げることができる。また、スマートフォンのアプリを使えば、３Ｄのコンピュータグラフィックス（ＣＧ）で再現された高取城を現地で見ることもできるようになった。標高五八三・六メートル、面積六〇〇〇万平方メートルにもおよぶ高取山頂に聳え立っていた高取城は、国史跡に指定され、（財）日本城郭協会が選定する「日本百名城」、ＮＨＫの『あなたも絶対行きたくなる！日本〈最強の城〉スペシャル」でも堂々の第一位に選ばれた。まさに「名城」といえる。

　高取城がなぜ最強の城なのか。まずは、麓の城下から本丸までの比高差が四四六メートルもあることだ。これは、攻め入る者にとっては、狭い急峻な山道を登らなければならず、かなりの体力を消耗することになる。黒門から二ノ門までの十町八間は七曲り、一升坂など壁をよじ登るような険しい坂道の連続で、城内への入り口である二ノ門前にはまず山城には珍しい水堀がある。二ノ門を突破しても大手門（御城門）までの通路は、横矢攻撃のために幾度も鍵の手に折れ、三ノ門、矢場門、松ノ門、宇陀門、千早門の五つの関門が、行く手を阻んでいる。外枡形状の虎口に築かれた大手門の内側には、坂道に敷き、敵の足を滑らせるための竹（割竹？）を保管していたと伝える「竹櫓」さえあった。

　大手門をくぐると二の丸に入る。その大きさは東西約六五メートル、南北約六〇メートルで、その中央に「二の丸御殿」が建つ。北側中央には二の丸を防御する「十三間多門」と「西江角櫓」が配置され、北西には「火之見櫓」、南西には「客人櫓」、南側中央には「搦手（風呂）櫓」が建つ。「二の丸御殿」には、玄関、御書院、大広間、湯殿などがあり、特に大広間は本丸と同じ広さだ。二の丸と本丸の間には、土塀で繋がれた、それぞれが二重二階の「太鼓御櫓」と「新御櫓」が、天守の最終防御ラインとして立ちはだかる。

いよいよ、本丸が間近に迫るが、高さ約八メートルに聳え立つ天守台の石垣が囲む。天守台には約三メートルの穴蔵（入口）が設けられており、同じような構造の天守台は、犬山城（愛知県犬山市）や福知山城（京都府福知山市）などに見られ、天守台の発展期の築城形式と考えられている。本丸の大きさは、東西約七五メートル、南北約六〇メートルで、三重の天守と小天守に三基の櫓が多門櫓で連結する、「連立式天守」と呼ばれる構造である。

幕末の文久三（一八六三）年八月二十五日、千人余の尊皇攘夷派の天誅組が、高取城奪取を図り、高取を攻めた。これを迎え撃つ高取藩の兵力は二百人ほどであった。しかし、翌二十六日には、天誅組は、城はおろか城下にさえ近づけずに敗退し、高取城はその最強さを見せることは無かった。高取城は最強の城であるばかりでなく、石垣、櫓、城門、天守を山上に積み重ねた立体的な美しさを持っており、かつてはこれが、城下だけでなく、山麓の大和各所から望見できたという。

何事も、百聞は一見に如かず。秋の紅葉も美しい高取城に是非一度登って、その最強さと美しさを感じていただきたい。

（濱口和弘）

参考文献
『高取町史』高取町教育委員会　一九六四
『大和高取城』城郭談話会　二〇〇一
『国指定史跡高取城跡基礎調査報告書』高取町文化財調査報告第30冊　高取町教育委員会　二〇〇四

【城跡探訪メモ】

高取山の山頂に壮大な石垣を残す高取城へ

は城下の土佐から登る道（大手）と壺阪寺から尾根通りに行く道（壺坂口）の他、飛鳥の稲渕、檜前からの道（岡口）、芋峠からの道（吉野口）などの登城路がある。歩いて登るのであれば、近鉄壺阪山駅から徒歩で城下町を抜け、大手道を登るのが本道。道すがら、高取藩の御殿医だった石川医院の長屋門（旧下屋敷表門）、植村家長屋門（旧家老中谷家表門）などを見ることができる。山道にかかると七曲りや一升坂など急坂があり、飛鳥（岡口）からの道の出合いに飛鳥から持ってこられたものらしい猿石がある。二ノ門跡から上には門や建物跡の石垣が続き、「日本最強の山城」と呼ばれる理由もわかる。途中の国見櫓跡は奈良盆地を一望できる絶景ポイント。天候が良ければ、大阪のビル群や六甲山まで見える。頂上の本丸跡からは吉野連山も望め、荒城の面影が漂う。壷阪寺までは駅前からバスも利用でき、境内から舗装路を一〇分ほど歩くと、左手に登山道の入口があり、一時間ほどで壷坂口門跡に着く。山上の高取城跡には駐車場は無い。壷阪寺から通じる高取城道路終点の通行止め付近（城跡南側、七つ井戸側）に若干の駐車スペースがあるが、山道は狭く、山道の運転には充分な注意が必要。

（増山和樹）

高取城植村家長屋門（森下惠介撮影）

大和の古城　こぼれ話

「一升坂と猿石」

土佐の城下町から高取城へ登る大手道の直線の上り坂は「一升坂」と呼ばれる。築城時、山上へ石材を運ぶ際、この急坂を登れば米一升の褒美《ほうび》をとらせると励ましたので坂の名になったという。坂を登りきると、明日香村からの登城口である岡口門からの道の合流点に猿石が置かれている。高取城の守護として運ばれてきたものというが、吉備姫王墓（明日香村下平田）に置かれている四体の猿石と一具のものと見られる。吉備姫王墓のものは元禄十五（一七〇二）年に梅山古墳（欽明天皇陵）の南側「池田」の地から掘り出されたものと伝えているが、高取城のものがもとどこにあっていつ運ばれてきたものかはわからない。明日香村にある鬼の俎《まないた》・鬼の雪隠《せっちん》古墳はもと一体の刳り抜き式棺室の床石と蓋石であるが、蓋石の雪

高取城の猿石

隠が転落させられ、床石のほうには石を割ろうとした矢穴が開けられている。矢穴のうち縦方向は明治のものだが、横方向のものは古く、江戸時代前期の可能性が指摘されている。推古天皇の初葬陵ともみられる植山古墳（橿原市五条野町）の横穴式石室の巨大な天井石は抜き取られており、宮ケ原1・2号墳など周辺にあった五条野古墳群のほとんどは石室の石材が抜き取られていることが発掘調査で明らかになっている。高取城本丸の石垣隅石の多くはこうした古墳の石室とみられるものを使用しており、終末期古墳にみられる漆喰が付着した石材も発見されている。高取城の石垣の石材は鳥屋の益田池付近（橿原市）から運んだというが、古墳も採石地とされたようだ。猿石や鬼の俎、鬼の雪隠も使われることはなかったが、石垣の石材候補になったのかも知れない。

明日香村方面からは高取山がよく望め、かつては山上にある高取城の櫓の白壁や石垣が木の間に眺められたと伝え、「〽巽《たつみ》高取　雪かとみれば　雪でござらぬ土佐の城」と唄われた。植林を少し整理伐採すれば、かつての「天空の城」の姿が甦るのだが…。

二見城《ふたみ》

所在地　五條市二見5丁目
築城時期　室町時代～江戸時代（十四～十七世紀）
標高　約一〇五メートル
主な遺構　郭（曲輪）、堀

五條市北部を流れる吉野川右岸の崖の上に造られた平城である。もとは、中世の「二見文書」にその名が見え、南北朝時代から戦国時代にかけて活動した二見氏の居館とみられる。

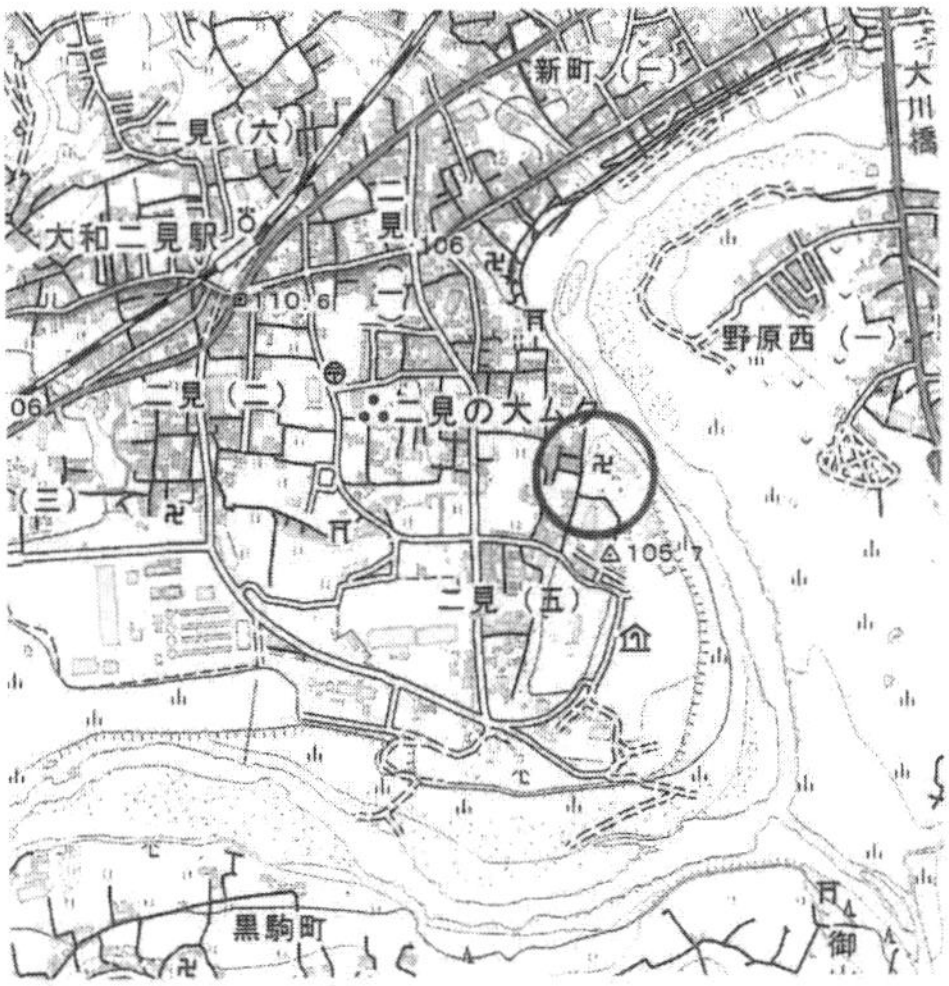

位置図

慶長十三（一六〇八）年、松倉重政が関ヶ原の戦功として宇智郡を中心に一万石余りを徳川家康から与えられ、五條二見藩主となってこの館跡を改修、入城した。大和の豊臣勢と紀州九度山《くどやま》の真田信繁（幸村）を牽制する目的があったとされる。

二見城の姿を伝える数少ない資料の一つが、広島藩主・浅野氏が十八世紀半ばに完成させた城絵図集「諸国古城之図」（広島市立中央図書館所蔵「浅野文庫」内）である。

図「大和二見」では、L字形の堀で台地から切り離した東端の長方形の土地を、高さ三～四間（一間は約一・八メートル）の「土居」（土塁）で囲む。その内部も土居で南北に区切り、北が東西四〇間、南北三〇間の「本丸」、南は二の丸・櫓台（名称なし）となっている。

堀は、城の北から東にかけて続く「渕」とつながり、吉野川の水を引き込んでいるように描かれる。また、堀の南側に長方形の「馬場」を、西側には台地の縁に土居を巡らせた広大な空間（名称なし）を描き、その北西部から「二見町」と記した地割りと道らしき帯をL字形に北へ伸ばしている。

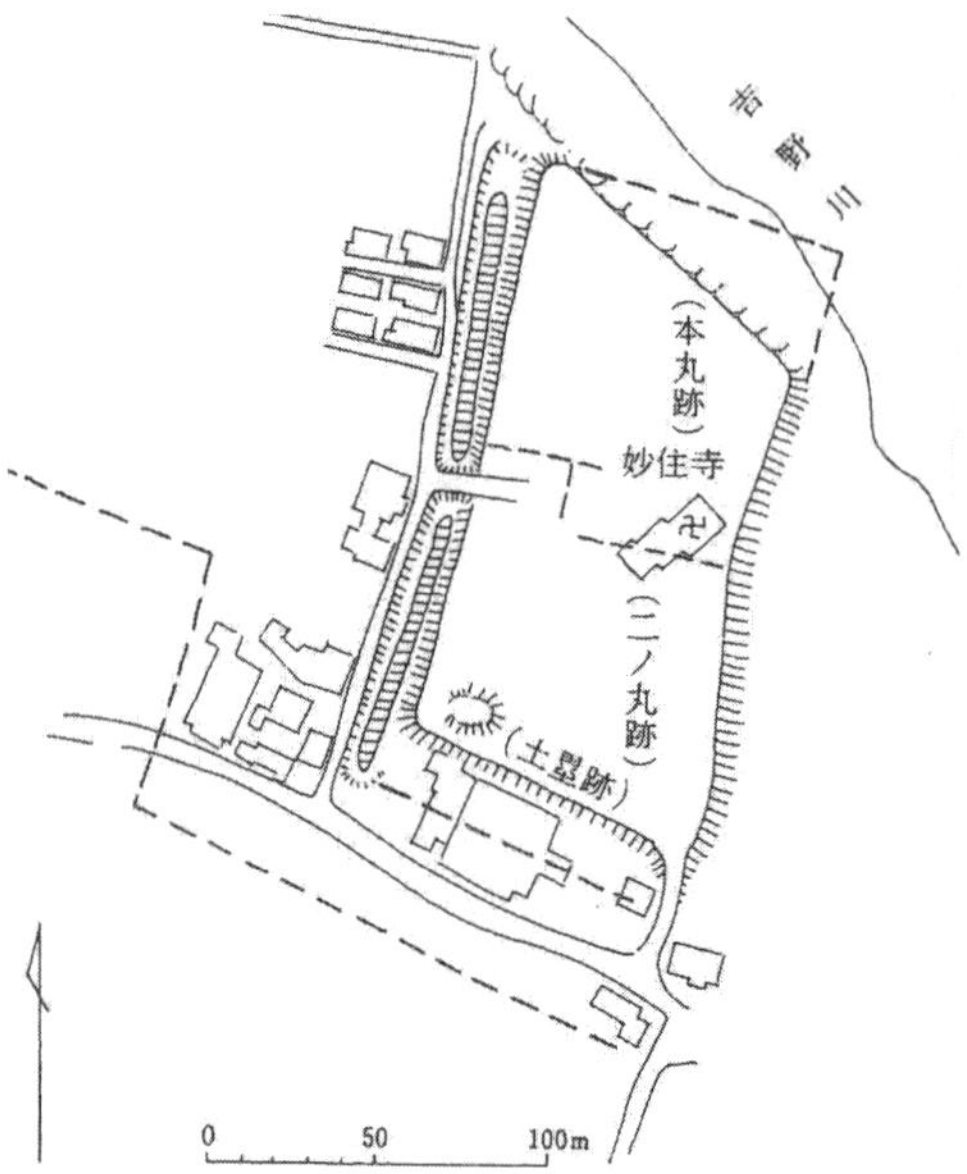

二見城（村田修三 1987）

この絵図を、現在の地形と見比べてみよう。寺院が建つ本丸跡の北東側は斜めに切れており、吉野川の水流で段丘が浸食されたようである。また西の堀は近代以降、川から城跡の貯木場へ木材を運搬する導水路として利用されたが、昭和五十五年に埋め立てられた。南の堀と馬場も、今は住宅地と道路になっている。

城跡の西側一帯は、寺社・住宅・田畑が混在し、南縁は高さ五～八メートルの段丘崖になっている。この崖の上に土塁を築き、武家地、寺社地などを設けたのであろう。そして、段丘面の北部を東西に貫く道と家並みが、旧紀州（伊勢）街道と「二見町」であり、その北東側に重政が創設した新町が接続する。

こうして見ると、吉野川に面した段丘地形を利用して城郭の防御を固めるとともに、北岸の城下町を整備し陸運・水運を掌握した重政の戦略がうかがえる。

元和二（一六一六）年、前年の大坂夏の陣で二見から出撃し、功を挙げた（絵図に注記）重政は、肥前国島原藩（現在の長崎県島原半島）へ加増・転封された。豊臣氏も滅び、役目を終えた二見城は廃城となった。崖下の淵は廻渕《まわりぶち》、曲淵《まがりぶち》などと呼ばれ、昭和中ごろまで川舟が出て子どもたちも泳ぐ、憩いと水練の場であった。

（前坂尚志）

参考文献
村田修三「中世城郭跡」『五條市史　新修』　五條市役所　一九八七
『浅野文庫諸国古城之図の世界』　公益財団法人広島市文化財団　広島城　二〇一四
成瀬匡章「二見城跡」『奈良県中近世城館跡調査報告書』第二分冊　奈良県　二〇二一

【城跡探訪メモ】

城跡はＪＲ大和二見駅の東南、徒歩約一五分のところにあり、その本丸跡には日蓮正宗の妙住寺が建ち、門前に地元有志による二見城址の解説板がある。吉野川を東の濠としたことがよくわかる。城主の松倉重政はもと筒井家の家臣、父の松倉右近重信は、島左近（清興）と並ぶ筒井氏の両翼で、「右近左近」と称された。島原転封後の重政は島原城の築城など苛政を行い、キリシタンや年貢を納められない農民に対し残忍な拷問・処刑を行い、子の勝家と共に「島原の乱」の主因を作ったとされ、「日本史の中で松倉重政という人物ほど忌むべき存在は少ない」と酷評されるが、五條では二見、五條間に新町の町割りを行い、五條新町の礎を作った「豊後様」としてその追悼碑や頌徳碑が立てられている。

（森下恵介）

新庄《しんじょう》陣屋

所在地　葛城市新庄
築城時期　慶長十～二十（一六〇五～一六一五）年
標高　一〇〇メートル
主な遺構　内堀跡、外堀跡

葛城市新庄に位置する屋敷山公園は、四季折々の美しい風景を見ることができ、市民の憩いの場となっている。この屋敷山公園が、整備されるきっかけとなったのは、屋敷山古墳の存在にある。公園は、この古墳が昭和四十七（一九七二）年に国の史跡に指定されたことをきっかけに、現在の姿に整備された。

位置図

古墳時代中期（五世紀中頃から後半）に築かれた屋敷山古墳（前方後円墳・全長約一三五メートル）は、その後、城として利用された。古墳は見晴らしのきく高所に位置し、その南北は大きな谷地形によって画されている。屋敷山古墳の墳丘や周濠を持つことなどが、立地を含めて城として利用するのに最適であったことが、城として利用される理由のひとつとして考えられる。

城としての利用は一度だけではなく、まず、中世（平安時代～室町時代）において、葛城市南部の布

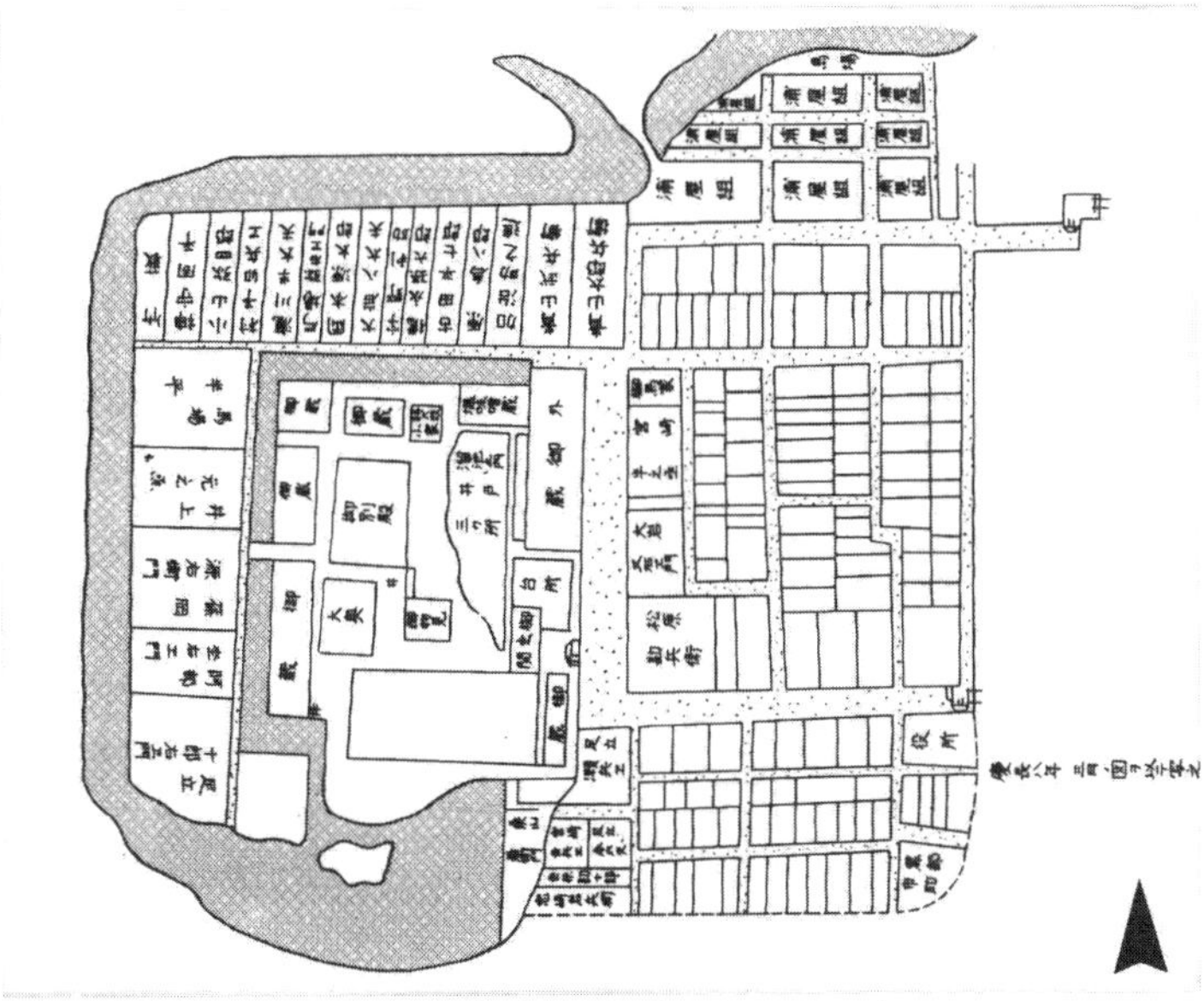

新庄陣屋（新庄町史１９６７）

施郷と呼ばれる地域を本拠としていた布施氏の里の館（平時に住む居館）として利用されていたと考えられている。さらに江戸時代になると、新庄藩（二万石）が置かれ、藩主である桑山氏の陣屋（小規模な城）がこの屋敷山古墳を利用して築かれた。新庄藩は、四代藩主のときに改易となり、消滅した。その際、陣屋の建物などは撤去されたと考えられている。新庄陣屋については、江戸時代の絵図が残されており、往時の様子を垣間見ることができる。

絵図から、墳丘上には藩主の生活の場として、さまざまな施設が建設されていたこと、古墳の周濠を利用しながら陣屋を守る二重の堀があったなどがわかる。陣屋の東には武家町が築かれ、さらにその東に陣屋町が形成された。武家町の道の「くい違い」といった道路構造などには、陣屋防衛のための工夫が見てとれる。

陣屋町は、現在でもその様子がよく残っている。葛城市新庄の桑ノ町、本町、住吉町のあたりが桑山氏の築いた陣屋町であり、町中の道路は碁盤の

目状に整然と通っているようすを今も見ることができる。

（神庭　滋）

参考文献

『新庄町史』　新庄町　一九六七
『新庄町史・改訂』　新庄町　一九八三

【城跡探訪メモ】

屋敷山公園へは近鉄御所線新庄駅からは陣屋町を通って徒歩二〇分。屋敷山公園には中央公民館、市民体育館、新庄文化会館が併設されており、駐車場もある。慶長六（一六〇一）年（慶長五年とも）大和国葛上、葛下二郡を領有することとなった桑山一晴《かずはる》は葛下郡布施郷に入り、布施氏の居館跡である屋敷山（字屋敷畑）に陣屋と家中屋敷を構え、その東方、道穂村、桑海村に新たに陣屋町を作った。陣屋の中心は古墳の墳丘で、御殿、大奥、外御殿、物見櫓などがあった。古墳の周濠が内堀、北側を流れる柿本川と南側の高田川が外堀の役割をもつ。陣屋の東西と北側は家中屋敷（武家屋敷）で、東側は新庄中学校に及ぶ。周囲を土塁と竹やぶで囲っていたという。大手は桑ノ町に通じていた。陣屋町は、はじめ「新城村」であったが、後に「新庄村」に改められた。

桑山氏は一晴の後、一直《かずなお》、一玄《かずはる》、一尹《かずただ》と続いたが、一尹が天和二（一六八二）年、「不敬にふるまい」があったとして、所領没収となった。八戸藩主南部直政との間でいさかいがあったともされるが、事情は明らかでない。

また、その後、葛上郡、忍海郡、葛下郡の一部、一万石を領した永井氏が幕末の文久三（一八六三）年になって、倶尸羅《くじら》に陣屋を築き、藩名を櫛羅藩と称した。

（森下恵介）

田原本《たわらもと》陣屋

所在地　田原本町田原本
築城時期　寛永十二（一六三五）年
標高　五二メートル
主な遺構　水路、道路による地割

天正十一（一五八三）年の賤ケ岳《しずがたけ》合戦で「賤ケ岳の七本槍」と称えられた平野権平長泰《ひらのごんぺいながやす》は文禄四（一五九五）年になって、大和国十市郡内に五千石を領するようになる。長泰は真宗の教行寺に方三丁の寺内町をその領内に建設させ、町は教行寺に任せていた。二代長勝のときになって、幕府の命で領内に陣屋を築き、教行寺は箸尾（広陵町）へ退去し、その跡地に円城寺（現在の浄照寺）と平野氏の菩提所の本誓寺が建てられた。

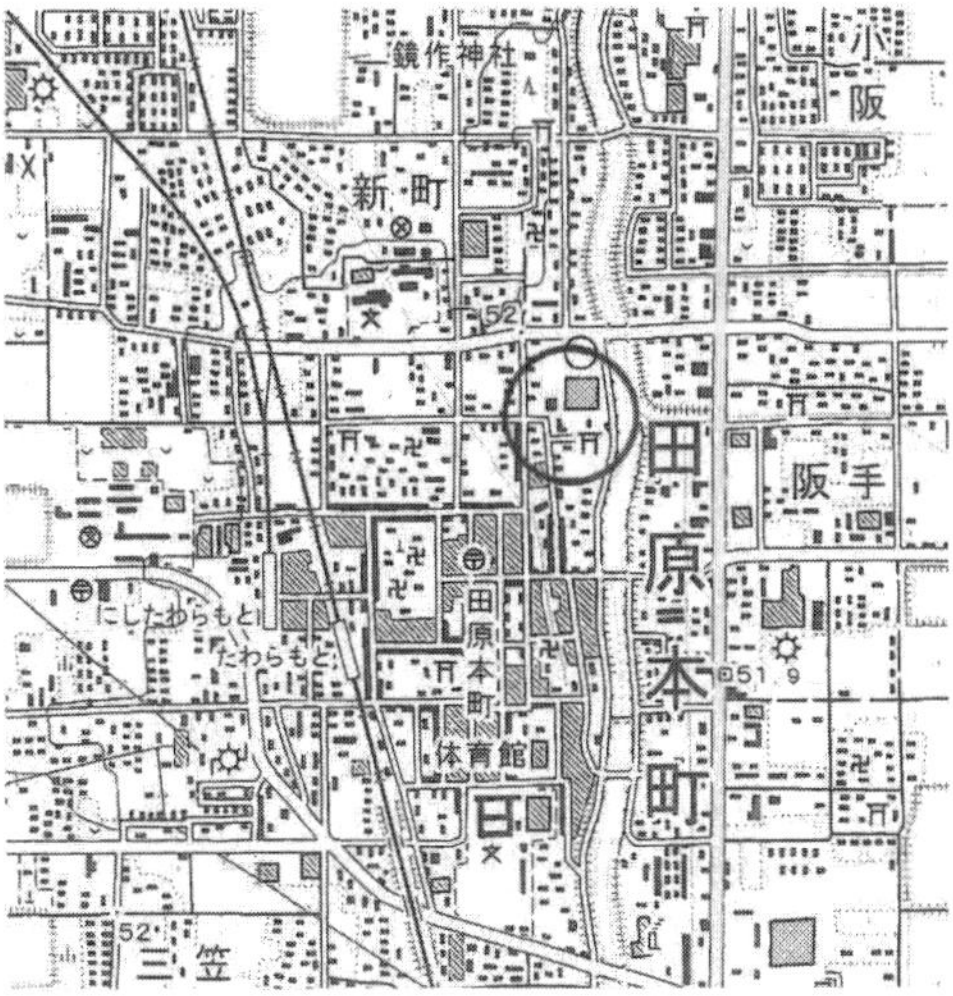

位置図

　田原本陣屋は現在の田原本町役場とその南部、東西約一〇〇メートル、南北約三〇〇メートルの敷地を占めていた。陣屋は教行寺の寺内町東部に位置し、かつての土豪、田原本氏の居館があったらしい奥城屋敷の地を取り込んでつくられた。東側は寺川、西側に中街道が面し、西南部を大手とする。敷地の南部に御屋敷と会所、御用部屋があり、その周囲と北部は家中屋敷となっていた。陣屋跡は市街化が進み、水路と路地がその地割りを伝える。陣屋郭内にあった稲荷社が役場の南にあり、最後の殿様、平野長裕寄進の石燈籠が残る。

教行寺が開いた寺内町は、陣屋を中心とした陣屋町として引き継がれ、田原本の町は寺川の水運と中街道が町を縦貫するという立地から奈良盆地中央の物流拠点として発展し、問屋が軒を連ね、「大和の大坂」とも評された。

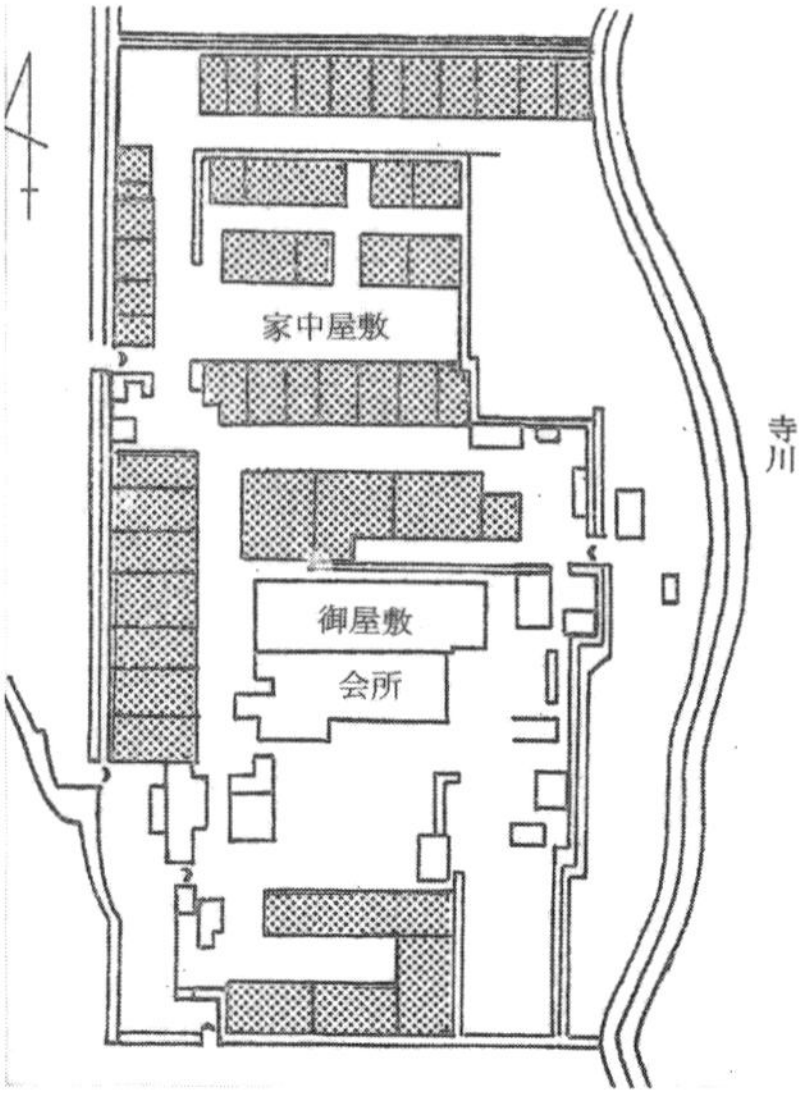

田原本陣屋（土平 1991）

幕藩体制では石高一万石を大名と呼び、城や陣屋を構え、一万石未満の旗本は江戸に居住するのが原則であったが、三千石以上の旗本でありながら、領地に陣屋を構えて居住し、参勤交代を行い、大名に準ずる処遇を受ける三十余家を「交代寄合」と呼んだ。田原本を領した平野氏は江戸時代を通じ五千石の旧領を維持し、この準大名ともいえる交代寄合衆に列せられていた。慶応四（一八六八）年に新政府に「高直し」を嘆願、実高一万一石として、十代長裕《ながひろ》は諸侯に列せられ、田原本藩が立藩された。いわゆる「維新立藩」である。ただ、その二カ月後には明治改元となり、明治四（一八七一）年の廃藩置県によって田原本藩はわずか三年で消え去った。

（森下恵介）

参考文献
『田原本町史』　田原本町　一九八六
土平博「大和国田原本陣屋町の地域構造」『歴史地理学一五五』　一九九一

教行寺跡に建てられた円城寺（現在の浄照寺）、本誓寺と寺内町の面影を残す田原本の街並み

【城跡探訪メモ】

　田原本役場の隣にある町民ホール駐車場と旧中街道沿いの旧大手付近にある「すいせん会館」前に陣屋の解説板が設置されている。教行寺跡にある浄照寺は、畝傍、今井、高田、御所とともに「本願寺大和五カ所御坊」のひとつとされ、江戸初期の本堂は奈良県指定文化財。表門は平野氏が秀吉から拝領した伏見城の城門を移したものと伝える。領主の平野家の菩提所である本誓寺には、二代長勝（享保二〈一七一七〉年建立）と九代長発《ながゆき》（安政二〈一八五五〉年建立）の霊廟がある。

　また、田原本の津島神社は牛頭《ごず》天王《てんのう》を祭神とする祇園社で、平野家の故郷の尾張津島神社と祭神が同じため、社名が津島神社になったという。津島神社の祇園祭は中和最大の夏祭りとして知られる。

（森下恵介）

十二　大和の城跡をめぐる

古代の遺跡や古墳、古社寺が多い奈良県では城跡はさほど注目されていないと言っても過言ではない。地域の誇りとして手が入れられ、整備されている城跡もあれば、山中に埋もれて探すのがやっとという城跡もある。現地を訪ね、中・近世の大和に思いを馳せてみたい。

　山中にありながら、発掘調査成果も生かして整備された城跡の代表格は宇陀松山城（宇陀市）だろう。標高四七三メートルの山頂に築かれ、関ケ原の戦い後は福島正則の弟、高晴（孝晴）が城の大改修を行った。城下である松山の町から半時間ほどで本丸に立て、城跡からの眺めは県の景観資産に登録されている。重要伝統的建造物群保存地区の城下町巡りと併せて楽しめるのも魅力だ。

　さらにダイナミックな山城巡りが味わえ、ハイキングの名所として知られるのが、高取城（高取町）と龍王山城（天理市）だろう。高取城は県内山城の横綱級で、本丸跡をはじめ、山中に残る石垣は、訪れた人に息をのませる迫力がある。あまりにも広大な城跡の維持管理には苦労が多い。龍王山城はその名のとおり、龍王山（標高五八六メートル）の山頂を中心に展開された山城で、南城と北城に分かれる。山頂にある南城の発掘調査では建物跡や瓦も発見されている。西に奈良盆地を一望でき、登山者の憩いの場ともなっている。やや標高の低い北城にも広場のような主郭跡がある。天理市が設置した説明板もあり、城の構造を学びながら散策できる。

石田三成に仕えた嶋左近の居城ともいわれる椿井城（平群町）は、近年注目を浴びる山城だ。平群町による発掘調査が行われ、地元の「平群史蹟を守る会」などが整備に取り組んだおかげで、気軽に登れるようになった。深い堀切跡などが残っており、平群谷の展望が良い。

橿原市の最高峰、貝吹山（標高二一〇メートル）の山頂に築かれた貝吹山城（橿原市・高取町）、高山右近ゆかりの澤城（宇陀市）も道標があって道がたどりやすい。

標高五四八メートルの広橋城（下市町）は県内三大梅林のひとつ広橋梅林からたどることができ、ウメの季節がお勧めだ。

山中の城めぐりは草の生い茂る夏と山に入りやすい冬では景観も遺構の探しやすさもかなり異なる。葛城山や金剛山から派生する尾根に築かれた山城は、たどり着くのに苦労することが多い。吐田城（御所市）は草をくぐり、這うようにして上がった尾根に残りの良い郭跡の平場が広がっていた。寺院の改造といわれる佐味城（御所市）は、碁盤目のように区画された遺構が山中に現れ目を見張る。

奈良市の都祁地区や天理市東部の山間地には福住城（天理市）や馬場城（奈良市）など印象深い城跡が多い。いずれも案内板など無く、入り口を見つけるのに苦労するが、たどり着けば土塁跡や堀跡など立派な遺構が山中に展開する。山中に埋もれた遺構を探すのもまた、城巡りの醍醐味のひとつで、見つけた時の喜びは大きい。

県内の山城の代表が高取城なら、平野部に築かれた城の雄は文句なしに郡山城（大和郡山市）だろう。平成二十六年の天守台の発掘で天守の実在が裏付けられた。豊臣家を象徴する金箔瓦も出土し、高取城とともに、秀吉の弟、大和大納言秀長の時期に築城が始まるのはほぼ確実とみられる。

大和の最有力国人で、越智氏や松永久秀と覇権を争った筒井氏の本拠、筒井城（大和郡山市）も発掘調査が行われ、主郭跡やその周辺で堀跡や石組井戸が確認され、生活用品とともに火縄銃の玉も出土している。平野部では駅前から容易に訪ねられる城跡も多く、立派な石碑が立っていたり、解説板を設置したりして城跡が顕彰されているところもある。箸尾城（広陵町）跡には昭和十（一九三五）年に周辺の一町七村が建てた立派な石碑があり、環濠跡の水路も残る。高田城（大和高田市）の跡にも片塩小学校の南に立派な石碑がある。十市城跡（橿原市）の石碑も大きい。

江戸時代の小泉陣屋（大和郡山市）や龍田陣屋（斑鳩町）は中世の城跡を利用したもので、丘陵上にあり、堀跡が溜池として残る。城跡が学校になっていることも多く、松永久秀の多聞城（奈良市）は市立若草中学校、奈良奉行所（奈良市）は奈良女子大学になっている。織田家の芝村陣屋（桜井市）は織田小学校、柳本陣屋（天理市）は柳本小学校となっている。黒塚古墳や中山大塚古墳（いずれも天理市）も砦に利用されており、今井町（橿原市）などの環濠都市や稗田環濠（大和郡山市）に代表される大和に多い環濠集落も自衛のための防御目的を重視すれば城跡として評価できよう。

（増山和樹）

あとがき

本書は奈良県内の城跡を少しでも知っていただくために作られたものである。

掲載する城の選択については、著名度や地域的な偏りが無いよう努め、切のよい数字にしたかったが、環濠や陣屋も入れて結果的に七二城という数になった。執筆については、最もその城跡の現状を把握しているであろう奈良県内の市町村の文化財担当者および元担当者十一名で分担し、城跡探訪の感想については県内の様相を熟知する増山和樹氏にお願いした。執筆者によって、城についての料理の仕方が違い、味も異なり、個性的なものになったかと思う。まずは無理をお願いしたにもかかわらず、執筆を快諾していただいた執筆陣に感謝申し上げたい。

これまで、中世城郭について紹介されたものは、縄張りの技巧性など城郭の専門的な遺構論を中心としたものが多いが、本書ではなるべくその城の歴史、物語に重点を置くこととしたため、現地には石碑だけが建てられているだけのような城跡も取り上げた。また、本書に取り上げた以外にもその遺跡がよく残り、歴史をもつ城跡も数多く、城跡を紹介できなかった市町村もある。大和に数多い環濠集落についてはは選びかね、ついには稗田だけということにもなった。また、本書に掲載した城跡の現況図（縄張図、概略図等）については、執筆者が作成したものもあるが、これまでに発表されているものを使用させていただいたものについては、その出典を明らかにした。これまで大和の城跡の調査研究に取り組んでこられた研究者各位に深く敬意を表し、感謝申し上げる次第である。

城跡を訪ねようとする人のために【城跡探訪メモ】をつけたが、城は基本的には軍事施設であるため、斜面が切り立っていたり、堀や土塁があって侵入者を拒んでおり、人里に近い低山にあっても本来的に安全性には欠けている。古代遺跡の多い奈良県内では中世山城についての保護整備にはまだまだ手がまわっておらず、道や案内解説板など整備されている所は少なく、山仕事に入る人が少なくなった最近は山林や竹林が荒れ、ブッシュ化して入ることさえ難しくなっている所もある。夏場はヘビやハチにも注意が必要で、季節的には整備された城跡以外は古墳めぐりと同じく晩秋から五月頃までが探訪の目途となる。多くの山城は私有地であり、地元の人を見かければ、声をかけ、道や城跡についての教えをうけよう。山間部の城跡探訪には自動車が必要となるが、駐車マナーは守りたい。古代遺跡にとどまらず、中近世の城跡も地域の「財《たから》」、アイデンティティーとして大切に保護されていくことが望まれる。

最後になったが、本書の刊行について種々御世話になった青垣出版の靏井忠義氏の御理解について深くお礼申し上げる。

（森下　恵介）

【図出典一覧】

大和の国人と城郭	香芝市教育委員会「逢坂城跡第１次発掘調査報告書」『香芝市文化財調査報告書』第二集　2000　〈加筆〉
多聞城	村田修三「中世の城館」『奈良市史　通史二』奈良市　1994
鬼薗山城・西方院山城	奈良市埋蔵文化財調査センター「近世奈良の開幕―多聞城と郡山城―」2015・森蘊『奈良を測る』学生社 1971 を合成作図
古市城	村田修三「中世の城館」『奈良市史　通史二』奈良市　1994 奈良市埋蔵文化財調査センター「近世奈良の開幕―多聞城と郡山城―」2015
超昇寺城	（森下惠介　作図）
筒井城	『筒井城総合調査報告書』城郭談話会編　大和郡山市教育委員会　2004
椿尾上城	村田修三『図説中世城郭事典』第二巻　新人物往来社　1987（一部加筆）
豊田城	村田修三『図説中世城郭事典』第二巻　新人物往来社　1987 太田三喜「大和における中世後半期の城館遺構」『筒井城総合調査報告書』城郭談話会編　大和郡山市教育委員会　2004
黒塚砦	奈良県立橿原考古学研究所『黒塚古墳の研究』八木書店　2018
中山大塚古墳の砦	奈良県立橿原考古学研究所『中山大塚古墳　付編葛本弁天塚古墳　上の山古墳』奈良県立橿原考古学研究所調査報告第八二冊　1996
龍王山城	天理市教育委員会　『天理市埋蔵文化財調査概報』平成８・９年度　2003　村田修三『図説中世城郭事典』第二巻　新人物往来社　1987
岡城	村田修三『日本城郭大系』第 10 巻　新人物往来社　1980
越智城	成瀬匡章「越智城」『奈良県中近世城館跡調査報告書』第二分冊　奈良県　2021（一部加筆）
貝吹山城	（成瀬匡章　作図）
巨勢山城	（成瀬匡章　作図）
高山城	千田嘉博「奈良県高安城の構造」『奈良大学文化財学報』23・24 集　2006　〈一部加筆〉

椿井城	『椿井城発掘調査報告書』平群町教育委員会　2019 〈一部加筆〉
信貴山城	平群町教育委員会『平群町遺跡分布調査概報』1989
高安城	（服部伊久男　作図・※範囲は奥田尚「倭国高安城の外郭線」『古代学研究』210号　2017）
片岡城	吉澤雅嘉「片岡城」『図解 近畿の城郭Ⅰ』　中井均監修・城郭談話会編　戎光祥出版　2014（一部加筆）
岡城（畑城）	村田修三『日本城郭大系』第10巻　新人物往来社　1980 （一部加筆）
二上山城	村田修三『日本城郭大系』第10巻　新人物往来社　1980 （一部加筆）
万歳山城	村田修三『図説中世城郭事典』第二巻　新人物往来社　1987
布施城	奈良大学城郭研究会「布施城縄張図」1982『新庄町史（改訂版）』付図　1983
楢原城	藤岡英礼「大和楢原城の縄張りについて」『愛城研報告』 5 愛知中世城郭研究会　2000
吐田城	内野和彦「オニガ城跡（吐田城跡）」『奈良県中近世城館跡調査報告書』第二分冊　奈良県　2021
佐味城	村田修三『図説中世城郭事典』第二巻　新人物往来社　1987
福住城（井之市城）	村田修三『図説中世城郭事典』第二巻　新人物往来社　1987
福住城（中定城）	中西裕樹「大規模山城の展開と後背地－大和国東山内周辺の城館群」『筒井城総合調査報告書』城郭談話会編　大和郡山市教育委員会　2004
馬場城	藤岡英礼「馬場城」『図解　近畿の城郭Ⅱ』中井均監修　城郭談話会編　戎光祥出版　2015（一部加筆）
貝那木山城	中西裕樹「大規模山城の展開と後背地－大和国東山内周辺の城館群－」『筒井城総合調査報告書』城郭談話会編　大和郡山市教育委員会　2004
多田城・多田北城	中西裕樹「大規模山城の展開と後背地－大和国東山内周辺の城館群－」『筒井城総合調査報告書』城郭談話会編　大和郡山市教育委員会　2004
笠間城	内野和彦「笠間城」『奈良県中近世城館跡調査報告書』第二分冊　奈良県　2021

吐山城	内野和彦「吐山城」『図解　近畿の城郭Ⅳ』中井均監修・城郭談話会編　戎光祥出版　2017
石打城	奈良県立橿原考古学研究所「石打城第一次発掘調査概報」『奈良県遺跡調査概報 1993 年度』1994　〈一部加筆〉
畑城・菅生城	村田修三『日本城郭大系』第 10 巻　新人物往来社　1980　(一部加筆)
檜牧城	金松　誠「檜牧城（自明塁）」『奈良県中近世城館調査報告書』第二冊　奈良県　2021
赤埴城（上城）	金松　誠「赤埴城」『図解 近畿の城郭Ⅰ』中井均監修・城郭談話会編　戎光祥出版　2014
赤埴城（下城）	金松　誠「戦国期における大和口宇陀地域の城館構成と縄張技術」『城館史料学』第六号　城館史料学会　2008
黒岩城	（成瀬匡章　作図）
澤城	宇陀市教育委員会『澤城跡第２次～４次発掘調査報告書』2011
宇陀松山城	大宇陀町教育委員会『宇陀松山城（秋山城）跡』大宇陀町教育委員会　2002
芳野城	伊達宗泰「宇陀地方にみられる三城館跡」『橿原考古学研究所論集』十三　1998
見田城	中川貴皓「利鎌山城」『図解　近畿の城郭Ⅱ』中井均監修・城郭談話会編　戎光祥出版　2015
牧城	中川貴皓「牧城山城」『図解　近畿の城郭Ⅱ』中井均監修・城郭談話会編　戎光祥出版　2015
龍口城・城山城・西峰城	（成瀬匡章　作図）
坂合部城	村田修三「中世城郭跡」『五條市史　新修』五條市　1987
岡 西山城	（成瀬匡章　作図）
今井城	村田修三「中世城郭跡」『五條市史　新修』五條市　1987
居出城	成瀬匡章「居出城」『図解　近畿の城郭Ⅳ』中井均監修・城郭談話会編　戎光祥出版　2017
城が峯城	（成瀬匡章　作図）
矢走城・矢走西城	（成瀬匡章　作図）
広橋城	（成瀬匡章　作図）
丹治城	（成瀬匡章　作図）

飯貝城	（成瀬匡章　作図）
山口城	（成瀬匡章　作図）
竜門山城	（成瀬匡章　作図）
小川城・小川古城	（成瀬匡章　作図）
ハチヤヅカ城	（成瀬匡章　作図）
稗田環濠	（服部伊久男　作図）
今井町復元図	亀井伸雄「今井町形成史論」『奈良国立文化財研究所論集』1987
奈良奉行所	『奈良女子大学構内遺跡発掘調査概報Ⅱ』奈良女子大学 1984
柳生城	（森下惠介　作図）
柳生陣屋	柳生村史編集委員会編　『柳生のさと』1961
郡山城	『郡山城跡の研究Ⅰ　天守台展望施設整備事業に伴う調査報告』大和郡山市 2021
小泉陣屋	（服部伊久男　作図）
龍田陣屋	（服部伊久男　作図）
柳本陣屋	秋永政孝『柳本郷土史論』柳本町産業組合　1940
芝村陣屋	『桜井市史』上巻　桜井市　1979
高取城	『国指定史跡高取城跡基礎調査報告書』高取町文化財調査報告第 30 冊　高取町教育委員会 2004 「高取城跡現況図」に加筆
二見城	村田修三「中世城郭跡」『五條市史　新修』五條市　1987
新庄陣屋	『新庄町史』新庄町 1967
田原本陣屋	土平博「大和国田原本陣屋町の地域構造」『歴史地理学』155 号　歴史地理学会　1991

【掲載地形図（国土地理院２５０００分の１）一覧】

月ヶ瀬・名張・大和大野・高見山・柳生・大和白石・初瀬・古市場・新子・奈良・大和郡山・桜井・畝傍山吉野山・枚方・生駒山・信貴山・大和高田・御所・五條

【執筆者一覧】（50 音順）

石坂泰士	（いしさか　たいじ）	橿原市文化財保存活用課
泉　武	（いずみ　たけし）	元　天理市教育委員会職員 奈良県立橿原考古学研究所共同研究員
神庭　滋	（かんば　しげる）	葛城市歴史博物館
竹田政敬	（たけだ　まさのり）	元　橿原市教育委員会職員
成瀬匡章	（なるせ　まさあき）	森と水の源流館
服部伊久男	（はっとり　いくお）	元　大和郡山市教育委員会職員
濱口和弘	（はまぐち　かずひろ）	橿原市世界遺産登録推進課
前坂尚志	（まえさか　たかし）	五條市教育委員会文化財課
増山和樹	（ますやま　かずき）	奈良新聞社編集部
松井一晃	（まつい　かずあき）	橿原市文化財保存活用課
森下恵介	（もりした　けいすけ）	元　奈良市教育委員会職員 奈良県立橿原考古学研究所共同研究員
柳澤一宏	（やなぎさわ　かずひろ）	元　宇陀市教育委員会職員

【編者】
大和古文化研究会
奈良県を中心とした古文化について、考古学、歴史学、地理学、民俗学等の研究活動を行うことにより、大和についての学術研究の普及発展を目指す。

探訪 大和の古城

2023年 11月 15日 初版印刷
2023年 12月 8日 初版発行

大和古文化研究会編
発行者 靍井忠義

発行所 有限会社 青垣出版
〒636-0246 奈良県磯城郡田原本町千代３８７の６
電話 0744-34-3838 Fax 0744-47-4625
e-mail wanokuni@nifty.com

発売元 株式会社 星雲社
（共同出版社・流通責任出版社）
〒112-0005 東京都文京区水道１－３－３０
電話 03-3868-3275 Fax 03-3868-6588

印刷所 モリモト印刷株式会社

printed in Japan ISBN 978-4-434-33039-1

青垣出版の本

奈良を知る

ISBN978-4-434-13771-6

日本書紀の山辺道《やまのへのみち》

靍井 忠義著

三輪、纒向、布留…。初期ヤマト王権発祥の地の神話と考古学。

四六判１６８ページ　本体1，２００円

奈良を知る

ISBN978-4-434-15561-1

日本書紀の飛鳥

靍井 忠義著

６・７世紀の古代史の舞台は飛鳥にあった。飛鳥ガイド本の決定版。

四六判２８４ページ　本体1，６００円

日本書紀を歩く①

ISBN978-4-434-23814-7

悲劇の皇子たち

靍井 忠義著

皇位継承争い。謀反の疑い。非業の死を遂げた皇子たち２２人の列伝。

四六判１６８ページ　本体1，２００円

日本書紀を歩く②

ISBN978-4-434-24501-5

葛城の神話と考古学

靍井 忠義著

『日本書紀』に書かれた神話やエピソードを紹介、古社や遺跡を探訪する。

四六判１６６ページ　本体1，２００円

日本書紀を歩く③

ISBN978-4-434-25725-4

大王権の磐余《いわれ》

靍井 忠義著

磐余は地理的にも時代的にも纒向と飛鳥の中間に位置する。大王権を育んだ。

四六判１６８ページ　本体1，２００円

日本書紀を歩く④

ISBN978-4-434-27489-3

渡来人

靍井 忠義著

書紀が伝える渡来人たちの群像。日本の政治・経済・文化の中核となった。

四六判１９８ページ　本体1，３００円

日本書紀を歩く⑤

ISBN978-4-434-29858-5

天皇の吉野

靍井 忠義著

吉野は天皇にとって特別な地だった。神仙境では修験道や天誅組も起こった。

四六判２３８ページ　本体1,４００円